UNESCO-Weltkulturerbe

Altstadt von Lübeck

Lübecker Straßenbild:
traufständige Häuser,
einige wenige Giebel.
Große Kiesau.

UNESCO-Weltkulturerbe Altstadt von Lübeck

Stadtdenkmal der Hansezeit

Manfred Finke

Wachholtz

Die Übersetzung der Zusammenfassungen ins Englische
besorgte Paul D. von Altrock, Hannover.

ISBN 10 3 529 01335 8
ISBN 13 978 3529 01335 5

Wachholtz Verlag 2006

DANK

Ohne finanzielle Unterstützung durch großzügige Geldgeber hätte dieses Buch nicht erscheinen können. Unser Vorhaben beförderten maßgeblich:

Deutsche Stiftung Denkmalschutz Bonn
Possehl-Stiftung Lübeck
Reinhold-Jarchow-Stiftung Lübeck
Drägerstiftung Lübeck
Verband Frau und Kultur Gruppe Lübeck
Bund Deutscher Baumeister.

Ihnen allen sei aufs Herzlichste gedankt.

Dank gebührt aber auch den Mitgliedern und Spendern der Bürgerinitiative Rettet Lübeck. Sie erwirtschafteten mit ihren großen und kleinen Spenden den Grundstock des Vorhabens.

Große Hilfe in inhaltlicher und „logistischer" Hinsicht leisteten Frau Dr. Margrit Christensen (danke, Margrit), Jens Chr. Holst, Dr. Michael Scheftel und Dr. Rolf Hammel-Kiesow. In den Ämtern erfuhren wir Unterstützung durch Frau Dr. Annegret Möhlenkamp und Dr. Horst Siewert (Denkmalpflege), Herrn Dr. Manfred Gläser (Archäologie) sowie von Frau Dr. Brigitte Heise (Lübecker Museen). An Konzeption und Gestaltung wirkten Ulrich Büning und Karin Rincke mit; zur Redaktion gehörten ferner Helmut Scholz, Dieter Schacht und Jörg Sellerbeck. Für Bildvorlagen danken wir Eileen Wulff, Linde Saß, Matthias Erz, Stefan Lorenz, Jörg Sellerbeck und dem Lübecker Schmidt-Römhild-Verlag. Dank auch an Klaus Fiedler für erste Überlegungen zur Bildverarbeitung. Zu danken ist ebenso den „guten Geistern" der Marien-, der Jakobikirche und des Domes, insbesondere den Küstern Frau und Herr Weiß. Herr Krabbenhöft öffnete uns das Heiligengeisthospital, Frau Dr. Ingaburgh Klatt das Burgkloster und Herr Ruland das Rathaus – danke auch dafür. Und schließlich danken wir den Bewohnern und Eigentümern denkmalgeschützter Häuser, die uns freundlichst ihre Türen öffneten.

Beim Wachholtz-Verlag bedanken wir uns für die sachlich-kompetente Betreuung. Frau Renate Braus steuerte das Buchprojekt sicher ans Ziel – nur ihrem fachlichen Engagement ist es zu verdanken, dass wir trotz nicht endender Korrekturwünsche und trotz zunehmenden Termindrucks doch noch fertig wurden. Ein ganz herzlicher Dank.

Zum 30-jährigen Bestehen der „Bürgerinitiative Rettet Lübeck BIRL e.V." sollte dieses Buch so etwas wie eine „Festgabe" sein. Nun erscheint es im 31. Jahr – möge es auch als Ansporn für weitere BIRL-Jahre verstanden werden.

M. F.

INHALT – CONTENTS

TRADIERUNG AUF HOHEM NIVEAU
TRADITIONALISM ON A HIGH LEVEL

ANHANG

Die Literaturangaben sind den einzelnen Kapiteln zugeordnet.

Dachlandschaft:
Mit roten Dachziegeln
gedeckte Satteldächer in
Kehlbalkenkonstruktion –
„materielle Umsetzun-
gen" der seit dem
Mittelalter bewahrten
Parzellenstruktur.
Schnelleren Verände-
rungen sind dagegen
die 1942 zerstörten
Bereiche unterworfen,
im Bild links erkennbar
(Foto aus den 1980er
Jahren).

Eine ganze Altstadt als Denkmal

1972 trat die UNESCO-Konvention zum Schutze des Kultur- und Naturerbes der Welt in Kraft. Gleichzeitig wurde mit der Nominierung von bedeutenden Bau- und Naturdenkmälern begonnen, deren Erhaltung und Schutz im Interesse der gesamten Menschheit liegt. Diese Objekte wurden in eine „Welterbe-Liste" eingetragen. Die Staatengemeinschaft sollte veranlasst werden, das so zum „Welterbe" erklärte Kultur- und Naturerbe vor weiterer Zerstörung zu bewahren und das noch Erhaltene zu pflegen. 1976 unterzeichnete auch die Bundesrepublik Deutschland das Abkommen.

Als achte von inzwischen 32 (!) deutschen Weltkulturerbe-Stätten wurde 1987 die Lübecker Altstadt in die „world heritage list" der UNESCO aufgenommen. Mit Lübeck erklärte man erstmals eine gesamte Altstadt zum Welterbe. Entscheidender Beweggrund war die Erkenntnis, dass in der Altstadt die geschichtliche Rolle Lübecks als Hauptort der Hanse bis heute anschaulich wird: In den historischen Altstadtbereichen könne man erkennen, „welche Macht und welche geschichtliche Bedeutung die Hanse besaß".

Diese Bedeutung äußert sich in der Gesamtheit der überlieferten Architektur sowie in den im Untergrund konservierten archäologischen Befunden. Lübeck besitzt darüber hinaus einen überragenden Bestand an schriftlichen Quellen, Dokumenten und Urkunden. Beispielhaft können somit Beobachtungen und Erkenntnisse zur Baugeschichte mit Daten der Wirtschafts- und Sozialgeschichte verknüpft werden, beste Voraussetzungen für Wissenschaft und Forschung.

Was ist ein Denkmal?

Ein Denkmal kann ein Gebäude sein, ein gebautes Ensemble wie die Lübecker Altstadt, ein archäologischer Befund, eine gestaltete Landschaft, ein Kunstwerk. Der Betrachter sieht und erkennt das Denkmal nur dann, wenn er darüber etwas weiß. Georg Mörsch, Ordinarius em. für Denkmalpflege in Zürich, sagt: „Das Denkmal existiert nur im erinnernden Bewusstsein des Betrachters". Es kommt also auf dieses Bewusstsein an, wozu Neugier und auch Wissen gehören. Aber Denkmäler sprechen uns auch über Stimmungen und Gefühle an. Etwas Fremdes, Unerklärtes, ein Geheimnis wird immer Teil der Vorstellung vom Denkmal bleiben. Denkmäler sind keine objektiven Tatbestände. Erst die Wertvorstellungen der Menschen „machen" Denkmäler. So erklärt sich der Wandel in den Gewichtungen: Einst galten nur große Kirchen oder Schlossbauten als denkmalwürdig. Heute können Lübecker Gänge ebenso auf den Denkmallisten stehen wie mittelalterliche Wasserleitungen und Brücken, Hochofenwerke und Bürogebäude der Moderne. Es kommt immer auf die prägende Qualität dieser Beispiele an. Wissenschaftlicher Erkenntnisstand, aber auch das öffentliche Bewusstsein sorgen für Wandel. Die „Denkmalbegeisterung" der späten 1970er und 80er Jahre hat uns gezeigt, wie eine Stimmung (etwa gegen die „Unwirtlichkeit der Städte", so der Titel eines Buches von Alexander Mitscherlich) den Denkmalbegriff entschieden erweitern und befördern konnte. Denkmäler sind, auf den allgemeinsten Nenner gebracht, unersetzbare materielle Zeugen der Menschheitsgeschichte. Denkmäler sind Urkunden, die unseren Schutz brauchen, um auch in Zukunft Quelle für Forschung und Anschauung bleiben zu können. Nur die originale materielle Substanz des Denkmals enthält die historische Wahrheit und erfüllt damit das Gebot der *Authentizität*. „Immaterielle Denkmäler" sind ein Widerspruch in sich. Von der originalen Bausubstanz und vom Befund muss jede Deutung und jede Beweisführung ausgehen.

Der UNESCO-Weltkulturerbe-Status der Lübecker Altstadt ist eine „first-class"-Denkmal-Kategorie. Sie verpflichtet zu höchster Sorgfalt und Qualität beim Umgang mit der überkommenen historischen Bausubstanz. Die notwendige Weiterentwicklung der Altstadt muss daran gemessen werden, ob sie auch der Erhaltung der Denkmäler dient.

„An outstanding example"

Die Nominierung Lübecks durch die UNESCO bestätigte die „außergewöhnliche Beispielhaftigkeit einer **hansischen Altstadt**", die mehr als jede andere „die Macht und die historische Rolle der Hanse" veranschaulicht, so der Text der Eintragung. Diese Beispielhaftigkeit besteht in städtebaulichen und architektonischen Neuerungen, die während der Hansezeit in Lübeck realisiert und über Lübeck in den Ostseeraum eingeführt worden sind. Als Hansezeit fassen wir den Zeitraum vom vor- oder „frühhansischen" Fernhandel des 12. Jahrhunderts bis zum Niedergang der Städtehanse im 16. und frühen 17. Jahrhundert.

Was sich durch das Architektur-Erbe „hansische Altstadt" gesamtheitlich begreifen und verstehen lässt, insbesondere gesellschaftliche und wirtschaftliche Ursachen, kann im Rahmen dieses Buches nur angedeutet werden. Wir haben nicht vor, etwas „Wesenhaftes" darzustellen. Stim-

Auch die Kirchen gehören zum „Welterbe Altstadt von Lübeck": Hermen Rode: Lübeck von Osten, 1482. Die erste „nach der Natur" wiedergegebene Darstellung Lübecks. Auf dem rechten Flügel des Altars der Schwarzhäuptergilde in der Nikolaikirche zu Reval (=Tallinn). Die Bedeutung der Türme ist durch ihre Größe und Höhe hervorgehoben.

Die „Silhouette" heute, gesehen vom Drägerpark an der gestauten Wakenitz. Die Bedeutungsperspektive Hermen Rodes ist „realistischen" Verhältnissen gewichen. Bäume und anderes Grün bestimmen das Bild.

mungen, sogenanntes „flair", Gefühle und erahnte Mentalitäten „früherer Zeiten" sind nicht unsere Themen. So gehört es wohl auch kaum zum „Wesen" der mittelalterlichen Stadt, wie ein „gewachsener Organismus" eingerichtet gewesen zu sein. Diesem Begriff hängt immer eine Vorstellung von in sich ruhender Harmonie an, in der alles auf natürliche Weise geordnet ist. In Wahrheit herrschten reiche und mächtige Familien über die Stadt. Sie stellten den Rat und repräsentierten die „Obrigkeit". Man setzte seine Interessen durch wie heute. So bekommt auch die Gottesgewissheit des Mittelalters, von der alles Tun und Denken der Menschen bestimmt war, profane Züge. Das zeigt sich in auffälliger Weise an Form und Aufwand der Kirchenbauten. Gewiss spiegelt sich in der ersten Bauaufgabe des Mittelalters die Sorge der Menschen um ihr Seelenheil wider. Selbstverständlich bestimmte auch in Lübeck das Domkapitel das geistlich-theologische Programm der ihm unterstellten Pfarrkirchen. Doch die Bürger, Ratsfamilien und Korporationen verstanden ihre finanziellen Zuwendungen auch als Mittel, Macht und gesellschaftlichen Rang auszudrücken. Diese „Verbürgerlichung" des Sakralen mag eine sich selbst regierende Handelsstadt wie Lübeck sehr früh ausgezeichnet haben.

Ein Katalog von Themen

Worin besteht das „Welterbe Lübecker Altstadt"? Im Denkmalplan, dem vom Denkmalamt in Auftrag gegebenen Inventar, finden wir sieben Stichworte:
▷ Straßensystem,
▷ Stadtraum und Straßenbild,
▷ Block- und Parzellenstruktur,
▷ Brandmauern,
▷ Stadtsilhouette und Dachlandschaft,
▷ Stadtbefestigung und
▷ Hafen.

x
Als es noch einen Hafen gab am Rande der Altstadt. Vorn die ehemalige Brücke der Hafenbahn neben der Holstenbrücke, Foto etwa 1890.

In der Block- und Parzellenstruktur ist das Straßensystem, also der Grundriss der Stadt, bereits enthalten und Brandmauern und Dachlandschaft sind nur materielle Umsetzungen dieser Faktoren. Von der Stadtbefestigung stehen nur noch wenige Reste aufrecht. Der „hansische" Hafen am Westrand der Altstadt hat vollends aufgehört zu existieren. Soll man die umgrünte Wasserfläche als Denkmal ansehen? Die amtliche Aufzählung blendet dagegen die bedeutenden Großbauten sowie die gesamte Kirchenlandschaft völlig aus. Die Silhouette der sieben Türme (mit fünf in Betonsteinen neu errichteten Helmen) bietet davon nur einen einzigen Aspekt. Auch wenn die Sakralbauten der Denkmalhoheit der Amtskirche und nicht der städtischen Denkmalbehörde unterstehen, sind sie doch ein ganz wesentlicher Bestandteil des Welterbes „Altstadt von Lübeck". Die vielen Facetten, aus denen sich diese Denkmal-Landschaft zusammensetzt, lassen sich verschiedenen Betrachtungsebenen zuordnen.

1. Die Bedeutung für den **Städtebau** des hohen und späten Mittelalters äußert sich im neuartigen Grundriss der Altstadt. Man erkennt die Aufsiedlungsschübe, das System der Verbindungsstraßen zwischen Hafen und Märkten und versteht die Blockstruktur mit den erhaltenen Brandmauern als Auswirkungen des Lübischen Stadtrechts. Hinzu kommen technische Leistungen wie der Wakenitz-Stau, die Kai-Befestigungen und die Wasserleitungen.

2. In die **Architekturgeschichte** tritt Lübeck durch die Initiative Heinrichs des Löwen ein, der Dom und Burgmauer erstmals im Norden massiv aus Backsteinen errichten lässt. Diesem Beispiel folgt der Hausbau mit frühen Gewölbekellern und eigenständiger Fassaden-Gestaltung. Über den Dom-Chor und die Marienkirche wird die Hochgotik in den Ostseeraum eingeführt. Mit St. Marien, Rathaus, Heiligengeisthospital und Stadtbefestigung manifestiert der Rat seinen Führungsanspruch. Neben der Marienkirche stehen auch St. Katharinen und die singuläre Briefkapelle für weitgespannte internationale Beziehungen. Bis in die jüngere Neuzeit hinein bleibt Lübecks Haus- und Fassaden-Entwicklung innovativ. Aus den Formen der Häuser, ihren Abmessungen und aus ihrer Verteilung in der Stadt erschließen sich einstige Berufs- und Gewerbestrukturen.

3. In der Architektur werden Merkmale der **städtischen Gesellschaft** der Hansezeit deutlich. Sie zeigen sich besonders in der Kraft der Kirche, die sich aus Sorge der Menschen ums Seelenheil speist. Die den Bettelorden (Franziskanern und Dominikanern) aus Furcht vor dem Fegefeuer zufließenden Geldmittel ermöglichen den Mönchen ihre Leistungen für das Gemeinwohl. Noch wichtiger erscheint die Verbindung zwischen Kaufmannschaft und Stadtregierung. Die Wirtschaftskraft der führenden Familien finanziert nicht nur die repräsentative „Rats-Architektur", sondern zu großen Teilen auch die Versorgung Bedürftiger durch Stifte, Konvente, Frauenklöster und Armenwohnungen bis hin zu den nachreformatorischen Leistungen des „Staates" für Bildung und Fürsorge. Vom Wirken der einstigen Ämter (Zünfte) und Kompagnien finden sich im heutigen Lübeck nur noch wenige Spuren.

4. Den Rang **„lübeckischer Kunst"** erkennen wir heute sowohl in Wand- und Gewölbemalerei als auch in Bildhauerei, Schnitzkunst um und nach 1300. Um 1400 gilt Kunst-Import aus flandrischen und westfälischen Zentren als Ausweis geschäftlichen Erfolgs, während wir am Ende des Mittelalters mit der Kunst von Bernt Notke, Hermen Rode und Benedikt Dreyer wieder eine ausgesprochen Lübeck-typische Glanzzeit erleben. Mit den Terrakotta-Architekturen des Statius von Düren kann Lübeck schließlich einen überragenden Beitrag zur Renaissance im Norden vorweisen.

Auswahl und Gewichtung

Wenn wir uns in unserer Darstellung auf das Architektur-Erbe der Hansezeit beschränken, folgen wir damit der von der UNESCO gemeinten Schwerpunktsetzung. Das Welterbe „Altstadt von Lübeck" ist das gebaute Erbe. Eine angemessene Würdigung beweglicher Kunstwerke wie Altäre, Skulpturen usw. würde den Rahmen unseres Buches sprengen.

Links: Lübecker Straßen-
bild mit giebelständigen
Kaufmannshäusern:
untere Mengstraße.

Rechts: Lübecker Stra-
ßenbild: giebelständig,
aber nicht nur Kauf-
mannshäuser.
Große Altefähre.

Ein großes Problem stellte für uns die Auswahl dar. Was ist Welterbe am Denkmal „Altstadt von
Lübeck"? Die Marienkirche beispielsweise gilt als ein Bauwerk von Weltrang. Die Fachwelt schätzt
auch die Katharinenkirche und den Dom als recht bedeutend ein. Doch wie steht es mit den anderen Pfarrkirchen, mit St. Petri, mit der Jakobi- und der Ägidienkirche? Dass sie Teil der Lübecker Kirchenlandschaft sind und vieles zum historischen Gesamtbestand beitragen, steht außer
Frage. Die Bürgerhäuser sagen es noch klarer: Es gibt kein Haus in Lübeck mehr, das als Denkmal eine übernationale Bedeutung hat. Die Ausnahme wäre vielleicht die jetzt einzigartige Halle
der „Schiffergesellschaft". Aus späterer Zeit käme wohl auch das Behnhaus in Frage – aber ist
das noch „hansisch"? Die Bedeutung des Hausbestands für die hansische Geschichte lässt sich
eher daran ermessen, dass überraschend viele mittelalterliche und frühneuzeitliche Häuser in
ihrem städtebaulichen Umfeld erhalten oder durch Bilddokumente überliefert sind.

Zugunsten der Begriffs-Schärfung „Welt-Erbe" musste also gewichtet werden. Es galt, Bedeutendes hervorzuheben und weniger Bedeutendes zurückzustellen. Für ein solches „ranking" gibt
es keine objektiven Maßstäbe. Man kann nur die Darstellungen der jüngeren Forschung zu Rate
ziehen. Dabei wird der aufmerksame Leser bemerken, dass wir nicht nur bekanntes Wissen wie-
dergeben. Es gibt auch Neues, so zur Bau- und Wirkungsgeschichte der Marienkirche und zu
St. Katharinen, ebenso zum Rathaus und zur Entwicklung des Bürgerhauses. Die jedem Kapitel angefügte Literatur dient der Vertiefung und der Überprüfung. Ansonsten wurde durch Unterschiede in Textlänge und Würdigung versucht, der heiklen Aufgabe des „ranking" gerecht
zu werden. Es war ein schwieriges und zugegebenermaßen sehr anfechtbares Unternehmen.

Die einzelnen Kapitel unserer Darstellung beruhen auf der Serie „UNESCO-Welterbe Altstadt
von Lübeck – was ist das?" Die Beiträge erschienen in den „Bürgernachrichten" der BIRL (Bürgerinitiative Rettet Lübeck) zwischen 1997 und 2005. Fast ganz neu geschrieben, mit weitgehend neuem (wo möglich, farbigem) Bildmaterial und in sinnvoller Reihenfolge erscheint diese
Artikel-Serie nun als Buch.

Grundlage unserer Darstellung ist der **vorhandene Denkmalbestand**, soweit er aus Lübecks Zeit als „Haupt der Hanse" stammt. Um Lübecks einstiger Rolle als Zentrum der Architektur-Entwicklung im Ostseeraum gerecht zu werden, sind allerdings öfter Rückgriffe auf Verlorenes notwendig gewesen. Allzu viel ist in der gründerzeitlichen City-Bildungs-Phase vor und nach 1900 weggeräumt und 1942 durch einen Bombenangriff zerstört worden. Weitere aus heutiger Sicht vermeidbare Verluste sind dem Wiederaubau der 1950er und 60er Jahre sowie umfangreichen Abriss-Kampagnen bis in die 1990erJahre hinein anzulasten. Bilder von nicht mehr vorhandenen Bauten sind mit einem **X** gekennzeichnet.

X
Vergangenes altes Lübeck: Noch um 1880 gab es „hanseatischen" Handel und Wandel wie hier in der Schmiedestraße. Die Giebelfront Schmiedestr. 7 (rechts), gegen 1450/60 entstanden, war vermutlich die größte gotische Fassade Lübecks. Links anschließend (Nr. 9) ein neogotischer Speicher des späten 19. Jahrhunderts. Totalverlust 1942.

Muss noch gesagt werden, dass Baudenkmäler vom Leben der Menschen erzählen? Menschen haben die Häuser gebaut, sie haben in ihnen gelebt und gearbeitet. Menschen haben die Pläne von Kirchen und Klöstern erdacht, sie haben die Gewölbe gemauert und die Türme aufgerichtet. Baugeschichte ist Geschichte vom Menschen. Was diese Geschichte an bedeutsamen Spuren hinterlassen hat, ist uns zur Erhaltung anvertraut – und zur Weitergabe an zukünftige Generationen, die wie wir ein Recht auf Erinnerung haben. Zukunft ist ohne das Wissen um Vergangenheit nicht denkbar.

Summary

Instead of a foreword: An entire city as monument

In 1987 Lübeck was introduced as one of the first German towns into the `world heritage list´ of the UNESCO – owing to its buildings in the historic district, the Old Town, which show Lübeck's historic role as important centre of the Hanseatic League (`Hanse´).

Apart from the quality of its architecture archaeological findings are conserved in the wet underground. These give exemplary insights for the building and art history and in doing so to the economic and social history and the specific mentality of the times. For this reason Lübeck offers optimal means for scientific research.

Monuments are – generally spoken – invaluable witnesses of human history and thus authentic sources for research and illustration. The status of UNESCO – world heritage monument as of `first-class´-category requires great care and quality. The nomination by the UNESCO acknowledges Lübeck's importance as an `outstanding example of a Hanseatic Old Town´, showing more than other cities the power and historic role of the Hanseatic League.

The `world heritage Lübecker historic district´ is made up of many contributing aspects that can be allotted to four areas of examination:
1. The value of the urban design,
2. The architectural value,
3. The value for the urban community and
4. The impact of artwork in Lübeck.

The presentation in this book is restricted to the architectural heritage of the Old Town of the Hanseatic League and corresponds mainly to what the UNESCO has introduced into the heritage list.

A big problem was the `ranking´. Which qualifications were required for admission as world heritage needed to be defined. It had to be distinguished between outstanding architecture and works of less importance, altogether a difficult and debatable undertaking. Basis for presentation are the existing monuments as far as they originate from Lübeck's era as `capitol of the Hanseatic League´. Often recourse to the lost is necessary in order to understand Lübeck's historic role.

Planung, nicht „Wachstum": Noch heute ist im Lübecker Stadtbild ablesbar, wie im 12./13. Jahrhundert gemeinschaftliche Bau-Strukturen eingeführt und durchgesetzt wurden. Im Bild die zur Glockengießerstraße gerichteten Giebelhäuser mit hofseitigen Flügelanbauten; im Hintergrund (Tünkenhagen) eine traufständige Serienhaus-Reihe, davor der Dachfirst einer Ganganlage. Der Plan-Charakter äußert sich auch im Grundstücksgefüge: es ist weitgehend „orthogonal", d.h. vom rechten Winkel bestimmt.

Gründung, Aufsiedlung und früher Hausbau

Eine Stadt entsteht

In der Begründung für die Aufnahme Lübecks in die UNESCO-Liste wird von der hansischen Altstadt als „Architektur-Typ" gesprochen. Hansisch deshalb, weil die (zweimalige) Gründung Lübecks nur dank der Mitwirkung vermögender Fernhandelskaufleute möglich wurde. Diese „Investoren", aus der später die lübische Führungsschicht entstand, sind in Fernhandels-Genossenschaften organisiert gewesen, sogenannten Hansen. Fernhandel war zu jener Zeit ein Abenteuer voller Risiken und Gefahren. Da die Kaufleute ihre Waren zu Land und auf See begleiteten, mussten sie bewaffnet sein, um sich gegen Überfälle zur Wehr setzen zu können. Viele Kaufleute entstammten Beamten-Familien („Ministerialen") oder freien Geschlechtern und gehörten damit zum Niederadel.

Wie müssen wir uns Lübecks „Geburt" vorstellen?

Im 11. und 12. Jahrhundert hatte die Bevölkerung im Altreich stetig zugenommen. Die „innere Kolonisation" Europas setzte ein, viele bislang unbesiedelte Regionen wurden erschlossen und neue Städte entstanden. Der Bedarf an Rohstoffen und Waren wuchs. Im Norden blühte der Ostseehandel auf und verhieß der Region eine glänzende Zukunft. Kaiser Lothar III richtete seine machtpolitischen Ambitionen auf den dänisch und slawisch beherrschten südwestlichen Ostseeraum. Er knüpfte Beziehungen zu Fürst Heinrich, dem Herrn der slawischen Burg Alt-Lübeck am Unterlauf der Trave. Im Schutze Altlübecks bestand bereits eine blühende Siedlung von Kaufleuten aus Sachsen, Russland, Skandinavien und anderswo, die lebhaften Handel nach Gotland und darüber hinaus betrieben. 1111 setzte Lothar den Schauenburger Grafen Adolf I zum Herrn über Holstein ein. Adolf gelang es, die Slawengebiete zu befrieden.

Sein Nachfolger Adolf II gründete 1143 Lübeck an heutiger Stelle. Altlübeck, in den feuchten Schwartau-Wiesen gelegen, erschien ihm für seine Pläne offenbar zu wenig geschützt und nicht erweiterungsfähig. Die Halbinsel zwischen Wakenitz und Trave bot dagegen beste Entwicklungsmöglichkeiten. Über den Hügel verlief der alte Handelsweg vom sächsischen Bardowieck nach Norden. Adolfs Entscheidung bewies Weitblick – mit seiner Gründung im „Wendenland" spielte er ganz offensichtlich die deutsche Karte aus. Machtpolitisch war die Tür zur Ostsee offen.

Die als „civitas" bezeichnete Ansiedlung Adolfs lag wahrscheinlich im Bereich des heutigen Klingenberg. Dazu gehörte ein „forum", also ein Handelsplatz mit Marktrechten. Eindeutige archäologische Hinweise zur Lage der Adolfstadt wurden bislang noch nicht gefunden. Die nördliche Landenge ließ Graf Adolf durch Ausbau der übernommenen Burg Buku sichern. Entgegen verbreiteter Meinung ist Lübeck nicht „aus grüner Wurzel" entstanden. Tatsächlich war die von Wakenitz und Trave begrenzte Halbinsel zumindest in Teilen besiedelt. Auch zur slawischen Burg Buku gehörte ein suburbium, eine versorgende Siedlung mit differenzierter Arbeitsteilung. Beispielsweise gab es Töpfereien im Bereich der späteren Gröpelgrube, was eine mehrhundertjährige Kontinuität eines Berufszweigs an dieser Stelle bedeuten könnte (groper = Töpfer). Burg und Siedlung sind nur archäologisch erfasst. Auch an anderen Stellen des heutigen Altstadtbereichs sind Hinweise für slawische Besiedlungen gefunden wurden.

Heinrich der Löwe, Neffe Kaiser Lothars, sah wohl noch klarer als Adolf, dass der Besitz des Handelsortes Lübeck das Sprungbrett für die Eroberung und Beherrschung des südwestlichen

Ostseeraums sein würde. Seiner 1157 erfolgten „Neugründung" Lübecks ging voraus, dass er sich anstelle Adolfs zum Stadtherrn gemacht hatte. Heinrich baute Lübeck nun zielstrebig zu einem Zentrum seiner Landesherrschaft aus. Dazu setzte er Dienstleute ein, Adlige aus seinem Umkreis. Es wird angenommen, dass diese „Ministerialen" sich im Bereich der heutigen St. Annenstraße einrichteten (einst „Ritterstraße"), einige wohl auch in der Nähe der von Heinrich übernommenen Burg.

Stadtgründung kostet Geld. Also machte der Herzog sich die Finanzkraft der europaweit aktiven Fernkaufleute zunutze. Offenbar gestand er ihnen als Gegenleistung für ihre Investitionsbereitschaft Rechte zu, die ihnen Handels-Vorteile bringen würden. In diesen Rechten, in späteren Dokumenten als „iura civitatis honestissima" bezeichnet, sieht die Forschung die Grundlagen des späteren „Lübischen Rechts". Die führenden Vertreter der mit Heinrich verhandelnden Kaufleute werden vom Herzog als erste Groß-Grundstückseigentümer eingesetzt worden sein, d.h. sie werden große Flächen zukünftigen Baulands gegen Rechte und Pflichten „gekauft" haben (die komplizierten haberechtlichen Usancen des Hochmittelalters müssen hier nicht ausgeführt werden, vgl. Literatur: Rolf Hammel-Kiesow). Den Ausbau zum befestigten Stützpunkt der Landesherrschaft schloss Heinrich 1160 mit der Verlegung des Bistums von Oldenburg nach Lübeck ab. Damit waren die Gründung des Domes und des Adelsklosters St. Johannis 1171 verbunden. Domgeistlichkeit und Kloster erhielten eigenen Grundbesitz.

Parallel-Straßenplan und Blockstruktur

Heinrich ließ nicht die alte Siedlung Graf Adolfs wiederaufbauen. Er verlegte das „forum" der Adolfstadt an die Stelle des heutigen Markts. Die „civitas", die neue Bürgerstadt, entstand auf dem Sandsporn, der vom Hügelrücken in Höhe des späteren Markts bis zum neuen Hafen am Fuß der heutigen Alfstraße hinunterreichte (Adolfs Hafen lag vermutlich unterhalb des Petrihügels). Trotz der rabiaten Eingriffe nach den Zerstörungen des 2. Weltkriegs lässt sich im Stadtplan bis heute ablesen, wie das Gelände zwischen Trave und Wakenitz sowie zwischen heutiger Mengstraße und Holstenstraße erschlossen wurde. Nach allem, was man bis jetzt weiß, muss diese Kernstadt bereits in den 1160- und 70er Jahren nach einem vorbedachten funktionalen Konzept zu einer geschlossenen Figur zusammengefügt worden sein. Man hat darin eine der ersten „Gründungsstädte" der mittelalterlichen Städtebaugeschichte gesehen. An den schon im späten 12. Jahrhundert fixierten Kirchspielgrenzen ist in Ansätzen noch erkennbar, dass die Besiedlung zunächst von Westen nach Osten verlief. Fixpunkte der weiteren Entwicklung waren der neue Hafen unterhalb der heutigen Fisch-, Alf- und Mengstraße, das vier Baublöcke große Markt-Areal mit der Marktkirche, das 1171 an der Wakenitzseite gegründete Johanniskloster sowie die seit Graf Adolf am Klingenberg vorhandene Wegestruktur mit der bereits 1170 er-

Bergen, „Bryggen", schematisierter Grundriss (nach einem Plan von 1702). Auf den Hafen sind Einzelhäuser mit langen hofseitigen Anbauten gerichtet. Dazwischen lange Wirtschaftswege. Erhalten bis heute bzw. nach Brand 1955 rekonstruiert nur der große Block links. Die Bryggen sind im Laufe des Mittelalters stetig durch Aufschüttung in den Hafenbereich hinein erweitert worden.

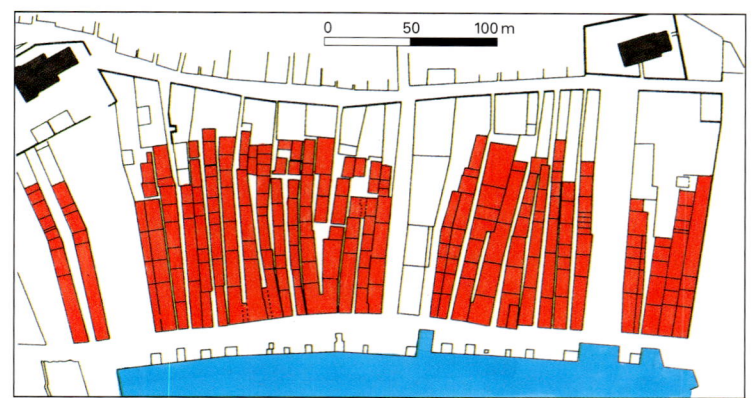

wähnten Petrikirche. Erstaunlich ist die Größe des neuen Marktes, eine offenbar zunächst ungeteilte Fläche zwischen der heutigen oberen Mengstraße (Bäckerbuden) und dem Kohlmarkt, der Breiten Straße („Heumarkt") und den Schüsselbuden.

Im damals fixierten Wege-Raster vereinen sich auf innovative Weise zwei Grundriss-Typen. Zunächst wird eine Folge von parallel auf den Hafen zulaufenden Wegen deutlich. Man kennt diese Anlage aus Flussufer-Siedlungen, etwa von den Rheinfronten in Köln und Kampen und den Themse-Arealen in London, aber auch aus dem Ostseeraum (Wisby, Stockholm). Die „Bryggen" in Bergen bewahrt das Muster in kompakter Form bis heute: Zwischen den einzelnen Häusern, die mit der Giebelseite zum Hafen gerichtet sind und sich mit langen Anbauten ins Rückwärtige fortsetzen, liegen dort extrem schmale Gassen, die dem Wirtschafts-Verkehr dienten, eher eine Kamm- als eine Fächerstruktur. Es liegt auf der Hand, dass bei diesem System nur eine begrenzte Zahl von Hausstellen von der vorteilhaften Lage direkt an der Hafenfront profitiert. Entgegen dieser Tradition ist in Lübeck ein großzügiges Blockmuster zu sehen, das von binnenstädtischen Neugründungen angeregt sein dürfte. In der rationalen Rechtwinkligkeit steckt offensichtlich ein Stück Erinnerung an die antike Städtebautradition Griechenlands und Roms.

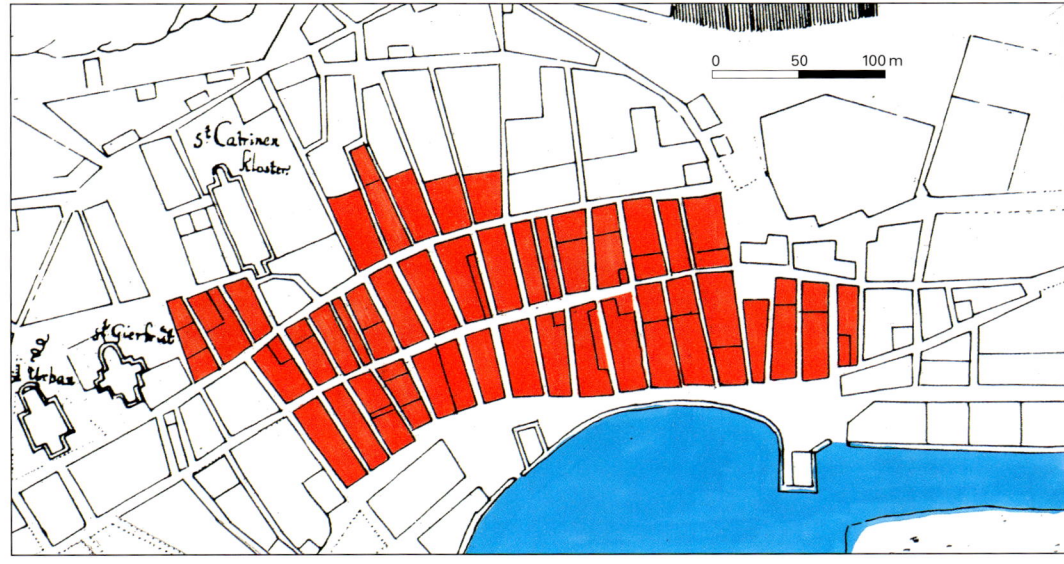

Wisby. Auf den Hafen gerichtete Grundstücke wie in Bergen, jedoch kompakter und durch Querstraßen begrenzt. Es handelt sich nicht um „Baublöcke", sondern um Hof-Areale, auf denen ein Steinhaus mit Anbauten stand (nach dem Stadtplan von Johan Meyer 1646, Ausschnitt).

Neu am Lübecker Plan ist der Maßstab-Wechsel: Der kleinteilige Parallel-Straßenplan von Bergen ist ins Monumentale vergrößert. Die vom Hafen hügelauf führenden Wirtschaftswege liegen in Lübeck viel weiter auseinander als in Bergen oder Wisby. Zwischen den Wegen ergeben sich dadurch große Flächen zukünftigen Baulands. Vermutlich zum ersten Mal wurde hier die einseitige Ausrichtung auf die Hafenfront recht bald zugunsten einer zweiseitigen Ausrichtung auf die zum Hafen führenden neuartigen Hauptstraßen aufgegeben. Zweiseitig, weil die Baulandflächen (Blöcke) schon früh, wohl schon vor 1200, auch in Längsrichtung geteilt wurden: Die in den Blockhälften durch weitere Teilung entstehenden Grundstücke richteten sich somit nur auf die eine oder die andere Längsseite des Blocks, entweder auf die Mengstraße, um ein Beispiel zu nennen, oder auf die Alfstraße. Damit konnten jetzt viel mehr Interessenten als beim älteren „System Bergen" von einer wirtschaftlich günstigen Lage profitieren. Der Vorteil bestand jetzt darin, dass die Hausstellen gleichberechtigt an den Wirtschafts-Magistralen zwischen Hafen und Markt gelegen waren. Dieser Grundrisslösung, ganz offensichtlich vorausschauendem Grundbesitzer-Kalkül zu verdanken, gehörte die Zukunft.

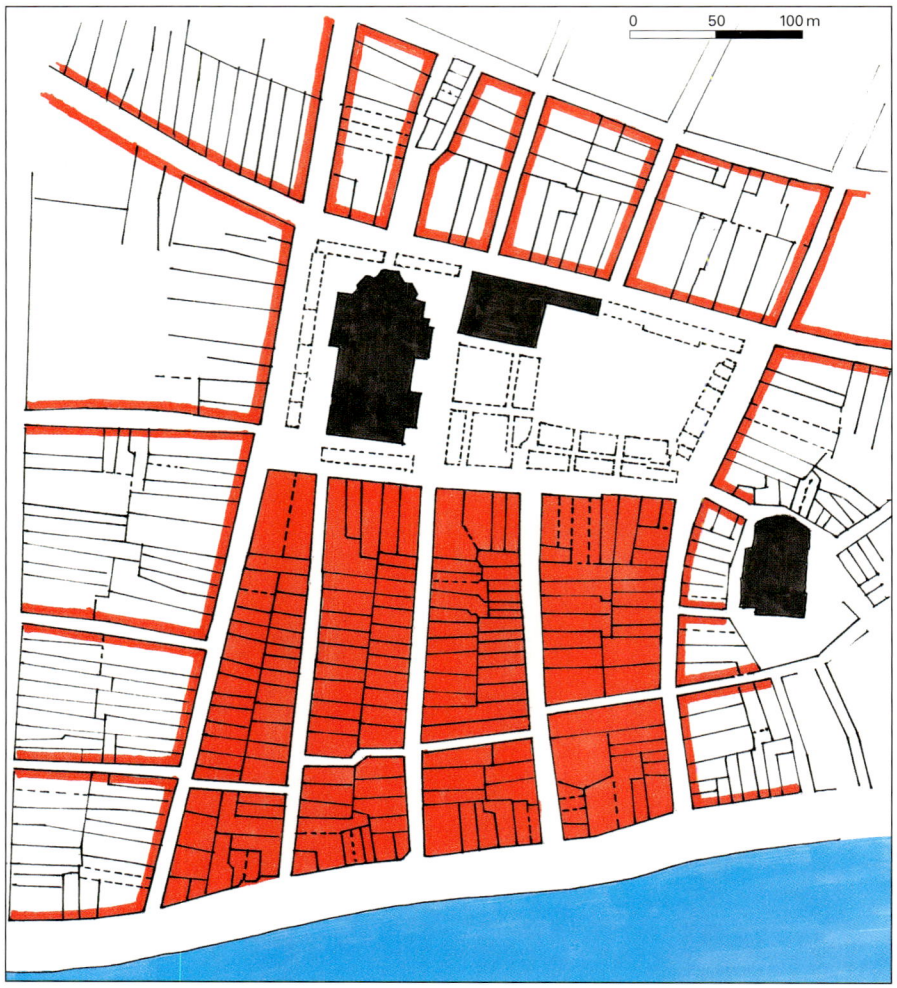

Lübeck, die civitas um 1300 (Rekonstruktion des Grundstücksgefüges nach Rolf Hammel-Kiesow). Rot hervorgehoben die unter Heinrich dem Löwen und seinen ersten Nachfolgern geschaffene Blockstruktur. Der Plan-Charakter ist eindeutig. Sowohl die unterschiedlich breiten Parzellen als auch die keineswegs immer gerade durchlaufende mittlere Blockgrenze widerlegen die alte These vom „Einheitsgrundstück".

Dringlichstes Ziel der Stadt-Entwicklung während der Stadtherrschaft Heinrichs des Löwen und seiner Nachfolger scheint gewesen zu sein, zuerst den an den trockenen Sporn zwischen (späterer) Meng- und Fischstraße verlegten Hafen mitsamt dem dort florierenden Hafenmarkt durch Straßenzüge mit dem „forum", dem entstehenden Detail-Markt oben auf dem Hügel zu verbinden. Die Vermessung, die nur schrittweise erfolgen konnte, war vermutlich Arbeit von Fachleuten. Ob diese im Auftrag des Herzogs bzw. seines Nachfolgers vonstatten ging oder ob sie nicht doch in der Hand der führenden Großgrundbesitzer lag, ist nicht zu sagen. Vermutlich „zog man an einem Strang". Wie breit die vom Markt zur Trave hinunterführenden Straßen anfangs gedacht waren, lässt sich anhand ergrabener hölzerner Bauten von 1190/1200 nur schätzen. Die zunächst weitgehend locker ins Gelände gesetzten Holzhäuser standen aber bereits innerhalb der fixierten Block-Grenzen. So entstand die Grundfigur des später sogenannten Gründerviertels.

Der Großbesitz wurde recht schnell aufgeteilt und an Interessierte weitergegeben – durch Verkauf, Vermietung oder Pfand, wobei die erstbesitzenden Investoren die repräsentativen Eckgrundstücke oft in Eigenbesitz behielten. Die Grundstücksbreiten lagen zwischen sieben und zehn Metern. Wenn im heutigen Kataster mehrere Grundstücke gleicher Breite aufeinander folgen, ist dies eher ein Hinweis dafür, dass es hier im Zuge der Aufsiedlung eine gewerbsmäßige Bebauung durch einen „Unternehmer" gegeben hat (vgl. S. 43/45). Das von der Forschung früher vermutete „Einheitsgrundstück", dessen Maß der Stadtherr festgelegt haben soll, hat es nie gegeben.

Tr. Fl. St. 15   Pl. № 16 Holstentor u. Trave . Lübeck 11.8.19. H. 800 Br. 25

X
Bis 1942 konnte man die mittelalterliche Parzellenstruktur des Lübecker „Gründerviertels" an den Hausreihen in überwältigender Klarheit ablesen – schön aus der Luft („Zeppelinbild" von 1919).

Bald nach 1200 hat es schon Aufreihungen giebelständiger Holzhäuser an den zur Trave hinunterführenden Straßen gegeben, aber noch einzeln stehend, mit Zwischenräumen. Die 1240/50 verstärkt einsetzende Neubau-Phase mit Ziegelsteinen fixierte dann die Baufluchten entsprechend dem „Lübischen Recht" und damit die Straßenbreiten endgültig, in weiten Teilen der Altstadt bis heute.

Ein neuer Stadtplan setzt sich durch

Der Markt und Hafen verbindende Raster parallel laufender Straßen, in dem man auch einen „fünf-Finger-Plan" sehen mag (die fünf Finger sind die Mengstraße, Alfstraße, Fisch-, Braun- und Holstenstraße, seit dem frühen 13. Jahrhundert so benannt), wiederholte sich zunächst in Lübeck selbst: Während der Dänenzeit 1202–1225 bestimmte es den wie ein Fächer sich aufweitenden Plan der neuen Siedlungsflächen zwischen dem Koberg und der Untertrave. Eine ähnliche Struktur zeigen die neuen Quartiere an der Obertrave. Damals ließ König Waldemar die gesamte Halbinsel ummauern. Auch die Sumpfgebiete wurden eingeschlossen (vgl. Neues Bauland, S. 28). Mit dieser ersten Gesamt-Befestigung Lübecks reagierte der dänische Stadtherr womöglich auf die zunehmende Opposition der norddeutschen Fürsten.
Der Parallel-Straßenplan wurde 1231 in Elbing in vergleichbarer Form wiederholt, was nicht verwundern muss: Elbing (heute Elbląg) entstand bekanntermaßen durch tatkräftige Initiative lübischer Kaufleute. Auch in Greifswald lässt sich ein mit Lübeck verwandtes Muster erkennen, ähnlich in Rostock, auch noch in der erst 1335 vom Deutschen Ritterorden gegründeten

Danziger Rechtsstadt. In Stralsund tragen sowohl die 1234 begründete Altstadt als auch die Neustadt Züge des erstmals in Lübeck verwirklichten Schemas. Ob man den Lübecker Plan nun als „Exportgut" bezeichnen möchte oder nur als allgemein zeittypisch und zukunftweisend, ist eigentlich unerheblich.

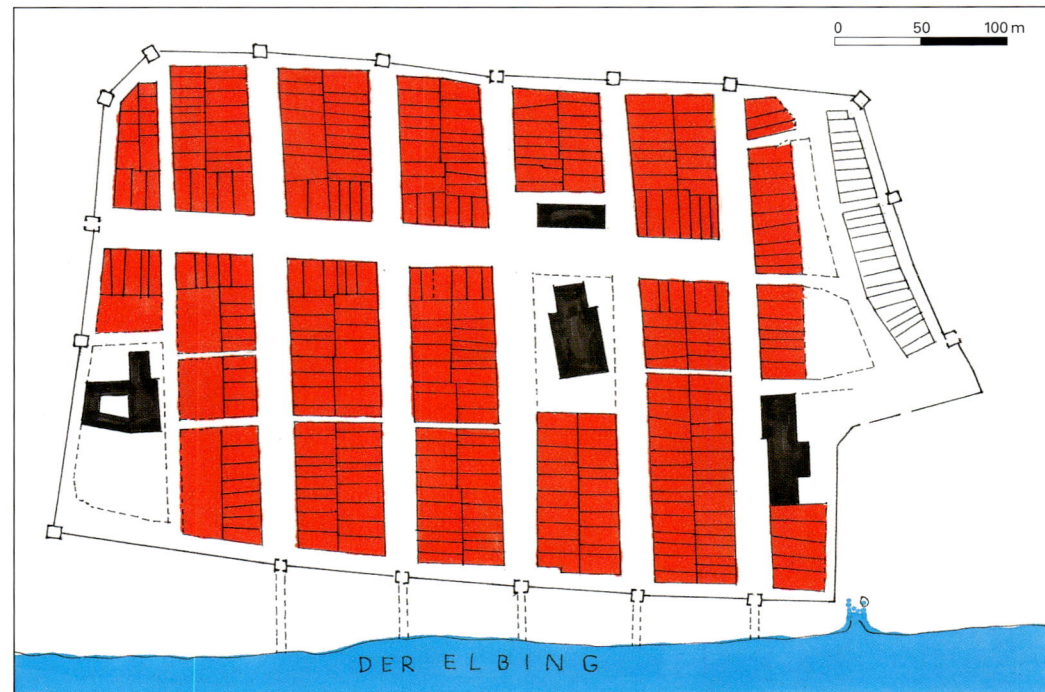

Elbing (Elbląg). Zweigeteilte Blöcke mit schmalen Parzellen, die auf die zum Hafen (Elbing-Fluss) verlaufenden Straßen gerichtet sind – eine mit dem Lübecker Plan vergleichbare Form (schematisierte Rekonstruktion nach Karl Hauke).

DER ELBING

Lübisches Recht und Baufluchtgebot

Straßen-Anlage und Hausbau waren auch im Mittelalter durch Rechts-Vorschriften geregelt. Das ältere in Norddeutschland geltende sächsische Landrecht, um 1225 im „Sachsenspiegel" noch einmal formuliert, scheint bereits im 12. Jahrhundert langsam durch aufkommendes Stadtrecht abgelöst worden zu sein, so in neu gegründeten Städten wie Lübeck. Aus dem Sachsenspiegel stammt vermutlich das Gebot, dass Häuser einschließlich des Kellers nur drei Geschosse hoch, also nicht turmartig sein durften, eine noch im 13. und 14. Jahrhundert auch in Lübeck befolgte Vorschrift.

Bis 1189 gingen die in den vier „Stadtteilen" Bürgerstadt, Burg, Ministerialen-Siedlung, Dom- und Klosterbereich geltenden unterschiedlichen Rechtsnormen in einem einheitlichen Recht auf. Grundlage waren die mit Heinrich dem Löwen für die Bürgerstadt ausgehandelten „iura civitatis honestissima". Der sich bildende Rat ließ dieses Recht erweitern und präzisieren. Um 1225 lag es als „codex" erstmals in schriftlicher Form vor. Es wurde nachfolgend als „Lübisches Stadtrecht" von mehr als 100 Städten vorwiegend im südlichen Ostsee-Küstenbereich und im anschließenden Binnenland übernommen. Es überstand mehrere Revisionen, zuletzt 1586 und überdauerte in dieser Form bis ins 19. Jahrhundert. Seine Bauvorschriften betreffenden Aussagen wurden in Lübeck erst 1874 von einer Variante des Preußischen Baurechts abgelöst.

Eine entscheidende baurechtliche Aussage des Lübischen Rechts ist das Baufluchtgebot. „Wenn einer abbrechen und neu bauen will, so soll er Maß und Schnur von den Ratmannen holen, an die Straße anlegen und danach bauen...".

Um Baufluchten, Grenzen festlegen zu können, muss man geklärt haben, was öffentlicher und was privater Boden ist. Es muss auch verabredet worden sein, dass öffentlicher Boden nicht privat überbaut werden darf. Der öffentliche Straßen- und Platzraum gehörte anfangs noch dem Stadtherrn. Mit der Anmaßung stadtherrlicher Rechte nach 1226 wurde der Lübecker Rat Grundherr der Stadt und konnte dann auch die Gesetze und Verordnungen erlassen.

Gegen 1230/40 setzte die Versteinerung der jungen Siedlung ein. Das hölzerne Lübeck wurde nach und nach durch massiv in Backstein errichtete Häuser ersetzt. Um 1300 standen an den Straßen bereits über 1.000 Steinhäuser in durchlaufenden Fluchten, Dokumente nicht nur der baurechtlichen Vorschrift, sondern des beispiellosen Aufstiegs infolge einer lange anhaltenden Wirtschaftsblüte.

Ausschnitt aus dem Stadtprospekt des Elias Diebel von 1552. „Durchlaufende Baufluchten, geschlossene Bebauung und der flächige Fassadencharakter wurden von Elias Diebel ebenso deutlich hervorgehoben wie er die Giebelständigkeit als vorherrschendes Prinzip betonte ..." (J. Holst).

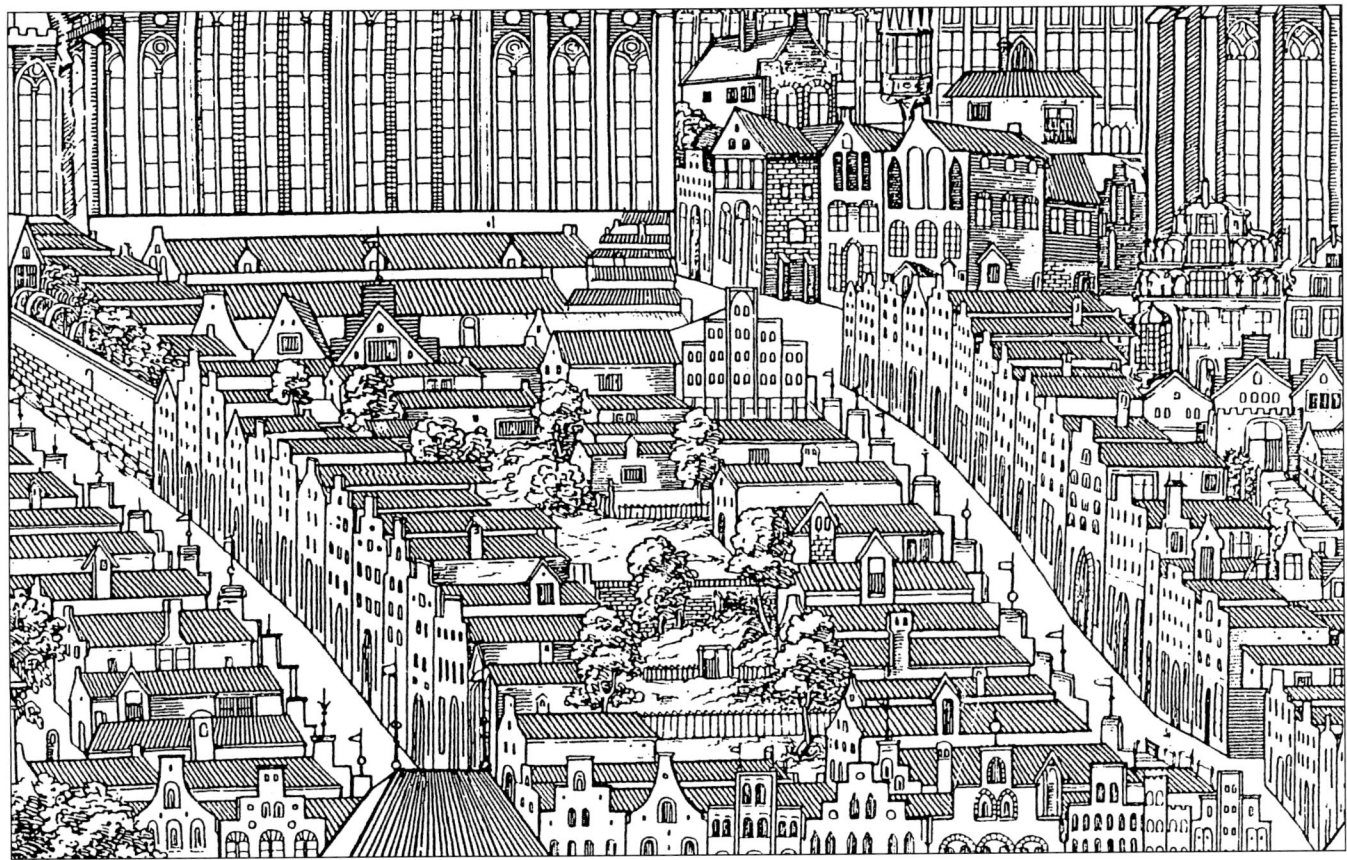

Literatur

Hammel-Kiesow, Rolf: Neue Aspekte zur Geschichte Lübecks: von der Jahrtausendwende bis zum Ende der Hansezeit. Die Lübecker Stadtgeschichtsforschung der letzten zehn Jahre (1988–1997). In: Zeitschrift des Vereins für Lübeckische Geschichte und Altertumskunde Bd. 78 (1998), S. 47–114.
Hammel-Kiesow, Rolf: Die Entstehung des sozialräumlichen Gefüges der mittelalterlichen Großstadt Lübeck. In: Die Sozialstruktur und Sozialtopographie vorindustrieller Städte. Berlin 2005. S. 139–203.
Holst, Jens Chr.: Lübisches Baurecht im Mittelalter. In: Arbeitskreis für Hausforschung (Hrsg.), Historischer Hausbau zwischen Elbe und Oder (= Jahrbuch für Hausforschung Band 49), Marburg 2002. S. 115–182.
Nawrolski, Tadeusz: Probleme archäologischer Untersuchungen der Altstadt in Elbing. In: Archaeologia Elbingensis Vol. 1, Gdansk 1992. S. 45–50. Vgl. in dieser Publikation auch Beiträge von Grazina Nawrolski und Roman Czaja.
Spethmann, Hans: Der Stadthügel zur Zeit von Lübecks Gründung. In: Mitteilungen der Geographischen Gesellschaft 46, Lübeck 1956. S. besonders S. 142 ff.

Summary

A FOUNDING, SETTLEMENT AND EARLY BUILDING ACTIVITIES

A town is founded – a not seldom event in the Middle Ages

The `Hanseatic Old Town´ is regarded as a specific architectural archetype as justification for Lübeck's entry into the UNESCO-listing. `Hanseatic´, because the two-time founding of Lübeck was enabled with the help of wealthy merchants, who were organised in trade unions, the so-called `Hanse´. Many of these `investors´ belonged to the lower aristocracy and later became the governing class.

In the 11th und 12th century the southern Baltic Sea area became focus of German expansionist politics. Emperor Lothar III installed in 1111 count Adolf I of Schauenburg as lord over the province of Holstein. His successor Adolf II founded Lübeck at its present locality in 1143, amidst Slawic territory. The peninsula between Wakenitz and Trave offered very good opportunities for urban development.
Henry the Lion, nephew of emperor Lothar, saw the potential of Lübeck as central hub of the area along the Baltic Sea. He installed himself as city lord replacing Adolf and re-founded the town of Lübeck in 1157, which he established as centre of his new rule. He attracted the merchants as investors. In return he granted them rights giving them financial advantages. These rights are regarded as basis for the subsequent `Lübish Law code´. They are also the basis for the following self-government by the town council.

In spite of the destruction during World War II the core city represents till today one of the

first planned cities of medieval urban history. Market, churches, buildings of commerce and housing form a compact urban figure. Initially the settlement proceeded from west to east before spreading north-southwards later. Fixed points for implementing the devised plan were the vast market-area with the market church, the harbour below Alfstraße, the Johannis-monastery along the Wakenitz, founded in 1171, as well as St. Peter's church. After 1160 the southern end of the peninsula was allotted to the clergy.

The urban layout is derived from a town structure known from older settlements on the Rhine and on the Baltic Sea (Wisby). The buildings point their gable walls towards the harbour with long extensions to the rear side of the lots. `Tyske Bruggen´ in Bergen has preserved the same pattern till today. In this urban pattern only few buildings benefit from the good location on the harbour front.

In Lübeck this urban plan of Bergen is enlarged to a monumental scale. Between the `fingers´ of this pattern lie tremendous areas of building land, creating a new kind of block pattern. The one-sided orientation towards the harbour was replaced by a two-sided orientation towards the internal streets leading to the harbour. Two-sided, because the properties were divided up lengthwise very early, probably before 1200: the new lots faced either side of the block, doubling the amount of available lots along the streets. In this manner more potential buyers could benefit from a favourable economic location than with the older system.

During the reign of Henry the Lion and his successors the harbour market on the Trave was connected to the emerging market on the hill by a network of straight streets. Thus the nearly orthogonal figure of the so-called `Gründerviertel´ (quarter of the town founders) was established. The owners of these housing-blocks belonged to the mercantile elite, the investors. This real estate was divided up and sold to interested parties. The representative cornerlots often remained in the hands of the original owners. Already around 1200 there were long rows of gable-ended wooden buildings along the streets leading to the Trave.

The scheme of a street network connecting market and harbour was applied again in Lübeck: during the occupation by the Danes (1202–1225) it determined the plan for the `new town´ between the Koberg and the lower Trave; in similar manner the new housing development on the upper Trave. In the following new foundings of settlements along the Baltic Sea similar urban layouts can be found. The plan is less an exported item than generally a typical and trend-setting urban design of the time.

On the basis of privileges negotiated with Henry the Lion and confirmed and expanded by succeeding lord mayors, the town's leading class developed a distinctive civic jurisdiction. This was the beginning of the `Lübish Law code´. With the take-over of legal powers after 1226 the council of Lübeck became the town's landlord. The council could now establish legal regulations for dealing with real estate. A decisive element of the building code in the `Lübish Law code´ is seen in the lineup of the facades along the public streets. `If someone intends to tear down and build a new building, he shall fetch meter and rope from the councilman, align it with the street and build accordingly…´.

In the building period with brick masonry, beginning after 1240, the alignment of the facades was determined according to this `Lübish Law code´. Hereby the width of the streets was defined, in wide parts of the old town till today. Around 1300 over 1.000 brickhouses had already been erected, lined up with continuous frontages, due not only to the building code, but also to the rise of Lübeck resulting from a long phase of economic growth.

Heiligengeistkirche, Südseite. Um 1285 errichtet, von vorzüglicher Ausführung, mit bestem Stein-Material: im 2:1-Verband, jeweils zwei Läufer und ein Binder folgen aufeinander, mit einigen durch den kurzen Abstand zwischen Mauerecke (rechts) und Fensterprofil bedingten Ausnahmen. Das Fugenbild erscheint senkrecht betont, weil die Binderköpfe übereinander liegen. Erkennbar sind auch die zugesetzten Gerüstlöcher.

Vom Holz zum Backstein

Ein wesentliches Argument für die Aufnahme Lübecks in die UNESCO-Welterbeliste konnten die Archäologen anführen: sie hatten in groß angelegten Grabungs-Kampagnen grundlegend neue Erkenntnisse über das „hölzerne Lübeck" der Jahrzehnte nach der Privilegierung der Siedlung durch Heinrich den Löwen gewonnen. Alle Bauwerke der Frühzeit, Kirchen, Kai-Befestigungen an der Trave, Palisaden, Häuser, Begrenzungszäune usw., bestanden aus Holz. Von diesem hölzernen Lübeck ist überirdisch naturgemäß nichts zu sehen. Wir erinnern deshalb hier in Kürze nur an die Befunde, die für die weitere bauliche Entwicklung Lübecks wichtig waren.

Die ersten, im Grundriss langrechteckigen Häuser im Aufsiedlungsgebiet zwischen Markt und Hafen waren anscheinend Pfostenbauten; d.h. das tragende Gerüst bestand aus in die Erde eingegrabenen Rundhölzern. Vielleicht sind diese Pfosten nur als Gründung zu verstehen. Denn nahezu gleichzeitig, spätestens ab 1180/90 gab es komplizierte Konstruktionen aus Vierkant-Balken, an denen technisch anspruchsvolle Holz-Verbindungen wie Einzapfung, Verblattung, Einkämmung, Einfälzung usw. die Regel waren. Das entsprach dem Entwicklungsstand im Westen des Reiches. Einige in dieser hochstehenden Technik errichteten, im Grundriss annähernd quadratischen Häuser waren kellerartig in den Boden eingetieft und haben zwei oder drei Stockwerke besessen. Die Wände bestanden aus Bohlen. Befunde für diesen Haustyp wurden vorwiegend in Grundstücksmitte ergraben. Näher zur Straße haben größere, schmalrechteckige Häuser gestanden.

Damit bildete sich in den erstbesiedelten Baublöcken zwischen Trave und Wakenitz ein spezifisch städtisches Bebauungsgefüge heraus. Mit den eher schmalen Hauskörpern auf einem langen, ins Rückwärtige weisenden Grundstück deutete sich hier eine bürgerliche Besiedlungsform an. Ganz anders die Höfe des Dom-Klerus und einiger landbesitzender Adliger im Südosten der Stadt, Nachfolger der Ministerialen Heinrichs des Löwen. In der breit gelagerten Querform ihrer Höfe konservierte sich eine ländliche Tradition. Auch die späteren Stadthöfe der Klöster und die „Wehden", also Pfarrhäuser der großen Kirchen, bewahrten die breite Querform.

Unter dem steinernen Lübeck liegt das hölzerne: Im feuchten Boden unter einem Trümmergrundstück an der oberen Fischstraße hatten sich die Fußschwellen eines Hauses vom Ende des 12. Jahrhunderts konserviert. Lübecks archäologischer Untergrund ist Teil des UNESCO-Weltkulturerbes. Dennoch wurde das Grabungsgebiet unterhalb der Marienkirche zugunsten einer großflächigen Neubebauung aufgegeben.

Von einem Rähm-Bohlenhaus von etwa 1190 ist eine Fußschwelle erkennbar. Darüber die mit Findlingen fundamentierte Brandmauer des Steinhauses aus der Mitte des 13. Jahrhunderts. Die Zimmermannstechnik ist Import aus dem Westen. Vorn ein in jüngerer Zeit in den Kellerboden eingelassenes Gefäß.

Die beiden vorherrschenden Bau-Muster, die Kombination aus einem gestreckt-rechteckigen und einem eher quadratischen Haus, waren offenbar in den Herkunftsgebieten der Lokatoren und Siedler üblich. Es sind Bauformen, die der Niederadel in West- und Ostfalen, am Niederrhein und in Sachsen für seine Wirtschafts- und Wohnbauten einsetzte. Der Import dieser Haustypen ins frühe Lübeck ist einfach zu erklären. Viele Mitglieder der Führungsschichten stammten, wie erwähnt, aus dem Niederadel. Auch mit zunächst notgedrungen minderem Baumaterial baute man standesgemäß.

Neues Bauland

Lübeck entwickelte sich schnell zur „boomtown" des Nordens. Die Flächen auf dem sandigen Stadthügel oberhalb des Hafens müssen bereits gegen 1200 bebaut gewesen sein. Für zuströmende Interessenten wurde Grund und Boden knapp. Man begann daher damit, die Sumpfgebiete nördlich der hoch gelegenen Gründerstraßen zwischen Markt und Hafen und südlich der heutigen Holstenbrücke zu Bauland zu machen. Im späten 13. Jahrhundert kamen noch die Sumpfgebiete im Nordosten der Stadt hinzu. Eine technisch und logistisch eindrucksvolle Leistung: Baumstämme wurden per Hebezeug in einem Raster angeordnet und mit eingerammten Pfählen gegen das Ausweichen gesichert. Die Zwischenräume verfüllte man nachfolgend mit Erdreich, Bauschutt und Abfällen. Das dauerte Jahre, weil es in mehreren Lagen gemacht werden musste. Die auf dem so gewonnenen Land eingemessenen Blöcke sind insgesamt etwas tiefer geschnitten als die Blöcke aus der ersten Aufsiedlungsphase. Der Name „Grube" verrät bis heute, welche Straßen über aufgeschüttetem ehemaligem Sumpfgelände liegen: die neuen Straßen besaßen mittig einen Entwässerungsgraben („fossa" = Graben). Wohl auch deshalb sind die Straßen im unteren, bereits flachen Teil auffallend breit. Mit den neu erschlossenen Arealen ist Lübeck die größte Stadtanlage im Norden.
Die Bauland-Gewinnung war sicherlich eine gemeinschaftliche Leistung. Noch gab es keinen Rat, der sie hätte organisieren können. Vielmehr dürfte der Dänenkönig während seiner Stadtherrschaft 1202–1226 ein großes Interesse daran gehabt haben, die neu erschlossenen Bereiche am Koberg mit dem erweiterten Hafen an der Trave zu verbinden. Vermutlich ist die Anlage

des Kobergs samt der von ihm ausgehenden Straßen als planmäßig angelegte dänische Neustadt zu werten. Daran wird ersichtlich, welchen strategischen Wert Waldemar der jungen Siedlung als „offene Tür" ins Reich hinein beimaß. Die dänische Stadtherrschaft ist für die frühe Entwicklung Lübecks außerordentlich förderlich gewesen.

Der Backstein kommt ...

... mit zunächst wenigen, aber bedeutenden Einzelwerken. Der von Heinrich dem Löwen mitfinanzierte Dom-Neubau ist eine technologische Großtat, die sehr wahrscheinlich auf Beziehungen des Herzogs zu Italien, namentlich zur Stadt Mailand beruht. Heinrich beabsichtigte offenkundig, den neuen „roten Kunststein" als Demonstration herzoglicher Macht einzusetzen (s. Der Dom – Denkmal der Kolonisation. S. 100). Ebenfalls in die Backstein-Frühzeit gehört die Burg des Herzogs auf der nördlichen Landenge. Sie ersetzte die Burg Adolfs, die wiederum auf eine slawischen Burg zurückging. Als Heinrich seinem Kaiser Friedrich I Barbarossa die Gefolgschaft verweigerte, zog Friedrich mit einem Heer nach Lübeck herauf. Heinrich ließ den einzigen Landzugang Lübecks mit einem Verteidigungsbauwerk sperren. Hinterlassenschaft dieses Bemühens ist die noch heute stehende Burgtor-Mauer. Heinrichs Mauer war beim Eintreffen des kaiserlichen Heeres 1181 nicht fertig; sie stand nur bis zu einer Höhe von drei Metern aufrecht. Heinrich zog es daher vor „zu entweichen". In den nachfolgenden Auseinandersetzungen nahm der Kaiser die Stadtherrschaft an sich.

Die Lübecker „Heinrichsmauer" ist mit Burg- und Stadtmaueranlagen Italiens und Frank-

Sogenannter Kaiserturm der Burgtor-Front von Nordwesten. Bis in etwa drei Meter Höhe stammt das Mauerwerk aus der Baumaßnahme Heinrichs des Löwen 1180/81.

Mauerwerk aus der Zeit Heinrichs des Löwen: die unteren Meter der Burgtor-Mauer. Die Lagerfugen, z. T. noch mit originalem Hochbrandgips-Mörtel, sind breiter als die Stoßfugen. Diese Betonung der Horizontalen ist ein italienisches Erbe.

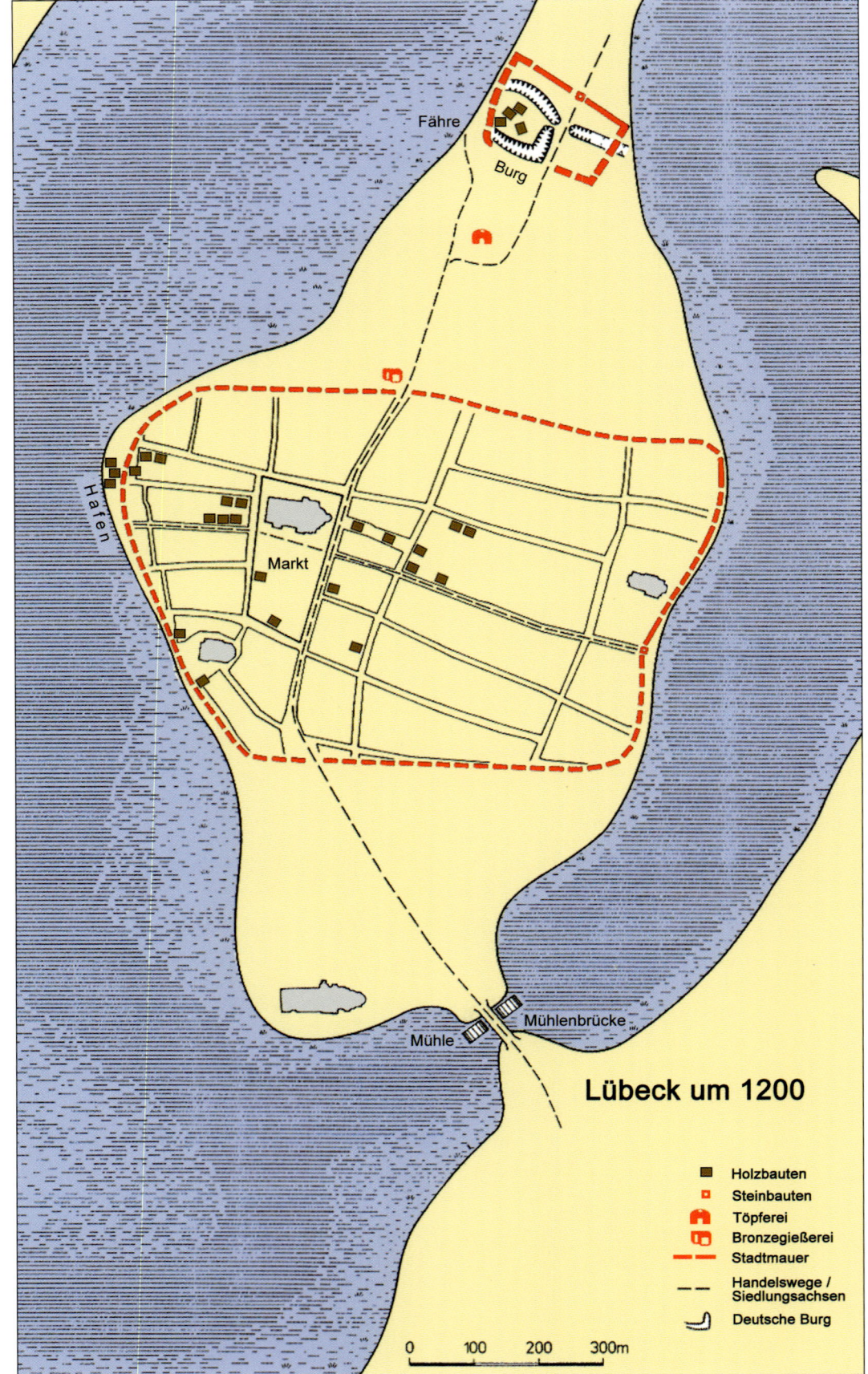

Eine Hügelkuppe inmitten eines Sumpflands, durch das Trave und Wakenitz mäandern – so war die Ausgangslage der colonia Lübeck, die Heinrich der Löwe zielstrebig zu einem Zentrum seiner Landesherrschaft ausbaute.

bebaubares Land

Sumpf- u. Wasserflächen. Eingezeichnet archäologische Befunde, die Datierungen „bis 1200" ergaben. Kirchen bereits in der späteren Ausdehnung. Zeichnung: Bereich Archäologie der Hansestadt Lübeck.

Fähre

Burg

Hafen

Markt

Mühle   Mühlenbrücke

Lübeck um 1200

■ Holzbauten
□ Steinbauten
⌂ Töpferei
⌂ Bronzegießerei
▬ ▬ Stadtmauer
- - - Handelswege / Siedlungsachsen
⌐ Deutsche Burg

0   100   200   300m

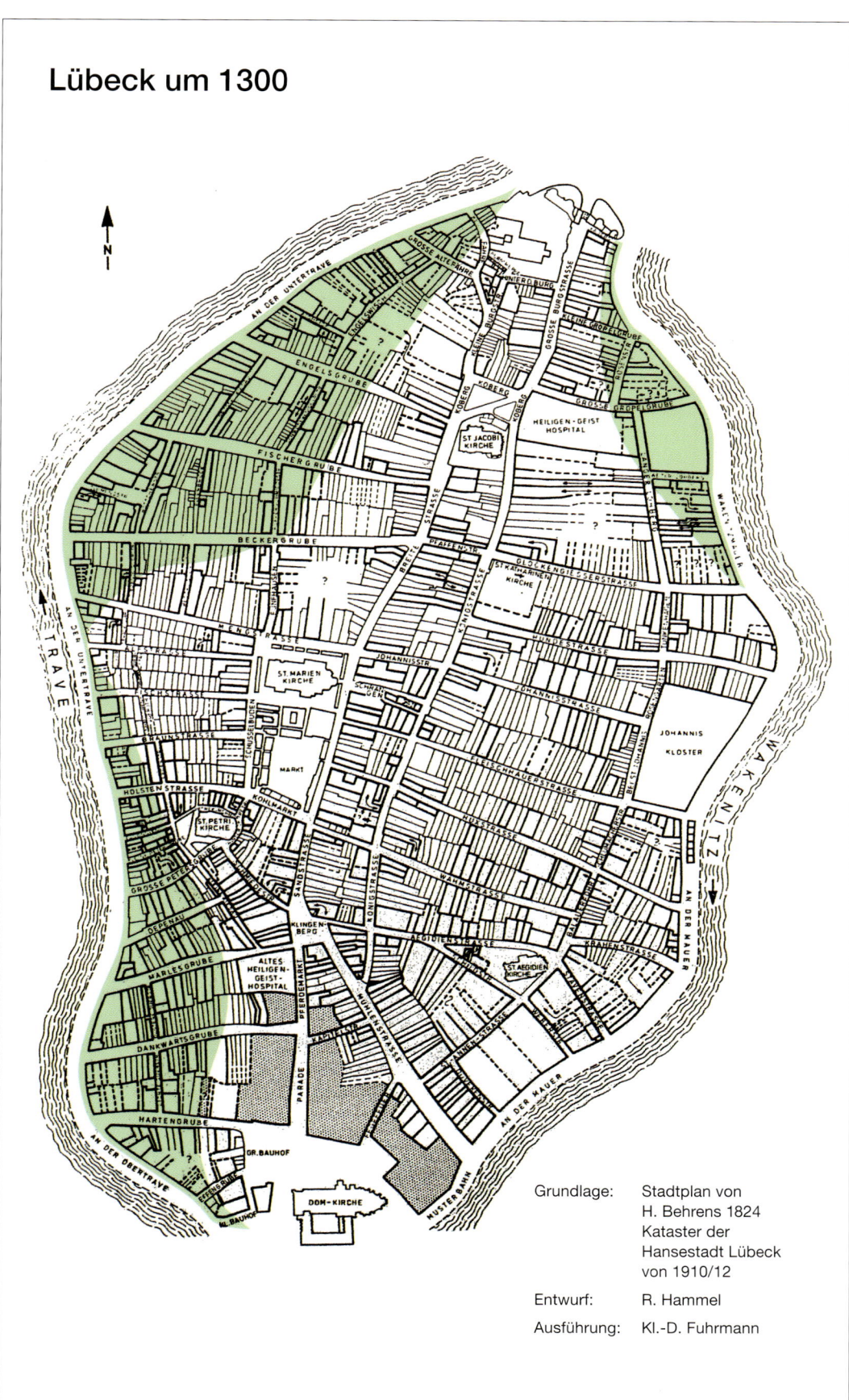

Lübeck um 1300

Grundlage: Stadtplan von H. Behrens 1824 Kataster der Hansestadt Lübeck von 1910/12

Entwurf: R. Hammel

Ausführung: Kl.-D. Fuhrmann

Lübeck um 1300, Parzellierung nach Rolf Hammel-Kiesow.

Die neu aufgesiedelten einstigen Sumpfbereiche sind hellgrün hervorgehoben. Entwässerungsgräben (hier nicht dargestellt) führten zur Bezeichnung „Grube": nordwestlich die Becker-, die Fischer- und die Engelsgrube; südwestlich Kleine und Große Petersgrube, Marles-, Harten- und Effengrube. Später kamen im Nordosten noch Kleine und Große Gröpelgrube hinzu.

reichs vergleichbar. Sie ist bautechnisch auf der Höhe der Zeit. Typisch sind die aus der geraden Mauerlinie heraustretenden halbrunden Türme. Die zur Stadtseite offenen Mauerzylinder sind mit zwei oder mehr Böden oder inneren Wehrgängen versehen gewesen. Die Halbrund-Form behielt man auch bei der Hochführung der Burgtormauer bei – wohl noch unter Kaiser Barbarossa – und nachfolgend auch beim Weiterbau der Stadtmauer während der Dänenzeit.

Eine „steinreiche" Stadt

Lübeck wurde im Laufe des 13. Jahrhunderts zu einer „steinreichen" Stadt. Quelle des Reichtums war die steil ansteigende Konjunktur. Eine solche über fast ein Jahrhundert anhaltende Wirtschaftsblüte hat es später nie wieder gegeben. In dieser Zeit gelang es Lübeck, sich „wie eine Spinne im Netz" der sich entfaltenden Transportwege zwischen Ost und West zu etablieren.

Mehrere Faktoren trugen zum Aufstieg Lübecks bei. Die aus dem Nordosten, etwa Nowgorod, Riga, Wisby ankommenden Waren mussten in Lübeck umgeladen und mehrere Tage zum Verkauf feilgeboten werden. Lübecks Kaufleute hatten also den besten Zugriff. Dieser Vorteil erklärt auch ihre vielen Handels-Privilegien: die Könige und Fürsten, die sie gewährten, profitierten selbst von der Vorrangstellung der Lübecker. Zweitens gelang es im Laufe des Jahrhunderts, die Transportwege zu Lande und zu Wasser weitgehend sicher zu machen. Erste Verträge mit benachbarten Städten hatten dazu beigetragen. Die Folge war, dass der Fernhandelskaufmann zuhause bleiben, ein Kontor führen und Angestellte auf Geschäftsreisen schicken konnte.

Voraussetzung dafür war die Verschriftlichung des Handels: Der Brief mit Unterschrift ersetzte den vormals geltenden Handschlag. Die mit Kachelofen oder Fußbodenheizung („Steinofen") erwärmte Schreibstube, die „scrivecamer" (später „Kontor"), diente weniger dem Wohlbefinden des Schreibenden als vielmehr dazu, die damals gebräuchliche Tinte benutzen zu können, die erst ab einer bestimmten Temperatur einsetzbar war. Wie wichtig den Kaufleuten die Schreib- und Vertragstechniken waren, stellten sie mit dem Bau ihrer kaufmännischen Lateinschule am Koberg unter Beweis. Die baulichen Reste dieser Schule sind in den heute dort stehenden „Pastorenhäusern" erhalten.

Die neue Sesshaftigkeit beflügelte auch die Hausbau-Tätigkeit. Mit Bauten aus kostspieligem Backstein wurde der Aufstieg im Wortsinne „untermauert". Das Haus mit beheizter Schreibstube, mit Speicher und Wohnräumen sollte bald auch die Bonität der Firma repräsentieren.

Ein weiterer Vorteil fiel Lübeck ganz nebenbei in den Schoß: nachdem der Deutsche Ritterorden nach 1236 in Westpreußen Fuß gefasst hatte und sich zur Eroberung riesiger Landstriche anschickte, wurde Lübeck zum Kriegshafen: Über Lübeck lief der Nachschub; über Lübeck gingen Abenteurer, Ritter, Kriegsgewinnler, Händler und Siedler in den Osten. Schon vorher, in den Jahren nach 1200, hatte sich der Schwertbrüderorden Lübeck als Etappe gewählt. Vorstellbar ist, dass König Waldemar damals die am Koberg-Hang lagernden und auf Einschiffung wartenden Ritterheere als Bedrohung empfand und sie durch Aufsiedlung des Geländes profitabel in das aufblühende Gemeinwesen einzubinden versuchte – so ein Gedanke von Jens Chr. Holst.

Das Material

Um die Mitte des 12. Jahrhunderts wurde die Backstein-Herstellung in genormten Holzkästen, bald auch mit dem Seitenverhältnis 1:2 „erfunden". Diese technologische Innovation vollzog sich offenbar zunächst in Norditalien, namentlich der Lombardei. Erst mit genormten Backsteinen war es möglich, einen regelmäßigen Verband zu mauern. Gegen 1150/60 entstanden nördlich der Alpen die ersten Backsteinbauten in der neuen lombardischen Technik. Diese Erstlingsbauten, beispielsweise die Prämonstratenserkirche Jerichow in der Altmark, zeigen vorzügliche Steinqualität und beste Mauertechnik. Da es zu diesen frühen Meisterwerken keine Vorstufen im Lande gibt, sind mit hoher Wahrscheinlichkeit lombardische Ziegler und Maurer beteiligt gewesen. Der neue „Kunststein" war zunächst Ausdruck herrscherlichen Bauwillens: Heinrich der Löwe gehörte ebenso zu den Förderern wie der Dänenkönig Waldemar. Der Kaiser selbst, Friedrich Barbarossa, stiftete das aus Ziegeln errichtete Prämonstratenserkloster Altenburg (Thüringen). Die neuen Mönchsorden wurden zu Botschaftern der Ziegelarchitektur. Galten Lehm und Holz bisher als minderwertig und in der Sakralarchitektur nicht einsetzbar, so betrachteten die jungen Reformorden, bald besonders die Zisterzienser, die Ziegel durch die mühselige Herstellung als geadelt. Im Ziegelrot als Farbe des vergossenen Blutes Christi wurde in der Frühzeit wohl auch ein Symbolwert gesehen.

Für den Lübecker Dombau könnte das von Kaiser Lothar III begründete und ab 1157 in Backstein neu erbaute Chorherrenstift Segeberg durchaus anregend gewesen sein. Der gegenüber Segeberg und Ratzeburg 1173 verspätet beginnende Dombau stellt mit seiner „herrscherlichen Größe" den ersten Schritt Lübecks zur Vorreiter-Rolle auf dem Feld der Backstein-Technologie dar. Die reichen Tonvorkommen im Lübecker Becken begünstigten zukünftig diese Rolle. Noch heute birgt das Lübecker Becken gute Tonlager. Alte Straßennamen wie Ziegelstraße erinnern daran.

Das massenhafte Vorkommen des Backsteins seit dem 13. Jahrhundert darf nicht vergessen machen, dass Ziegel bis in die Neuzeit hinein eine teure Angelegenheit waren. Backsteine herzustellen war im Mittelalter sehr arbeitsintensiv. Bereits die Vorbereitung des ausgehobenen Lehms – Tonerden mischen, ausbreiten, wenden, auswittern und durchfrieren lassen – nahm zwei bis drei Jahre in Anspruch. Die eingesumpfte Ziegelerde wurde auf Ziegler-Tischen in eine Holzform gedrückt, in der Frühzeit wohl noch mit dem Handballen, später strich man den überstehenden Lehm mit einem Holzbrett ab. Die Rohlinge wurden auf dem Ziegelplan abgesetzt, einem ebenen, mit Sand bestreuten Platz. Es ergab sich so der typische Unterschied zwischen der glatt abgestrichenen Oberseite und der unebenen Unterseite mit den Sand-Einschlüssen des Plans. Die Rohlinge blieben auf dem Plan zum Trocknen liegen.

Für die Profile von Portalen, Fenstern, Lisenen und Blenden mussten Formsteine entwickelt werden. Sie wurden in Profil-Kästen „geschlagen" oder, wie in Lübeck, mit Hilfe von Draht an Schablonen geschnitten. Gelegentlich findet man auf Backsteinen Abdrücke von Kinderfüßen und Tierpfoten, manchmal sogar Witterungsspuren (etwa von Hagel), was zeigt, dass die Trockenplätze der Ziegelhöfe weder geschützt noch überdacht waren. In halbtrockenem Zustand setzte man die Rohlinge hochkant auf überdeckte Gestelle.

Die Ziegel wurden im Feldbrandofen „gebacken". Der Feldbrandofen leitete sich aus dem seit der Antike bekannten Töpfer-Ofen ab. Er war nach dem Abbrand zu großen Teilen wieder verwendbar, weil die Seitenwände solide aufgemauert waren. Die Befeuerung erfolgte aus einer eigenen Kammer. Die Hitze gelangte durch gewölbte Schür-Kanäle zu den darüber im Wechsel aufgestellten Steinen. Im Feldbrandofen konnte sich bei nahe an diesen Kanälen liegenden Stein-Köpfen eine besonders hart versinterte schwarze „Schmolz"-Schicht bilden.

Die bis ins 14. Jahrhundert andauernde Baukonjunktur war selbstverständlich auch eine Hoch-Konjunktur der Ziegelbrennerei. Was nicht als Bauholz taugte, wanderte in die Öfen. Als zum Ende des 13. Jahrhunderts das Brennmaterial immer knapper wurde, ging man dazu über, der Tonmasse Salz beizumengen. So konnte bei einer viel niedrigeren Brandtemperatur eine vergleichbare Durchhärtung der Steine erzielt werden. Vermutlich ist diese „historische Salz-Zugabe" heute eine der Ursachen für den Stein-Zerfall in Lübecks mittelalterlichem Mauerwerk.

Viertelstab-Profile aus Formsteinen „in situ" am Süd-Seitenschiffsportal der Heiligengeistkirche. Die Profile sind über einer Schablone mit einer Drahtschlaufe geschnitten worden. Die marmorierte Struktur mit den gelben „Knollen" belegt, dass man verschiedene Tonsorten bei der Zubereitung der Ziegelerde gemischt hat. Formsteine werden in Lübeck bis ins 16. Jahrhundert hinein mit dem Draht geschnitten.

Geschnittene Profilsteine (Viertelstäbe) am Heiligengeisthospital, Nordseite Lange Halle. Deutlich erkennbar die unregelmäßige, durch Absetzen entstandene Führung des Schneidedrahts.

Steinformate (nach J. Chr. Holst und K. B. Kruse)

Bauwerk	Zeit	Maße in cm	Rauminhalt	Gewicht
Dom, Chorquadrum unten	um 1176/80	28 x 12,5 x 7,5	2625 cm³	4,725 kg
„Heinrichsmauer" am Burgtor	1180/81	27 x 12,3 x 7,4	2457 cm³	4,424 kg
Dom, Türme: unteres OG	um 1220	29 x 14 x 10	4060 cm³	7,3080 kg
Heiligengeisthospital, Kirchensüdwand	1285	28 x 13,5 x 9	3402 cm³	6,1236 kg
Mengstraße 64, Giebel	1548	28 x 13,5 x 8	3104 cm³	5,5872 kg
Mengstraße 64, „Petri-Format" von einer Innenwand	um 1740	27 x 13 x 7	2457 cm³	4,4226 kg
Zum Vergleich:				
DIN 105 Normalformat	ab 1952	24 x 11,5 x 5,2	1959, 6 cm³	3,5223 kg
„Waalformat" (holländ. Kleinformat)	17./18. Jh.	20 x 10 x 4	800 cm³	1,44 kg
Reichsformat	nach 1870	25 x 12 x 6,5	1950 cm³	3,0100 kg

Schraffur und Glasur

In Norditalien war es offenbar schon im 11. Jahrhundert üblich, Ziegel zu schraffieren, d. h. sie mit einer in die Oberfläche eingeritzten Struktur zu versehen. Die Schraffur (auch: „Riefelung") leitet sich wahrscheinlich von der im Werksteinbau üblichen Scharrierung ab. Die Sichtseite des fast lufttrockenen Backsteins wurde mit einem spitzen Gegenstand oder auch einem Kamm eingeritzt, ein zusätzlicher Arbeitsgang, der vermuten lässt, dass die Schraffur als Auszeichnungsform zu verstehen ist. Die Schraffur kann fein oder grob sein, sogar fischgrätenförmig. Man findet schraffierte Steine in der Romanik Norddeutschlands vorwiegend an prominenten Bauteilen wie Fenster- und Portalrahmen und Lisenen. Unsere ältesten Schraffuren sind an Mauerwerkspartien der Ratzeburger Dom-Apsis und der Segeberger Stiftskirche von etwa 1160/70 zu sehen. Nach 1220/30 ist die Schraffur an Ziegelbauten im lübisch-mecklenburgischen Raum weit verbreitet. In Lübeck gibt es schraffierte Ziegel bis um 1300. Wie Rundbogen-, Kreuzbogen- und Sägefries ist die Stein-Schraffur ein Import aus der Lombardei. In Italien bleibt die Veredelung der Ziegel-Oberfläche durch Schraffur bis ins 15. Jahrhundert hinein ein Thema.

Import ist auch die Glasur: Seit der Antike im östlichen Mittelmeerraum beheimatet, gelangte sie wohl im Gefolge der Kreuzzüge nach Italien und Frankreich. Vermittler nach Lübeck war womöglich Dänemark. In Lübeck gibt es die ersten Glasuren gegen 1210/20 an den Hochschiff-Friesen des Domes und an den Türmen, durchscheinend grünlichbraun. Wenig später kam die schwärzliche Bleiglasur auf. Damit war in Lübeck ein Ton angeschlagen, der weit in den Osten ausstrahlte. In Lübeck selbst sind nur noch wenige Reste dieser höchst innovativen Aufbruchzeit zu sehen.

Die Auszeichnung der Steine durch Einritzungen in parallel laufenden Schräglagen ist ein italienisches Erbe. Im norddeutschen Ziegelbau ist die Schraffur auf die späte Romanik und die frühe Gotik beschränkt. Zeittypisch auch die Dachfuge. Befund an der Treppe im Dom-Norderturm.

Schraffur und Glasur. Detail vom Anschluss des spätromanischen Kreuzgangs an den südlichen Querschiffsarm des Domes.

Backsteinverbände

Man muss annehmen, dass Mauern im Mittelalter „Teamwork" war: ein Mörtel-Vorleger trug per Kelle das Mörtelbett auf, auf das der „Steinleger" die bis zu sieben Kilo schweren (!) Steine legte und einpasste. Der Mörtel bestand aus eingesumpftem Kalk mit Sandzuschlag im Verhältnis 1:2 bis 1:2,5. In Lübeck ist jedoch auch mit Gips gearbeitet worden. Der gesamte romanische Dom, die Heinrichsmauer am Burgtor und die romanischen Westteile der Petrikirche sind mit wetterbeständigem Hochbrand-Gipsmörtel aufgeführt. Die Festigkeit der Mauer ergab sich per Durchbindung mit „auf Kopf" gesetzten Ziegeln, den Bindern. Aus den Steinformaten resultieren die typischen Stärken mittelalterlichen Mauerwerks. Die „einsteinsche" Mauer ist unter 30 cm, die „zweisteinsche" um 60 und die „dreisteinsche" um 90 cm stark, so die verbreiteten Maße der Brandmauern von Bürgerhäusern.

Die äußere Erscheinung des Mauerwerks ist nicht nur Ergebnis der notwendigen Durchbindung, sondern auch Ausdruck des Wunsches nach Bildhaftigkeit der Steinfläche. Die Kostbarkeit des Materials wird besonders in der Frühzeit auch im äußerst sorgfältigen und durchdachten Versatz

Die lombardische Pracht in Lübeck. Die romanischen Friese am Hochschiff liegen seit Umbau des Domes zur Hallenkirche um 1340 geschützt unter Seitenschiffsdächern. Die Formsteine sind sowohl schraffiert als auch mit Glasur versehen (s. auch Bilder im Kapitel „Der Dom", S. 103).

der Ziegel deutlich. Zwei Verband-Muster sind anzutreffen: Im „1:1-Verband" wechseln in jeder Backsteinschicht ein Läufer und ein Binder ab, wobei der Läufer mittig über dem unteren Binder liegt. Dieser Verband ist besonders in Südost-Brandenburg, im schlesischen Raum bis über Krakau hinaus anzutreffen, aber auch in Ordenspreußen. In Lübeck taucht er gelegentlich an Mauerwerken der Dänenzeit (1202–1226) auf. Ansonsten ist von Lübeck bis weit ins Mecklenburgische hinein der „2:1-Verband" üblich: In jeder Backsteinschicht wechseln auf einen Binder zwei oder selten drei Läufer. Diese Versatztechnik änderte sich im Laufe des 14. und 15. Jahrhunderts nicht wesentlich.

In der Altmark und im Brandenburgischen, davon abhängig besonders in Ordenspreußen bereicherte man das Mauer-Bild gern durch schwarz gebrannte Binderköpfe. Nicht so in Lübeck: Hier setzte man gern auf die prächtige Erscheinung von Glasuren. Zunächst wurden Mauerecken von Wandöffnungen und Blenden durch abwechselnd glasierte

Eine der ältesten Bürgerhaus-Wände: Format und Verband sprechen für „späte Romanik" um 1240/50.
Kellerwand, richtiger: ins Erdreich eingetiefte Brandmauer des 1942 ausgebrannten Hauses Fischstraße 8 bei der Freilegung durch die Archäologen 1996.
Wichtiges Dokument der „Versteinerung" des Gründerviertel. Nur ein Teil dieser Mauer in der Tiefgarage eines Neubau-Komplexes erhalten.

Dom, Norderturm-Nordseite in etwa 50 Meter Höhe: hier gibt es noch einige Partien originalen Mauerwerks von etwa 1220. Der 1:1-Verband kommt besonders in Lübecks Dänenzeit vor: Läufer und Binder wechseln regelmäßig, die Binderköpfe sind senkrecht übereinander angeordnet. Die 10 cm bis 10,5 cm hohen Steine sind mit wetterbeständigem Gipsmörtel vermauert.

Romanischer Rathausgiebel von 1230/40, rekonstruierendes Aufmaß von Jens Chr. Holst. Ein „Saalgeschosshaus", sichtbar erhalten die durchgezeichneten Steinschichten. Für die Zeit typisch die Auszeichnung der Kanten durch wechselnd glasierte und unglasierte Steine.

Rathaus, Mauerwerk des Langen Hauses („Danzelhus") von 1300. Alle Steine sind schwarzgrün glasiert und teilweise auch schraffiert.

und unglasierte Steine betont. Gegen Ende des 13. Jahrhunderts (offenbar erstmals 1280 am Deutschordenshaus in der Kleinen Burgstraße) kam Mauerwerk aus durchlaufenden Schichten von glasierten und nicht glasierten Backsteinen auf. Möglicherweise geht diese prunkvolle Sonderform auf italienische Vorbilder zurück. Glasurschicht-Mauerwerk scheint bis ins 14. Jahrhundert hinein den Bauten des Rates und seiner Mitglieder vorbehalten gewesen zu sein, der sich damit als eine „höfisch orientierte" Gesellschaft darstellte. Doch schon sehr bald zeichneten auch die Rostocker und die Stralsunder ihre Rathaus-Neubauten mit Wechselschichten aus. Eine „Total-Glasur", also eine schwarz funkelnde Wand, hat wohl nur der Lübecker Rat eingesetzt: Zuerst (vermutlich) an der Rathaus-Schildwand von

Jakobikirche, Nordseite: Reste des Glasurschichten-Mauerwerks der Hogehuskapelle von 1350. Ebenso wie die zeitgleiche Warendorpkapelle der Südseite Beleg für das Bestreben führender Ratsfamilien, sich durch Aufwand hervorzutun.

1250/60, dann um 1300 am „Danzelhus" und um 1340 an der Rathaus-Nordwand (s. Rathaus, S. 144) und schließlich noch 1416 an der Sühnekapelle St. Maria-am-Stegel (s. S. 130).

Bei der Altersbestimmung mittelalterlichen Mauerwerks spielt neben Steinformat, Stein- und Mörtelfarbe auch die Fugen-Ausbildung eine Rolle: nach der doppelt, also von oben und von unten abgestrichenen Fuge, die dadurch einen dachförmigen Grat bildet, gibt es einseitig abgestrichene Fugen. Im 15. Jahrhundert ritzte man in die glatte Fuge eine feine Linie ein. Dieser „Fugenstrich" wurde im 16. Jahrhundert breiter. Vermutlich sollte der Fugenstrich auch unter farbigen Schlemmen für ein regelmäßiges Mauerbild sorgen.

Im 16. Jahrhundert setzen sich immer mehr der Block- und später der Kreuzverband durch. Im Blockverband wechseln Binder und Läuferschichten. Beim Kreuzverband springen die Läuferschichten in jeder zweiten Läuferschicht um eine halbe Backsteinlänge. Dadurch ergibt sich das Diagonal-Muster sich kreuzender Treppen, das für unser Barock-Mauerwerk typisch ist.

Stempel auf Mauer- und Dachsteinen

Im Gegensatz zu anderen Städten, etwa Lüneburg, sind Ziegeleiprodukte im mittelalterlichen Lübeck nicht gestempelt worden. Einzige Ausnahme sind die Steine, die unter Bischof Bocholt zur Vollendung des Dom-Umbaus 1329–1341 hergestellt wurden. Als mittelalterliche Dachsteine sind Hohlziegel („Mönch-und-Nonne") und Flachziegel („Biberschwänze") zu nennen. Einen großen Anteil an der Produktion hatten auch quadratische Fußbodenplatten, insgesamt ohne Stempel. Vermutlich war im Mittelalter durch die Ratsaufsicht über die Ziegelhöfe eine ausreichende Qualität gesichert. Erst aus dem 17. und 18. Jahrhundert gibt es eine Vielzahl von Stempeln. Der bekannteste ist der in vielen Varianten vorkommende Schlüssel der Petri-Ziegelei. Der Stempel lieferte bei Reklamationen den Hersteller-Nachweis.

Literatur

Schumann, Dirk: Zur Technik des Backsteinbaus in Norddeutschland. In: Ernst Badstübner und Dirk Schumann (Hrsg.): Backsteintechnologien in Mittelalter und Neuzeit (Studien zur Backsteinarchitektur Band 4). Berlin 2003, S. 9–23. Weitere wichtige Beiträge in diesem Sammelband u. a. von Barbara Perlich und J. A. Q. Castillo.
Finke, Manfred und Mai / Knüppel / Büning: Historische Häuser in Lübeck. Lübeck 1989. S. 64 (s. Formsteine, Stempel).
Gläser, Manfred: Lübecks Entwicklung zur mittelalterlichen Großstadt. In: Die vermessene Stadt. Mittelalterliche Stadtplanung zwischen Mythos und Befund (= Mitteilungen der Deutschen Gesellschaft für Archäologie des Mittelalters und der Neuzeit Heft 15). Paderborn 2004. S. 24–27 und Farbtafel 3 u. 4.
Gläser, Manfred und Doris Mührenberg (Hrsg): Weltkulturerbe Lübeck. Ein archäologischer Rundgang. Lübeck 2003.
Hennrich, Claudia-Christina: Ziegelbrennöfen im Mittelalter. In: Arbeitskreis für Hausforschung (Hrsg.), Historischer Hausbau zwischen Elbe und Oder (=Jahrbuch für Hausforschung Band 49). Marburg 2002. S. 205–234.
Holst, Jens Christian.: Dar umme is se noch so ordentlike buwet. Früher Backsteinbau in Lübeck. In: Stefan Amt (Hrsg.), Festschrift für Günther Kokkelink (Schriften des Instituts für Bau- und Kunstgeschichte der Universität Hannover Bd. 12). Hannover 1999, S. 41–50.
Holst, Jens Christian: Stein oder nicht Stein? Backstein und Naturstein im südlichen Ostseeraum während des Mittelalters. In: Cramer / Sack (Hrsg.), Technik des Backsteinbaus im Europa des Mittelalters. Petersberg 2005. S. 9–24. Weitere wichtige Beiträge in diesem Band von Matthias Zahn, Fabio Gabrielli, Barbara Perlich u.a.
Kruse, Karl-Bernhard: Der Wandel der Backsteinmauertechnik in Lübeck vom Mittelalter zur Gegenwart. In: Die Heimat. Zeitschr. für Natur- u. Landeskunde von Schleswig-Holstein und Hamburg. Heft 6/7, 1982. S. 246.

Summary

From Wood to Brick

All buildings in former times were constructed in wood. The first houses were erected on logs. After 1180/90 the wooden-frame structures became more and more elaborated with complicated and sophisticated joints such as oblique notching, scarf or rabbit joints. These houses with their square floor plans were lowered slightly into the ground and were two to three stories high. Remains of this house-type were found mainly in the centre of the lots. Along the streets the houses were larger and of rectangular shape.

The differentiated narrow houses on long properties reaching far to the back indicate the beginning of a secular middle-class settlement. In contrast the courts of the clergy and the knighthood conserve a rural tradition with their broad houses resting lengthwise along the streets. The two predominant building patterns, the combination of rectangular and square buildings, have been introduced by the locators and settlers from the Lower Rhine and from Westphalia.

Around 1200 the land reserves began to get scarce for incoming settlers. So the conversion of marshland into landfill began north of the core town between market and harbour and south of the Holsten Gate. Wooden logs were placed crosswise upon one another and then filled up with earth. The new blocks altogether were slightly deeper in their dimensions than the blocks in the first phase of settlement. With this new landfill Lübeck became in terms of surface area the largest town in the north. The initiative for the conversion of marshland came presumably from the Danish king, who was lord mayor from 1202 to 1225.

Building with brick masonry was introduced to Lübeck by Henry the Lion. The erection of the cathedral, which he co-financed, was a gigantic technological feat, owing probably to the duke's relations to Italy. Henry used this new artificial stone, the red brick, to demonstrate the duke's power. His castle also belonged to the early period of brick building. With a brick-built wall Henry attempted to secure the only passage to Lübeck by land in order to defend himself against emperor Frederick Barbarossa. Typical are the semicircular towers protruding from the wall, opening themselves to the city. These forms were maintained during further expansion in the 13th century.

Around the middle of the 12th century brick production was introduced in northern Italy, using standardised wooden moulds with a proportion of 1:2. Now it was possible to construct a regular bond. Towards the end of 1150/60, north of the Alps, the first buildings were constructed in brick masonry applying the Lombardian technique. Initially this new artificial stone was an expression of feudalistic building: Henry the Lion was among the promoters as well as the Danish king Waldemar and the German emperor. Also the new monk orders, especially the Cistercians, became ambassadors of building with brick masonry.

Up to the Modern Times building with brick was an expensive enterprise. Brick production took three to four years. The bricks were formed in open wooden moulds. For drying the raw bricks were laid down on a sanded area, then placed half-dry upright onto sheltered racks. In Lübeck custom-made bricks for portals, windows, pilaster strips and linings were cut by wire using stencils. The baking took place in ovens derived from antique pottery-ovens. The ovens could be reused after the burning process.

In the late 12th and 13th century bricks could be manufactured with hachure. The visible surface of the nearly dry bricks was carved with a sharp device or a comb. Special building elements such as portals, pilaster strips or window-framings could be emphasised with the hachure. The hachure is part of Lombardian formal canon.

The glaze is an ornament derived from the Orient. Lübeck's first translucent green-brown glaze appeared around 1210/20 on the friezes of the cathedral's nave and its towers. The widely used black-lead glaze followed.

In the Middle Ages bricklaying was possibly 'teamwork' because of the bricks's weight of up to seven kilograms. The mortar consisted of lime with sand mixed into it in the ratio of 1:2 till 1:2,5. In early times, however, plaster was also used in Lübeck. The wall's solidity was achieved with bricks placed `upside-down´, the headers. The typical thickness of the medieval walls results from the sizes of the bricks used. The `one-brick´ wall is nearly 30 cm, the `two-brick´ wall around 60 cm and the `three-brick´ around 90 cm thick, which are the common widths of the fire walls of the private houses.

The material's preciousness becomes apparent, especially in the Old Times, in the very careful und sophisticated bond systems of the brickwork. Two types of bonds can be seen: the `1:1-brickwork´ consists of bonds with alternating stretchers and headers in each layer of bricks, the stretcher placed centrically above the lower headers. This bond is found especially in southeast Brandenburg, in Schlesia, but also in Prussia. In Lübeck it occasionly appears in masonry dated back to the period of Danish occupation (1202–1226). Apart from that the `2:1-bond´ is generally used from Lübeck till far into Mecklenburg: in each bricklayer one header alternating with two, seldomly three stretchers.

In Lübeck it was very common to create a magnificent appearance by alternating layers with and without glazed bricks. Around 1300 glazed brickwork seems to be reserved for communal buildings and for buildings of members of the council. With the `total-glaze´, with its black and green glistening facades, the council of Lübeck showed its high standing and self-esteem towards the rivaling cities.

Lübeck evolved during the 13th century to a `stone-rich´ town. Source of the wealth was a steep economic boom. This had three reasons:
First: The merchants had good access to goods arriving from the East.
Second: The transport routes by land and by sea became safer. Subsequently the merchants could settle down. Trade was `put in writing´ and thus directed from branch offices, the so-called `scrivekamer´.
Third: Lübeck benefitted from its role as war harbour. Besides the Order of the Brethren of the Sword also the German Knight Order used Lübeck as supply-base for its activities in the East.

Brandmauerplan
(Michael Scheftel).
Die Eigentumsgemeinschaft
an der immer zwei Häusern
gemeinsamen Wand ist die
eigentliche Ursache dafür,
dass die Altstadt bis heute
erhalten ist. Der Brandmauerbestand ist Lübecks ver-
borgenes „Welterbe-Denkmal
Nummer eins". Die nachweislich bestehenden Brand- oder
Kommunmauern sind durch
kräftigere schwarze „Balken"
hervorgehoben.

DER STEINERNE GRUNDRISS

Lübeck ist nicht die einzige historische Backsteinstadt im Norden. Was über Aufsiedlung, den Übergang vom Holz- zum Steinbau, über Ziegelsteine und Mauerverbände zu sagen ist, gilt auch für andere Städte in Nordostdeutschland, etwa Stralsund, Rostock, Wismar. Lübeck hat aber eine zentrale Bedeutung, weil hier Grundlagen für weitere Stadtgründungen im Ostseeraum gelegt wurden. Hier geschah alles zum ersten Mal. In Lübeck gibt es auch die meisten Befunde.

Brandmauern

Schon in Lübecks erster Steinbau-Phase in den Jahrzehnten nach 1220/40 bildete sich eine Neuigkeit heraus, die Brandmauer-Technik. Anstatt, wie vielfach in den Städten des Altreichs im Westen, jedes Haus für sich frei stehend zu errichten, oft sogar mit nur schmalen Abständen, den „Wichen" oder „Tüschen", ging man in Lübeck bald dazu über, direkt auf der Parzellengrenze eine gemeinsame starke Brandmauer zu errichten, die beiden zu errichtenden Häusern dient. Dazu mussten zwei Bauherren miteinander reden und das weitere Vorgehen planen. Diese „Eigentumsgemeinschaft" an der gemeinsamen Wand – daher auch das treffende Wort „Kommunmauer" – hat dazu geführt, dass die Brandmauern Jahrhunderte weitgehend intakt überstanden haben. Die Kommunmauern konnten verständlicherweise nicht ausgewechselt werden, weil das Nachbarhaus aufgebrochen und somit fundamentale Eigentumsrechte verletzt worden wären. Die Brandmauern sind also die eigentliche Ursache dafür, dass die Altstadt in den Grundzügen bis heute erhalten ist.

Die Aufsiedlung mit gemeinsamen Brandmauern ist weniger ein Ausdruck von Platzmangel auf der Altstadtinsel, wie mehrfach vermutet wurde. Vielmehr wird darin deutlich, dass der gesamte Stadtboden als Wirtschaftsgut gesehen wurde, mit dem Rendite zu erzielen war. Die kaufmännische Führungsschicht als Rechtsnachfolger des Stadtgründers formulierte die Gesetze zur Verfügung über den Boden und steuerte auch die Vermarktung dieses Wirtschaftsgutes, beispielsweise als Eigentümer von in Serie gebauten Häusern, die vermietet bzw. verpachtet wurden.

Die Ursache der auffällig frühen Verdichtung im Gründerviertel dürfte die steigende Nachfrage nach Grundstücken in diesem für die Wirtschaft sehr attraktiven Quartier gewesen sein. Die massive Ziegelbauweise (man hätte ja auch gemeinsame Wände aus Fachwerk errichten können) wurde durch leidvolle Erfahrungen mehrerer Stadtbrände befördert, zuletzt noch vom großen Brand von 1276. Damals ging die Vorschrift, massive Brandwände zu errichten, ins Lübische Recht ein. Indem der Rat Höhe und Länge der zu errichtenden Brandmauer festsetzte, sorgte er indirekt dafür, dass die Bebauung giebelständig wurde. Bei 17 Meter (= 60 Fuß) langen Kommunmauern und einer durch Großgrundstück-Teilungen auf zehn bis acht Meter Breite geschrumpfter Schmalseite zur Straße ergab sich ganz selbstverständlich eine Bauform mit zur Straße gerichtetem Giebel und in die Tiefe des Grundstücks verlaufendem Satteldach. Da an beiden Seiten der Kommunmauer auch Balkenauflager mitgebaut werden mussten, also vorspringende Gesimse, gab es offenbar auch Richtlinien für die Höhe der Räume.
Ab Mitte des 13. Jahrhunderts waren alle Neubauten an den Hauptstraßen giebelständig. In Lübeck hat sich nachfolgend auch auf dem neu gewonnenen Bauland das Giebelhaus durchgesetzt. Die Hausbreiten, d.h. die Weiten zwischen den Brandmauern, bewegten sich wie bereits im Gründerviertel zwischen sieben und neun Metern. Übergroße Hausbreiten wurden schon aus technischen Gründen weitgehend vermieden: die Deckenbalken, in der Regel aus Eiche, konnten die Räume höchstens acht, neun Meter stützenfrei überspannen.

Die finanziellen Mittel für den Bau kostspieliger Häuser in Steinbauweise lieferte die anhaltend günstige Wirtschaftskonjunktur. Nur so war es dem Rat möglich, die Steinbau-Vorschrift durchzusetzen. Bis gegen 1300 war in Lübeck das Giebelhaus bevorzugtes Investitionsobjekt, das, wie bereits erwähnt, auch kommerziell in Serie gebaut wurde. In Zeiten der Marktsättigung und fehlender Nachfrage infolge wirtschaftlicher Flaute nach 1300 wurden für andere Nutzungen eher Traufenhäuser gebaut. In Lübeck war das Giebelhaus auf der westlichen, dem Hafen zugewandten Stadtseite und in den Hauptstraßen der Ostseite vorherrschend. Es stellte dennoch nicht die Mehrzahl der Häuser (vgl. „Traufe und Reihe", S. 247).

Das unsichtbare Denkmal

Der größte Teil der in Lübecks Zeit zwischen 1250 und 1350 errichteten Brandmauern ist im noch stehenden Teil der Altstadt bis heute erhalten. Diese Brandmauern sind ein ganz wesentliches Argument für die Aufnahme der Lübecker Altstadt in die UNESCO-Welterbe-Liste gewesen. Inzwischen können auch andere Städte, besonders Stralsund und Greifswald, dank neuer Forschung mit beeindruckenden Brandmauer-Befunden aufwarten. Aber auch hier gilt: Die ältesten Brandmauern stehen in Lübeck, und hier stehen auch die weitaus meisten.
Der Brandmauerbestand ist Lübecks großes „unsichtbares Denkmal"; das Denkmal ist „nicht-evident", wie es fachsprachlich heißt. Während die zu verschiedenen Zeiten modernisierten Straßen- und Hoffassaden im öffentlichen Raum stehen und betrachtet werden können, sind die gemeinsamen Brandmauern im Inneren der Häuser dem Blick der Öffentlichkeit entzogen. Meistens kann nur vermutet werden, dass die unter Putz und Verkleidung verborgenen Mauern mittelalterlich sind.

Fleischhauerstr. 79. Eine für die Jahre um 1300 typische Brandmauer: Dem Mauerkern scheint eine spitzbogige Arkatur wie eine Brücke vorgesetzt zu sein. Auf dem Rücksprung dieser „Brücke" liegen die Balken auf. Wirkt sehr repräsentativ und war auch so gedacht. Man konnte damit zwar Steine sparen, aber der Aufwand für die Bogen-Lehren und die Fasen-Formsteine wiegt die Ersparnis bei weitem auf.

Parzelle und Mauer

Bereits gegen 1300 war die Aufsiedlung des Altstadthügels und damit die Grundstückseinteilung der Blöcke weitgehend abgeschlossen. Seither hat sich nur wenig geändert: Die aktuellen Grundstücksgrenzen folgen weitgehend noch der Parzelleneinteilung des 13. Jahrhunderts. Noch erstaunlicher ist aber der materielle Befund: Parzellengrenzen sind bis heute oft noch identisch mit den mittelalterlichen Brandmauern der Häuser und den sogenannten „Glintmauern", die Höfe und Gärten trennen. Gelegentlich kann man auch sehen, dass Glintmauern in jüngere Flügelanbauten und

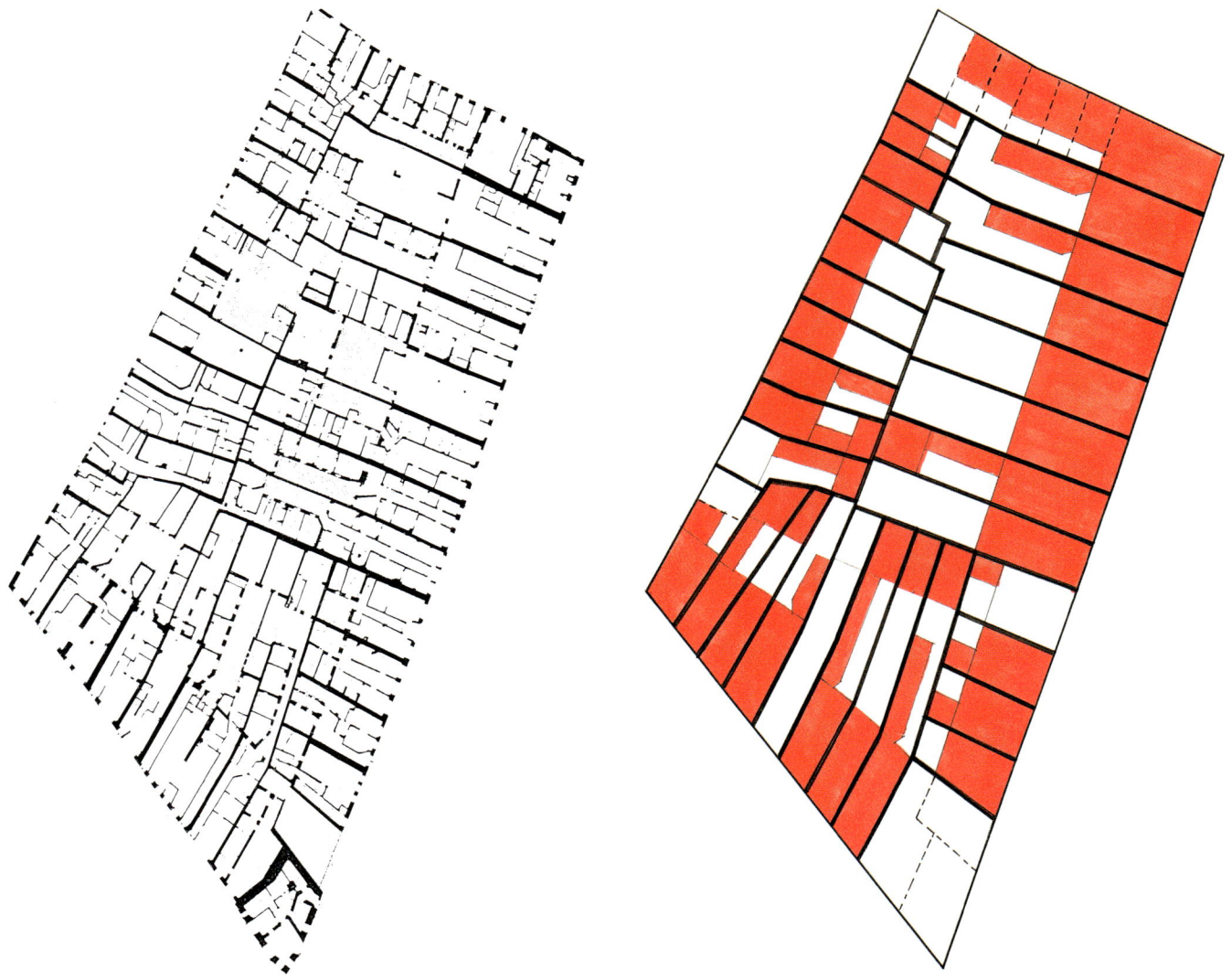

Bestandsaufnahme des Blocks 94 zwischen Engelsgrube und Alsheide (1974). Trotz mancher Ungenauigkeiten (etwa bei Mauerstärken) ist der Plan ein bedeutendes Dokument. Er zeigt, dass Mauerbestand und Parzellenschnitt fast durchweg identisch sind. Somit ist der steinerne Grundriss eine Urkunde der Blockaufteilung vom 13. Jahrhundert bis in die frühe Neuzeit. Rechts: Vereinfachte Umzeichnung von Block 94. Drei Aussagen sind ablesbar: Die schmalen, dabei sehr tiefen Grundstücke an

der Untertrave als zukünftiger Kai-Straße waren am begehrtesten, gefolgt von der Engelsgrube mit acht großen und auffallend regelmäßigen Parzellen, die vermutlich im Zuge einer Großblockteilung „aus einer Hand" entstanden sind. Alsheide und Engelswisch sind als Nebenstraßen, gar Rückseiten anzusehen. In rot ist die bis zu Sanierungsbeginn 1975 vorhandene historische Bausubstanz kartiert. Die historischen Parzellengrenzen sind heute weitgehend nur noch archäologisch nachweisbar.

Querhäuser integriert wurden. Unter den Mauerzügen haben Archäologen häufig noch Reste der Vorgänger-Grundstücksbegrenzung in Form von hölzernen Zäunen und Palisaden vorgefunden, die in zwei bis fünf Metern Tiefe im feuchten Erdreich konserviert sind. Die in Brand- und Glintmauern erhaltene Parzellenstruktur ist also ein „Nachlass" der Aufsiedlungs-Geschichte. Anhand ihres Verlaufs lassen sich Aussagen über konkurrierende Nachfrage, über Verkauf, Vermietung und Verpachtung machen.

Dass wir in Lübecks Brandwand-Bestand heute ein bedeutendes Denkmal sehen, ist eine recht junge Entwicklung. Zum Schutz dieses Bestands hat sich einiges getan: Seit 1993 können die Archäologen dank des Rechtstitels „Grabungsschutzgebiet" für die Lübecker Altstadt im Boden

X

Ein zu erwartender Befund: In den 1942 zerstörten Altstadtquartieren stößt man bei Kanalisationsarbeiten auf mittelalterliches Mauerwerk. Hier die gotische Fundamentmauer der Fassade des ehemaligen Hauses Königstraße 84. Die letzten Fundamentreste wurden anlässlich eines Kaufhaus-Neubaus im Herbst 2006 entfernt.

X

Wahmstraße 32, ehemalige Hofmauer im rückwärtigen Grundstück. Als Glintmauer sehr aufwändig mit Spitzbogenblenden gegliedert, bedeutender Befund. Aus Lübecks „großer Zeit", vor 1300. Um 1968 abgebrochen.

Koberg 2/3. An der Innenseite der südwestlichen Begrenzungsmauer sitzen kleine Lichtöffnungen in tiefen Stichbogennischen. Hinweis auf ein Wirtschaftsgebäude vielleicht einen Speicher.

Koberg 2/3. Südwestliche Ecke der Grundstücksbegrenzungsmauer, gleichzeitig Außenwand eines Marstall- und Speichergebäudes. Diese bis zu sechs Meter hohe Wand markiert ein ehemaliges patrizisches Groß-Anwesen, 1280–1300 „Wohnsitz des Ratsherrn und Gewandschneiders Gottschalk Wesseler". In der Wand nur wenige Lichtschlitze.

verborgene Mauerzüge schützen. Auch die Baudenkmalpflege versucht mit zunehmendem Erfolg, die Grundstücke überschreitende gemeinsame Strukturen zu halten, etwa stehende Brandwände und Glintmauern. Man hält sich an die Praxis des „präventiven", also vorbeugenden Denkmalschutzes, wie ihn auch die Archäologen für ihre „nicht-evidenten", unsichtbar im Boden steckenden Denkmale anwenden.

Weshalb sind Brandwände so wertvoll?

In Brandmauern haben sich 700 Jahre Lübecker Hausbau- und Ausstattungsgeschichte konserviert. Bei Abbrüchen, Umbauten und Sanierungen gelangt diese Geschichte ans Licht. Brandmauern geben Auskunft

▷ über den Aufsiedlungs- und Bau-Vorgang im 13./14. Jahrhundert: Baufugen, Anzahnungen, Steinformat-Wechsel u. a. können klären, welches Haus in einer Reihe zuerst stand und in welcher Abfolge die Häuser errichtet wurden. Man kann herausfinden, ob sie als Einzelhäuser oder als Teile einer Reihe gebaut wurden.

▷ Brandmauern sagen uns etwas über frühere Bau-Techniken dank der Steinformate und Mauerverbände. Steinformate und Bogen-Formen der in Lübeck nicht seltenen Steine sparenden Blend-Arkaturen sind wichtige Datierungshilfen.

Schranknische (?) in Dach-Form in der gotischen Brandmauer der Diele Untertrave 60, 2005 anlässlich der Sanierung des Hauses aufgedeckt

▷ Brandmauern konservieren die mehrhundertjährige Umbaugeschichte. Wechsel des Steinformats und horizontale Baufugen können Hinweise für Aufstockungen sein. Abgemeißelte Anschlüsse verschwundener Querwände, abgeschlagene Gesimse, zugesetzte Öffnungen und Balkenlöcher sind fürs kundige Auge aufschlussreiche Hinweise über frühere Zustände und Unterteilungen, damit auch über frühere Nutzungen.

▷ In Brandwänden finden sich Spuren des Gebrauchs durch Handel und Handwerk. Es gibt Schrank-, Licht- und „Geheimfach"-Nischen ebenso wie verborgene Wandkamine, Wandheizungs- und Abluft-Führungen. Rußspuren und Braunfärbung verweisen auf früher offene Feuerstellen und Rauchschürzen und damit auf ehemals bestehende Gewerbe wie Schmiede, Brauerei, Gerberei und andere.

▷ Schließlich geben Brandwände Auskunft darüber, welche Bedeutung die Generationen vor uns den Wänden durch Dekoration gaben. Die Skala reicht von Quadermalerei und inhaltlich vielschichtigen figürlichen Darstellungen der Jahrzehnte um 1300 über die barocke „Wackel-Tapete" bis zur Industrie-Tapete aus Jugendstil und Bauhaus-Zeit.
Kurz: die Wandlung des mittelalterlichen Wirtschaftsbaus zum Wohn- und Geschäftshaus der Gegenwart lässt sich an seinen Brandmauern wie in einem Bilderbuch ablesen. Beste Gelegenheit dazu besteht immer dann, wenn ein Haus dank durchgreifender Sanierung „offen" ist und im Rahmen fachlicher Führungen durch Denkmalpfleger und Bauforscher begangen und betrachtet werden kann. Beispielhaft dafür sind die Archäologen mit ihren Grabungs-Führungen gewesen. Ein „offenes" Haus ist ein Zeitfenster in die Geschichte. Diese Gelegenheit darf eine auf Öffentlichkeitsarbeit angewiesene Forschung nicht ungenutzt verstreichen lassen. Leider gibt es zu wenig „offene", also in Sanierung befindliche Häuser. Ein „Museumshaus" wie in Stralsund wäre daher auch für Lübeck eine gute Sache.

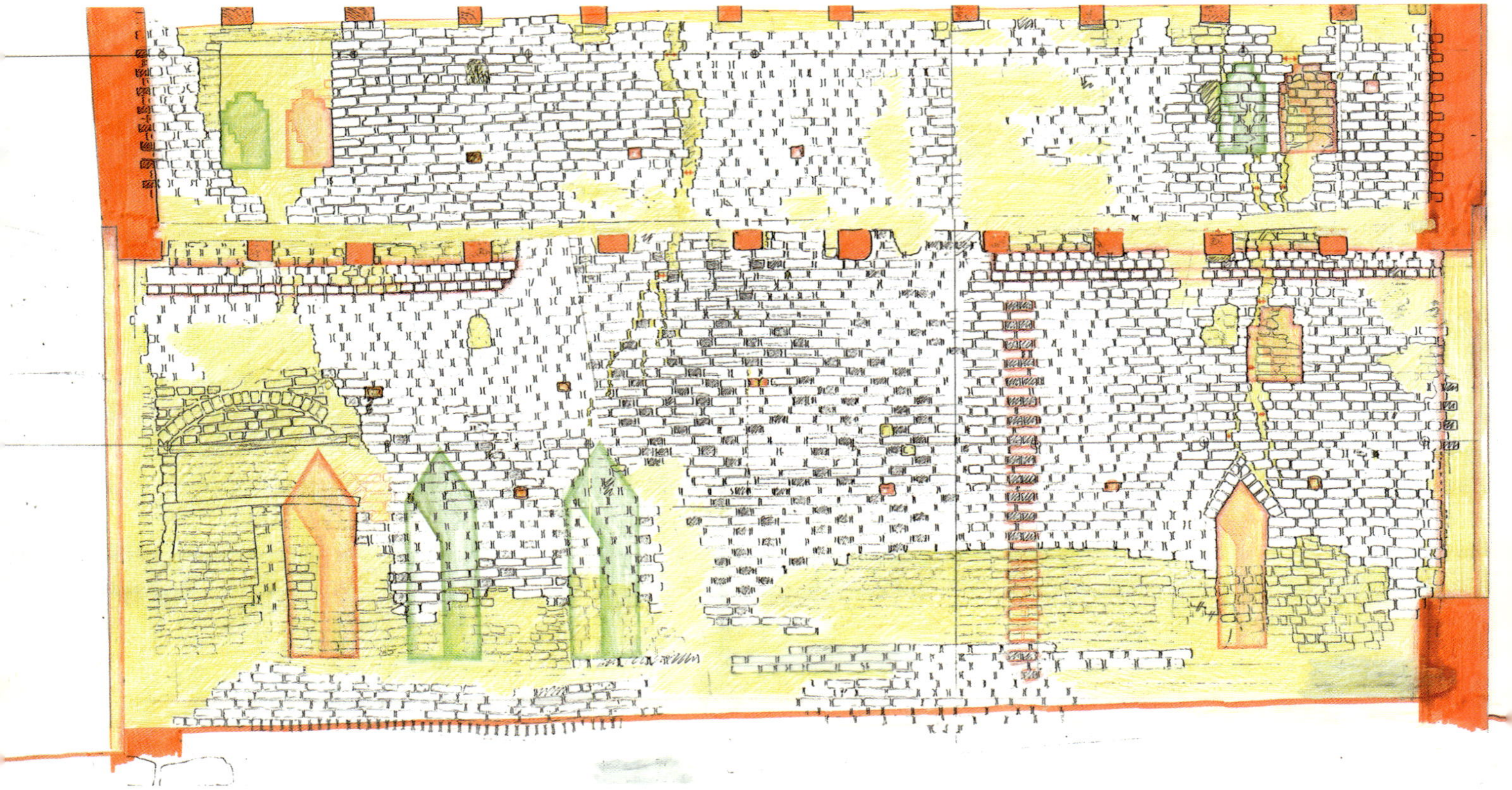

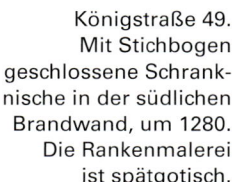

■ Befund im Hause Hundestr. 94

■ Lage der versetzten Nischen in Nr. 92

■ heute nicht mehr erhaltene oder nicht zugängliche Bereiche

Hundestraße 94. Verbandgerechtes Aufmaß der westlichen Brandmauer (J. Holst). Auf den zusammengesetzten, mit Feldpantograph gezeichneten Blättern wird die ursprüngliche Struktur farbig hervorgehoben. Durch die Lage der Stoßfugen lässt sich der Aufmauerungs-Vorgang rekonstruieren. Diese Brandmauer wurde mit dem Nachbarhaus Hundestraße 92 kurz vor 1294 errichtet. Spiegelbildlich sieht man die Binnengliederung dieses Nachbarhauses, in dem der vermögende Gerber Gerard Kindervader wohnte, der Bauherr der Hausgruppe 90–94. „In der Brandmauer war die Anlage einer gemauerten Stube (Dornse) durch Anzahnung vorbereitet. Im mitleren Bereich setzt das Gesims des Deckenbalken-Auflagers aus; dort sollte der Rauchfang für die Hausfeuerstelle entstehen. Als das Haus Hundestraße 94 dann 1284 gebaut wurde, entschied man sich dazu, die Feuerstelle auf der gegenüberliegenden Seite zu belassen, wo sie vermutlich schon im hölzernen Vorgängerbau lag. Von diesem Haus wurde der steinerne Keller übernommen" (Holst). Vgl. hierzu „Kleiner Blick in das Innere Lübecker Häuser".

Königstraße 49. Mit Stichbogen geschlossene Schranknische in der südlichen Brandwand, um 1280. Die Rankenmalerei ist spätgotisch.

x
Rechts: Königstraße 55. Obergeschoss, nördliche Brandmauer. Reste einer Wandheizung; im Bild einige geöffnete Warmluftkanäle, ein bis jetzt einmaliger Fund.

Brandwände in Gefahr

Ein historisches Haus wird saniert und umgebaut. Nach 30 Jahren Erfahrung im Umgang mit Altstadthäusern sollte es selbstverständlich sein, dass alle Baumaßnahmen unter dem Primat der pfleglichen Erhaltung des historischen Befunds stehen. Doch diese „moralische" Leitlinie stößt bei Eigentümern und Bauherren oft noch auf Unverständnis. Umso mehr muss Architekten und ausführenden Handwerkern gesagt werden: historische Brandwände rührt man nicht an! Die goldenen Regeln: kein Aufstemmen, keine Installationsschlitze, kein Abputzen – statt dessen eine Befund-Untersuchung durch versierte Bauforscher und Restauratoren. Es ist immer davon auszugehen, dass noch Ausstattungsreste vorhanden sind, die sich oft als mittelalterlich-frühneuzeitliche Malerei-Reste, manchmal auch als noch vorhandene Tapeten-Bespannung des 18./19. Jahrhunderts herausstellen können. Davon ist in den letzten Jahrzehnten auch aus Unkenntnis viel zerstört worden. Im Idealfall sollte das „neue Haus" als Leichtbau-Konstruktion im Abstand von fünf bis zehn Zentimetern vor der gotischen Brandwand stehen. Damit folgt man einer jahrhundertelang geübten Praxis, welche die Mauern mit Holzverkleidungen („Paneele" oder „Lambris") und Wandbespannungen verdeckte.

Ein großes Problem stellt besonders im Erdgeschoss die Versalzung der Wände dar (vgl. S. 33). Die Ziegel werden durch den Druck der Kristallbildung zersprengt, wodurch auch der gelegentlich noch erhaltene mittelalterliche Putz mitsamt erhaltenen Malerei-Resten verloren geht. Rettung kann nur eine umfassende klimatische Betreuung bringen. Restauratoren sind in der Lage, gefährdete Malerei zu sichern (siehe „Wandmalerei", S. 221). Bei Wänden ohne Malerei-Spuren gilt: Durch Salzkristall-Bildung zerstörtes Steinmaterial sollte nur in sehr ernsten Fällen durch neue Ziegel ersetzt werden, besonders wohl dann, wenn statische Probleme dies erfordern. Die in den letzten Jahrzehnten entwickelten, hoch Wasserdampf-durchlässigen Sanierputze werden zunehmend kritisch gesehen. Man kommt auf den seit dem Mittelalter bewährten Kalkmörtel zurück.

Große Kiesau 20. Vom traufständigen Haus des späten Mittelalters blieben beim Abbruch 2001 die Brandmauern stehen. Im Bild der zwei Stein starke Anschluss der Hoffassade, schön erkennbar die Einbindung. Links schließt sich die ebenfalls gotische Brandwand des ehemaligen Flügels an.

X
Kellermauern von drei Häusern des 13. Jahrhunderts: Fleischhauerstraße 15/17/19, 1992/93 anlässlich eines Kaufhaus-Neubaus abgeräumt. Die drei Häuser waren auf die Fleischhauerstraße gerichtet; die Königstraße war um 1260/70 noch untergeordnet. Im Haus links (Nr. 19) waren bedeutende Reste der Kellergewölbe erhalten.

Literatur

Czaja, Roman: Entwicklung des bürgerlichen Backsteinbaus in der Altstadt Elbing in der 1. Hälfte des 14. Jahrhunderts nach historischen Quellen. In: Archaeologia Elbingensis vol. 1. Gdansk 1992. S. 79–90 (wichtige Ausführungen zum Lübischen Recht).
Hammel-Kiesow, Rolf: Quellen und Methoden zur Rekonstruktion des Baugefüges und der Baustruktur im mittelalterlichen und frühneuzeitlichen Lübeck. In: R. Hammel-Kiesow (Hrsg.), Wege zur Erforschung ... (= Häuser und Höfe in Lübeck, Band 1) Neumünster 1993. S. 39–152.
Holst, Jens Christian: Lübisches Baurecht im Mittelalter. In: Arbeitskreis für Hausforschung (Hrsg.): Historischer Hausbau zwischen Elbe und Oder (= Jahrbuch für Hausforschung Bd. 59), Marburg 2002. S. 114–184
Holst, Jens Christian: Von der Evidenz des Welterbes. Vortrag anlässlich der BIRL-Tagung „10 Jahre UNESCO-Weltkulturerbe Lübeck" in der Ev. Akademie Bad Segeberg. Abdruck in Lüb. Blätter 7/1998, S. 103 ff.
Mührenberg, Doris und Alfred Falk (Hrsg.): Mit Gugel, Pritschholz und Trippe – Alltag im mittelalterlichen Lübeck. Jahresschrift 2/3 der Archäolog. Gesellschaft der Hansestadt Lübeck, Lübeck 2001. Hier: Die Stadt, S. 10–20.
Scheftel, Michael: Die Kammer des Herrn Bertram Stalbuk? In Manfred Gläser (Hrsg.): Archäologie des Mittelalters und Bauforschung im Ostseeraum (= Festschrift G. P. Fehring). Rostock 1993. S. 409–416 (zu Befunden im Abbruchgebiet für die „Königpassage" 1992).

Summary

The `Stone´ Floor-plan

In Lübeck´s earliest building period with brick masonry in the centuries after 1220/40 one began to erect common fire walls directly alongside the borders of the lots, serving both parties on each side of the wall. `Owner communities´ of two owners living side by side with shared fire walls preserved these fire walls over the centuries. These walls could not be torn down, since this would have led to the destruction of neighbouring house units, thus violating fundamental owners´ rights. The fire walls are basically the reason for the preservation of large parts of the Old Town up till today.

The settlement with shared fire walls shows clearly that the entire urban land was regarded as an economic asset with yield prospects. The elite class of merchants as legal successors of the city's founder drafted laws concerning the use of ground and directed the marketing of this asset, i.e. as owners of serial-built townhouses that were rented out or leased.

Various city fires promoted building in brickwork masonry. Solid fire walls in brickwork became Lübisch law after 1276, the town council defining height and length of the fire walls. With communal walls 17 metres (60 feet) long and eight to ten metres wide, due to the partition of properties, a building figure resulted quite naturally with a double-pitched roof covering the building along the length of the lot and a gable facing the street. Beginning in the mid-13th century all new buildings along the main streets were gable-ended.

Up till 1300 the gable house in Lübeck was the favoured investment, built commercially in series. Due to the declining economical situation after 1300 also eaves-fronted houses were built for other uses.

The medieval fire walls and the so-called `Glintwalls´, which separated the courts from the gardens, represent till today the plot boundaries. The stock of still existent fire walls is Lübeck's big `invisible monument´, the internal fire walls concealed to the public.

700 years of Lübecker building history have been preserved with its fire walls. During demolitions, refurbishments and renovations this part of Lübeck's history is revealed. Fire walls deliver insights about the process of settlement and building in the 13th/14th century, they reveal former building methods thanks to the bricksizes and types of masonry bonds. Fire walls preserved the history of centuries of rebuilding as well as the traces of use by trade, handicraft and housing. Thus the medieval fire walls can be considered as an essential element of the world heritage Old Town of Lübeck.

Königstraße 25, Rückfassade. Das Geschossübergreifende Hochblenden-Motiv erscheint hier offenbar zum ersten Mal an einem bürgerlichen Profanbau. Das zugehörige Dachgebälk ist auf 1268 (d) datiert. Die Blenden sind in jüngerer Zeit dem Dachverlauf folgend beschnitten worden, untere Partien sind hinter entstellenden Vorbauten verdeckt. Vorsichtige Reparatur und Putz-Erneuerung um 1994 (Foto). Dieser Giebel, der einst frei stand, ist heute von nirgendwo einsehbar und in der Öffentlichkeit deshalb unbekannt. Er ist das bedeutendste Zeugnis des frühen Lübecker Hausbaus und damit zentraler Baustein des UNESCO-Welterbes „Altstadt von Lübeck".

DIE ERSTEN STEINHÄUSER

Die Mittelalter-Archäologie hat das vertraute Bild vom frühen Lübeck entschieden zurechtgerückt. Wir wissen jetzt, wie die ersten Häuser ausgesehen haben: Es waren hölzerne Pfosten- und Rähmbauten mit rechteckigem oder quadratischem Grundriss – niedrige Hallenhäuser oder mehrgeschossig über einem Keller errichtete kleine „Kemenaten", so benannt wegen der nachgewiesenen Kachelofenbeheizung („caminata" – lat. für heizbare Kammer) richtiger als „Wohntürme" zu bezeichnen. Die Grundformen erklären sich nicht allein durch die Herkunft der Neu-Bürger aus West- und Ostfalen und vom Niederrhein. Die im hohen Mittelalter aus dem Niederadel hervorgegangenen Kaufleute importierten auch standesgemäße Wohn- und Repräsentationsformen. Im Lübeck des 12. und frühen 13. Jahrhunderts gab es auch nicht-kaufmännische Adlige wie Ministeriale und Burgmannen als Vertreter des Stadtherrn, eben Ritter. Der frühere Name Ritterstraße mit den dortigen Ritterhöfen – heute St. Annenstraße – weist darauf hin. Lübecks frühe Hauslandschaft war demnach vielgestaltig.

Wie soll man sich die „Versteinerung" Lübecks vorstellen? Eine in Holzbauweise errichtete Stadt lässt sich nicht von heute auf morgen massiv in Ziegeln neu errichten. Sicherlich waren Stadtbrände öfter Ursache von Erneuerungsschüben. Wichtiger war aber der Wunsch, am Fortschritt teilzuhaben, modern zu sein, wie man heute sagen würde, und die florierende Wirtschaft lieferte dazu die Geldmittel.

Auch die ersten bürgerlichen Steinbauten waren im Grundriss längsrechteckig oder annähernd quadratisch. Sie folgen damit den Grundtypen der Holzbauphase. Das Kemenaten-Haus über dem Kurz-Grundriss, der Wohnturm, wurde zum „Steinwerk". Wie die Vorgänger lagen die Steinwerke im mittleren oder hinteren Grundstücksteil. Sie gelten als Vor-Form des späteren Wohn-Flügels (in Mecklenburg ist der Name „Kemladen" gebräuchlich). Von Steinwerken des frühen 13. Jahrhunderts gibt es noch einige Mauer-Fragmente als Teile von Kellern unter jüngeren Flügelanbauten, beispielsweise Hundestraße 94, Kapitelstraße 5, Königstraße 11. Fraglich bleibt, ob diese Steinwerke als mehrgeschossige Bauten isoliert auf den Grundstücken standen oder schon früh als feste Anbauten von Fachwerk-Hallenhäusern errichtet wurden wie beispielsweise in Braunschweig.

Für das Bauen mit Backsteinen sind die Kirchen wegbereitend und anregend gewesen. Auch sie wurden ja anstelle hölzerner Vorgänger massiv in Stein neu errichtet, der Dom und das Kloster St. Johannis ab 1173, nach 1200 St. Petri, St. Marien usw. Die Backstein-Techniken (Formate, Formsteine, Brand, Verbände, Mörtel, Oberflächenbehandlung) wurden also für den Kirchenbau entwickelt (vgl. „Vom Holz zum Backstein", S. 27 und „Der Dom", S. 101).

Häuser an der Ecke

Anschaulicher als die rückwärtigen Steinwerke sind für uns die großen, an der Straße gelegenen Häuser mit rechteckiger Grundfläche. Die wenigen noch bestehenden Beispiele gehören zu den wichtigsten Haus-Denkmälern Lübecks. Da diese Häuser fast immer an Block-Ecken stehen, sind sie aufschlussreiche Zeugen der endgültigen Erschließung und Parzellierung des Altstadthügels im 13. Jahrhundert. Es wird mit einiger Sicherheit angenommen, dass die Baublöcke von den Ecken her aufgesiedelt wurden. Es ist vorstellbar, dass diese Häuser die repräsentativen „Sitze" der Nachfolger jener Grundbesitzer-Familien waren, die um 1160/80 im Einvernehmen mit dem Herzog die Aufsiedlung der Blockflächen betrieben. Diese Gründer-Gruppe behielt seitdem die Fäden in der Hand. Ein Beleg für eine solche Kontinuität könnte beispielsweise der Grabungs-Befund des Grundstücks Schüsselbuden 6 / Ecke Alfstraße sein: Unter den erhaltenen Kellerwänden eines großen Steinhauses stecken die Pfostenreihen eines nahezu gleichgroßen hölzernen Hallenhauses von etwa 1180.

Breite Straße 2, Rückfassade der Schiffergesellschaft. Steckt in diesem steilen Giebel aus dem 16. Jahrhundert ein Rest einer romanischen Front von etwa 1240? Anlässlich des Annex-Neubaus an der oberen Engelsgrube in den 1920er oder 30er-Jahren wurden die meisten Befunde zerstört (Foto). Heute sind nur die beiden rundbogigen Einzelluken mit gestuftem Gewände und der zugesetzte Sägefries darunter erhalten.

x

Dr.-Julius-Leber-Straße 13 (früher Johannisstr.): Rückfassade von etwa 1240 in einem Foto von 1910. Der eindrucksvolle spätromanische Giebel trat 1905 beim Abbruch des Nachbarhauses zutage und wurde recht vorsichtig restauriert. 1942 zerstört. Heute steht dort eine am „falschen" Verband erkennbare Kopie.

Die ab 1230/40 entstehenden neuartigen Backsteinbauten haben die umgebenden niedrigen Holzbauten vermutlich hoch überragt und waren daher von allen Seiten frei einsehbar. Das mag erklären, weshalb ihre Rückfronten – und nur solche sind überliefert – einen formalen Aufwand an Backstein-Details zeigen, den man später nur den Straßenfronten zukommen ließ. Die wenigen Relikte der Backstein-Frühzeit sind schnell aufgezählt:

▷ Schüsselbuden 6 / Ecke Alfstraße. Nur ein Teil der Kellermauern war als Ausgrabungsbefund erhalten, dazu gehörten die Basen von drei Säulen, welche diesen ehemals gewölbten Kellerraum in zwei Schiffe teilten. Dieses Haus gehörte zum Marktrand; der Keller könnte ein frühes Beispiel eines „Kaufkellers" gewesen sein (vgl. „Keller", S. 63).

▷ Koberg 2. Hinter der frühklassizistischen Breitfront zum Platz haben sich in den seitlichen Brandmauern die Giebelwände eines auffällig großen Querhauses erhalten. Wahrscheinlich handelt es sich um die Reste der um 1216 errichteten dänischen Vogtei, welche die typische Form eines Adels-Palas besaß.

▷ Alfstraße 38. Die unteren Bereiche der östlichen Giebelwand und Teile der Kellermauern sind ebenfalls von etwa 1216. Es sind nachweislich Fragmente des ersten massiv gebauten Hauses am ehemaligen Hafen. Die romanischen Partien könnten Reste des Hauses der „Knudsgilde" sein, die während der Dänenzeit bestanden hat.

▷ Dr.-Julius-Leber-Straße 13 (früher Johannisstraße). Der gegen 1240 erbaute Nordgiebel der „Löwenapotheke" repräsentierte einen echten Schaugiebel, also eine Form, die auf Stand und Anspruch des Bauherrn verwies. War es ein Adelssitz? Die Bau-Details entsprechen dem spätstaufischen Schmuckstil in Köln. Auch die Verwendung von Naturstein-Säulchen verweist ins Rheinische. Horizontale „Stürze" wie in den beiden äußeren Blenden waren in Flandern üblich (vergl. Stapelhaus an der Graslei in Gent). – Heute sehen wir leider nur noch eine Kopie des 1942 zerstörten bedeutenden Originals, am Mauerverband leicht erkennbar, über der Durchfahrt zum vormaligen „Warterhof" in der Königstraße.

▷ Breite Straße 2. Die Rückfassade der Schiffergesellschaft sowie einige Mauerfragmente im westlichen Kellerbereich können Überbleibsel eines spätromanischen Eckhauses sein. Erhalten sind zwei Rundbogen-Luken mit gestuftem Gewände sowie ein zugesetzter Sägefries.

▷ Große Burgstraße 48. Das Haus ist 1977/78 durch eine missverstandene „Sanierung" weitgehend zerstört worden. Auf wundersame Weise blieb aber der spektakuläre Nordgiebel von etwa 1260 stehen. Er unterscheidet sich vom romanischen Rückgiebel der „Löwenapotheke" nur durch die hier bereits spitzbogig endenden Doppelluken, dürfte also ein klein wenig jünger sein. Zu sehen ist das volle Repertoire des zur Reife entwickelten frühen Backsteinbaus mit aufwändigsten Formstein-Details wie z. B. gebogenen Wulst-Steinen und Rundstäben. Vermauerung der Doppelluken um 1890, als man ein neues Nachbarhaus vor die Front setzte.

▷ Mengstraße 40. Vom frühgotischen Rückgiebel ist nur das rechte Drittel erhalten. Der größere Rest wurde um 1770 abgebrochen und in schlichter Form neu aufgeführt. Vom frühgotischen Haus steht ansonsten aber noch der vollständig erhaltene Hauskörper: Die Gesamtheit aus Gewölbekeller, Brandwänden, Dachstuhl, historischen Raumfolgen und Ausstattungsresten machen Mengstraße 40 zu einem der bedeutendsten Haus-Denkmale Lübecks.

Dr.-Julius-Leber-Straße 13, Rückfassade. – Zeichnerische Rekonstruktion des 1908 vorgefundenen romanischen Original-Mauerwerks von Jens Chr. Holst. Giebelumriss vermutet (eine Staffelkante war erkennbar).

▷ Königstraße 25. Trotz seiner Verstümmelung ist dieser Rückgiebel eine der schönsten Architekturen Lübecks. Zugehörig auch Dachwerk und Gewölbekeller. Erstmals zeigt sich hier die über mehrere Geschosse geführte Hochblende, ein Motiv, das der Kirchen-Architektur entlehnt ist. Mit reichen Backstein-Details, Rundstäben und Glasuren signalisiert ein standesbewusster Bauherr seinen Rang. Die „Schaftringe" sind Lehn-Formen aus der französischen Frühgotik, die über Köln vermittelt wurden. Da die Schaftringe hier wie Kapitelle eingesetzt werden, erscheinen die dicken Rundstäbe, die den begleitenden Lisenen aufgelegt sind, wie vorgestellte Säulen. Drillings-Öffnungen sind in der spätromanischen Architektur im Westen des Reiches verbreitet. Hier wirken sie wie Vorformen der späteren Zwillingsluken. Die (erneuerten) weißen Putzflächen sind ein entscheidendes Merkmal der spätromanisch-frühgotischen Ziegelarchitektur Lübecks. Da dies „nur" die Hof-Front ist: wie prächtig mag der Giebel an der Straße gewesen sein?

Weitere Bau-Fragmente der frühen Backstein-Phase könnten sich im spätbarocken Palais Schildstraße 12 (heute „Bereich Kultur") erhalten haben, dort allerdings als quergelagerter, in die Grundstückstiefe zurückgesetzter Adelsbau. Auch im früheren Kurien-Bereich der Domgeistlichkeit dürfen noch Reste aus der ersten Steinbauphase vermutet werden.

Große Burgstr. 48. Teile der oberen Stufen überragen das Flachdach von Nr. 46. Die Formstein-Details, etwa gebogene Wulst-Steine und Rund-stäbe sind charakte-ristisch für den reifen, frühen Backsteinbau, der in Lübeck jetzt nur noch durch dieses einzige und letzte Beispiel repräsen-tiert wird – allerdings weitgehend zugebaut, unzugänglich und ungepflegt.

Schematischer Aufriss, anlässlich des Neubaus von Nr. 46 angefertigt. Die Doppelluken schließen hier bereits spitzbogig, doch der Giebel wird noch durch Sägefriese horizontal gegliedert. Diese spät-romanisch-frühgotische Misch-Architektur könnte um 1260 entstanden sein. Vermauerung der Dop-pelluken um 1890, als die Front durch den Neubau des Nachbarhauses verdeckt wurde.

Verlorene Beispiele früher Steinhäuser

Durch Fotos und Zeichnungen sind weitere bedeutende Häuser überliefert:

▷ Schüsselbuden 10. Kein Eckhaus, aber in prominenter Lage am Markt gegenüber der Mari-enkirche. Dies war die älteste der bekannten romanischen Rück-Fronten, gegen 1230 entstanden, einst sicherlich frei stehend. Die Bögen waren noch aus eigens geformten Keilsteinen aufgesetzt, abwechselnd schwarz (?) glasiert und unglasiert, wahrscheinlich schraffiert. Stilistisch verwandt mit der Vorhalle des Ratzeburger Domes. 1942 zerstört.

Der Reichtum der Form-steine, die aufwändigen Schraffuren und Glasu-ren sind letzte Zeugen aus Lübecks großer Aufbruchzeit.

▷ Mengstraße 16 / Ecke Fünfhausen. Die Hoffassade war der Nord-Front der Lö-wenapotheke an der Königstraße sehr ähn-lich. Auch hier wurden Säulchen aus Hau-stein eingesetzt. Abbruch des gesamten Hauses um 1912 zugunsten eines Ge-schäftshauses in Neo-Renaissance-For-men, dieses nach Kriegszerstörung in den späten 1970ern neu errichtet.

▷ Königstraße 41 / Ecke Dr.-Julius-Leber-(einst: Johannis-)Straße, Hof-Fassade. Spät-romanische und frühgotische Details spre-chen für eine Entstehung um 1250. 1375 zusammen mit dem gegenüberliegenden Haus der heutigen „Löwenapotheke" als Gästehäuser für Kaiser Karl IV und Ge-mahlin hergerichtet. Gegen 1890 zuguns-ten eines Wohn- und Geschäftshauses ab-gebrochen.

▷ Königstraße 78 (kein Eckhaus!). Die romanische Form von Schüsselbuden 10 mit Einzelöffnungen in der flächigen Wand war hier ins Gotische übersetzt. Allerdings standen die Öffnungen senkrecht übereinander. Die hier vermauerten spitzbogigen Öffnungen sind sicherlich durch Biforien, also zurückgesetzte Doppelluken, unterteilt gewesen, ähnlich dem Giebel des Crane-Konvents Kleine Burgstraße 18 (vgl. S.195). Gegen 1912 abgebrochen.

▷ Königstr. 31 / Ecke Hundestraße. Geschossübergreifende Hochblenden. Details wie Drillingsblenden und Schaftringe weisen wieder auf spätstaufisch-rheinische Anregungen. Der bedeutendste Giebel Lübecks aus der Zeit nach Mitte des 13. Jahrhunderts musste 1890

X
Schüsselbuden 10, Rückfassade. Lübecks älteste (bekannt gewordene) Profan-Architektur, am Markt gelegen, mit hohem repräsentativem Anspruch. Gegen 1230 errichtet. Bedeutend war auch die frühe, offenbar unverändert originale Form der Staffeln. 1942 zerstört.

mit zwei weiteren historischen Häusern dem Katharineum-Neubau weichen.

▷ Breite Straße 71 / Ecke Fleischhauerstraße. Stilistisch verwandt mit Königstraße 31. Vor 1900 zugunsten eines Geschäftshaus-Neubaus (heute „Adler-Apotheke") abgebrochen.

▷ Dr.-Julius-Leber-Straße 8, ehemals Johannisstraße. Abbruch bereits 1837. Heute Karstadt-Block.

▷ Eine Zeichnung von Julius Milde zeigt angeblich die Fassaden von Königstraße 59 / 61. Die Adresse ist falsch, die Häuser haben indes existiert. Die Fassaden sind in Teilen noch frühgotisch gewesen und dürften ebenfalls dem Typ Königstraße 31 entsprochen haben.

▷ Königstraße 99. Hoffassade. Kein Eckhaus. 1942 zerstört.

▷ Möglicherweise gehörten auch die Rückfassaden der sogenannten Bernstorffschen Kurien (Kleine Burgstraße 24/26) zu den frühesten Steinarchitekturen Lübecks. Leider wurden 1904 beim Abbruch für den Neubau der Ernestinenschule keine Foto-Aufnahmen oder Zeichnungen angefertigt.

Mengstraße 16, Rückfassade. Sehr ähnlich der romanischen Rückseite von Dr.-Julius-Leber-Str. 13, wie dort auch hier Verwendung
von Naturstein für die Säulen und Kapitelle in den Biforien.
Abbruch 1912. Der romanische Kern war im 16. Jahrhundert mit
einer steileren Giebel-Kontur überformt worden.

Oben rechts: Königstraße 78, Rückfassade. Abgebrochen um 1912.
Vermauerte Sägefriese und spitzbogige Einzelöffnungen
(mit ehemals spitzbogigen Doppelluken?) lassen eine Entstehung
um 1260/70 vermuten.

Ehemaliges Giebelhaus in der Dr.-Julius-Leber-Straße Nr. 8, abgebrochen im Jahre 1837 (damals Johannisstraße, heute Karstadt-
Block). Mit seinen „eingelegten" Rundstäben und von Schaftringen
markierten Kämpferzonen ähnelte der Giebel der Rückfassade von
Königstraße 31. Zeichnung von 1838.

Das Saalgeschosshaus

Koberg 2 und Alfstraße 38 sind in den 1980er Jahren besonders gründlich erforscht worden. Diese Häuser besaßen im Erstzustand von etwa 1216 ein vergleichsweise niedriges Erdgeschoss, dafür aber ein höheres Obergeschoss als später üblich. Dieser Befund widersprach dem bislang verbreiteten Wissensstand, demzufolge es im Erdgeschoss immer eine hohe Diele und darüber niedrige Speicher- oder Trockenböden gegeben hat. Das heißt: Das hohe Obergeschoss spätromanischer und frühgotischer Häuser, das „Saalgeschoss" also, diente nicht der Warenspeicherung. Es erinnert eher an Wohn- und Repräsentationsformen des Adels. Die dem Adel entstammenden einflussreichen Grundstücksbesitzer- und Kaufleute-Familien stellten sich folglich mit ihrem Hausbau standesgemäß dar. Sie imitierten die Adelsformen nicht, sondern sie bauten weiterhin nach ihrem Kanon. Ob diese frühen Lübecker Häuser, die sich dem aus späterer Zeit geläufigen Dielenhaus-Schema

X
Königstraße 31, Rückfassade. In vieler Hinsicht identisch mit Königstraße 25. Auch hier wirkten die Rundstäbe durch das Schaftring-Zitat wie vorgestellte Säulen. Dank einer Dachstuhl-Erhöhung im 16. Jahrhundert waren die frühgotischen Hochblenden unversehrt erhalten. An der Stelle dieses für Lübecks Architekturgeschichte so bedeutungsvollen Hauses heute Schulhof und wilhelminischer Schulneubau „Katharineum" von 1892.

widersetzen, in allem wirklich dem Standard des Adels-Architektur-Typs „Saalgeschosshaus" entsprachen, ist weiterhin fraglich.

Zum Vergleich mit dem städtischen Saalgeschosshaus bietet sich der Wohn- und Fest-Trakt der Burgen an: das prächtigste und bekannteste Beispiel ist wohl der (im 19. Jahrhundert weitgehend erneuerte) Palas der Wartburg. Schauseite ist die in Bogenstellungen untergliederte lange Traufseite. Die Hohe Geistlichkeit, die ja dem Adel entstammte, residierte ebenfalls in Saalgeschosshäusern. Der Lübecker Bischofshof dürfte ein solcher Saalgeschoss-Palas gewesen sein, ebenso die Vogtei des Stadtherrn Koberg 2. Sicher war auch das erste Trakt des Rathauses von 1240 ein Saalgeschosshaus (vgl. S. 37). Die ersten Steinhäuser in der aufblühenden Bürgerstadt entsprachen dem Saalgeschoss-Typus, solange sie frei standen. Die Eckgrundstücke boten dazu die besten Voraussetzungen.

Es muss aber auch die schmale Front der sich entwickelnden bürgerlichen Parzelle früh als Schaufassade verstanden worden sein. Vergleichbare Kaufmanns-Steinhäuser in der Champagne, etwa in der Messestadt Provins, zeigen prachtvoll durchgestaltete Giebelfronten und geschlossene Traufseiten.

Die Lübecker bürgerlichen Saalgeschosshäuser waren im Vergleich zu den Bauten des Dom-Klerus sicherlich bescheidener, führten aber durchaus repräsentative Architekturformen vor. Vermutlich hat es die erwähnte, auf die Straße gerichtete Bogenreihe des Saals im Obergeschoss auch in Lübeck gegeben. Es sind aber keine Spuren davon aufgetaucht. Wir kennen nur die oberen Partien einiger weniger Schmalseiten, eben die Giebel, und ihre prächtigen Details lassen vermuten, dass es auch im Erd- und Obergeschoss entsprechend reiche Schmuck-Architekturen gegeben hat. In Köln zeigt noch das Overstolzenhaus, wie diese ausgesehen haben könnten.

Sind alle frühen Lübecker Steinhäuser, nicht nur Koberg 2 und Alfstraße 38, Saalgeschosshäuser gewesen? Vielleicht lässt der Baubefund der wenigen noch bestehenden Initial-Bauten wie Mengstraße 40, Königstraße 25, Breite Straße 2, Große Burgstraße 48 irgendwann einmal genaue Aussagen zu.

Das Saalgeschosshaus ist übrigens nach Aufkommen der reinen Wirtschafts-Architektur mit hoher Diele und niedrigen Speicherböden nicht völlig aus der Mode gekommen. So ist beispielsweise das Haus Königstraße 57 als Saalgeschosshaus erbaut worden, vermutlich auch die Nachbarhäuser 55–51. Diese für Lübecks Hausforschung so wichtige Hausreihe musste 1992 größtenteils einem Passagen-Durchbruch weichen.

Literatur

Erdmann, Wolfgang: Entwicklungstendenzen des Lübecker Hausbaus 1100 bis um 1340 – eine Ideenskizze. In: Lübecker Schriften zur Archäologie und Kulturgeschichte (LSAK) Band 7, Bonn 1983.
Holst, Jens Chr.: Beobachtungen zu Handelsnutzung und Geschossbildung an Lübecker Steinhäusern des Mittelalters. In: Jahrbuch für Hausforschung 35, Sobernheim 1986.
Holst, Jens Chr.: Das Haus Koberg 2 in Lübeck. Zur Stratigraphie eines Baudenkmals. In: Bauforschung und Denkmalpflege, Hrsg. Johannes Cramer. Stuttgart 1987.
Zu Fragen des Backsteinbaus s. Literatur zu Kapitel 2: „Vom Holz zum Backstein".

Summary

Lübeck´s First Brick Buildings

A city built in wood cannot be rebuilt in brick overnight. Certainly fires were often cause for periods of renewal and rebuilding. Churches stimulated and paved the way for building in brick, replacing the older wooden structures.

The first private brick buildings had rectangular or nearly square floor plans as in the wood-building period. The former bower's house on a nearly square-floor plan became `Steinwerk´ (`work of stone´). Like its predecessors the`Steinwerke´ were in the centre or rear of the properties. They are considered as pre-forms of the subsequent residential wings (`Flügel´).
More revealing than the rear `Steinwerke´ are for us the large houses along the streets with rectangular floor plans. Since these houses are nearly always situated on the corners and show examples of early brickwork-detailing, they bear evidence of the history of the final settlement and parcelling of the Old Town in the 13th century:

▷ Schüsselbuden 6 / corner Alfstraße, formerly market. Only the Romanesque basement walls are preserved.

▷ Breite Straße 2. The rear façade as well as a few fragments of the walls in the western cellar are presumably remains of a late-Romanesque cornerhouse.

▷ Koberg 2. The gable walls of a transept are still existing in the flanking fire wall. They are probably the remains of the Danish bailiwick built around 1216.

▷ Alfstraße 38. The lower parts of the eastern gable wall and parts of the cellar walls date back to around 1216. They are fragments of the first massive house along the former harbourfront.

▷ Dr.-Julius-Leber-Straße 13 (formerly Johannisstraße). The northern gable wall of the `Löwen´- pharmacy, built around 1240, a show-gable wall only preserved as copy of the original, demonstrated heritage and class of a presumably aristocratic building owner.

▷ Große Burgstraße 48. The northern gable wall, dated back to around 1260, is almost entirely concealed by neighbouring house No. 46.

▷ Mengstraße 40. Only a part of the early-Gothic rear gable is preserved.

▷ Königstraße 25. The mutilated rear gable from around 1270 shows, for the first time, the motif of a multi-storey vertical recess with rich profiling.

Further significant houses are delivered to posterity by photos or measurements of buildings. These document Lübeck's role as prototype in the history of architecture of the centuries till 1300.

Most of the early brick buildings in Lübeck were houses on corner lots. Presumably the blocks were filled subsequently with building activity starting from the corners. Possibly an entire block belonged to one single owner, who more and more divided up the property. The significant corner house remained in his possesion as a sign of his outstanding position. First-time owners were apparently members of the elite that had been granted privileges by Henry the Lion as return for their willingness to invest. Since then these founders had maintained their influence.

The first brick buildings were not yet `Dielen´-houses. Often a very high upper storey was revealed. A high `hall´ in the upper storey refers to forms of living and representation of the aristocracy. Influential property-owners, members of the aristocracy, and merchants brought their building customs to Lübeck. These houses with their halls were also used by the aristocratic clergy as residences. The hall with its arched open arcature in the upper storey is characteristic for this house type. The first brick buildings in Lübeck corresponded to this so-called `Saalgeschosshaus´, though in a comparatively moderate manner.

Schüsselbuden 2. Eine beeindruckende dreischiffige Halle. Die gefasten Profile der Gurtbögen und Rippen sind die gleichen wie in den Mietkellern des Heiligengeist-Hospitals (1276–1280 im Bau).
Der Schüsselbuden war lukrativster Marktrand; wir haben es hier also mit einer durchgehenden großen Markthalle zu tun.

LÜBECKS GEWÖLBEKELLER

Auch in Fachkreisen wurden die Keller nach kurzer In-Augenschein-Nahme in den 1980er-Jahren wieder vergessen. Dabei besitzt Lübeck Reste einer urtümlichen Keller-Landschaft, die ihresgleichen sucht. Diese Keller sind das Dokument des Aufstiegs Lübecks zur zentralen Wirtschaftsmetropole im Ostseeraum. Sie sind innerhalb von nur drei oder vier Jahrzehnten entstanden. Sie kommen nur in den höher gelegenen Teilen der Altstadt vor. Sie stellten auch vor 1942 höchstens vier bis fünf Prozent des gesamten altstädtischen Kellerbestands dar. Doch die Lage der Gewölbekeller im Stadtgefüge macht diese Baugruppe zu „dem" überragenden Dokument der frühen Lübecker Wirtschaftsgeschichte. Da besonders das Gründerviertel und die Breite Straße 1942 abbrannten und die Ruinen samt noch erhaltenen Kellern bei der Neubebauung abgeräumt wurden, ist der Bestand stark gelichtet. Was uns noch blieb, ist ein wesentlicher Teil des UNESCO-Welterbes „Altstadt von Lübeck".

Wozu dienten die Gewölbekeller?

Es fällt sofort ins Auge, dass die Gewölbekeller rund um den Markt, an den oberen Abschnitten der Straßen im Gründerviertel sowie an Breite Straße und Königstraße inklusive Koberg liegen bzw. gelegen haben. Diese Räume können als marktnahe „Kaufkeller" verstanden werden, als Gelasse, in denen Ware angeboten bzw. verhandelt wurde. Während die „offenen" Keller mit ihren auf die Straße oder den Platz gerichteten Kellerhälsen für jedermann „offen" waren und dem Detailhandel gedient haben sollen, könnten rückwärtige Gewölbekeller für den Handel der Kaufleute untereinander (Großhandel) gebaut worden sein. Über die in den Kellern verhandelten Waren kursieren verschiedene Angaben. Von „Kramwaren" und von „Nürnberger Tand" ist die Rede. Als Nürnberger Tand bezeichnete man alle Arten modischer Fertigwaren aus

„Unterkellerung der Lübecker Innenstadt gegen Ende des 18. Jahrhunderts, nach den Beschreibungen der Brandassecuranz". Schwarz: Gewölbekeller, grau: Balkenkeller.

Stoff und Leder, die über süddeutsche Händler vermittelt wurden. Da die Keller auch weitgehend feuersicher waren, können sie wie Tresore auch als Aufbewahrungsräume für besonders wertvolle Waren gedient haben. Genannt werden auch Luxusgüter wie Pelze aus Russland, die dem Vernehmen nach in Holztonnen mit einer konservierenden Lake transportiert wurden, ebenso Luxus-Genussmittel wie Trockenfrüchte (Rosinen, Mandeln) und Gewürze. Weitgehend konstante Temperaturen (zwischen 8–12 Grad) und hohe Luftfeuchtigkeit hätten für gute Lager- und Präsentations-Bedingungen gesorgt. Es wird angenommen, dass mit Aufkommen des Massengüterhandels um 1290/1300 die Gewölbekeller schnell funktionslos wurden, Getreide beispielsweise braucht trockene, belüftete Böden. Damit sind die gewölbten Keller für uns anschaulichen Zeugen der auslaufenden „Luxusgüter-Konjunktur" in Lübecks Frühzeit.

Wie sahen die Häuser über den Gewölbekellern aus? Vermutlich sind es Varianten der auf Seite 59 beschriebenen Saalgeschosshäuser gewesen. Bauliche Beweise dafür liegen nicht vor. Allerdings befinden sich Gewölbekeller nicht zufällig unter Häusern, die noch frühgotische Giebel oder Fragmente früher Giebel bewahrt haben und damit Hinweise für Saalgeschosshaus bieten (vgl. die Keller-Liste unten). Endgültige Klarheit über den vermuteten Zusammenhang zwischen Saalgeschosshaus und Kaufkeller kann jedoch nur gezielte Bauforschung an den Brandmauern liefern.

Unterschiede im Typus

Lübecks Gewölbekeller haben unterschiedliche Formen und Größen.
Die sogenannten „offenen" Keller sind immer zur Straße gerichtet. Ihre vier schweren Kreuzgratgewölbe werden von einem mittleren Pfeiler gestützt. In breiteren Häusern kommen auch querliegende, über zwei Stützen gewölbte Keller vor. Diese Keller sind nicht sehr hoch, fast voll-

Königstraße 51. Ehem. Kaufkeller. Die gerundeten Formsteine des Mittelpfeilers, die Glasuren sowie das ebenfalls aus Formsteinen zusammengesetzte Trapezkapitell machen eine frühe Entstehung, vielleicht um 1260 wahrscheinlich. Dieses Detail ist dem spätromanisch-staufischen Schmuckstil zuzuordnen. Der Fußboden ist aufgehöht. Heute Abstellraum.

ständig in den Boden eingetieft und mit Kellerhälsen versehen, die mit Treppen in den Straßenraum münden, daher „offen". Sie waren anfangs wohl auch nur von der Straße aus zugänglich. Die Pfeiler konnte durch Formsteine, etwa Viertelstäbe, und Glasurschichten betont sein. Erst gegen 1280/90 wurden auch gotische Kreuzrippengewölbe gemauert, deren Kappen aber, wie

Königstraße 18. Unter dem klassizistischen Kubus der Reformierten Kirche erstrecken sich drei gewölbte Keller. Der mittlere ist ein durchgehender „offener" Kaufkeller gewesen, der durch Trennwände in zwei lange Schiffe aufgeteilt ist. Die drei Pfeiler sind mit den zeittypischen Viertelstäben profiliert. Eine Weinhandelsfirma nutzte die Keller unter der Reformierten Kirche bis in die 1960er Jahre als Fasslager.

Königstraße 21. Ein typischer Befund: Der gotische Gewölbekeller war gerade gut genug, um die Ölheizung samt Öltank aufzunehmen. Vor dem Ausbau im Rahmen der Sanierung ab 2005. Die Gewölbegrate sind mit Rundstäben ausgezeichnet, echte Rippen sind das nicht.

Mengstraße 40. Blick vom Kellerhals in den einstigen Kaufkeller. Die Erweiterung des Kellers nach hinten dürfte erst im 17. oder 18. Jahrhundert erfolgt sein. Die Teilungsmauer (rechts neben dem Gewölbe) ist vielleicht noch mittelalterlich. Ein zweiter mittelalterlicher Gewölbekeller liegt an der Hofseite.

bislang üblich, mindestens einen Stein stark waren. Man blieb der massiven romanischen Bauweise also treu, was dafür spricht, dass die Keller tatsächlich auch als „Tresore" angesehen wurden. In einigen Fällen sind die Pfeiler in Längsrichtung des Hauses durch Teilungsmauern verbunden, um so getrennt nutzbare Räume zu erhalten.

Neben diesen Kurzkellern aus vier oder sechs Gewölbefeldern gibt es auch durchgehende, sich unter dem gesamten Haupthaus erstreckende Gewölbekeller. Das schönste und eindrucksvollste Beispiel ist der Keller Schüsselbuden 2 (wegen Kriegszerstörung des darüber stehenden Hauses befindet er sich heute unter einem Geschäftshaus-Neubau). Dieser Keller war eine repräsentative, auf den Markt gerichtete „Kauf-Halle". Andere „lange" Keller sind beispielsweise Mengstraße 6 (unter der Durchfahrt zum Parkhaus) und Königstraße 9. Ansonsten sind durchgehende Keller wohl eher als Erweiterung von anfangs vierfeldrigen Kellern zu verstehen. An den Gewölbeformen dieser Keller lässt sich erkennen, ob solche Erweiterungen nicht eher nachmittelalterlich sind (vgl. unten: Weinkeller).

x
Fleischhauerstr. 15. Pfeiler samt Fundament des früheren vierfeldrigen Kaufkellers. Dieser Keller war, vom Pfeiler ausgehend, in zwei Räume unterteilt gewesen. Ein Kaufhausprojekt führte 1992 zur Aufdeckung dieser unter jüngeren Fußböden verdeckten Befunde und zum endgültigen Verlust.

Königstraße 21. Kellergrundriss. Hinter dem straßenseitigen Kaufkeller mit seinen Kellerhälsen steht noch der gewachsene Boden an. Der hintere (unterteilte) Balkenkeller wurde später durch einen breiten Korridor mit dem Vorderkeller verbunden. Flügeljünger (vereinfachendes Aufmaß nach Hübler).

Mitte:
Alfstraße 9. Ehemaliger Kaufkeller, nach Aufmaß des Forschungsprojekts Innenstadt um 1982. Zugang einst nur von der Straße (Treppe nach oben wahrscheinlich nachträglich). Der Mittelpfeiler stützte vier Gewölbekappen. Im hinteren Haus-Abschnitt befand sich ein Balkenkeller.

Rechts:
Schüsselbuden 2, Keller, vor oder um 1300? Rekonstruierende Skizze nach Aufmaß von A. Muschiallik / R. Piper (Aus: Holst, Lit. 1).

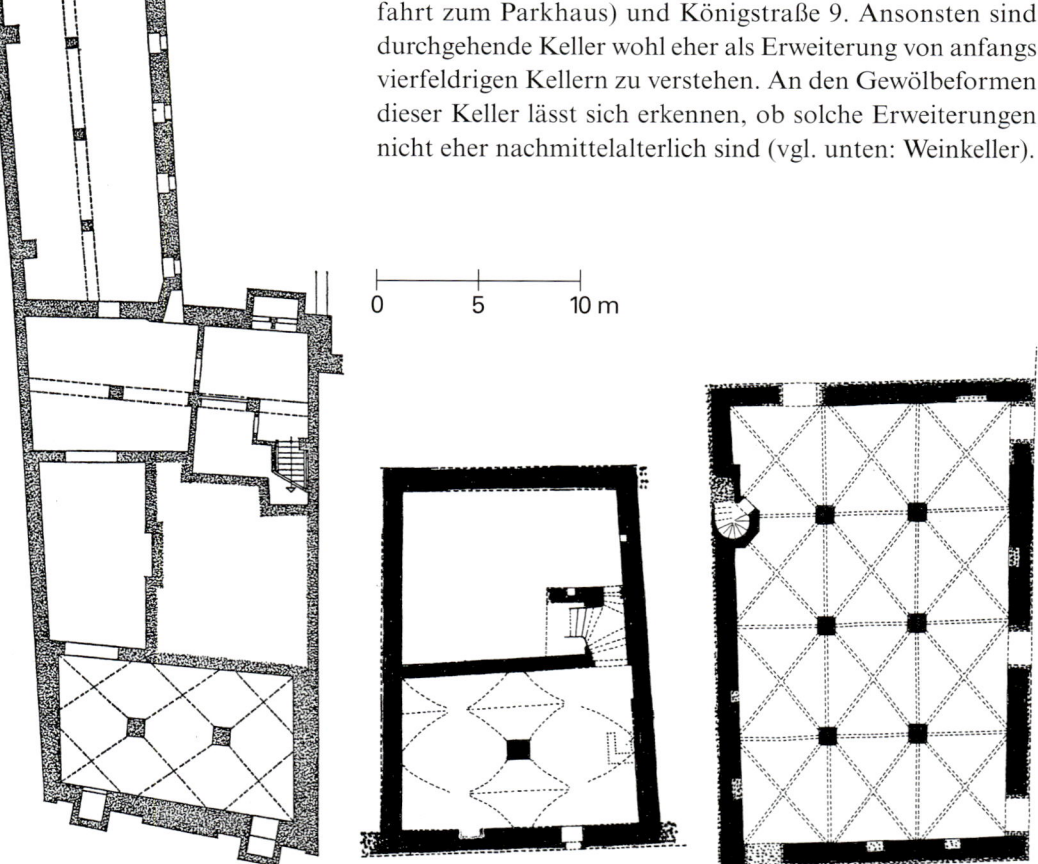

Mit Balken gedeckte „rückwärtige Keller" unter dem hinteren Hausdrittel sollen privaten Zwecken gedient haben, vielleicht der Lagerung von Lebensmitteln. Zum gewölbten Vorderkeller gab es zunächst keine Verbindung. In einigen Fällen ist das anstehende Erdreich zwischen beiden Kellern noch erhalten.

Ein außergewöhnlich schöner Keller mit Kreuzrippengewölben befindet sich unter dem breiten Flügelanbau von Koberg 2. Ein Zugang lag rückwärtig an der zum Hafen gerichteten Schmalseite. Eine tonnengewölbte Treppe führt vom Erdgeschoss in den Keller hinunter. Wegen seiner großen, durch die Lage am Hang ermöglichten Lichtöffnungen und gliedernden Wandnischen ist der zweischiffige Raum von auffallend repräsentativer Wirkung. Bislang gilt dieser Keller als einziger Hinweis auf das einstige Vorhandensein von Großhandelskellern.

Die Herkunft der Gewölbekeller

Im Westen und Süden des Reiches sind im 12. und 13. Jahrhundert gewölbte Lager- und Handelsräume in Keller- und Erdgeschossen die Regel gewesen, etwa in Regensburg, Konstanz, Mainz und natürlich auch in Köln. Vorläufer dieser Anlagen waren wohl die großen „Cellarien" der Klöster, also die Vorrats- und Wirtschaftsräume der Benediktiner und nach 1100 auch der Zisterzienser. In Lübeck haben zunächst die Bauten des Rates Gewölbe besessen, so die als erste Tuchhalle errichteten vier Keller des Rathauses von 1230/40 und der nordseitigen Erweiterung, solide romanische Kreuzgratgewölbe. Die mit Rippen ausgezeichneten Gewölbekeller unter der Rathaus-Erweiterung von 1299 („Langes Haus") und unter dem Heiligengeisthospital (1280er-Jahre) entstanden sicherlich unter dem Eindruck der Kirchen-Neubauten. Beide Wölbformen sind als Vorbilder für die bürgerliche Kaufkeller-Architektur anzusehen.

Weinhandel als Zwischennutzung

Nach 1300 war in Lübeck die große Zeit der Gewölbekeller vorbei. Sie dürften aber weiterhin dem Spezialhandel gedient haben, denn Gewürze, Trockenobst, Pelze und dergleichen wurden ja weiterhin gehandelt. Vielleicht war der Großteil der Gewölbekeller aber auch wirklich leer, „unnütz", wie die Kaufleute sagen würden. Um 1500, in einer Zeit großer Armut, und auch noch danach wurden viele Gewölbekeller sogar für Wohnbedürfnisse umgerüstet. Es haben sich einige gemauerte Rauchabzüge erhalten, die eine solche Nutzung belegen.

Der Weinhandel, der besonders ab dem späten 17. und dann im 18. Jahrhundert in Lübeck aufblühte, bescherte den vergessenen mittelalterlichen Gewölben eine neue Konjunktur. Die gleichmäßig kühlen und feuchten Räume eigneten sich hervorragend für die Weinlagerung. Im 18. Jahrhundert wurden sogar neue Gewölbekeller eigens für die Weinlagerung gebaut. Beispiele sind Mengstraße 4 („Buddenbrookhaus"), Braunstraße 21, Breite Straße 12 (heute der „Remter" der Handwerkskammer), Breite Straße 26 (Sparkasse), Königstraße 81, Koberg 2 (Vorderhaus) u. a. Dabei wurden aber meist nur ältere, für zu klein befundene Keller ersetzt, wie man an den gotischen Brandmauern beispielsweise des „Buddenbrook-Kellers" gut ablesen kann. Die barocken Gewölbe erkennt man leicht an den breiten, korbbogigen Gurten und dem glatten, weiß gekalkten Putz. Backsteinsichtigkeit war nie angestrebt.

Bis in die frühen 1970er-Jahre wurde in Lübecker Kellern noch Wein gelagert. Da aber heutzutage der Rotspon gabelstaplergerecht in Edelstahl-Tanks in Gewerbegebieten auf der Grünen Wiese reift, ist jegliche Keller-Weinkultur obsolet, weil „sie sich nicht rechnet". Kurz: Lübecks Weintradition ist „im Keller", falls die Umkehrung der Begriffe erlaubt ist.

Schüsselbuden 2. Foto aus den 1930er Jahren. Eine Nutzung der mittelalterlichen Gewölbekeller als Wein-Fasslager war seit dem 18. Jahrhundert verbreitet. Der „lübsche Rotspon", als Produkt und als Wort erst im 19. Jahrhundert aufgekommen, ist ohne diese Tradition nicht denkbar. Die Weinlagerung war eine den Kellern sehr zuträgliche Nutzung. Bis heute gibt es dafür keinen Ersatz; die Keller stehen leer – wie Schüsselbuden 2.

Die alten Keller heute

Eine genaue Inspektion der gesamten Lübecker Kellerlandschaft steht ebenso aus wie weiterführende Forschungsarbeit. Unser Wissen ist auf dem Stand von 1985 stehen geblieben. Damals endete das von der Volkswagen-Stiftung geförderte „Forschungsprojekt Innenstadt".
Die Keller sind wieder in jenes Dunkel abgetaucht, in dem sie verharrten, bevor Führungen im Rahmen der Bauforschung in den frühen 1980er Jahren für eine gewisse Bekanntheit sorgten. Gewölbekeller sind in der Regel unzugänglich und werden, falls überhaupt, nur unangemessen genutzt. Ein einziger „offener" Keller ist dank dicken Putzüberzugs kurzfristig wieder Verkaufsgelass gewesen (Königstraße 47), ein anderer wird unter dem Namen „Klosterkeller" als Bar unter dem bereits mehrfach erwähnten Haus Königstraße 25 geführt.

Die Nutzung des sogenannten „Ratsbierkellers" (von 1299) unter dem Langen Haus des Rathauses durch eine Privatbrauerei mit Ausschank hatte Folgen: Trockenlegung und hohe Raumtemperaturen führten zu gravierenden Schäden an den Gewölberippen durch den Druck auskristallisierenden Salzes. Die Denkmalbehörde versagt seitdem ihre Genehmigung für gastronomische Nutzung historischer Gewölbekeller. Also stehen hochkarätige Räume leer, beispielsweise Alfstraße 30 (ehem. Speicher von „H. C. Koch"), Mengstraße 40 oder Königstraße 49–57. Der Leerstand schadet den Kellern nicht. Im Gegenteil. Das „Gute am Gewölbekeller ist das Gute darin": das heißt: gleichbleibend kühle 8–12 Grad das ganze Jahr über und gesättigte Luftfeuchtigkeit.

Müssen wir uns also damit abfinden, dass Lübecks Gewölbekeller verschlossen und unzugänglich bleiben? Es sieht leider so aus. Für die meisten Keller jedenfalls. 1989 formulierte Jens Holst unmissverständlich: „Der Umgang mit den Kellern könnte zur ersten Nagelprobe werden, wie ernst man es in Lübeck mit dem Weltkulturerbe wirklich meint." Doch zur Nagelprobe ist es seither überhaupt nicht gekommen. Die Keller sind schlicht vergessen.

Die Lübecker Gewölbekeller – eine nicht ganz vollständige Liste

Frühe Gewölbekeller sind erhalten unter den Häusern Alfstraße 30b/30c („Kochscher Speicher", zwei breite Kaufkeller unter ehemals zwei Häusern). Der Keller Alfstraße 9 wäre zu ret-

X
Alfstraße 9. Obwohl Lübecks archäologischer Untergrund ausdrücklich Teil des Welterbe-Areals ist, wurde dieser erhaltbare Keller, ein wichtiges Dokument der „steinernen" Aufsiedlung des Gründerviertels, im Herbst 2004 nach Aufmessung abgebrochen (Bild). Gut zu sehen die Ein-Stein-Stärke der Gewölbekappen.

ten gewesen, wurde aber 2004 abgebrochen. Weitere Keller-Adressen sind Breite Straße 27, 30, 77. Koberg 2 (Flügel), 3, 5, 7. Königstraße 5, 7, 9, 11 (Flügel), 12, 13, 15, 17, 18b (unter der Reformierten Kirche), 19, 21, 23, 25 (datiert: 1268/69), 47, 49, 55.
Alte Keller haben auch Mengstraße 6 (unter der Durchfahrt), 40 und Schüsselbuden 2.
Als Typ ähnlich der Keller Parade 1, kein Kaufkeller, sondern zu einer Domherren-Kurie gehörig. Es gibt darüberhinaus eine Reihe gotischer Keller mit Spuren ausgebrochener Gewölbe (z.B. Königstraße 30)
Barocke Weinkeller besitzen z.B. die Häuser Braunstraße 21, Mengstraße 4, Koberg 2 (Vorderhaus), Königstraße 11 (Vorderhaus), 18a, 81, Breite Straße 12, 26, Große Petersgrube 21 u.a.

Und was es sonst an alten Kellern gibt

Die meisten auch älteren Vorderhaus-Keller in der Altstadt sind Balkenkeller. Dies können keine Kaufkeller gewesen sein, auch keine Tresore für besonders wertvolles Handelsgut. Eine kleine Gruppe von gotischen Gewölbekellern lässt sich unter Flügelanbauten nachweisen – erhalten ist davon wenig. Es waren bzw. sind einschiffige Räume mit Kreuzrippengewölben, z.B. Mengstraße 11 (bis 1942). Die aufwändige Form lässt Repräsentations-Absichten vermögender Bauherren vermuten. Ihnen folgen einige Tonnen- oder Segmentbogen-gewölbte Vorderhaus- und Flügelkeller des 16. Jahrhunderts. Ein Beispiel findet sich unter dem Flügel von Alfstraße 38. Einige gewölbte Flügel-Keller gehören zu Brauerhäusern (vgl. S. 240) und dienten der Bier-Lagerung. Aus dem 16. und frühen 17. Jahrhundert stammt dann die Hauptmasse der unter Flügelanbauten erhaltenen einfachen Balkenkeller. Damals wurden viele Flügelhäuser verlängert, erneuert und aufgestockt; ein deutlicher Hinweis darauf, dass die Wohnbedürfnisse allgemein zunahmen. Aus allem resultiert überdeutlich die Sonderstellung der Gewölbekeller der Jahrzehnte vor 1300 und ihre Bedeutung für Wissenschaft und Forschung.

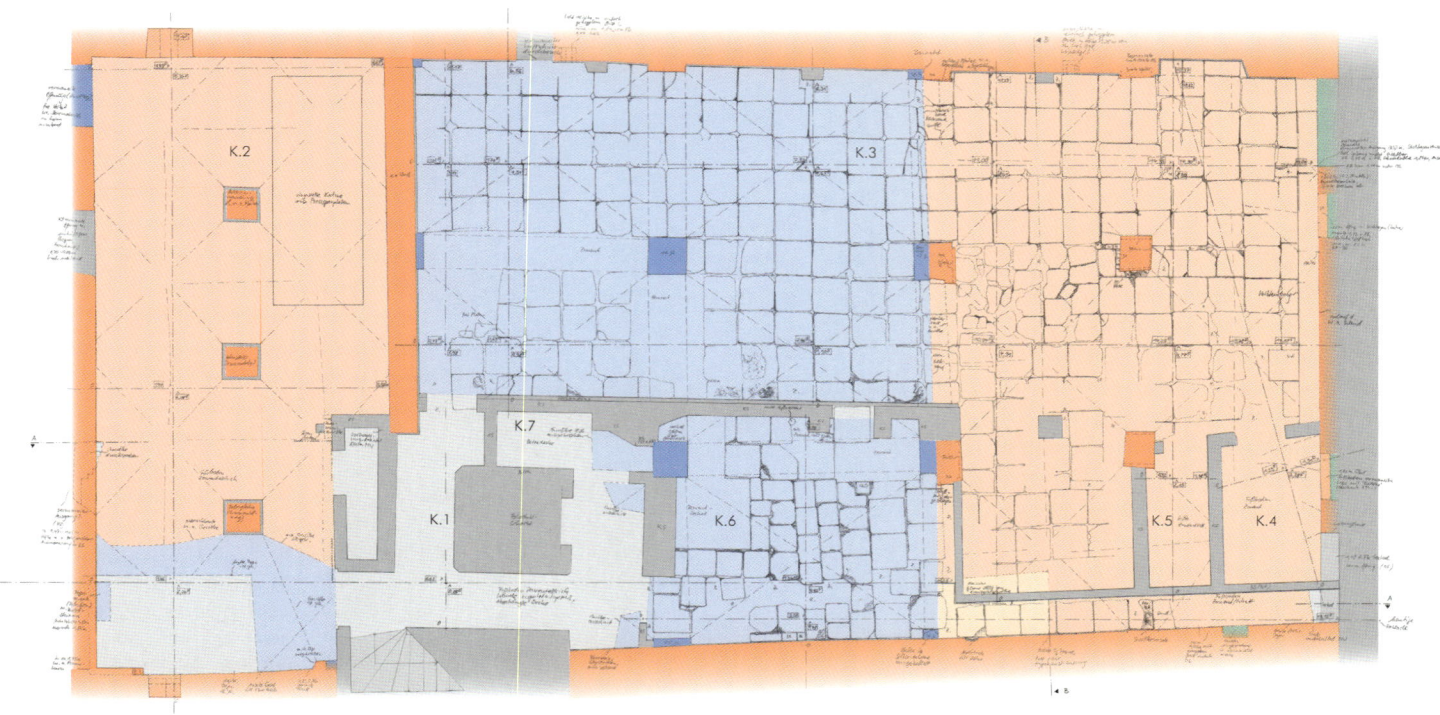

Mengstraße 6, Baualtersplan des Kellers. Unter der Durchfahrt zum Blockbinnen-Parkplatz ist dieser Keller erhalten. An der Mengstraße (rechts) der dreischiffige, zwei Joche tiefe gotische Kaufkeller; hofseitig ein weiterer gotischer Keller mit acht Feldern.
Blau hervorgehoben die beide Räume verbindende Erweiterung des 18. Jahrhunderts - vielleicht entstand so ein Weinkeller?
Das Haus darüber 1942 ausgebrannt. Die barocke Fassade wurde 1955 abgebrochen und durch eine (misslungene) Kopie der
gotischen Front Fischstraße 19 ersetzt.

Literatur

Holst, Jens Chr.: Beobachtungen zu Handelsnutzung und Geschossbildung an Lübecker Steinhäusern des
Mittelalters. In: Jahrbuch für Hausforschung 35, Sobernheim 1984/85,
Holst, Jens Chr.: Lübecks letzte mittelalterliche Keller. In: Lübeckische Blätter Nr. 7/1989.
Neugebauer, Werner: Das unterirdische Lübeck. In: Der Wagen, ein Lübeckisches Jahrbuch, 1951 (zum Thema
hier wichtig das Verschwinden der Gewölbekeller beim „Wiederaufbau").
Hübler, Hans: Das Bürgerhaus in Lübeck. Tübingen 1968 (s. Kellerfotos und -aufmaße).

Summary

Lübeck´s Vaulted Cellars

Lübeck possesses remains of a unique vaulted cellar landscape. These cellars bear
witness to the rise of Lübeck as central economic metropolis in the Baltic Sea area.
They emerged in a mere three or four decades. They can only be encountered in the
higher parts of the town, around the market, along the upper ´Gründerquarter´ streets
and along Breite Straße and Königstraße inclusive Koberg. The location of the vaults
in the urban fabric makes this architectural feature the outstanding monument of early
history of business and trade in Lübeck.

The cellars served as open cellars for the trade business. Merchandise was sold here,
fashionable ready-made goods made of cloth and leather, but also luxurious goods

such as furs from Russia and dried fruit and spices. More or less constant temperatures (between 10–12 degrees) and a high humidity provided good conditions for storage and presentation. The vaults lost their meaning with the beginning of mass trade around 1290/1300. Grain for example needed dry and ventilated floors. The houses above the vaults were presumably variations on the `Saalgeschoss´-houses mentioned before.

The vaulted cellars are not very high, lowered almost entirely into the ground, stairs leading directly into the streets. Their four heavy cross vaults are supported by a single middle column. Besides these small cellars open-plan vaulted cellars had existed, covering the entire area beneath the main house. The most significant example is the three-span cellar in Schüsselbuden 2, formerly a representative `sales-hall´ along the market. `Rear cellars´ with wooden-beam ceilings under the back parts of the houses were reserved for private use. The cellar under the extension of Koberg 2 was possibly a cellar reserved for wholesale trade for merchants only.

Vaulted storage- and trade rooms, already well known in the Romanesque in the west and south of the empire, can be derived from the cellars of the Benedictine and Cistercian monasteries. In Lübeck initially the buildings of the council were built with vaults, i.e. the cellars of the Town Hall of 1230/40 with its solid Romanesque cross vaults. The ribbed vaulted cellars beneath the Town Hall-extension of 1299 and under the Heiligengeist-hospital in the 1280s were erected under the impression of the new church buildings. These vaults can be also found in the architecture of the basements for trade and business.

After 1300 the high times for vaults were over. Not until the late 17th and 18th century the forgotten medieval vaults experienced a revival by the evolving wine-trade. The cool and humid rooms offered ideal conditions for storing wine. New cellars were also built. Their Baroque vaults feature elliptical arches and smooth lime-white plaster finishing. Lübeck's vaulted cellars were used for wine storage until the early 1970s. Today the cellars are empty. An adequate use is only possible, if the advantages of their specific climate can be used: cool 8–12 degrees all year long and a saturated humidity. Heating has proven to be extremely harmful.

The stock of medieval vaulted cellars has been reduced by war and demolition. A larger group has been preserved along the northern end of Königstraße (such as under the houses 5–25 and 49/51), sporadic examples can be found on Meng- and Alfstraße as well as Breite Straße. Of the few remaining vaulted cellars of the 18th century Braunstraße 21, Mengstraße 4, Koberg 2, Königstraße 81, Breite Straße 12, and Große Petersgrube 21 are the most impressive.

Most of the older front-building cellars in the Old Town are cellars with beam floors. The main bulk of the preserved cellars found under the rear wings is dated from the 16th and early 17th century. In those times many rear wings were extended, renovated and heightened; clear evidence of growing housing necessities in general.

x
Mit Fischstraße 19 wäre
die bedeutendste, gegen
1300 erbaute Fassade
der Lübecker Gotik zu
retten gewesen. Dabei
handelte es sich eigent-
lich nur um einen
Getreidespeicher.
Spätere Änderungen im
Dielen- und Giebelbe-
reich, z.B. Austausch
der Doppelluken durch
Fenster. Die 1942 ge-
sicherte Fassade wurde
1953 abgebrochen. Die
Neubau-Version vor
dem Nachkriegs-Ge-
schäftshaus Mengstr. 6
mit weitgehend neuem
Material befremdet be-
sonders durch die Auf-
lösung der stilbildenden
Glasurschichten.

DAS DIELENHAUS UM 1300 UND SEINE NACHFOLGE

Gegen 1280/1300 vollzieht sich im Lübecker Hausbau etwas grundlegend Neues: Der Handel verlagert sich zusehends von Luxus-, Stück- und Wertgütern auf Sack- und Schüttware, hauptsächlich Getreide. Der Massenguthandel führt dazu, dass sich das Dielenhaus durchsetzt. Es besteht aus einer vier bis fünf Meter hohen Erdgeschosshalle und darüber angeordneten Lager- bzw. Schüttböden. Über der Diele liegt noch innerhalb der Brandmauern ein Obergeschoss, der sogenannte Unterboden. Das steile Satteldach bietet den Dachboden als Lagerfläche sowie bis zu drei weitere Böden entsprechend den Kehlbalkenlagen. Ein reiner Wirtschaftsbau also, für den zwei funktionale Maximen gelten: In der Erdgeschosshalle muss es hell sein, was durch große „Luchten" zur Straße und zum Hof bewirkt wird und die Speicherböden brauchen eine optimale Belüftung. Dazu werden die Giebelwände durch viele Lüftungsluken wie ein Sieb durchlöchert. Eigentlich zeigen bereits die Saalgeschosshäuser diese Merkmale. Neu sind die nun ganz auf die Wirtschaftsnutzung abgestimmten Deckenhöhen. Über der hohen Diele sind die Lagerböden selten höher als zweieinhalb Meter.

5 m

Die weitgehend abgeschlossene Parzellierung und die „Versteinerung" des Hauskörpers durch die seitlichen Brandwände haben zur schmalen, in die Tiefe des Blocks gerichteten Grundrissform geführt. Wie soll man übereinander liegende Wirtschafträume nutzen, die nur mit einer schmalen Front Anlieger der Straße sind? In Lübeck hat man offenbar mit Aufkommen des Massengüterhandels die „innenliegende" Senkrecht-Erschließung der Lagerböden eingeführt, von der Diele aus also. Die spätere niederländische Entwicklung zeigt, dass es auch per Kranbalken außen an der Straßenfassade geht. Einige solcher Außenwinden wie in Amsterdam hat es dann auch in Lübeck gegeben.

Mit der im Spitzboden installierten Radwinde verfügte man im Lübecker Dielenhaus über einen Aufzug, mit dem bedeutende Lasten, insbesondere Sackware, durch übereinander angeordnete „Luken" auf die Böden befördert werden konnten (vgl. „Dachwerke" S. 93). Die älteste der bislang datierten Radwinden stammt von 1319 und befindet sich im Dach von Koberg 2. Das Speichergut gelangte entgegen der in Lübeck verbreiteten Fabel nicht per Pferdewagen ins Haus. Alle Transporte vom Schiff auf den Wagen und vom Wagen ins Haus besorgten Träger unterschiedlicher Zuständigkeit.

Hundestr. 90/92/94. Lübecks älteste „Kaufmannshäuser" waren Gerberhäuser, ab 1281 erbaut. Die schematisierte Rekonstruktion macht die größtenteils vermauerten oder durch Fenster ersetzten früheren Doppelluken deutlich. Die Erdgeschossgliederung ist nur vermutet.

Alles kommt vom Kirchenbau

Der Hausbau um 1300 verdankt alles der technischen Vorreiterrolle der großen Kirchenbaustellen. Man übernimmt nicht nur den „Baukran", die Radwinde, sondern auch die Ziegel- und Zimmerei-Techniken, die Erschließung der Böden durch Wendeltreppen. Die als Schmuck oder Auszeichnung verwendeten Architektur- und Gliederungsformen sind ebenfalls kirchlich: Am spektakulärsten die Hochblende, die über mehrere Etagen geführte, in einem Spitzbogen endende Nische, in der sich auf jeder Speicherebene eine spitzbogige Doppelluke öffnet. Diese Doppelluken, eigentlich „Biforien", sind ebenfalls ein sakrales Motiv. Die Doppelluke in gotischer Hochblende kommt offenbar zuerst kurz nach 1270 auf dem Ostgiebel der Südervorhalle von St. Marien vor. Das Motiv der zu viert, fünft, gar zu sechst gruppierten Hochblenden, zur Mitte hin höher ansteigend und in übergreifende Mauer-„Staffeln", -„Stufen" oder -„Treppen" hineinlaufend, setzt sich im mittelalterlichen Hausbau im Backsteinbereich umgehend durch. Auch die Formsteine, die für die Profile an Luken, Hochblenden und Portalen verwendet werden, sind die gleichen wie am Kirchenbau. Der stilgeschichtlich bedeutsame Wechsel vom Halb- und Viertelstab zu schlankeren Dreiviertelstäben mit Kehlen vollzieht sich zunächst auf den Kirchen-Baustellen. Von dort wandern die neuen Formen zu den Häusern. Spitzbogenfriese, wie sie am Chor der Petrikirche und am Querschiff der Katharinenkirche zu sehen sind (beide um 1290/1300), zeigten auch die Häuser Braunstraße 9 und Fischstraße 19. Auch die in Schichten gesetzten Glasursteine, Auszeichnungsform an der Bürgermeisterkapelle und der Trese an St. Marien, finden sich alsbald auch an den Häusern vermögender Bürger, vermutlich von Ratsmitgliedern. Nur sie wären in der Lage gewesen, sich die gewünschten „auszeichnenden" Form- und Glasursteine zu beschaffen. Einige Ratsmitglieder waren als Kirchengeschworene an der Verwaltung der kirchlichen Bauhöfe beteiligt. Sehr früh besteht auch eine eigene Ratsziegelei.

Die gotische Hochblenden-Schau-Fassade, die einen reinen Wirtschaftsbau mit sakralen Bedeutungsfomen aufwertet, ist Lübecks innovativster Beitrag zum mittelalterlichen Hausbau in Nordeuropa. Die eigenständigsten und vorbildlichsten Lösungen entstehen in den Jahrzehnten um und nach 1300. Das bedeutendste Beispiel war wohl Fischstraße 19 (bis 1953). Hier war die Vorbildwirkung der Kirchenbaustellen in besonders eindrucksvoller Weise ablesbar. Die Profile der Hochblenden mit feinem Dreiviertelstab und Kehlen finden sich auch in den Fenster-

X
Mengstraße 25, Zustand vor dem Abbruch. Der Giebel entstand um 1280/90. Auszeichnung durch Viertelstab- und Halbstabverwendung sowie Glasurschichten. Eines der bedeutenden Hausdenkmale aus den Jahren vor 1300. Umbau und Aufhöhung der Fassade um 1600; die vermauerten Doppelluken und die Baufugen zum frühgotischen Urbau waren deutlich zu sehen. 1955 verfälschender Neuaufbau.

Alfstraße 11. Im Aufbau
wie Fischstraße 19 und
wohl auch zur gleichen
Zeit entstanden, jedoch
nur aus Normal-Ziegeln
erbaut. Wie bei Fischstr.
19 ist auch hier fraglich,
ob der gesamte obere
Giebelteil Doppelluken
aufwies. 1942 ausge-
brannt, danach Abbruch.
Die gotischen Keller-
mauern wurden noch
2004 abgeräumt.

gewänden der Marienkirche. Der glasierte Spitzbogenfries mit seinen Konsolen ist ebenfalls ein
Sakralbau-Motiv. Dieser Aufwand und besonders die prunkenden Glasurschichten können
wiederum auf einen hochstehenden Bauherrn verweisen, womöglich ein Ratsmitglied. Dabei
handelte es sich eigentlich um einen Getreidespeicher. Eine der Front Fischstraße 19 sehr ähnliche Fassade hatte sich bis 1942 in Braunstraße 9 erhalten.

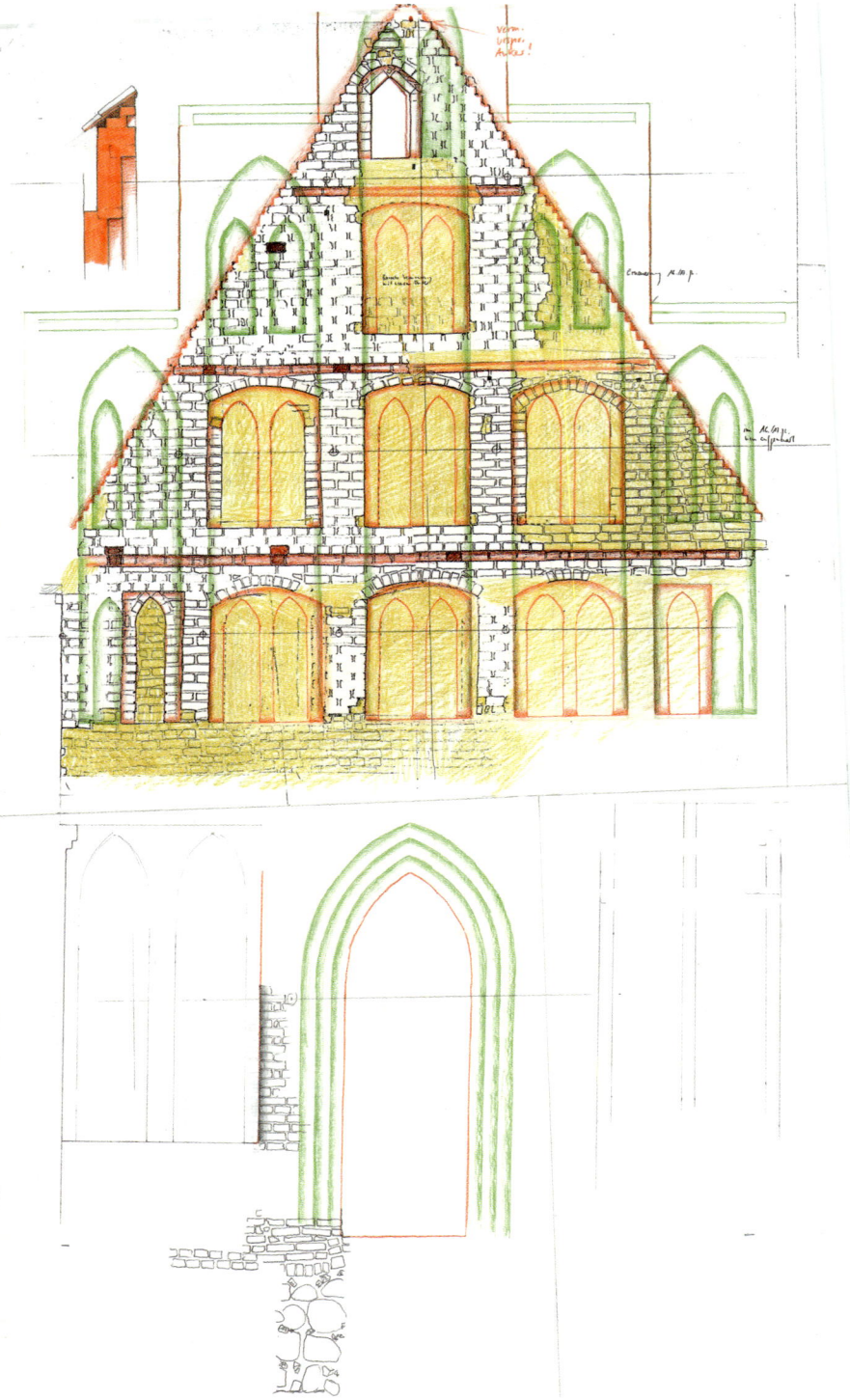

Hundestraße 94. Aufmaß der straßenseitigen Hauswand von innen.
Der vermeintlichen Schwächung des Giebels durch die außen aufsteigenden
Hochblenden wird innen durch eine solide Stichbogen-Arkatur entgegen-
gewirkt. Das spitzbogige Portal und die Laibungen des einstigen Dielen- und
des Dornsenfensters besaßen Viertelstab-Profile.

🟧 Mauerkanten der Innenseite; Konturen der einstigen Doppelluken; die drei
    zurückgesetzten Ziegelschichten als Auflager der Bodenbretter.
🟩 simultane Verdeutlichung der straßenseitigen Gliederung durch Hochblen-
    den; die oberen Doppelluken dort als Blenden z.T. noch erhalten
🟨 in jüngerer Zeit ausgetauschtes Mauerwerk.

Der Kaufmann als „Erfinder"?

Traditionell hat hierzulande immer „der Lübecker Kaufmann" als das Triebwerk für Innovation, Fortschritt, Reichtum und das all-
gemeine Wohl gegolten. Mit dem Kaufmann, der um 1300 sein Wirkungszentrum
vom gotländischen Wisby nach Lübeck verlegte, soll auch das „Lübecker Kaufmannshaus" von Wisby nach Lübeck verbracht
worden sein. Tatsächlich haben aber die
Packhäuser in Wisby mit dem einfachen Lübecker Schema nichts zu tun. Nur dank späterer Veränderungen sind ihre Fassaden Lübecker Giebelfronten ähnlich. Im zweigeschossigen, über einer Mittelsäule gewölbten
Keller der sogenannten „Alten Apotheke"
(jetzt Museum Fornsal) ist der obere hölzerne Kellerboden das eigentliche Erdgeschoss. Das tonnengewölbte (!) Dachge-
schoss und die ursprüngliche Erschließung
über äußere hölzerne Treppen und Galerien
machen dieses Haus und andere Beispiele in
Wisby noch rätselhafter als die aus Lübeck
bekannten Frühformen. Ganz sicher steht
daher das westliche, vom Adel mitgebrachte
Hallenhaus, wie beschrieben, am Anfang
der Lübecker Entwicklung.

Die nachweislich ältesten Lübecker Dielen-
und Speicherhäuser unter den erhaltenen
Beispielen sind gar keine Kaufmannshäuser
gewesen. Die 1284 errichteten Häuser Hundestraße 90/92/94 entstanden als Gewerbe-
Einheiten für Gerber. Auf der Diele wurden
Tierhäute bearbeitet, die Speicherböden
dienten zum Trocknen. Die durch Doppelluken wie ein Sieb perforierten Giebelwände
führen höchst anschaulich das Prinzip Lüf-
tung vor. Das kurz darauf entstandene
Haus Königstraße 30, ohne Zweifel ein
Kaufmannshaus, unterscheidet sich kaum
vom Gewerbebau an der unteren Hundestraße. Auch der formale, auf Repräsentation gerichtete Aufwand an der Schaufassade ist vergleichbar. Der Glasurstein-Wech-
sel weist allerdings auf eine „höhergestellte"
Bauherrenschaft hin.
Der Erfolg des Dielenhauses beruht auf seiner Flexibilität: Mit der großen Halle und
den darüber angeordneten Böden konnte

Hundestraße 92, vor Abbruch 1964. Auch hier sind noch die vermauerten Lüftungsluken vor den einst recht niedrigen Trockenböden zu erkennen. Der Giebel-Umriss in jüngerer Zeit verändert (vergl. Rekonstruktions-Vorschlag Seite 73). Mit dem Abbruch verlor Lübeck eines seiner bedeutendsten profanen Baudenkmale.

nicht nur der Kaufmann etwas anfangen. Auch Brauer, Gerber, Schmiede, Bäcker und viele andere Gewerbe wussten die Offenheit des Grundrisses für ihre Zwecke zu nutzen. Längst nicht alle Häuser, die heute als „typisch lüb'sche Kaufmannshäuser" vorgeführt werden, sind demnach auch wirklich Kaufmannshäuser gewesen.

Königstraße 30. Um 1290. Von Lübecks noch erhaltenen Kaufmanns-haus-Fassaden ist dies die älteste. Sie wird von vier Hochblenden gegliedert. Die Viertelstab-Profilierung ist zeittypisch; die Glasur-schicht-Verwendung könnte auf einen dem Rat nahe stehenden Bauherrn hinweisen. Die seitlichen Zwischen-staffeln sowie die obere Staffel stammen aus einem Umbau im 16. Jahrhundert. Die spitzbogigen Doppel-luken in jüngerer Zeit durch Fenster ersetzt.

Koberg 2, Flügel, um 1280. Der älteste, zugleich größte und bedeutendste hof-seitige Wohn-Trakt mit stichbogig schließenden Hoch-blenden, die zwei Geschosse zusam-menfassen. Einzel-formen wie die (rekonstruierbaren) großen Kreuzstock-fenster flandrisch. – Aufhöhung um ein Vollgeschoss um 1448, dabei werden auch die Hochblen-den der Südseite (Bild) höhergeführt. Diese Front war wegen des anfangs weniger tiefen Vor-derhauses mit vier Blenden gegliedert.

Varianten und Weiterentwicklung

Fragezeichen auch zum Giebel-Umriss: Ist die Staffel- oder Treppen-Form wirklich so unvergleichlich typisch, ja sogar „hanseatisch"? Ein Blick auf das Stadt-Panorama des Elias Diebel von 1552 lässt uns auch andere Formen entdecken. So gab es z.B. „Schildgiebel": der dreieckige Satteldach-Umriss verschwand völlig hinter einem rechteckigen Wand-„Schild", wie es die Süd- und die Nord-wand des Rathauses noch heute vorführen. Es trifft im übrigen nicht zu, dass diese Schildgiebel flandrischen Ursprungs sind. Die bekannten Beispiele in Brügge etwa stammen ausnahmslos aus den letzten Jahrzehnten vor 1500. Da standen die Lübecker Schildgiebel bereits 200 Jahre. Man entdeckt auf dem Diebel-Holzschnitt außerdem verschiedene Zwischen-lösungen: häufig enden beispielsweise zwei, sogar drei gleich hohe Blenden in einer breiten Mittel-Staffel. Diese Formen kennzeichnen den Bau-willen der Jahre vor und um 1300. Lübecks Aufstieg zur führenden Macht im Ostseeraum äußert sich hier in repräsentativer Monumentalität.

„Sieger" in der weiteren Entwicklung des 14. und 15. Jahrhunderts in Lübeck bleibt jedoch der gleichmäßig gestufte, jeder Hochblende eine Staffel zuweisende Treppengiebel. Andere Formen wie Pfeiler- und Fialengiebel scheinen in Lübeck die Ausnahme geblieben zu sein. Auf dem „Diebel" erkennt man allerdings sehr schön das „Haus zu den fünf Türmen", das an der Sandstraße stand.

Einstige Lübecker Schildgiebel, aus dem Stadtprospekt von Elias Diebel, 1552. Auffallend die oberen Wand-Abschlüsse mit Zinnen – mit Sicherheit keine Erfindung des Elias Diebel.

Treppengiebel, auch als Stufen- oder Staffelgiebel bezeichnet, gibt es übrigens in Nord-, Ost- und Westdeutschland ebenso wie im alemannischen Süden, aber auch in den flandrischen Gebieten bis nach Nordfrankreich hinein. Also überall da, wo das steile Satteldach vorkommt und vorgefertigtes, eher kubisches Steinmaterial wie Quader und Ziegel die Aufmauerung eines schrägen, dem Dachverlauf folgenden Ortgangs erschwert.

Die Höfe des Klerus

Einen großen Anteil am Baugeschehen im aufstrebenden Lübeck hatte auch die Dom-Geistlichkeit. Die Kleriker, die Mitglieder des „Dom-Kapitels", wohnten auf eigenen Höfen („curia" = Hof) spätestens seitdem nicht mehr im Domkloster residiert werden musste. Lübeck besaß innerhalb der (nicht durch Mauern abgegrenzten) „Dom-Immunität" einen Kranz solcher Kurien, insbesondere an der Parade, an der Kapitelstraße (!), an der oberen Hartengrube, einem Teil des heutigen Pferdemarkts und am Domhof. Die einzige fast in Ganzheit erhaltene Kurie steckt im Palais Rantzau Parade 1, ein in der Straßenansicht neogotisches Schlösschen, das 1858 durch Umbau entstand. Die weitgehend mittelalterlich belassene Hof-Front zeigt ein hohes Erd- und ein fast ebenso hohes Obergeschoss, deutet also auf zwei ehemalige Säle hin. Über dieser Saalgeschoss-Zone erhebt sich ein straff gegliederter Hochblenden-Giebel mit spitzbogigen Doppelluken. Der Verzicht auf Staffeln wird gern als „geistliche"

Domherrenkurie Parade 1, Rückfassade. Typ „Saalgeschosshaus". Über der Erdgeschosshalle ein beachtlich hohes Obergeschoss, darüber noch ein Unterboden, im Dach zwei Nutzungsebenen. Der Keller ist gewölbt. Seitliche Anbauten im 18. Jahrhundert; Gesamt-Neugestaltung als neugotisches „Palais Rantzau" 1858. Aus dieser Maßnahme die seitlichen Stiftstürme, die Verlängerung der Hochblenden nach unten. 2005 saniert.

Braunstraße 12, Mittel-
teil der Fassade heute.
Die Formsteine der
Profile der drei Blenden
kommen identisch am
Langhaus des Heiligen-
geisthospitals vor.

Bautradition gedeutet. Zum Bestand gehört auch ein schöner
Gewölbekeller in der Art gotischer Kaufkeller. Eine typische
Kurie, also ein breitgelagerter
Hof ist Parade 1 demnach
nicht. Das um 1305 errichtete
Gebäude stand einst wie ein
Turm isoliert und abgerückt
von der Straße auf seinem
Grundstück und könnte eher
vom Steinwerk (vgl. S. 27) abgeleitet werden.

Weitere einst zum Domkapitel
gehörende Bauten, die noch mittelalterliche Substanz aufweisen, sind Kapitelstraße 5 und 12,
Pferdemarkt 10–16 und 17. Sie folgen aber der bürgerlichen Bebauung mit gemeinsamen Brandmauern und Fluchtlinien gemäß dem Lübischen Recht. Kleinere Reste von Gebäuden der Geistlichkeit haben sich in Keller-Räumen auf dem Grundstück Kapitelstraße 12, in einem weiteren
kleinen Gewölbekeller auf dem Gelände der Dom-Grundschule (vielleicht als Rest des Bi-
schofshofs?) und in einigen Mauer-
züge des abseits der Straße gelegenen Hauses Parade 6 erhalten.

Von sechs mittelalterlichen Kloster-
höfen im Altstadtbereich ist nichts
mehr zu sehen. Nur vom Hof des
Zisterzienserklosters Reinfeld an der
Obertrave 20 steht noch ein Teil der
rückwärtigen Glintmauer. Kloster-
höfe dienten vorwiegend dazu, die
Produkte der Kloster-Ländereien,
insbesondere Getreide, in den hansischen Wirtschaftsverkehr einzubrin-
gen. Damit waren die Höfe wirtschaftliche „Repräsentanzen". In
Not- und Kriegszeiten auf dem
Lande boten sie den Mönchen bzw.
Nonnen aber auch Zuflucht und
Schutz. Außer den Reinfelder Zisterziensern waren die Klöster Doberan,
Cismar, Ahrensbök, Dünamünde (bei
Riga) und Marienwohlde in Lübeck
vertreten. Das an der unteren Wahmstraße gelegene spätgotische Kon-
ventshaus der Marienwohlder Nonnen („Birgittenhof"), 1942 beschädigt, aber gesichert, musste in den
frühen 1950er Jahren unnötigerweise
einer neuen Verkehrsführung weichen. Der rustikale Neubau von 1974
ist kein Ersatz.

Haus eines Bernstein-
drehers, Braunstraße 12,
1290/1300 errichtet (die
Bernsteinhändler wur-
den „Paternostermaker"
genannt, weil sie Rosen-
kränze aus Bernstein
herstellten und verkauf-
ten). Eine sehr schmale
Fassade, ein gebauter
Gegenbeweis zur veral-
teten „Einheitsgrund-
stücks"-These. Diese
Fassade besaß einen
Schildgiebel. Erst an-
lässlich eines Umbaus
um 1600 wurde der ei-
gentümlich flache Staf-
felgiebel aufgesetzt, an
den gelben Steinen er-
kennbar. Auch die stich-
bogigen Fensternischen
sind nicht ursprünglich.
Zustand um 1969.

Erhaltene Haus-Fronten aus Lübecks großer Zeit

Fassaden mit Architektur-Gliederungen der Hochgotik sind sehr selten geworden. Der Bestand war bereits im 19. und frühen 20. Jahrhundert stark gelichtet. Weitere wichtige Häuser gingen im Flächenbrand 1942 zugrunde, so Braunstraße 12, Krähenstraße 10 und 12, Fischstraße 33 und andere. Die noch stehenden Fassaden sind aufgeführt:

▷ Hundestraße 90 und
▷ Hundestraße 94, beide gegen 1280 als Gerberhäuser erbaut,

▷ Königstraße 30, ein Kaufmannshaus von etwa 1290,

▷ Braunstraße 12, Haus eines Bernsteinhändlers von etwa 1290,

▷ Mengstraße 25 (1963 leider verfälscht, s. S. 74), Erstzustand von etwa 1280/90,

▷ Koberg 10/11, zum Heiligengeist-Hospital gehörige Kornhäuser, um 1290 und 1300, s. S. 155,

▷ Hinter der Burg 15 / Ecke Kleine Burgstraße, 1291 (nach Dendro-Datum des Dachwerks, vergl. S. 252),

▷ Parade 1 (kein Bürgerhaus, sondern Domherren-Kurie) vom 1307/1317,

▷ Dr.-Julius-Leber-Straße 13 (Vordergiebel der heutigen „Löwenapotheke"), 1. Hälfte 14. Jahrhundert,

▷ Große Petersgrube 11, durch Abbruch und Neu-Aufbau vor Mitte 14. Jahrhundert.

Dr.-Julius-Leber-Str.13. An prominenter Stelle vor Mitte 13. Jahrhunderts vermutlich als Saalgeschosshaus erbaut (zur romanischen Rückfassade vgl. S. 54). Die Hauptfassade zur früheren Johannisstraße wurde nach 1300 neu errichtet; der kleine Nebengiebel sicher später. Die Hochblenden sehr tief durch zwei gestufte Fasen profiliert; die „Säulchen" der Doppelluken noch mit Kapitell-andeutendem Formstein. Im 16. Jahrhundert veränderte man die Staffel-Umrisse. Der untere Speicherboden durch spätere Umbauten verschwunden.

Vielleicht gibt es noch zwei oder drei unentdeckte, unter Putz schlummernde frühe Hoffassaden? Dieser leider stark gelichtete Bestand repräsentiert die frühere Bedeutung des Architekturtyps „Lübecker Giebel um 1300" nicht mehr angemessen. Der Rang des Verlorenen und damit Lübecks „Vorbild-Rolle" kann nur noch anhand fotografisch überlieferter Bauten eingeschätzt werden.

X
Mühlenstraße 37.
1893 abgebrochen.
Über der noch verhält-
nismäßig niedrigen
Diele der Unterboden,
darüber drei Dachböden.
Die Speichergeschosse
durch das Hochblenden-
motiv als zusammenge-
hörig ausgewiesen; die
gleichmäßige Reihung
der spitzbogigen Zwil-
lingsluken weist über-
deutlich auf die Wirt-
schaftsfunktion hin:
kein „Wohnhaus" nach
heutiger Vorstellung,
sondern ein Getreide-
speicher. Erbaut um
1300. Die Staffeln wur-
den vermutlich im
frühen 19. Jahrhundert
abgenommen. Diele und
Dornse mit Fenstern
des Biedermeier.

Literatur:

Erdmann, Wolfgang: Die häusliche
Feuerstelle des Mittelalters in Lübeck.... In: s. Ang. 1.
Holst, Jens Chr.: Beobachtungen zu
Handelsnutzung und Geschossbildung an Lübecker Steinhäusern
des Mittelalters. In: Hausbau in
Lübeck (= Jahrbuch für Hausforschung, Band 35), Sobernheim
1986. S. 93–118
Holst, Jens Chr.: Das Haus Koberg
2 in Lübeck – zur Stratigraphie
eines Baudenkmals. In: Bauforschung und Denkmalpflege (Hrsg.
Johannes Cramer), S. 96–109. Stuttgart 1987.

Summary

The `Dielenhaus´ around 1300 and its Successor

In around 1280/1300 trade shifted from luxurious goods and general cargo to bagged cargo, mainly grain. As a result the `Dielenhaus´ was established. It consists of a main hall-way in the ground floor and floors for storage placed above. Above the hall there is, situated inside the fire walls, an upper level: the so-called `unterboden´ (`subfloor´). The steep-pitched roof offers an attic as storage space and additional two or three levels according to the wooden collar beam structure. It is a pure trade building, to which two functional maxims apply: the ground floor hall had to be well lit, which was achieved by big baywindows towards the street and the rear courtyard, and the storage-levels needed an optimal ventilation. For this reason the gable walls were perforated like a sieve with countless small ventilation hatches.

With the emergence of trade with bulk cargo an indoor vertical transport to the storage levels was introduced in Lübeck. Pulleys, installed on collar beams in the attics of the Lübecker `Dielenhaus´, could be used as lifts to hoist heavy loads, such as goods shipped in sacks, through hatches from the lower hall to the storage levels above.

House-building activity around 1300 owes much to the technical prowess and exemplary role of the clerical building sites. Not only were building `cranes´ or pulleys adopted, but also the brick und carpenter techniques and vertical transport with winding stairs. The architectural elements and ornaments used on the privat homes were also clerical: the `Hochblende´, a vertical, storey-overspanning blind niche, ending in a pointed arch, with a double-hatch in each storage level. These double-hatches, the so-called `biforias´, are also sacral motifs.

The Gothic `blind-niche´-façade, which upgraded a mere trade-building with sacral elements, is Lübeck's most innovative contribution to medieval house building in northern Europe. The most autonomous and outstanding examples emerge in the centuries around and after 1300. Contrary to earlier assumptions the Lübecker `Dielenhaus´ cannot be derived from the warehouses in Wisby. In the beginning of Lübeck's development we find the western `Hallenhaus´.

The success of the `Dielenhaus´ is based on its flexibility: Not only merchants, but also brewers, bakers, tanners, blacksmiths and many more trades could put to use the large halls with their floorspace above the hall and the open floor plans for their specific necessities.

Most gable fronts in Lübeck appear as stepped gables. Gables could also be designed in a more grand fashion. The silhouette of the pitched roof would be concealed totally behind a rectangular wall: the `Schild´-gable (Schild = shield). Various alterations of this theme could be found with two, sometimes three blind niches of equal height in a wide central element. These forms are characteristic for the building activity in the years before and around 1300. Lübeck's rise as dominant power in the Baltic Sea area is expressed in its representative monumentality.

Façades with architectural elements of the high-Gothic have become very rare. They are reduced to the following few:
Hundestraße 90 and Hundestraße 94, both built around 1280 as houses for tanners,
Königstraße 30, a merchant's house dated back to around 1290,
Braunstraße 12, house of an amber-trader dated back to around 1290,
Dr.-Julius-Leber-Straße 13,
Große Petersgrube 11,
Koberg 10/11, former warehouse, belonging to the Heiligengeisthospital
Hinter der Burg 15 / corner Kleine Burgstraße,
Parade 1 (canon curia).

Of course this decimated stock cannot adequately represent anymore the former significance of the architectural element `Lübecker gable of 1300´. In order to appreciate the value of the formerly existing, buildings conserved in photos only must be considered as well.

Behauptung des Erreichten

Lübeck kann seine um 1350/70 erreichte wirtschaftliche und politische Bedeutung auf Dauer nicht halten. Bis ins 16., noch 17. Jahrhundert dauern die Bemühungen an, den Glanz oder zumindest einen Abglanz der Größe des „Hauptes der Hanse" zu bewahren. Auffallend ist, dass zwischen 1350 und 1440 in Lübeck wenig gebaut wird. Gründe dafür mag man in den Pestjahren ebenso suchen wie in flauen Handelskonjunkturen und in der aufstrebenden Konkurrenz. Im 15. Jahrhundert belebt die private Bautätigkeit sich wieder. Es sind meistens Umbauten: Man vergrößert die Speicherkapazität durch Einziehen zusätzlicher Böden.

Große Petersgrube 15. Rückfassade vor 1935. So sieht um 1450 ein Lübecker Getreidespeicher aus.

Dazu werden die Brandwände höher geführt und steilere Dächer aufgesetzt. Auch sehr viele Fassaden entstehen neu und ersetzen die alten, reicher gegliederten Fassaden der Frühgotik.

Der lübeckische Hausbau des 15. Jahrhunderts ist von konservativem, beharrendem Charakter. Das einmal entwickelte Schema wird zum Zeichen des Sich-Behauptens. Die meisten Fassaden der Lübecker Spätgotik sind von geradezu ernüchternder Schlichtheit. Im 14. Jahrhundert setzt sich allgemein die „Fase" durch. Das nur durch steigende Hochblenden vertikalisierte Straßenbild erscheint flächig und linear betont. Allerdings wissen wir über die zugehörige Farbigkeit noch zu wenig. Rot-Fassungen, weiß ausgeputzte, vielleicht mit Maßwerk-Malerei geschmückte Blenden, bemalte Luken-Klappen – da gibt es mehr Fragen als Antworten. Nach 1400/1440 werden die Doppelluken der Speicherböden generell nicht mehr spitz-, sondern stichbogig geschlossen. Das entspricht der allgemeinen Stilentwicklung.

Mit seiner kargen Monumentalität steht Lübecks Straßenbild in scharfem Kontrast zum vielgestaltigen Formenreichtum seiner Konkurrenzstädte. In Rostock, Brandenburg, Greifswald, Stralsund findet geradezu ein Wettrüsten mit Neuigkeiten wie Fialen-, Pfeiler- und Zinnengiebel statt; man prunkt mit glasierten Maßwerk-Rosetten und Wimper-

Große Petersgrube 15, Rückfassade heute. Die Total-Entkernung 1935 machte aus einem bedeutenden Monument hansischen Wirtschaftens ein Mahnmal zerstörender Sanierung: Durchbau für „Volkswohnungen" bis unter den First. Auch der historische Wohnflügel verschwand.

gen. Ein Hauch von diesem Neuen gelangt mit dem aus Mecklenburg stammenden Ratsbaumeister Nikolaus Peck nach Lübeck. Seine Bauten, die Ratswaage, der Burgtor-Turm, scheinen doch Eindruck gemacht zu haben. So werden beispielweise Kreisblenden als Zitat von Maßwerk geradezu Mode und bleiben bis weit ins 16. Jahrhundert ein geläufiges Motiv auf Lübecker Fassaden. Mit Nikolaus Peck ist ein gewisser Einfluss der „Odergotik" zu spüren, die ab 1400 zwischen Stettin, Tangermünde und Frankfurt aufblüht und mit dem Namen des großen Baumeisters Hinrich Brunsberg verbunden ist. Es gibt aber auch noch „Exotischeres": Einige frühe Fotos sowie zeichnerische Bauaufnahmen aus dem 19. Jahrhundert belegen, dass es in Lübeck auch „niedersächsische" Giebel in der Art Lüneburgs oder Hannovers gegeben hat. Kurz: Neues, Anderes ist nach 1400 in Lübeck in vielen Fällen Import.

Wohnen im Flügel und im Unterboden

Über Art und Umfang des Wohnens im mittelalterlichen Haus sind wir nach wie vor auf mehr oder weniger begründete Vermutungen angewiesen (vgl. dazu: Kleiner Blick ins Innere Lübecker Häuser, S. 285).
Beheizbar und damit bewohnbar waren nur die Vorderdornse auf der Diele und der auch als „Hinterdornse" bezeichnete „Saal" im Flügelanbau. Dieser hofseitig in halber Hausbreite angefügte Anbau war in der Regel zweigeschossig. Als Vorläufer solcher Flügel gelten Wohntürme bzw. Steinwerke (vgl. S. 53).

Links: Königstraße 43. Die Fassade von etwa 1430 steckt unter glattem spätklassizistischen Putz. Die offenen Kreisblenden oben in den Blenden zitieren Maßwerk.

Rechts: Dr. Julius-Leber-Straße 22 (einst zu Königstraße 43 gehörig). Rückansicht. Gotischer Hochblendengiebel mit vermauerten stichbogigen Doppelluken. Bögen über dem ehemaligen Dielenfenster durch spätbarocke Fenster ersetzt. Rechts der ebenfalls durch Hochblenden gegliederte einstige Wohnflügel. Die Überdachung des Hofs entwertet die zu Läden umgenutzten Erdgeschossräume.

Fischergrube 20. Gotischer Flügel. Sowohl in der Größe als auch in der von Hochblenden gegliederten Gestalt typisch für das 14. u. 15. Jahrhundert. In der Schmalseite konnten Kreuzstockfenstern in ursprünglicher Geschosshöhe nach Befund rekonstruiert werden (Foto nach Abschluss der Sanierung 1986).

Depenau 33, nach der Sanierung in den 1980er Jahren. Die Zwillingsluken wurden wieder hergestellt, auch die neue Dielenbereich-Gliederung folgt dem aufgedeckten Befund. Im Unterboden hat es wahrscheinlich schon von Anfang an eine Kammer gegeben, drei originale Fenster-Entlastungsbögen sind zu sehen.

Hüxstraße 79. Gotischer Flügel mit Hochblenden-Gliederung, über der mittelalterlichen Front jüngere Aufhöhung. Die unzugängliche Lage und der Zustand sind typisch für diese weitgehend unbekannte Lübecker Denkmal-Gruppe.

Den ältesten erhaltenen Wohnflügel besitzt wie erwähnt das Haus Koberg 2. Der Flügelanbau setzt sich allgemein als privater Wohnbereich im 14. und 15. und besonders im 16. Jahrhundert durch. Es gibt noch eine ganze Anzahl gotischer Flügelanbauten. Eine genaue Erhebung durch Bauforschung, die eine exaktere Datierung ermöglichen würde, fehlt allerdings noch. In ihrer Außengestalt zeichnen gotische Flügel sich durch eine über beide Geschosse geführte Hochblendengliederung mit stichbogigen Abschlüssen aus. Vermutlich wird diese Form noch bis weit ins 16. Jahrhundert beibehalten, was der Vorliebe für „Nachgotik" in Lübeck entspricht (vgl. S. 226). In jüngeren, nachmittelalterlichen Flügel-Neubauten haben sich sehr oft noch gotische Brandwände erhalten, die Beleg für einen gotischen Vorgänger-Flügel sein können.

Als erste Erweiterung der Wohnfläche kann die „kalte", also nicht heizbare Schlafkammer im straßenseitigen Unterboden über der Diele angesehen werden. Um solche Kammern einrichten zu können, muss Speicherfläche aufgegeben werden. Mehrere Fassaden des 15. Jahrhunderts zeigen rechteckige Fensteröffnungen anstelle der dort üblicherweise anzutreffenden Lüftungsluken. Sie sind erstes Indiz dafür, dass steigende Wohnbedürfnisse die Wirtschaft nach und nach aus dem Hause drängen werden. Dieser Prozess kommt aber erst richtig im 16. und besonders im 18. und 19. Jahrhundert in Gang.

Andere Haustypen

Wer vom Lübecker Giebelhaus spricht, meint das „Bürgerhaus", das „kombinierte Dielen-, Speicher- und Wohnhaus". Andere Formen wie das besprochene Saalgeschosshaus oder das „Querdielenhaus" spielen keine Rolle in den verbreiteten Darstellungen. Das Querdielenhaus ist in eine größere Vorder- und eine rückwärtige Hinterdiele (Upkamer) unterteilt. Dieser Haustyp ist in niederrheinisch-flandrischen Regionen verbreitet und hat sich bis ins Baltikum durchgesetzt. Die großen Dielen in Danzig und Reval (Tallinn) beispielsweise waren bzw. sind solche Vorder- oder „Querdielen". Es gibt Befunde dafür, dass es solche Querdielen auch in Lübeck gegeben hat.

Bereits im 14. und 15. Jahrhundert wurden auch erste Speicher gebaut, die keinerlei Wohnanteil mehr aufwiesen und allein zu Lagerzwecken errichtet worden waren. Soweit man sehen kann, waren diese Speicher „Zubehör" von Kaufmannshaus-Grundstücken. Ein Beispiel ist Siebente Querstraße 13/15, ein Kornhaus, das einst zu Mengstraße 54 gehörte. Zwei große Kornhäuser aus dem 14. Jahrhundert stehen an der Ecke Obertrave/Dankwartsgrube, die zur Dankwartsgrube gerichteten Hochblenden-Giebel sind allerdings jünger. Im Hafenbereich der Obertrave hat es im Erdgeschoss vieler Häuser „Salzkammern" gegeben. Die bekannten heutigen „Salzspeicher" am anderen Trave-Ufer sind Neubauten des 17./18. Jahrhunderts, in denen vorwiegend Getreide und Holz lagerte. Die Salz-Lagerung und Zubereitung von Salzheringen bezieht sich auf die verschwundenen hölzernen Vorgängerbauten aus dem späten Mittelalter.

Dankwartsgrube 74/76. Keine Kaufmannshäuser, sondern zwei Kornspeicher des späten Mittelalters. Deshalb das niedrige Erdgeschoss. Die mehrfach in jüngerer Zeit veränderten Giebelfronten aus dem 16. Jahrhundert. 1985 nach Brand zu Wohn- und Geschäftsräumen umgenutzt.

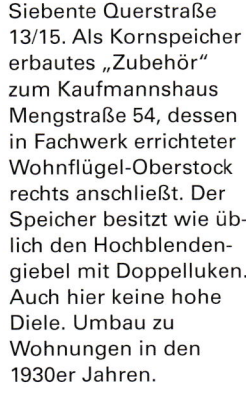

Siebente Querstraße 13/15. Als Kornspeicher erbautes „Zubehör" zum Kaufmannshaus Mengstraße 54, dessen in Fachwerk errichteter Wohnflügel-Oberstock rechts anschließt. Der Speicher besitzt wie üblich den Hochblendengiebel mit Doppelluken. Auch hier keine hohe Diele. Umbau zu Wohnungen in den 1930er Jahren.

Eine sehr große Hausgruppe bildet das traufständige Reihenhaus in den Nebenstraßen und Gängen. Der Reihenhausbau spielte eine besonders wichtige Rolle in der großen Baukonjunktur nach Mitte des 16. Jahrhunderts (vgl. Kapitel „Traufe und Reihe", S. 247). In der späten Gotik hat es auch schon „Sahlhäuser" gegeben. Über eine Außengalerie erreichte man Kleinst-Wohnungen im Obergeschoss. Ein „gedecktes" Beispiel, statt der offenen Galerie ein innenliegender Flur, war das Hintergebäude des Ihlhorn-Stifts Glockengießerstr. 39 von etwa 1456. Über das Innere dieser Häuser der kleinen Leute, etwa darüber, wie der Grundriss der einzelnen Wohnung aussah, ist wenig bekannt. Nachweise für das Vorhandensein der abgetrennten Dornse, in den großen Häusern längst üblich, gibt es beispielsweise für die Reihenhäuser in den Wohngängen erst fürs 16. Jahrhundert.

Die erhaltenen spätgotischen Fassaden

Wenn wir nachfolgend aufzählen, was in Lübecks Altstadtstraßen noch spätgotisch ist, wissen wir, dass wir damit nur einen kleinen Teil der noch vorhandenen spätmittelalterlichen Substanz vorstellen. Als Erkennungsmerkmal für „im Kern gotische" Häuser soll die mit geschossübergreifenden, spitzbogig geschlossenen Hochblenden gegliederte Fassade gelten, die in den Hochblenden angeordneten Doppelluken enden stichbogig. Wir sehen die hinter glattem klassizistischem Putz versteckte Gotik ebenso wenig wie gotische Brandwände und gotische Dachwerke. Die nachfolgende Aufstellung solcherart erkennbarer Gotik des späten 15. und frühen 16. Jahrhunderts im Straßenraum dürfte vollständig sein. Lücken gibt es eher bei den hofseitigen Fassaden, weil die Rückseiten vieler Häuser nicht einsehbar sind. Zu erwähnen ist auch eine kleine Gruppe von gotischen Fassaden ohne typische Stilmerkmale der Gotik. Ihre Zugehörigkeit zum Mittelalter ergibt sich aus dem Mauer-Verband. Es sind meistens schlichte Hof-Fassaden mit stichbogigen Einzelluken.

Soweit bekannt, führen wir auch die Wohnflügel an, die mit stichbogig schließenden Hochblenden gegliedert sind. Viele von ihnen dürften aber erst aus dem 16. Jahrhundert stammen. Falls Bau-Daten angegeben sind, beziehen sie sich auf dendrochronologische Datierung (= d.) des zugehörigen Dachwerks. Die Abkürzungen: **V** steht für Vorderfassade (Straßenfront), **R** für Rückfassade zum Hof und **F** für den hofseitig angebauten Flügel.

Engelsgrube 56, nach der Sanierung, Anfang 1980er Jahre. Die Fensteröffnungen des 19. Jahrhunderts wurden erhalten; die zugesetzten Doppelluken wieder geöffnet. Der Dachstuhl ist dendrochronologisch auf 1524 datiert. Damit ist die Fassade eine der zeitlich letzten der Spätgotik. An der Rückfassade wird auf Hochblenden verzichtet.

Aegidienstraße	18	**F** Gliederung mit Hochblenden
Beckergrube	16	**R** mit Glasurschichten, **F** mit Hochblenden, Anfang 16. Jahrh.
	77	**R** mit Glasurschichten, frühes 16. Jahrh. ?
Dankwartsgrube	15	**V** 3 Hochblenden, Luken durch Fenster ersetzt
	30	**V** 3 Hochblenden, Doppelluken z. T. wiederhergestellt
Depenau	33	**V** 3 Hochblenden., Doppelluken. Hofseite nur Luken. 1472 (d)
Dr.-Jul.-Leber-Straße	22	**R** (ehemals zu Königstraße 43). 1432 (d). **F** nur Obergeschoss (4 Achsen) oberhalb des überbauten Hofs. An der nördl. Traufseite (Straße) ein Fenster
	31	**R** wohl noch 15. Jh.
	32	**R** 5 Hochblenden, wenige Doppelluken, ansonsten Fenster
	34	**V** 5 Hochblenden, die seitlichen schmaler, oben Doppelluken erhalten, wilhelminisch überformt.
	65	**V** klassizistisch verändert, Putz. 1494 (d)
	55	**R** mit 2 mittleren und 2 schmaleren seitlichen Hochblenden
	61	**F** wohl Anfang 16. Jahrh., Hochblenden
	76	**V** wenig glückl. Rekonstruktion anstelle eines Schweifgiebels, **R** 3 Hochblenden, Luken durch Fenster ersetzt
Engelsgrube	24	**V** 5 rundbogig schließende Hochblenden, Doppelluken. 15. Jh.?
	56	**V** 5 Hochblenden, die seitlichen schmaler, Luken z.T. wiederhergestellt. **R** (zur Engelswisch) nur Doppelluken. 1525 (d)
Fischergrube	16	**V** 3 Hochblenden, Doppelluken z.T wiederhergestellt
	18	**R** stichbogige Einzelluken. 1472 (d)
	20	**F** Gliederung mit Hochblenden. Anfang 16. ?
	40	**F** Gliederung mit Hochblenden. Anfang 16. ?
Fleischhauerstraße	28	**R** 4 Hochblenden, Doppelluken
	56	**V** nur obere Partien mit 4 Hochblenden, Doppelluken
	73	**R** 4 zugesetzte gotische Hochblenden erkennbar
	74	**V**, Front mit 4 Hochblenden als Fassade eines Neubaus
	79	**F** Gliederung mit Hochblenden. Anfang 16. ?

Links: Große Petersgrube 15. Dank Glasurstein-Verwendung außergewöhnlich prächtig. Es ist der „Reiche Stil" des frühen 15. Jahrhunderts, wie er, noch aufwändiger, an der Ratswaage zu sehen ist.

Rechts: Mengstraße 38, Rückfassade. Die größte der noch stehenden Fassaden der Spätgotik von etwa 1460/61 (d). Auffällig die malerische, eher zufällige Verwendung des Viertelstabs und der Einsatz von Glasursteinen. Auch die Verteilung von Zwillings- und Einzelluken spricht für Spätgotik. Das große Haus hat offenbar keinen Flügelanbau gehabt.

Koberg 2, Rückfassade. Einer der höchsten Giebel Lübecks. Zugehörig der Dachstuhl von 1448 (Dendro-Datum). Umbau und Erweiterung des im Kern noch romanischen Hauses an der Straßen- und Hofseite wahscheinlich durch Stadtbaumeister Nikolaus Peck, der zur Bauzeit Eigentümer des Hauses war. Zwei Blenden steigen mittig zu gleicher Höhe auf.

			Doppelluken erhalten
	58	**R**	3 Hochblenden
	60	**R**	3 Hochblenden
	75	**R**	3 Hochblenden, Luken durch Fenster ersetzt
Schildstraße	10	**V**	5 Hochblenden, oben gekappt. Keine Lukenreste 1444 (d)
Schlumacherstraße.............	14	**V**	3 Hochblenden, Luken durch Fenster ersetzt
Siebente Querstraße 13/15		**V**	5 Hochblenden, im oberen Teil Doppelluken erhalten. 1451 (d)
Wahmstraße.......................	29	**V**	5 Hochblenden, die seitlichen schmaler. Reste von Doppelluken. 1469 (d)
	60	**V**	5 Hochblenden, im oberen Teil Doppelluken erhalten. 1475 ?

Literatur:
Finke, Manfred und Robert Knüppel, Klaus Mai, Ulrich Büning, Historische Häuser in Lübeck. Lübeck 1989.
Finke, Manfred: Lübecker Bürgerhäuser. Zur Systematik der Staffelgiebel-Entwicklung von 1200 bis 1600. (Masch.-schrift., Kunsthist. Insitut der J. Gutenberg-Universität Mainz 1969).
Hübler, Hans: Das Bürgerhaus in Lübeck (= Das Deutsche Bürgerhaus Band 10), Tübingen 1968 Suhr, Paul: Der Backsteingiebel des norddeutschen Bürgerhauses im Mittelalter (= Kunstwissenschaftliche Studien Bd. 18). Berlin 1935.

Summary

Assertion of the Accomplished

Building activity in Lübeck in the 15th century is conservative, asserting its accomplished position. Most of the facades in the late-Gothic are of great simplicity. After 1400/1440 the double-hatches of the storage levels were generally decorated with segmental arches instead of pointed arches.

With its sparse monumentality Lübeck's streetscape contrasts strongly with the manifold richness of forms seen in its rivaling cities. Rostock, Greifswald, Stralsund introduce new elements such as pillar- and pinnacle gables. Some of the new stilistic elements arrive to Lübeck with the council's master builder Nikolaus Peck from Mecklenburg. Circular blind niches with citations of tracery are seen on many Lübecker facades till far into the 16th century. Motifs of the „Odergotik" can also be found, which are associated to the great master builder Hinrich Brunsberg.

In general rear-wing extensions prevailed as private living quarters in the 14th and 15th and especially in the 16th century. Various still existing examples show vertical blind niches with segmental arches spanning over two storeys. Sleeping chambers in the `unterboden´-levels along the streets can be regarded as early enlargenments of the living space. Storage space had to be given up in order to install these chambers. During the 16th and especially in the 18th and 19th century increasing needs for living space displace commercial activities from the houses.

There were variations of the well-known `Dielenhaus´, i.e. the `Quer(cross)-dielenhaus´, a house type encountered along the Lower Rhine and in the Netherlands as well as in Danzig and Reval. Warehouses already existed in the 14th and 15th century without any living quarters any more, used solely as storage space. 'Salt chambers' were erected in the harbour area of the Obertrave; today's `salt-warehouses´ on the opposite bank of the Trave originate from the 17th and 18th century and replaced older warehouses made of wood. Eaves-fronted townhouses make up a good portion of the existing houses just as likewise row-houses. In the late-Gothic `Sahlhäuser´ could be found with outdoor galleries leading to small living quarters in the upper floors.

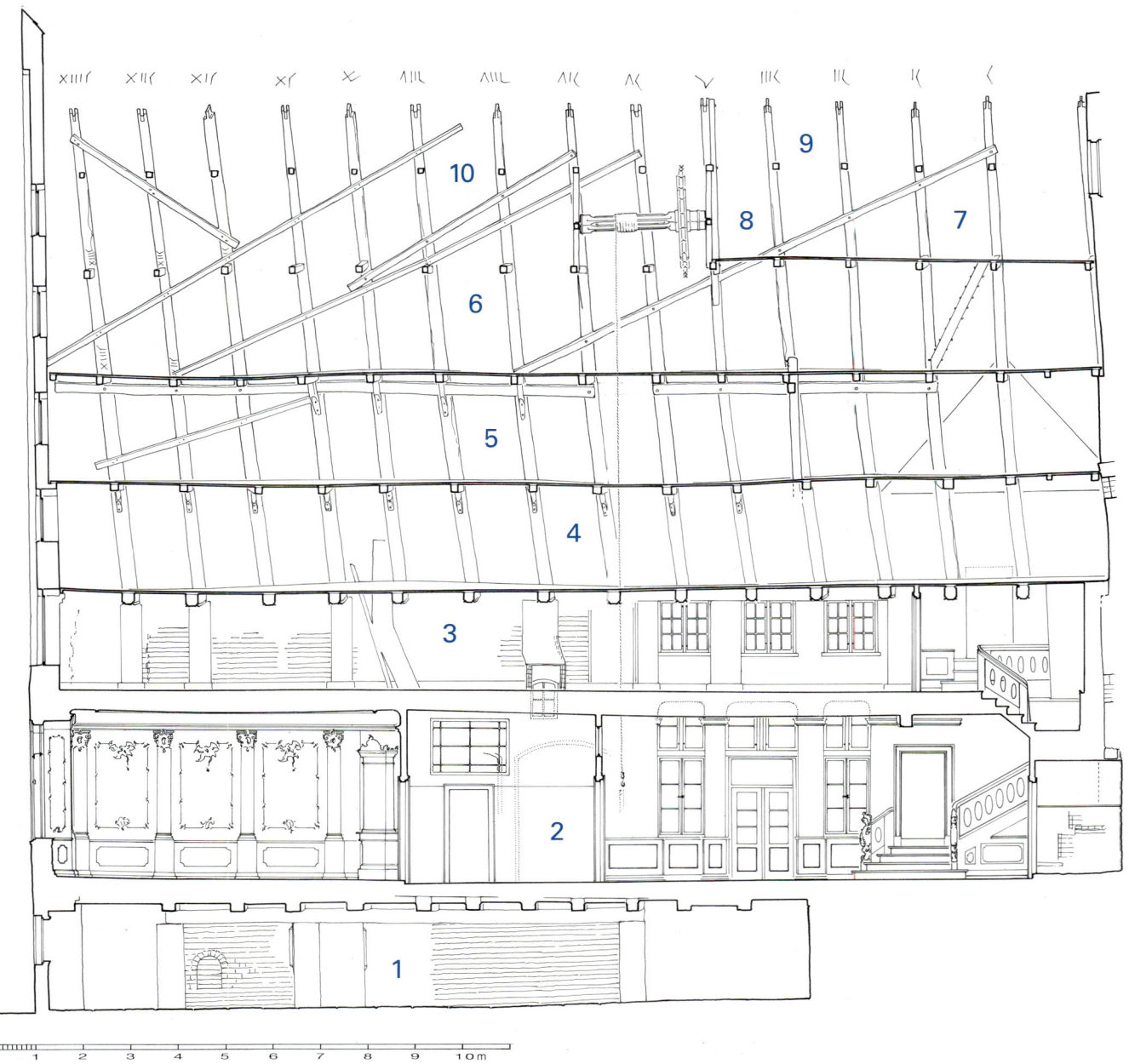

Dachstuhl-Denkmal Alfstraße 38

Alfstraße 38 ist eines der bedeutendsten Kaufmanns- und Patrizierhäuser Lübecks.
Gegen 1216 Errichtung eines massiven Backstein-Neubaus am Hafenrand, außerhalb einer ersten Stadt-
mauer, womöglich als Gildehaus, anstelle einiger um 1180/90 errichteter kleiner Holzhäuser. Von diesem
Backstein-Neubau nur Teile des Mauerwerks und der Balkenkeller erhalten (vgl. S. 54). Der heute stehende
Bau ist um 1564 weitgehend neu errichtet worden (Dendro-Datum des Daches und der Balkenlagen 1563).
1987/88 umfassend und vorbildlich saniert.
Das „verformungsgetreue" Aufmaß des Längsschnitts belegt auf höchst eindrucksvolle Weise, welch hohen
Anteil das Dach an der Gesamt-Kubatur des Hauses hat. Alfstraße 38 folgt wegen seiner Ecklage zur Trave
nicht dem üblichen Grundriss-Schema. Über dem z. T. eingetieften Keller (1) liegt hier eine Querdiele (2)
und der Wohnflügel schließt an der nördlichen Längsseite des Hauses an (Zugänge rechts im Treppenbe-
reich). Ganz typisch die Speicher-Ebenen: Über dem Unterboden (3) liegt der Dachboden (4), darüber der
1. Kehlbalken-Boden (5), dann der 2. Kehlbalkenboden 6). Oberhalb der 3. Kehlbalkenlage (7) ist die Radwinde (8) zu erkennen, ganz oben folgt die 4. Kehlbalkenlage (9), die „Hahnenbalken". Auffallend die Windrispen (10), die hier der in den Jahrhunderten immer stärker werdenden Neigung der Sparrengebinde in
Richtung Trave entgegenwirken sollten.
Aufmaß: Jens Ansorge, Sabine Ehmcke, Heick Tevanian. Leitung: Jens Chr. Holst, 1982.

LÜBECKER DACHWERKE

Lübeck besitzt den größten Bestand mittelalterlicher und frühneuzeitlicher Dachwerke Norddeutschlands. Erstaunlich ist die Tatsache, dass diese „Landschaft" noch wenig erforscht ist. Doch die Denkmalpflege sammelt Daten: Das Inventar im 1. Band der „Häuser-und-Höfe"-Buchreihe von 1990 konnte von vermuteten 1.500 historischen Häusern 189 „dendrochronologische" Datierungen mitteilen. Davon waren etwa 60 Dachwerke und Balkenlagen als mittelalterlich angegeben, weitere 70 gehören dem Zeitraum 1530–1640 an. Dieser Prozentsatz dürfte Hinweis genug sein: über Zweidrittel der Dächer auf Lübecker Altstadthäusern sind vor 1640 entstanden. Diese Tendenz wird durch weitere Proben bestätigt. Die Liste von Ende 2004 nennt insgesamt 115 Häuser mit „mittelalterlichen" Dach- und Balkenlagen, 150 Häuser besitzen Dächer und Balken aus dem 16. und frühen 17. Jahrhundert.

Balken, Sparren, Windrispen

Lübecker Dachstühle sind wie überall in Nord- und Nordostdeutschland Kehlbalken-Konstruktionen. Das Dachdreieck wird aus dem waagerecht von Brandmauer zu Brandmauer liegenden Dach- oder „Ankerbalken" und zwei an dessen Enden aufgesetzten, sich aufeinander zuneigenden Sparren gebildet. Da es in dieser Konstruktion allgemein keine senkrecht aussteifenden Stützen gibt, handelt es sich fachsprachlich korrekt um „Dachwerke" im Gegensatz zum komplizierten Dachstuhl einer Kirche wie St. Jakobi, der eine viel größere Grundfläche zu überdecken hat. Die Sparren der Haus-Dachwerke werden entsprechend der Hausbreite und damit der Dachhöhe mit einem oder zwei, manchmal drei Kehlbalkenlagen ausgesteift. Die notwendige Festigkeit gewährleisten erprobte Holz-Verbindungen wie Verblattung, Einkämmung und Verzapfung. Für

Alfstraße 38. Windenanlage im Spitzboden (hier die dritte Kehlbalkenlage).

eine stabilisierende Längsversteifung sorgen die Windrispen. Es sind dicke Bohlen, die an der Innenseite der Sparren diagonal von einem Sparren-Fußpunkt bis in den First mit schweren Eisennägeln „angeschlagen" sind. Die Dachneigung wächst von anfangs etwa 50 bis gelegentlich über 70 Grad um 1570.

Das Aufsetzen eines Dachwerks, das bis über zehn Meter Höhe erreichen kann, erfordert nicht nur Erfahrung und Können, sondern ausreichend Fläche, genügend kräftige Zimmerleute und technische Hilfen wie Hebezeuge und dergleichen. Die Balken und Sparren werden auf dem Platz der Zimmerei nach Maß zurechtgelegt und auf Länge gesägt. Die zusammengehörigen „Gebinde" werden mit Beiteln passgenau auf Verblattung oder Verzapfung zugeschlagen. Dann werden die Löcher für die Holznägel gebohrt. Jeder Sparren und jede Verbindungsstelle wird durch Abbundzeichen genau markiert. Die Gebinde werden auseinandergenommen und zur Baustelle transportiert. Ohne Abbundzeichen wäre das Aufrichten des Daches über den Brandmauer-Kronen nicht möglich. Sie sind oft von römischen Zahlen abgeleitet, können aber auch auf ganz anderen Verabredungen beruhen.

Mit dem Dendro-Datum 1276/78 besitzt Mengstraße 40 eines der ältesten Lübecker Dächer. Links: Oberer Boden ("Spitzboden").

Rechts: Erster Dachboden. Gut erkennbar die Aufschieblinge. Sie sorgen für ausreichendes Gefälle der "innenliegenden" d. h. zwischen den Dächern laufenden Traufen.

Engelsgrube 32, "Qualmannsgang" (mutmaßlich Kaufmanns-Gästehaus, einst zu Koberg 2 gehörig) von 1606. Westliche Traufseite mit diagonal angeschlagener Windrispe. Vor dem scheinbar unvermeidlichen Durchbau zu Appartements.

Im Dach von Mengstraße 40 sind die Kehlbalken mit den Sparren "verblattet". Die Verblattung ist bis ins 15. Jahrhundert üblich. Bei der Verblattung werden die Hölzer durch genau geschnittene gegenseitige Ausnehmungen, sogenannte Blattsassen, zusammengefügt. Um 1500 setzt sich die Verzapfung durch. Die eingeschnittene römische III ist ein Abbundzeichen.

Ein weiteres Abbundzeichen im Dach Mengstraße 40. Am selben Gebinde immer in zwei Schreibweisen, um links und rechts beim Aufstellen unterscheiden zu können. Verblattungen (wie hier) und Verzapfungen werden durch "Holznägel" gesichert.

Mengstraße 60.
Ein komplett
erhaltenes Dachwerk
des frühen
16. Jahrhunderts
(1529–1539, d).
Blick über die erste
Kehlbalkenlage
in Richtung
Straßengiebel.
Alle Verbindungen
sind gezapft.

Die Zimmerleute verwenden bis ins 17. Jahrhundert grundsätzlich Eiche. Das Holz wird im Winter eingeschlagen, in Sägekuhlen besägt und bebeilt und noch im Frühjahr und Sommer verbaut. In Lübecks Aufbauzeit von 1250–1350 wird sehr viel Bauholz gebraucht. Sehr bald sind die einheimischen Bestände erschöpft. Also muss Holz aus dem weiteren Ostseeraum importiert werden, besonders aus Süd-Skandinavien. Ein florierender Holzmarkt entsteht. Die gehandelten Hölzer tragen oft spezielle Handelsmarken (nicht zu verwechseln mit den Abbundzeichen). Dass Eiche gelegentlich nicht zu beschaffen ist, zeigen uns einige Dächer und Balkenlagen aus Esche wie in Koberg 2 (von 1276) oder Königstraße 51 (von 1272). Auch Kiefer wurde zur Not gelegentlich genommen. Erst im 18. und 19. Jahrhundert kommt vorwiegend Nadelholz zum Einsatz.

Speicher im Dach

Das steile Satteldach ist nicht etwa die Antwort auf das Klima in unseren Breiten, wie man gelegentlich liest. Auch das flache römische Pfettendach ist ja in der Lage, wie nicht nur die Alpendörfer im Engadin zeigen, gewaltige Schneemassen zu tragen und Regen- und Schmelzwasser korrekt abzuleiten. Das Kehlbalken-Dach ist auch keineswegs „windschnittig". Eher ist die Elastizität bemerkenswert, das Dach arbeitet mit. Das Kehlbalkendach ist wahrscheinlich eine Folge des natürlichen Holzreichtums in Mittel- und Nordeuropa. Diese Dachform gibt es seit der Bronzezeit. Sie wird technisch immer weiter entwickelt und ist schließlich in unseren Regionen üblich. Die Ausgrabungsbefunde haben bewiesen: Das hölzerne Hallenhaus mit einem Kehlbalken-Satteldach ist eines der Kultur-Mitbringsel der ersten, dem Niederadel entstammenden kaufmännischen Lokatoren nach 1170/80. In Einzelfällen ist wohl auch das zerlegte Holzgerüst ganzer Häuser als transportable Habe aus dem Westen mitgebracht worden. Angesichts der bescheidenen Maße etwa der kleinen Holzhäuser, die unter dem Haus Alfstraße 38 ausgegraben wurden, war das durchaus möglich.

Alfstraße 38. Die Radwinde im Spitzboden (Schrägsicht). Zum Dach von 1563 (d) gehörig.

Unten: Engelsgrube 47. Winden-Schacht durch drei Böden. Ganz oben die Lastwelle der Winde (daneben eine anlässlich der Sanierung 1983 installierte elektrische Winde). Um 1600.

Der um 1280/1300 einsetzende Massenguthandel insbesondere mit Getreide und anderen in Säcken und Fässern transportierten Waren hat in Lübeck also das traditionelle Kehlbalkendach vorgefunden. Für diese Neu-Ausrichtung des Handels ist es hervorragend geeignet. Gemeinsam mit dem „Unterboden", der ersten Etage über der Diele, dient das Dach nun jahrhundertelang als Speicher, erschlossen durch senkrecht übereinanderliegende rechteckige Öffnungen in den Böden, den „Luken". Den Gütertransport durch diesen Ladeschacht bewältigt man durch eine Radwinde, die auf der obersten Kehlbalkenlage eingebaut wird. Diese Winden sind den Kirchen-Baustellen abgeschaut. Sie sind noch in manchen Häusern erhalten. Allerdings stammen sie in der Masse erst aus dem 16. und 17. Jahrhundert. Vermutlich ist die erste Winden-Generation damals verschlissen gewesen. Die älteren Winden, ab 1290/1300 im Einsatz, sind an ihrer „Radialspeichung" erkennbar. Hier sind die vier Speichen in die Nabe eingezapft. Die zweite Generation zeigt in der Regel die einfachere „Tangentialspeichung": die brettförmigen Speichen werden seitlich an die im Querschnitt quadratische Nabe genagelt. In beide Enden der Nabe sind kräftige Rundeisen eingesetzt, die in gut geschmierten eisernen Führungen auf den Kehlbalken laufen. Das Zugseil wird durch Y-förmige Krampen, die in enger Folge auf der „Lauffläche" des Rades eingesetzt sind, um das Windenrad geführt. Das von kräftigen Händen der Arbeitsleute bewegte Zugseil, eine endlose Schlaufe, läuft, durch alle Böden bis zum Rad hinauf und

Links: Koberg 2. Die große Winde im südlichen Dach (eine ältere, kleinere Winde ist im Norddach erhalten). Die Nabe stammt von 1518 (d), das Rad und die „tangential" angesetzten, brettförmigen Speichen sind jünger.

Rechts: Engelsgrube 74. Kleines Kaufmannshaus. Umbau eines vormaligen gotischen Traufenhauses. Dachwerk von 1501/03 (d.), Winde zugehörig. Bis heute intakt.

wieder zur Diele herunter. Das Lastseil, an dem erhebliche Lasten wie z. B. Getreidesäcke hängen können, rollt sich auf dem langen, rund geformten Achsenbalken der Winde langsam auf. An den offenen Luken auf den Lagerböden stehen weitere Arbeitsleute und nehmen die Lasten entgegen.

Diese Form des Waren- bzw. Gütertransports vom Erdgeschoss in die Böden hinauf ist Bestandteil aller Bürgerhäuser Lübecks gewesen. Windenanlagen bzw. Nachweise davon finden sich also nicht nur in Kaufmanns- und Brauerhäusern, sondern auch bei Krämern und Hökern, Schmieden und Böttchern, Segelmachern, Schiffern usw.

Die Winden wurden von den Zimmerleuten gebaut, die auch die Dachstühle aufrichteten. Nur in Ausnahmefällen stammen sie von Radmachern, beispielsweise im Dach Fleischhauerstraße 79.

Fleischhauerstraße 79. Ein seltener Fall: Das mit zwölf Speichen versehene Windenrad ist nicht von Zimmerleuten, sondern von Radmachern gebaut worden.

Alte Dachstühle in Gefahr

Erfindungsgeist und Tatkraft haben die Lübecker Dachwerke einst geschaffen und sie zum Bestandteil des UNESCO-Welterbes werden lassen. Gefahr droht ihnen jetzt durch Planungen, die das notwendige Maß an Fachlichkeit vermissen lassen. Schädigend ist nicht der oft seit Generationen andauernde Leerstand. Langfristig ist es eher der Total-Ausbau, da er die Überprüfung der Dachdeckung unmöglich macht. Spektakulär sind Einzelfälle, wo unerfahrene Architekten historische Dachstühle abräumen lassen, weil sie diese „nicht rechnen" können und deshalb dem Bauherrn keine Gewährleistung geben wollen. Probleme macht ihnen die scheinbare Unter-Dimensionierung. Die Sparren haben Abstände von manchmal über 120 Zentimetern. Die aktuelle Norm liegt bei 60 bis 80. Übersehen wird, dass die alten Sparren mit Maßen von oft 20 x 30 Zentimetern erheblich überdimensioniert sind. Deshalb kann das Abstandsproblem einfach mit einer stärkeren Lattung (6 x 8 cm) und einer mittigen Konterung gelöst werden. Auch Verrottung, Fäulnis und Schädlingsbefall, meist als Folge von Wasserschäden durch vernachlässigte Traufen, sind kein Grund mehr, historische Dachstühle abzubrechen. Modernste Reparaturtechniken liefern langfristig Sicherheit.

„Heiße Sanierung" oder Nachlässigkeit: Beim Brand eines Baudenkmals geht Unwiederbringliches verloren. Vom Renaissance-Haus An der Untertrave 60 ist jetzt nur noch das Erdgeschoss erhalten.

Leider hat die „heiße Sanierung" immer noch und immer wieder Konjunktur. Allein in den letzten 20 Jahren ist in 18 Altstadthäusern Feuer gelegt worden. Dadurch sind 12 historische Dachstühle verbrannt. Eine schlimme Bilanz für unsere Denkmäler.

Literatur

Neugebauer, Manfred mit Dieter Eckstein und Sigrid Wrobel: Die Datierung mittelalterlicher Monumentalbauten in Lübeck: Rathaus, Katharinenkirche, St. Jakobikirche. In: Lübecker Schriften zur Archäologie und Kulturgeschichte 6, Bonn 1982. S. 201–217.
Neugebauer, Manfred: Die baukonstruktiv-historischen Untersuchungen der Holzkonstruktionen im Heiligengeist-Hospital zu Lübeck. In: Lübecker Schriften zur Archäologie und Kulturgeschichte 3, Bonn 1980, S. 97–105.
Neugebauer, Manfred: Ein norddeutsches Sparrendach von 1283. Das Dachwerk über dem ehemaligen Crane-Konvent in Lübeck. In: Vaterstädtische Blätter 39, 1979, S. 4.
Wrobel, Sigrid und Jens Christian Holst, Dieter Eckstein: Holz im Hausbau. Dendrochronologisch-bauhistorische Reihenuntersuchungen zum Hausbau des 13.–17. Jahrhunderts in Lübeck. In: Rolf Hammel-Kiesow (Hrsg.), Wege zur Erforschung städtischer Häuser und Höfe. Neumünster 1993. S. 183–249.

Summary

Lübeck´s Roof Trusses

Lübeck possesses the largest stock of medieval roofs in northcentral Europe. An even larger amount of roofs is dated back to the 16th and early 17th century, the second period of economic growth in Lübeck. Over two-thirds of all roofs covering Lübeck's houses in the Old Town were built before 1640.

Like in all parts of northern and northeastern Germany the roof framework found in Lübeck is a collar-beam structure. The up to 70-degree steep roof-truss is constructed with anchorbeams placed horizontally upon the fire walls and two rafters sloped against one another, resting on these beams. There are no supporting wooden columns in these structures. The rafters were, according to house width and the resulting height, braced with two to three collar beams, adding diagonal sprockets on the inside for stabilisation. Till the 17th century the carpenters basically used oak wood. The wooden beams in the Middle Ages were spliced, later notched.

The wooden `Hall´-house with the collar-beam structure has been introduced to Lübeck by the first commercial settlers after 1170/80, who originated from the lower aristocracy. The roof structure is extremely well suited for the mass trade with bulk goods, especially with grain, beginning 1280/1300. Along with the subfloors above the main hall the lofts serve as storage space. Lofts and subfloors represent with about two-thirds the main portion of the house's total cubature. The transport of goods through floor hatches on each floor is accomplished by pulleys that are installed above these hatches onto the top supporting beam. Older pulleys, used after 1290/1300, are identifiable by their `radial spokes´. Their four spokes are notched into the hub. The second generation in general shows simple „tangential spokes". The wide boardlike spokes are nailed sideways  onto square hubs. The pull rope is an endless loop which runs through all floors through specially placed feed holes to the winch. The hoisting rope, which could raise considerable loads, unroles on the supporting beam of the pulley.

Old roof structures are extremely endangered. Installing flats in the attics is specially damaging since an inspection of the roof covering is impossible. Spectacular cases are known, when inexperienced architects have removed historical roof trusses. Rotting and insect infestation, mostly resulting from avoidable waterdamage due to neglected eaves, offer no reason anymore for demolishing historical trusses. Modern repair techniques garantee longterm security. Unfortunately however, fires cannot be prevented. In the past 20 years fires were sparked in 18 Old Town houses. 12 historical roofs were destroyed hereby.

Der Dom als Gesamtkunstwerk: Im wuchtigen romanischen Mittelschiff bildet die monumentale, dabei filigran durchgestaltete Lettner-Triumphkreuzgruppe Mittelpunkt und Ziel.

GRÖSSE IM GROSSEN

Der Lübecker Dom

Der Dom liegt abseits vom Zentrum im Süden der Stadt, lang gestreckt hinter mächtigen Bäumen, einst in weitem Bogen von Domherrenkurien, Bischofshof und Dechanei umkränzt. Ein groß-formiges Stadtgefüge, das in scharfem Kontrast zur kleinparzellierten Bürgerstadt stand. Und eigentlich ist es noch heute so. Doch anstelle der mittelalterlichen Kleriker-Höfe der einstigen Dom-Immunität bestimmen jüngere Großbauten das Bild: Schulen, das Marienkrankenhaus, das katholische Gemeindehaus samt Kirche, das 1907 erbaute Gesellenhaus, die Gewerbeschule und das neogotische Palais Rantzau, in dem sich eine mittelalterliche Kurie erhalten hat.

Der Dom nimmt im Reigen der Lübecker Großbauten einen prominenten Platz ein. Seine Baugeschichte beginnt eigentümlich verspätet: Die Segeberger Stiftskirche und der Ratzeburger Dom sind bereits zehn Jahre im Bau, als gegen 1175/76 in Lübeck die ersten Steine gesetzt werden. Heinrich der Löwe hat an der Planung starken Anteil genommen und den Bau finanziell großzügig gefördert. Wesentliche Teile des vom ihm 1173 gegründeten Bauwerks sind im heute stehenden, erst nach 1240 vollendeten Dom erhalten: die Westtürme, das aus vier quadratischen Jochen gebildete Mittelschiff, das Querhaus und das Chor-Quadrum. Diese monumentalen Bauteile gehören zum Eindrucksvollsten, was aus der Frühzeit des Backsteinbaus in Nordeuropa erhalten ist.

Gebundenes System

Der romanische Dom ist eine der zeitlich letzten Groß-Basiliken, die im „Gebundenen System" gewölbt wurde. Hier bindet jedes der im Grundriss quadratischen Mittelschiffsjoche zwei Seitenschiffsjoche von halber Breite und halber Höhe an sich. Da die beiden dem Mittelschiffsjoch zugeordneten Seitenschiffsgewölbe einen Zwischenpfeiler erforderlich machen, kommt es meistens zum typischen „Stützenwechsel".

Da die Romanik nur mit Rundbögen (über exaktem Halbkreis) baut, müssen die vier Bögen, auf denen das Gewölbe aufruht, gleiche Scheitelhöhe haben, um sie mit Gewölbekappen verbinden zu können. Gleiche Scheitelhöhen bei Rundbögen gibt es nur, wenn die vier Seiten des zu überwölbenden Jochs gleich lang sind. Das heißt: das Gewölbefeld muss im Grundriss ein Quadrat sein. Im deutschen Sprachraum hält man am Gebundenen System noch bis 1240/50 fest: Erst als sich die französische Gotik bei uns durchsetzt, ermöglicht der Spitzbogen durch Stelzung oder Streckung der Bögen auch längsrechteckige Gewölbefelder.

Gegen 1180 stehen der Chor samt Apsis und das Querschiff bis unterhalb des Abschluss-Frieses aufrecht. Erkennbar ist diese Phase an den tiefroten, auffallend niedrigen Steinen von wenig über sieben Zentimetern Höhe. Die Lagerfugen sind etwas breiter als die Stoßfugen, was eine Betonung der Horizontalen bewirkt. In die Kämpferzone fügt man Kunststein-Blöcke ein (aus Hochbrandgips), die von Steinmetzen aufwendig ornamentiert werden.

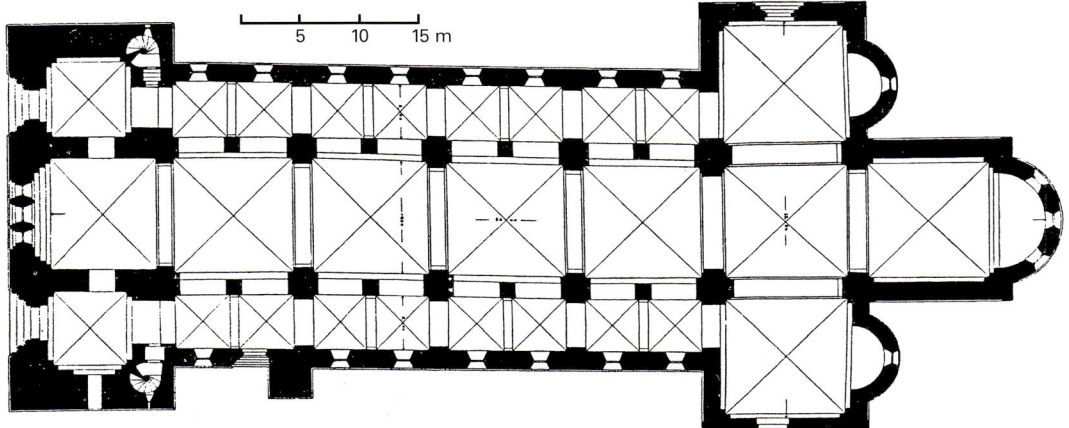

Lübecker Dom: Grundriss der romanischen Basilika. Den quadratischen Mittelschiffsgewölben sind zwei ebenfalls quadratische Wölbfelder der Seitenschiffe zugeordnet („Gebundenes System"); die Seitenschiffe sind also nur halb so breit (und hoch) wie das Mittelschiff. Am Chorquadrum die Apsis, an der Ostseite des Querschiffs zwei Neben-Apsiden.

Denkmal der Kolonisation

Heinrich der Löwe war nicht nur Geldgeber, sondern auch Technologie- und Ideen-Beförderer des Bauens mit Ziegeln. Er hat Norditalien gekannt und den Wiederaufbau Mailands mit Ziegelsteinen unter Kaiser Friedrich Barbarossa beobachtet. „Herrscher-Initiative führt die innovative Backsteintechnik nach Lübeck ein", urteilt Jens Chr. Holst: „Es kann kein Zweifel an der Heranziehung ausländischer Experten bestehen". Wegen der von Anfang an perfekten Technik, die keinerlei experimentelle Unsicherheit erkennen lässt, wird „Entwicklungshilfe" norditalienischer Ziegler und Werkleute vermutet. An der Burgtormauer, mit der sich Heinrich 1180/81 gegen Kaiser Friedrich Barbarossa verteidigen wollte, ist die gleiche Ziegel- und Mauertechnik mit witterungsbeständigem Hochbrand-Gipsmörtel wie an den frühen Dom-Bauteilen festgestellt worden (vgl. S. 29).

Nach Heinrichs Sturz wird am Dom tatkräftig weitergebaut. Bis 1190 steht der Westbau bis ins dritte Obergeschoss. Die nicht erhaltene, aber nachgewiesene Empore über der „ebenerdigen Krypta" (Holst) im Westjoch zwischen den Türmen kann als „Loge" des Kaisers interpretiert werden, der ja nach Heinrichs Rückzug de facto Stadtherr ist. Dieser Empore sind in den beiden Turm-Geschossen Kapellen zugeordnet, die gewölbt bzw. für Wölbung vorgesehen waren. Die ebenerdige Krypta wird als die urkundlich erwähnte „zwischen den Türmen" gelegene Pfarrkirche St. Nikolai gedeutet. Zu dieser Bauphase gehören auch die Langhaus-Pfeiler. Deren Ecken sind bis zum Ansatz des Zwischenpfeiler-Bogens mit der „lübischen Kante" profiliert, einem Halb-Rundstab mit beiderseitigen flachen Graten. Die Kämpfer unterhalb der Bogenansätze werden jetzt ganz aus Ziegel-Formsteinen aufgeführt. Die Normal-Formate sind 8,1 bis 8,5 Zentimeter hoch, in den oberen, bereits dänenzeitlichen Turm-Mauern erreichen sie 10 cm. Die Dänenzeit (1201 bis 1226) ist für Lübeck in vieler Hinsicht von großem Vorteil gewesen. Stadtentwicklung und Backstein-Bau erhalten entschiedene Förderung. Auch andere Kirchen werden jetzt in Backstein neu errichtet. Wichtig ist der Westbau von St. Petri, der offenbar als Eigenkirche des dänischen Stadtherrn entsteht (s. S. 130).

Dom. Kapelle im ersten Geschoss des Südturms, gedacht als Seitenraum zur ehemaligen „Herrscher-Empore". Offenbar stürzte das Gewölbe ein, weil es zu früh ausgeschalt wurde. Wiederherstellung erfolgte nicht, weil sich die Herrschaftsverhältnisse gewandelt hatten. Viele romanische Mauerwerk- und Putzdetails original erhalten.

Nach 1200 wird der Dom eingewölbt. Dabei fließen Anregungen unterschiedlichen Ursprungs zusammen. Die in die Ecken des Querschiffs eingestellten doppelten Rund-Vorlagen, welche die weit vortretenden Schildbögen zu tragen scheinen, sind in gleicher Form in Soester Kirchen zu sehen. Hingegen scheinen die von breiten Konsolen gestützten Gurtbögen, die wie Brücken die Obergaden-wände verspannen, sächsisch-ostfälischen Vorbildern zu folgen, bei-spielsweise dem System der Klosterkirche Lippoldsberg (Weser). Die Gewölbe steigen kuppelförmig auf, weil auch die Quadrat-Dia-gonalen als Halbkreise aufgeführt sind. Um diese massiven, in den oberen Bereichen noch 45 bis 50 Zentimeter dicken Gewölbekap-pen aus Backsteinen aufsetzen und mit Kalkmörtel vergießen zu können, müssen solide Lehrgerüste aufgestellt werden, was für sich schon eine technologische Großtat ist. Die Abdrücke der Schal-bretter sind an vielen Stellen bis heute zu sehen.

Im Zuge der Wölbvorbereitungen sind die Außenmauern der Hoch-schiffe aufgehöht und wie die oberen Turmabschlüsse durch Kreuz-bogen-, Kreuzrauten- und Sägefriese mit hellen Putzgründen aus-gezeichnet worden. Mit ihnen entfaltet sich nun das lombardische

Der auf Fernsicht konzipierte übermannshohe Rautenfries an der Ostseite des Nordturms.

Südseite des Chorquadrums. Unten die gleichmäßig tiefroten, wenig über sieben Zentimeter hohen Ziegel mit betonten Lagerfugen – typisches Kennzeichen von Mauerwerk der Zeit Heinrichs des Löwen, hier um 1180. Darüber die Mauer-Aufhöhung von etwa 1220 mit dem Kreuzbogenfries.

Blick über die gotischen Chorseitenschiff-Gewölbe, links die romanische Südwand des Chor-Quadrums. Mit Fotograf.

Rautenfries auf der Ostwand des südlichen Querschiff-Arms. Die aufwändigsten, größten und weitgehend original (!) erhaltenen lombardischen Zierfriese in Norddeutschland.

Dom.
Mittelschiffsgewölbe
von etwa 1220/30.
Die Abdrücke der
Schalbretter sind deut-
lich zu erkennen.
Die Gliederung durch
kräftige Gurtbögen und
den Pfeilern oben
vorgelegte breite Kon-
solen entspricht dem
„Lippoldsberger System".

Dekorations-Vokabular endlich auch in Lübeck. Diese Dekore sind schon an den etwas älteren Bauten Verden, Jerichow oder Altenberg eingesetzt und variiert worden und dürfen inzwischen als heimisch gelten. Auch der bedeutungsvolle Rot-Ton der frühen Ziegelbauten ist nach 50 Jahren zu einem Allgemeingut geworden.

Um 1210 kommt die Glasur auf. Die aus dem islamischen Mittelmeerraum stammende Technik setzt sich als neues Auszeichnungs-Vokabular umgehend durch. Die frühesten Glasuren haben sich an den oberen Partien der Domtürme erhalten. Besonders schön und fast ungestört sind die grünlich-braun glasierten Hochschiff-Friese unter den jüngeren Seitenschiffdächern bewahrt. Wenig später gibt es auch die schwarze Bleiglasur mit weiß ausgeputzten Blenden, eine farbkräftige Architektur, die besonders von Zisterziensern im Lande verbreitet wird.

Sächsischer Riegel mit Turm-Riesen

Die Würdigung des Bauwerks als Beitrag zur Architektur seiner Zeit fällt heute nicht leicht. Auffallend ist zunächst die Größe. Der Dom übertrifft nicht nur Ratzeburg bei weitem, sondern auch die anspruchsvolle „Hofkirche" Heinrichs, die Braunschweiger Stiftskirche. Die Größe ist programmatisch: Wegen ihrer Fernwirkung sind insbesondere die dem breiten West-Riegel aufgesetzten klotzigen und hohen Zwillingstürme als Beeindruckungsmotiv zu verstehen. Die von weither sichtbaren rotglühenden Backsteinblöcke dürften den Altanwohnern und den zugezogenen Händlern und Siedlern den Anspruch des Stadtherrn und seiner „colonia" unmissverständlich vor Augen geführt haben. Der Dom war nicht nur ein Zeichen der Anwesenheit der christlichen Kirche, sondern Fanal des politisch beförderten Aufbruchs ins Neuland.

Nach der Vollendung der achttürmigen Lübecker Stadt-Silhouette (die heute nur noch siebentürmig ist) im späten 13. und frühen 14. Jahrhundert – erst St. Petri, dann Jakobi, Ägidien, der Chorturm der Dominikaner und schließlich die Riesen der Marienkirche – sind die klotzigen Domtürme nur noch ein Teil des Mediums „Stadtkrone". Allerdings dürfte ihre hochgereckte spätromanische Quaderform für die Nachfolger anregend gewesen sein. Sie wird auch an Lübecks gotischen Türmen beibehalten.

Zum Dom hat selbstverständlich eine Klausur gehört. Die Kleriker lebten in der Frühzeit noch gemeinsam im Domkloster, das an der Südseite des Domes anschloss. Davon ist nichts mehr erhalten; nur fünf der einst sieben Joche des östlichen Kreuzgangflügels stehen noch. Der Bau gehört der sehr schmuckreichen spätromanischen Bauphase um 1230/40 an, vergleichbar mit der Architektur der Ratzeburger Dom-Vorhalle. Leider sind viele Detailformen um 1880/90 durch glatte Neuanfertigungen ersetzt worden.

Nach Aufhebung der Residenzpflicht erbauten sich die Domherren eigene Höfe („Kurien") innerhalb des bischöflichen Areals, der Dom-Immunität. Davon hat sich nur wenig erhalten.

Domtürme von Westen (aus dem Kleinen Bauhof gesehen). Die sparsam mit Rundbogen-Öffnungen gegliederten kolossalen Blöcke sind „das Größte", was gegen 1220/30 im Norden zu sehen war. Vermutlich saßen auf den Türmen einst Satteldächer in west-östlicher Richtung. Das Kreisfenster im Westriegel gehört zur Obergeschoss-Kapelle im Süderturm.

Das Paradies

Eine bedeutende Zutat stiftet Erzbischof Albert II Suerbeer von Riga Ende der 1240er Jahre mit der Gerichts-Vorhalle, dem „Paradies" an der Nordfront des Querschiffs (Suerbeer verwaltete von 1247 bis 1254 die Vakanz des Lübecker Bistums). Diese Vorhalle ist ein echtes Import-Stück. Rheinischer Schiefer, Sandstein und Granit sind verbaut worden. Die Teile, Säulen, Kapitelle, Schaftringe, Rippen, Konsolfiguren, Ornament-Blöcke, hat man im Rheinländischen (Suerbeer stammte aus Köln) wahrscheinlich nach Plan-Zeichnung angefertigt. Am Giebel dieses reich gegliederten kleinen Gebäudes erscheinen rheinisch-kölnische Formen der Spätromanik in Ziegelbauweise übersetzt: Mit verschiedenfarbig glasierten Formsteinen und weiß ausgeputzten Nischen haben hiesige Bauleute hier einen wichtigen Beitrag zur Entwicklung der Backstein-Architektur geleistet. Leider wurde das Original in den 1870/80er Jahren weitgehend durch eine Kopie ersetzt. Diese Paradies-Kopie ist 1946 von den Ziegelmassen des herunterstürzenden Querhausgiebels „erschlagen" worden; nach Zerstörung der Dächer 1942 hatte man die hohe Giebelfront nicht sichern können. Was wir heute sehen, ist also die dritte Version, eine Kopie der Kopie.

Das gegen 1248 errichtete Paradies vor der 1878 eingeleiteten Total-Restaurierung. Die spätstaufischen Zierformen wie der Schlüsselloch-Bogen, der wie Treppenstufen der Dachschräge folgende „steigende" Rundbogenfries und die Zier-Rosetten haben ihre nächsten Verwandten im kölnisch-niederrheinisch-westfälischen Raum.

Wozu das Paradies diente, ist nicht ganz eindeutig: Es war wohl auch Gerichtshalle für aus der Bürgerstadt geflohene Täter, wenngleich die Dom-Immunität nur begrenzt vor dem Zugriff der Obrigkeit schützte. Bei Bluttaten musste sofort ausgeliefert werden. In erster Linie demonstriert der Klerus mit dem Paradies seinen Bauwillen und sein Prachtgehabe gegenüber der Stadt.

Blick ins Paradies. Vorlagen und das prachtvolle Portal ins Querschiff noch mit viel Originalsubstanz von 1248/50.

Die Domherren wollen Gotik

Überragende Bedeutung hat der Dom noch einmal in den Jahren nach 1266 gehabt. Nur wenige Jahre nach Weihe des romanischen Doms wird die Erweiterung des Chores geplant. Für die steigende Anzahl der Privat-Messen werden mehr Altarstellen gebraucht. Entscheidend ist jedoch der Wille zur Modernität, der sich auch in Lübeck in großer Bau-Aktivität äußert. Die blühende Wirtschaft liefert die Mittel für innovative Bauprojekte. Diese günstigen Voraussetzungen führen dazu, dass sich die Lübecker Domgeistlichkeit erstmals in Norddeutschland den Bau eines modernen französisch-gotischen Umgangschors zutraut. Die gotische Kathedrale des französischen Kronlands ist nach 100-jährigem Experimentieren in vielen Varianten zum sinnstiftenden „Bedeutungsträger" geworden. Die maßstabsgenaue Entwurfszeichnung auf Pergament ist bereits bekannt und könnte Mittler gewesen sein. Domherren sind weitgereiste und gebildete Leute. Einige werden in Paris studiert und auch die französische Architektur kennen gelernt haben. Vielleicht haben Lübecker Kleriker auch die noch junge Dom-Baustelle in Köln gesehen. Immerhin gehörte Lübeck ja zur Erzdiözese Köln. Dort ist 1248 mit dem Bau eines gewaltigen Umgangschors in engster Anlehnung an die Kathedrale von Amiens begonnen worden.

Die Lübecker Domherren lassen bis 1266 nördlich und südlich des romanischen Chor-Quadrums gotische Seitenschiffs-Joche anfügen und die trennenden Chormauern herausbrechen. Die neuen Räume öffnen sich anstelle der weggebrochenen Nebenabsiden in fast voller Höhe zum Querhaus. Weitergehende Vorhaben kündigen sich an. Nach 1266 wird ein vielfach gefaltetes, ge-

Dom. Chor-Baustelle bei Stilllegung gegen 1277. Am Chorquadrum neue, provisorisch nach Osten abgeschlossene Seitenschiffs-Joche. Vom geplanten französisch-gotischen Umgangschor konnte nur die Außenwand hochgezogen werden.

Dom von Südosten um 1960. Der kriegszerstörte gotische Umgangschor ohne Dach. So ähnlich muss die Chor-Baustelle 1277–1329 ausgesehen haben, damals natürlich noch ohne den Binnenchor, die spätgotischen Marientiden- (rechts) und die anschließende niedrige Grimmolt-Kapelle.

waltiges Mauer-Rund in das Gelände östlich des bestehenden romanischen Chorhaupts gestellt, ganz ohne Frage die Außenwand eines französisch-gotischen Kapellenkranzes. Hier ist ein Fünfachtel-Chorpolygon mit Umgang und einem Kranz von fünf Kapellen angelegt. Zweifellos ist eine Basilika geplant gewesen, also ein Bau mit einem die Seitenschiffe überragenden, eigens durchfensterten Mittelschiff (vgl. Chor der Marienkirche, S. 116). Denn eine Hallenkirche, wie vorgeschlagen mit einem „kathedralgotischen" Umgang und Kapellenkranz, ist in jener Zeit eine absolut undenkbare Kombination. Der als Vorbild angeführte Verdener Dom, der frühestens ab 1270 geplant wird und erst 1274 im Bau ist, erfüllt diese Bedingung ja gerade nicht.

Ob dieser Mauerkranz in Hinblick auf die gewünschte Architektur richtig konzipiert war, bleibt zu Recht eine Frage. Die Strebepfeiler in den Kapellenecken erscheinen zu gering dimensioniert, um über Strebebögen den Gewölbeschub eines Basilika-Chorhaupts aufnehmen zu können. Offen bleiben muss ebenso, was mit den bestehenden romanischen Bauteilen geschehen sollte. Die innere Gliederung der 1277 offenbar fertigen Chorwände neigt eher zum Konventionellen. Unter den Fenstern verlief ein (abgeschlagenes) Gesims; als Vorlage für die zukünftigen Gewölbe dient ein kräftiger Rundstab.

Nach 1277 ruht die Bautätigkeit. Bischof Burchard von Serken liegt mit dem Rat im Streit (zu den Gründen s. S. 117) und geht ins Exil. Die in den bis 1277 aufgerichteten Bauteilen manifestierte Idee kommt nie zur Vollendung, Anlass für die Kunstgeschichtsschreibung, die französische Initiative der Dom-Geistlichkeit nicht so richtig anzuerkennen. Und doch: diese neue Chor-Mauer, die ja auch als höchst beeindruckende Fassade verstanden werden kann, steht aufrecht und fasziniert die Zeitgenossen. Zuerst greift das Schweriner Dom-Kapitel die Idee auf. Der Umriss seines neuen Chors gleicht dem Lübecker aufs Haar; die Kapellen-Innenwände sind genauso altertümlich gegliedert wie die des Lübecker Vorbilds. Von Schwerin schauen sich die Zisterziensermönche von Doberan den Plan ab. Beide Bauten sind bezeichnenderweise Basiliken, was gegen die These spricht, der Lübecker Domchor sei als „Hallen-Chor" angelegt gewesen. Auch in Lübeck macht das Chorprojekt der Domherren Schule. Vor 1270 wird der Umbau der Marktkirche gestoppt. Der noch unfertige Bau mit der 1270 vollendeten prachtvollen Eingangshalle („Südvorhalle") soll nun gotische Basilika werden. Für den Chor werden

107

Dom. In den Kapellen am Chorumgang kann man die zwei Bauphasen gut unterscheiden: der Runddienst mit dem unteren Kapitell gehört zum ersten Bauabschnitt bis 1277; die zugehörigen Schildbögen (zwecks Aufnahme der geplanten Gewölbekappen) wurden nach 1329 abgeschlagen (s. Pfeile!), als man unter Bischof Hinrich Bochholt die Mauer um fast zweieinhalb Meter erhöhte. Für die Einwölbung wurden die Runddienste höher geführt. Das zweite Kapitell verweist darauf.

neue Pläne gezeichnet, die vom Domchor angeregt sind. Dank reicher Mittel-Zuwendung von Kaufleuten und anderen Stiftern kann das Marien-Bauvorhaben zügig in Gang gesetzt werden. Der Marienchor ist bald nach 1290 unter Dach.

Der gotische Domchor wäre ein aufschlussreiches Studienobjekt für Bauhistoriker. Die bis 1277 errichteten Wände mit ihren massiven frühgotischen Runddiensten und den abgeschlagenen Schildbögen für die beabsichtigte Wölbung stehen in voller Höhe aufrecht. Doch die Wissenschaft hat sich stets stärker für die Marienkirche interessiert. Es bleibt aber festzuhalten: Nicht der lübsche Kaufmann hat an „seiner" Marienkirche als erster den französisch-gotischen Umgangschor in den Backstein-Norden eingeführt, sondern die Domgeistlichkeit an ihrer eigenen Kathedralkirche. Während die Marienkirche in vergleichsweise kurzer Zeit Gestalt annimmt, ist die Dombaustelle über 50 Jahre verwaist.

Bescheidenheit in großer Zeit

Der romanische Dom mit den provisorisch nach Osten abgeschlossenen Chorseitenschiffen und dem unnütz im Gelände stehenden Kapellen-Mauerkranz wird erst 1329 wieder zur Baustelle. Bischof Hinrich II Bocholt, selbst aus Rats-„fähiger" Familie stammend, arrangiert sich mit dem Rat und bringt den Chor-Neubau mit vergleichsweise bescheidenen Mitteln zu Ende. Er verzichtet auf die Basilika-Träume. Der Marienkirche hätte er sowieso kein Paroli mehr bieten können. Seine Bauleute erhöhen die seit 1276 bestehende Chorwand um fast drei Meter, damit die neue Gewölbehöhe der Höhe im romanischen Chorquadrum und im Querschiff entspricht, und sie mauern die massigen Rundpfeiler für das neue Fünfachtel-Chorpolygon auf. Die Einzelformen, die vier dünnen Pfeilervorlagen und die stark profilierten Scheidbögen, sind von niedersächsischen Bauten in der Nachfolge des Verdener Dom-Binnenchors inspiriert. Dann wird das riesige Dach aufgesetzt. Anschließend kann die romanische Apsis ausgebrochen werden. Die Wölbung der neuen Bauteile folgt umgehend. Es entstehen die für diesen Grundriss typischen Sechseck-Räume aus der Verschmelzung von Kapelle und Umgang.

Kaum ist der neue Chor nutzbar – das Querhaus wird man für die Obliegenheiten der Domherren wohl mit einbezogen haben – geht man an die Modernisierung des Langhauses. Die Wölbung

Ausbau des Chores als Umgangshalle unter Bischof Bocholt. Die Form der zylindrischen Pfeiler im Chorpolygon mit ihren überdünnen Runddiensten ist niedersächsischen Bauten in der Nachfolge des Verdener Doms verpflichtet.

der niedrigen romanischen Seitenschiffe wird ausgebrochen, die Außenwände werden bis auf die Höhe des beibehaltenen romanischen Mittelschiffs hochgezogen und mit sehr kräftigen Strebepfeilern versehen (das nördliche Seitenschiff ist möglicherweise ein völliger Neubau, da die Außenwand etwas nach Norden hinausgeschoben erscheint). Anstelle der ans quadratische Mittelschiffs-Gewölbefeld „gebundenen" zwei kleinen Seitenschiffsgewölbe bildet das neue gotische Joch ein ungewohnt langgezogenes Rechteck. Dieses längsrechteckige Seitenschiffs-Joch macht den romanischen Zwischenpfeiler überflüssig. Er wird mitsamt der Obergadenwand herausgeschlagen. Die narbigen Meissel-Spuren sind bis heute zu sehen, besonders schön bei mittäglichem Streiflicht.

Damit ist eine weiträumige dreischiffige Halle entstanden. Vom Langhaus der romanischen Basilika sind also nur die kuppelartig aufsteigenden Mittelschiffs-Wölbungen und die sie stützenden Pfeiler geblieben: oben sind es die freigemeißelten Wandpfeilerkerne mit den „Lippoldsberger Vorlagen", unten die originalen Hauptpfeiler mit der „lübschen Kante" als Eckprofil. Den beiden Seitenschiffen werden zwischen den Strebepfeilern noch niedrige Kapellen angefügt, welche die Domherren als Privatkapellen nutzen.

Fazit: Trotz des gewaltigen Aufwands ist die Umbau-Lösung von Bischof Bocholt keine Architektur-Offenbarung, eher ein Kuriosium.

Dass dies in großer Zeit geschah, zeigen einige Daten: 1335 ist die hochfahrende Marienkirche fertig, 1340/50 leistet der Rat sich ein neues Rathaus und bietet darin mit dem Hansesaal ab 1360 das modernste und eindruckvollste Tagungszen-

Die Mittelschiffs-Pfeiler im Streiflicht mittäglicher Sonne. Unten die Kämpfer der ehemaligen Arkadenbögen, darüber die abgemeißelten Anschluss-Flächen der herausgetrennten romanischen Mittelschiffswand.

Das romanische Mittelschiff, begleitet von annähernd gleich hohen Seitenschiffen. Aus der Basilika wurde eine Hallenkirche. Den Raumeindruck bestimmt jedoch weiterhin das wuchtige Mittelschiff.

trum der Städte-Hanse, die sich auf dem Höhepunkt ihrer Macht befindet. Die Franziskaner vollenden mit St. Katharinen eine der prachtvollsten Bettelordenskirchen. Gegenüber diesen vom Rat unternommenen oder von reichen Bürgern geförderten Baumaßnahmen agiert der Lübecker Bischof vergleichsweise bescheiden.

Von Kunst und Kennerschaft

Für seine fast neue Kathedrale ließ Bischof Bocholt in den 1330er Jahren auch eine neue Einrichtung anfertigen. Geblieben sind uns nur wenige Wangen des Chorgestühls. Kunstwerke stifteten auch die gebildeten und weltläufigen Domherren. Für die vorwiegend am Pferdemarkt ansässigen Künstler waren sie die Haupt-Auftraggeber. Sie beschafften aber auch Werke aus anderen Kunstzentren. Ihre Stiftungen zeichnen sich durch Qualität und theologische Belesenheit aus. Ein derartig verschlüsseltes Werk wie der Einhorn-Altar von 1506 ist nur in der Atmosphäre der Dom-Geistlichkeit denkbar.

Auf die bedeutendsten Kunstwerke sei zumindest hingewiesen:
▷ Im Mittelpunkt „seines" gotischen Chores das Bronzegrabmal von Bischof Heinrich Bocholt von etwa 1340, ein Importstück aus Brügge.
▷ Die gravierte Messing-Doppel-Grabplatte der Bischöfe von Serken und von Mul, ebenfalls eine flandrische Arbeit von etwa 1350. Die nächsten Verwandten dieses Typs sind die Bülow-Platten im Schweriner Dom.
▷ Der Lettner, im Kern ein Steinbau aus der Zeit Bischof Bocholts, mit der geschnitzten hölzernen Brüstung und den Skulpturen der vier Dom-Namenspatrone aus der Werkstatt des Bernt Notke. Zum 1477 abgeschlossenen und von Bischof Krummedick formulierten Gesamtprogramm gehört das
▷ Triumphkreuz Bernt Notkes mit den unvergesslichen Figuren des Johannes, der wie versteinert trauernden Maria und der knienden schönen Magdalena. In Über-Lebensgröße wohnt der um Aufnahme ins Himmelreich bittende Bischof Krummedick kniend der Kreuzigung bei.

▷ „Maria mit der Sternenkrone", um 1450/60, Sandsteinfigur, und „Schöne Maria" von 1509, Sandstein, eigentlich „Weiße Maria" wegen der vor Jahren aufgedeckten weißen Gewandfassung. Beide Marienfiguren sind Import-Stücke aus sächsischen oder westfälischen Werkstätten.
▷ Der Passionsaltar von Hans Memling, Brügge 1491. In Auftrag gegeben und gestiftet von Heinrich und Adolf Greverade für ihre Familienkapelle am Lübecker Dom. Heinrich war Kaufmann in Brügge, Adolf Geistlicher in Flandern, ab1497 Domherr in Lübeck. Erst 1504 gelangte der Altar an den vorgesehenen Ort, als aus dem Nachlass Adolfs eine Vikarie für die Kapelle eingerichtet wurde. Das aus gemalten Flügeln bestehende Altarwerk wird nicht nur aus eigentumsrechtlichen, sondern auch aus konservatorischen Gründen heute im St. Annen-Museum gezeigt. – Von 64 mittelalterlichen Altären, die einst im Dom standen, haben sich neben dem kostbaren Memling-Altar und dem erwähnten Einhorn-Altar erstaunlicherweise noch einige weitere erhalten. Interessant für die Messe-Praxis im Dom z. B. der schön gemalte „Altar der kanonischen Tageszeiten" von etwa 1410/15, bis heute an ursprünglicher Stelle.
▷ Der bedeutendste Beitrag aus nachmittelalterlicher Zeit ist die nach 1706 von Thomas Quellinus geschaffene Ausstattung für die Kapelle der Familie von Lenthe.

1942 wurde auch der Dom zerstört. Dächer und Turmhelme verbrannten; der Binnenchor und einige Seitenschiffsgewölbe stürzten ein. Da die massive romanische Wölbung des Langhauses und des Querschiffs die Feuersglut abhielt, kamen die dort befindlichen Kunstwerke glimpflich davon; einige wichtige Stücke wie der Memling-Altar konnten noch hinausgetragen werden. Zu den größeren Verlusten zählt der prachtvolle barocke Orgelprospekt im Westen.

Der Wiederaufbau des Domes gehört neben der Rettung von St. Marien zu den großen Leistungen der Lübecker Nachkriegsjahre. Nach 1961 wurde auch die aufgegebene gotische Chor-Ruine, in der inzwischen sämtliche Gewölbe eingestürzt waren, in das Wiederaufbaukonzept einbezogen. Die Planung inklusive der neuen Synodalkapelle an der Chor-Südseite (anstelle der 1942 zugrunde gegangenen Rochuskapelle) lag in den Händen des Hamburger Architekturbüros Grundmann & Sandtmann.

Literatur

Bau- und Kunstdenkmäler der Freien und Hansestadt Lübeck – Band III; Kirche zu Alt-Lübeck, Dom, Jakobikirche. Bearb. v. Joh. Baltzer und Fr. Bruns. Lübeck 1920 (Reprint durch Buchhandlung Adler 2001).
Dehio, Handbuch der Deutschen Kunstdenkmäler. Hamburg – Schleswig-Holstein, München/ Berlin 1971, wenig veränderte Neuaufl. 1991.
Dehio-Handbuch Mecklenburg-Vorpommern. Bearb. v. Hans-Christian Feldmann l., Berlin/München 2000.
Erdmann, Wolfgang: Zur Diskussion über die Lübecker Marienkirche im 13. Jahrhundert, in: Zeitschr. d. Deutschen Vereins f. Kunstwissensch. XLII. 1989.
Finke, Manfred: Die Baugeschichte der Marienkirche in neuem Licht? Zu einem Büchlein von H. J. Kunst. In: Der Wagen, ein Lüb. Jahrbuch 1988. S. 53–68.
Grusnick, Wolfgang und Friedrich Zimmermann: Der Dom zu Lübeck. Königstein/Taunus (Langewiesche) 1989. Als erster Überblick, wichtig wegen der dort von Wolfgang Erdmann zusammengetragenen Literaturangaben.
Holst, Jens Chr.: Dar umme is se noch so ordentlike buwet – Früher Backsteinbau in Lübeck, in: Stefan Amt (Hrsg.), Festschrift für Günther Kokkelink (Schriften des Instituts für Bau- und Kunstgeschichte der Universität Hannover Band 12). Hannover 1999, S. 41–50.
Venzmer, Wolfgang: Der Lübecker Dom als Zeugnis bürgerlicher Kolonisationskunst. Frühe Baugeschichte und kunstgeschichtliche Stellung. In: Zeitschr. D. Vereins f. Lüb. Geschichte u. Altertumskunde 39. 1959, S. 59–68.
Venzmer, Wolfgang: Der gotische Erweiterungsbau des Domes. In: Der Wagen, ein lübeckisches Jahrbuch 1959. S. 88–94.

Summary

GREATNESS IN SIZE
The Cathedral

In 1160 Henry the Lion relocated the diocese from Oldenburg to Lübeck. He allocated to the clergy the southern tip of the peninsular. Around 1175/76 the first bricks were laid for the new cathedral. Essential parts of the building completed after 1240 have been preserved in the existing cathedral: the west towers, the central nave formed by four square bays, the transept and the choir bay. These monumental building components were among the most impressive preserved from the early times of building with brickwork in northern Europe.

Henry the Lion must be regarded not only as patron, but also as promoter of the technology of building with brickwork. Northern Italy was well known to him. Because of the perfect technique it is assumed that `foreign aid´ came from north Italian bricklayers and workmen. The same bricklaying-technique has been found on the castle wall, which Henry had errected in 1180/81, as in the early components of the cathedral. In both cases we find dark-red, remarkably flat bricks of slightly over seven centimeters height. The bed joints are slightly wider than the vertical joints, thus emphasising the horizontal appearance.

Around 1180 the choir along with the apse and the cross aisle have been erected. In 1190 the towers reaches the third storey. The (lost) gallery between the towers can be assumed to be the gallery for the emperor, who is after Henry's retreat de facto Lord of the city. In this building phase the nave's columns are also erected. The bricks are now 8,1 till 8,5 centimetres high, in the upper tower-walls, built during the Danish occupation, they reach a height of 10 cm.

After 1200 the cathedral is vaulted. Each of the square high vaults of the central vessel is combined with two side-aisle bays each half as large (`Gebundenes System´). Westphalian and Saxonian influences can be found. At the same time the exterior walls of the central nave, the transept and side-aisles are increased in their height and, as the upper spire roofs, receive ornamentation with cross-arch and saw-tooth friezes with bright plaster surfaces. The Lombardian design vocabulary eventually unfolds in Lübeck with these friezes. The first glazes also appear. Important remains thereof have been preserved below the ceilings of the side-aisles till today.

Lübeck's cathedral is the largest of the three „Henry-cathedrals", their sheer size is programmatic. The bulky and high twin-towers placed ontop the broad main body of the western section were meant to impress. Their stretched rectangular prisms were inspiring for their successors in Lübeck till the late Gothic. Only seven bays of the eastern cloisterwing of the cathedral's monastery are preserved.

The `Paradise´ from 1248/50, the vestibule at the front of the northern cross aisle, is a total import. The quarrystones were shipped from the Rhine to Lübeck (the donor, archbishop Albert II Suerbeer of Riga, came from Cologne). The `Paradise´ was probably used also as court. The clergy demonstrated hereby its willingness to impress the city by the erection of a fabulous building. Unfortunately the building today is only a copy after its destruction.

After 1266 the clergy of Lübeck wrote architectural history again. It begins with the erection of a modern French-Gothic ambulatory for the first time in northern Germany. After the extension of the choir bay by high lateral Gothic side-aisle bays the external walls of French-Gothic surrounding chapels are built. A 5/8-choir-polygon – an ending formed out of five sides of an octogon – is designed with an ambulatory. However, the building activities stopped after 1277 due to disputes between the council and the bishop. This new choir-wall impressed the contemporaries however. Almost `immediately´, in around 1270, the on-going conversion of St. Mary's is modified, adopting the new cathedral's choir. The bishop of Schwerin also picked up the idea of the ambulatory. The Cistercian monks of Doberan followed. The council of Stralsund began the new building of St. Nikolai. The first step in designing a French ambulatory is undertaken, however, by the Lübecker clergy with their own cathedral.

Not until 1329 under bishop Hinrich Bocholt does work resume on the Romanesque cathedral with the unfinished Gothic chapels' wall-crest. A hall ambulatory is built. Merely the floor plan with the typical hexagonal rooms resulting from the fusion of chapels and ambulatory reminds us of the ambitious basilica-dreams of 1266. The Romanesque parts the basilica between the transept and the towers are converted into a hall church matching the choir by adjusting the side-aisles to the height of the central nave. Compared to the other projects in the city such as the Town Hall, St. Mary's and St. Catherine the cathedral's completion is architecturally a rather modest feat.

Surprisingly many of the works of art donated by the clergy to the cathedral are still preserved. Among the most significant are:
▷ the bronze tomb for bishop Heinrich Bocholt dated back to around 1340 from Bruges.
▷ the engraved brass double-tomb for the bishops von Serken und von Mul, Flanders around 1350.
▷ the rood screen with its carved wooden balustrade and the sculptures of the four patron saints from the workshop of Bernt Notke. Belonging to the programme by bishop Krummedick 1477 are:
▷ the monumental triumph-cross by Bernt Notke,
▷ The precious altar by Hans Memling, Bruges 1491. Commissioned and donated by Heinrich and Adolf Greverade for their family chapel in the Lübecker cathedral, today in the St. Annen-Museum. Four more medieval altars are preserved in the cathedral.

The reconstruction of the cathedral after war-time destruction in 1942 belongs, besides the salvation of St. Mary's, to the great feats of Lübeck's postwar history.

Chor der Marienkirche von Osten – über dem Dach des Kanzleigebäudes. Die turmartig aufragende Figur des basilikalen Hochchores, seit etwa 1320 von Strebebögen umstellt, hat in den Nachbarstädten vielfach zur Nachahmung angeregt.

DIE MARIENKIRCHE

Über „uns' Sankt Marien" ist in Lübeck eigentlich alles gesagt. Kaufleute sollen die Kirche gebaut haben, sie soll „Ratskirche" gewesen sein und „Mutterkirche" vieler nachfolgender „Tochterbauten" im Ostseeraum. Eine gut eingeführte Persönlichkeit also. Uns genügt es erst einmal zu wissen, dass die Marienkirche der bedeutendste Kirchenbau der Gotik in Norddeutschland ist.

150 Jahre Baugeschichte

Die erste aus Ziegeln errichtete Marienkirche war eine romanische Basilika. Der Dom war in allem Vorbild, lagen doch die Pfarr- und Kirchrechte (das „Patronat") beim Dom-Klerus. Nach 1250 wurde der wahrscheinlich noch nicht vollendete Bau zu einer Hallenkirche umgerüstet, einer aus Westfalen übernommenen Raumform. Ein genialer Wurf war dieser Umbau nicht. Die niedrigen Seitenräume der Basilika wurden durch breitere und der Höhe des Mittelschiffs angepasste frühgotische Seitenschiffe ersetzt, das romanische Mittelschiff blieb vermutlich unverändert (diese Art „Anpassung" sollte sich 80 Jahre später unter Bischof Heinrich Bocholt am Dom wiederholen). Beachtung verdient aber die Struktur der Seitenschiffswand: Die zur Aufnahme des Gewölbeschubs notwendigen Strebepfeiler traten auch innen als Wandpfeiler in Erscheinung. In etwa sieben Meter Höhe gab es einen Laufgang, der die Wandpfeiler mannshoch

durchtunnelte. Unter dem Laufgang befanden sich in jedem Wandfeld zwei tiefe, spitzbogige Wandnischen mit je einem Kreisfenster. Vom Laufgang-Motiv der Hallen-Seitenschiffe lässt sich auch die Zweischalen-Konstruktion im Obergeschoss des frühgotischen Westturms ableiten, der als Mittelteil der jüngeren Doppelturmfront erhalten ist.

Ein Detail der Marienhalle hat in der Forschung besondere Beachtung gefunden: Die typische, weich gerundete Profil-Bildung durch „Viertelstab"-Formsteine führte zur Bezeichnung „Viertelstabgotik". Zu dieser Frühgotik-Variante zählen besonders der Erstbau des Heiligengeisthospitals (S. 153), der Crane-Konvent (S. 194) und die Klosterkirche Cismar.

St. Marien II wurde nie vollendet. Nach Fertigstellung der Südvorhalle um 1270 wurde entschieden, den Bau durch eine Basilika mit französisch-gotischem Umgangschor modernster Prägung zu ersetzen.

Im südlichen Chorseitenschiff sind Bau-Reste der frühgotischen Hallenkirche „Marien II" erhalten. Die aus Viertelstäben zusammengesetzten Gewölbedienste wirken weich und vollplastisch.

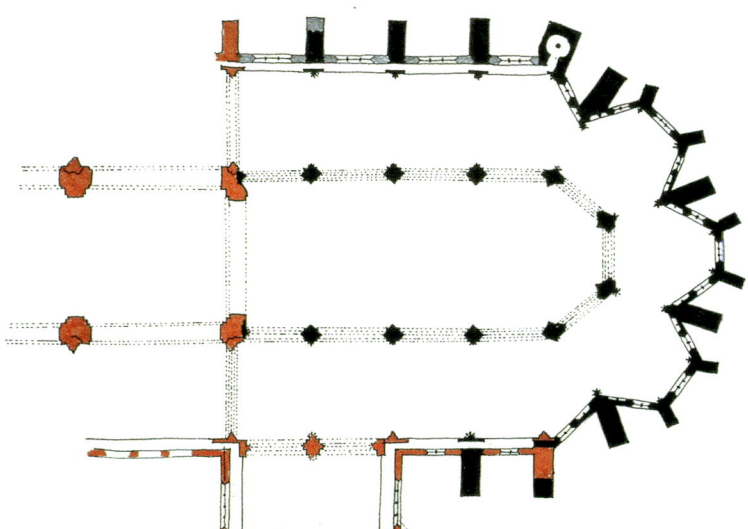

Der Chor – Lübecks bedeutendste Architektur

Der Neubau des Basilika-Chores ist in mehrerer Hinsicht innovativ. Die wesentlichen Elemente dieser folgenreichen Unternehmung:

▷ Der Grundriss. Das aus fünf Seiten eines Achtecks gebildete basilikale „Chorhaupt" (= Fünfachtel-Polygon) wird von einem Seitenschiff-hohen Chor-Umgang umrundet, der mit den angefügten Chorkapellen zu einheitlichen, im Grundrissbild sechseckigen Räumen verschmolzen ist. Allerdings sind die beiden westlichen Umgangsräume wegen der überbreiten, von der frühgotischen Halle übernommenen Chor-Seitenschiffe nur fünfteilig ausgebildet. Gegenüber dem „perfekten" Domchor-Grundriss ist der Marienchor also eine Kompromiss-Lösung. Außerdem wurde 1444 die mittlere Kapelle durch die eigenständige Marientidenkapelle ersetzt.

Bauzustand des Chores der Marienkirche gegen 1280. Wegen der übernommenen breiten Seitenschiffe der frühgotischen Hallenkirche können nur drei Umgangsräume mit Sechseck-Gewölben ausgeführt werden. Der Laufgang mit Wandpfeiler-Durchlässen endet vor den Kapellenwänden.

▷ Das Chor-Innere hat einen zweigeschossigen Aufriss. Das statische Gerüst ist ein schlankes Skelett aus Arkaden und Obergaden-Wandpfeilern. Auf den Wandpfeilern ruht eine massive, spitzbogige Mauerbrücke („Aquädukt-System"). In eindrucksvoller Weise wird hier das gotische „Auflast"-Prinzip deutlich. Auf das schmückende Triforium zwischen Arkaden und Obergaden, Kennzeichen der „klassischen" französisch-gotischen Kathedrale, wird verzichtet.

Gesamt des Chor-Inneren von Westen. Die monumentale Größe hatte „Pilot-Funktion" für nachfolgende Basiliken im Ostseeraum.

Das erwähnte Aquäduktsystem ist auch kennzeichnender Bestandteil der Außengliederung. Diese durchlaufende Spitzbogen-Blendgliederung gibt es im Ostseeraum nur an der Marienkirche.

▷ Den Obergaden umzieht innen ein Laufgang, der die Wandpfeiler durchtunnelt. Dieser Laufgang, offenbar angeregt vom vorangegangenen Hallenbau, wird durch eine Maßwerk-Brüstung mit Fialen eigens betont und geschmückt.

▷ Auffälligstes Kennzeichen der Marienkirche ist die monumentale Größe. 50 Meter liegt der First des Mittelschiffdaches über dem Straßenniveau. Mit 38 Metern ist das Mittelschiffsgewölbe genauso hoch wie das Gewölbe der Krönungskathedrale zu Reims.

Wann der Marienchor-Neubau begonnen wurde, ist umstritten – gegen 1270 ist wahrscheinlich. Vorgeschlagene Spätdatierungen wie 1277, gar 1286 sind nicht zu halten. Fest steht, dass der Chor-Neubau des Lübecker Bischofs um 1266 in vollem Gange war (s. „Der Dom", S. 106). Diese Anlage mit den fünf wie gefaltet wirkenden Umgangs-Kapellen ging also dem Chor-Neubau der Marienkirche voraus. Die Domherren, die nach 1277 den eigenen Bau aus politischen und bald auch finanziellen Gründen nicht weiterführen konnten, mussten mit ansehen, wie ihre Idee an der Marktkirche dank reicher Geldzuwendungen der Kaufleute glanzvoll Gestalt annahm, dazu in einer Formensprache, die den angefangenen eigenen Domchor altertümlich erscheinen ließ.

Auch wenn „die kühne Tat der Kaufleute" in Wahrheit eine Antwort auf die kühne Tat des Bischofs war: Beide Unternehmungen, Domchor und Marienkirche, sind Demonstrationen eines Macht-Anspruchs, den die in Rat und Kirche herrschenden großen Familien zunehmend mit großer Architektur „überhöhten". Vergessen wir nicht, dass viele Domherren, später gelegentlich auch der Bischof, selbst aus dem „Kaufmanns-Adel" stammten.

Ursache der in Lübeck gern kolportierten Feindschaft zwischen den Kaufleuten und dem Bischof war seit Bestehen des Rates dessen Anspruch auf alleinige Stadtherrschaft, die jegliche „weltliche" Bedeutung des Bischofs ausschloss. Auslöser des großen Streites nach 1277 war zunächst das Beerdigungsrecht der Franziskaner und Dominikaner, die in ihren Kirchen Bestattungen kostengünstiger anboten als die zum Domkapitel gehörenden Pfarrkirchen, eben auch St. Marien. Zum Missfallen des Bischofs bevorzugten die Bürger die Angebote der Bettelorden. Die tiefere Ursache war jedoch, dass der Rat sich Rechte anmaßte, die ihm nicht zustanden und deren Aneignung er auch nicht durchsetzen konnte. So wollte er über die Auswahl und die Einsetzung der Geistlichen („Patronatsrecht") nach eigenem Gusto befinden. „1284 erreichte man schließlich, dass der Rat aus der Reihe der Domherren den Pleban ... benennen, das heißt: vorschlagen durfte. Die Entscheidung lag jedoch weiterhin beim Kapitel" (Max Hasse). Man kann aus alledem nicht schließen, dass St. Marien dadurch „Ratskirche" geworden sei.

Anders lagen die Dinge bei der Bau-Organisation. Der Rat war schon früh, wohl schon um 1240/50, durch von ihm ernannte „Kirchengeschworene" an der Verwaltung des Kirchenvermögens beteiligt.

Der Hochchor der Marienkirche blieb gegen 1290 unvollendet liegen, wahrscheinlich aus bautechnischen Gründen. Erst im Zuge der Errichtung des Langhauses nach 1315 wurden in einem Arbeitsgang von Ost nach West die Strebebögen aufgesetzt und das Hochschiff eingewölbt.

Fragen zur Architekturgeschichte

Die Umgangschöre, die am Dom nach 1266 und an der Marienkirche nach 1270 entstehen, sind die frühesten und die eigenständigsten im Norden des Reiches. Über ihre Herkunft ist daher viel vermutet worden. Natürlich ist die gesamte Haltung westlich, genauer: französisch. Der basilikale Chor mit Umgang und Kapellenkranz ist bei den meisten zeitlich vorangegangenen Kathedralen und Abteikirchen in Frankreich bereits selbstverständlich. Für die Lübecker Lösung, den Umgang mit den Kapellen zu einheitlichen Sechseck-Räumen zu verschmelzen, gibt es allerdings kein direktes Vorbild. Kurioserweise wird immer wieder die Kathedrale von Quimper in der entlegenen Bretagne genannt. Sicherlich bietet Quimper eine vergleichbare Chor-Grundrissfigur. Auch die Chöre der Kathedralen von Soissons (östlich von Paris) und Tournai (heute zu Belgien) zeigen Ansätze zur Vereinheitlichung der Chor-Umgangsräume. Man darf aber annehmen, dass die Idee, Umgang und Kapellen zusammenzuziehen, zum Phänomen des Varianten-Reichtums der nach 1250 international werdenden Gotik gehört – sie „lag in der Luft". Die Lübecker Umgangschöre sind damit in gewissem Grade eigenständige Leistungen.

Französisch ist auch das Laufgang-System mit durchtunnelten Wandpfeilern. Besonders klar wird dieses in der Champagne aufgekommene Motiv mitsamt dem Auflast-Motiv des Obergaden-„Aquädukts" in der Kathedrale zu Reims ausgebildet. Das Laufgangsystem gelangt über Lothringen und Trier nach Deutschland. Im kölnisch-westfälischen Raum, bau- und kunstgeschichtlich allgemein als Vorbild-Region für Lübeck angesehen, ist eine vom Reimser Laufgang abgeleitete In-

Marienchor, Obergaden. Blick über den südlichen Laufgang. Gut erkennbar der Tunnel im Wandpfeiler ca. in der Bildmitte.

nenwand-Struktur um 1260/70 nicht anzutreffen. Selbst der nach 1248 entstehende Dom-Chor in Köln, obwohl völlig französisch, verzichtet darauf. Ebensowenig können die veralteten Wandlaufgänge der romanischen Kirchen Kölns und die davon abhängigen Gliederungen der Dome von Hamburg (1842 abgebrannt) und Bremen Vorbild für die Wandstruktur der Lübecker Marienkirche gewesen sein.

Auch an der scheinbar feststehenden Abkunft des zweigeschossigen Mittelschiffs-Aufrisses aus der Normandie darf man gesunde Zweifel hegen. Wenn es stimmt, dass reisende Lübecker Dom-Geistliche die Idee des gotischen Kathedralchors aus Nordfrankreich oder Köln nach Lübeck gebracht haben, kann das Wandsystem von St. Marien nicht von normannischen Vorbildern abgeleitet werden. Die immer wieder angeführten Kathedral-Städte Coutances und Le Mans haben übrigens schon aus geografischen Gründen mit Lübeck nicht das Geringste zu tun.
Es wäre zu untersuchen, ob der Aufriss des Marienchors nicht ebenfalls auf die oben erwähnte Entwicklung im Nordosten Frankreichs zurückgeht. Zweigeschossig ist nicht nur die als Mittler zwischen dem französischen und dem deutschen Raum so wichtige Kathedrale im lothrin-

Marienchor, Obergaden. Die Arkadenpfeiler-Kerne setzen sich als Wandpfeiler fort. Beiderseits der Wandpfeiler-Durchlässe spitzbogige Blendnischen. Schmuck und Betonung des Laufgangs auf der massiven Mauerwerkskrone über den Arkaden durch eine brusthohe Galerie aus Vierpass-Maßwerk und Fialen. Bedeutend die Malerei von etwa 1290 auf den Zwickeln: die Schöpfungsgeschichte.

gischen Toul (ein Nachfolgebau von Reims), zweigeschossig sind auch alle zeitlich anschließenden frühen Schlüsselbauten wie die Liebfrauenkirche in Trier und St. Elisabeth in Marburg, ebenso alle Basiliken der aufstrebenden Dominikaner- und Franziskaner-Orden. In Frankreich werden unter Ludwig dem Heiligen († 1270) die Bau-Typen zunehmend hierarchisiert, weil damit eine feinere Abstufung der Rang-Darstellung und der Ambitionen der Bauherrenschaften möglich wird. Mit der Ausbreitung der Gotik über Frankreich hinaus werden diese Vorstellungen international: Gotik ist ein Baukasten voller Alternativen. Man wählt. Die Chor-Architektur von St. Marien gehört in diese Phase.

Rayonnant in Lübeck

Der Arkadenpfeiler des Marienchores stellt eine zeitgemäße Ausprägung eines Bündelpfeilers im „Rayonnant-Stil" dar. Das Wort „rayonnant" (französisch: strahlend) bezog sich zunächst auf das „Ausstrahlen" der Rosenfenster und das gegen 1230 in Reims erstmals realisierte, aus Kreisbögen bestehende Fenster-Maßwerk. Mit Rayonnant bezeichnet man heute die schlank aufstrebende Skelett-Glas-Architektur Frankreichs zwischen 1230 bis 1270, die technische Raffinesse der Pariser Sainte Chapelle oder der Kathedrale von Troyes.

Der im Kern quadratische Lübecker Chorpfeiler ist auf seinen vier Seiten von fünf Diensten besetzt. Diese bereiten die Gewölbestruktur vor, die oberhalb der mit Blattwerk geschmückten Kämpferzone ausstrahlt: Die beiden äußeren Dienste scheinen die Schildbögen zu tragen, die beiden zur Mitte anschließenden Birnstäbe werden zu Diagonal-Rippen und der mittlere Birnstab wird zum Gurtbogen. Die Profile sind also vom Pfeilersockel bis zum Gewölbescheitel gleich. Das entspricht dem Stand der Technik um 1275/80. Außerdem ist dieser Pfeiler auch mauertechnisch durchdacht, da die Formsteine in den Rechtwinkel-Verband der Normalsteine eingepasst sind. Die Birnstab-Profile der Arkadenpfeiler haben ihre Vorläufer übrigens in der 1270 vollendeten Südvorhalle.

Die feingliedrige Struktur des Marien-Chorpfeilers betont die Senkrechte. Tiefe Kehlen zwischen den drei Birnstäben sorgen für Dunkelzonen, welche die vertikale Linienführung noch verstärken. Die Eigenständigkeit des Backstein-Technischen wurde durch eine heute verlorene rote Farbfassung unterstützt: Nur an wenigen Stellen der Obergaden-Wandpfeiler ist noch die aus der rot überstrichenen Fuge förmlich heraus-„gehobelte" schmale weiße Fugenlinie zu sehen. Die Lübecker Rundstab-Vorlagen und Schildbögen könnten wie in der Zisterzienserkirche

Rayonnant-Pfeiler des Chores vom Süd-Seitenschiff aus gesehen. Der quadratische Mauerkern ist an allen vier Seiten von fünf Diensten umstellt. Sie „bedienen" die Schildbögen, auf denen die Gewölbekappen ruhen, die Diagonal-Rippen und in der Mitte den Joch-trennenden Gurtbogen.

Pfeiler des Chores. Die eng beieinander sitzenden Dienste bewirken eine starke vertikale Betonung. Das gekräuselte, gebeulte Laubwerk der Kämpferzone ist typisch für 1280/90.

Befund der ersten Farb-Fassung im Obergaden des Chores: eine insgesamt rot getünchte Oberfläche, aus der feine weiße Fugen-Linien „herausgehobelt" sind.

Doberan mit einer Weiß-Fassung und dunkel abgesetzten Fugen versehen gewesen sein. Das heutige dumpfe Rostrot des Lübecker Marienchores besteht erst seit der Wiederherstellung der Kirche nach den Kriegsschäden.

Der Marienchor als Vorbild

Über die sogenannten Tochterbauten der Marienkirche im Ostseeraum gibt es heute mehr Fragen als Antworten. Es sind drei Ideen, die anregend wirkten und daher die entsprechende Nachfolge gefunden haben.

Der **Chorgrundriss** aus einem Fünfachtel-Polygon mit zusammengezogenen Umgang- und Kapellenräumen wurde, wie erwähnt, nicht an St. Marien, sondern am Lübecker Dom eingeführt. Der Marienchor-Grundriss stellt nur eine Kompromissform dar. Die volle fünfteilige Grundrissfigur des Lübecker Domchores zeigt dagegen der bald nach 1270 begonnene Schweriner Dom. Diese Baustelle wurde maßgebend für die Chorplanung der Doberaner Klosterkirche. Ebenfalls auf Schwerin zurückgehende Beispiele sind die Chöre der Marienkirchen in Rostock und Wismar (1961 abgebrochen). Zur Grundriss-Nachfolge zählt auch eine Reihe spätgotischer Bauten, z. B. die Wismarer Nikolaikirche, St. Marien in Stralsund u. a.

Die als erster Nachfolgebau stets angeführte Stralsunder Nikolaikirche hingegen vertritt, zumindest im ersten Bauabschnitt, einen selbständigen Ansatz. Wahrscheinlich brachte St. Nikolai um 1270 die französische Lösung zeitgleich mit der Lübecker Marienkirche ins Spiel. Als Anreger kann die angefangene Chor-Umfassungsmauer des Lübecker Doms in Frage kommen. Die in St. Nikolai im Erstzustand angelegten Chor-Umgangsräume mussten allerdings entsprechend den Erfahrungen Lübecks umgebaut werden. Die Stirnwände zwischen den fünf ausbuchtenden Kapellenwänden wurden in den Umgang hinein verlängert, um annähernd regelmäßige Sechseck-Wölbungen bilden zu können. Dazu kam es erst nach 1300.

Wie der Grundriss hat auch das **Laufgang-System** mit durchtunnelten und durchgehbaren Wandpfeilern eine große Verbreitung gefunden. Allerdings besaß bereits die frühgotische Marienkirchen-Halle von 1251 dieses System. Der erwähnte Urbau der Chorkapellen der Stralsunder Nikolaikirche von etwa 1270 ist ebenfalls durch einen solchen, hier sehr aufwändigen frühgotischen Laufgang ausgezeichnet. Wir finden solche Laufgänge auch in den Turmseitenschiffen der Marienkirchen in Rostock und Wismar wieder, die als Reste der Vorgänger-Hallenkirchen erhalten sind, sowie in den Hallenkirchen St. Marien in Neubrandenburg, Prenzlau und Pasewalk. Jüngere Laufgang-Formen zeigen die Seitenschiffe der Rostocker Basiliken St. Petri und St. Jakobi (1957 abgebrochen). Obergaden-Laufgänge mit durchtunnelten Wandpfeilern gibt es nur im Lübecker Marienchor, im Stralsunder Nikolaichor und in der Rostocker Petrikirche. Ein spätgotisches Beispiel ist St. Nikolai in Lüneburg.

Das als statisches Skelett funktionierende **Wandpfeiler-System** mit der Auflast-Brücke, im Chor der Lübecker Marienkirche erstmals in logischer Klarheit eingeführt und nach 1310 im Langhaus perfektioniert, wird kennzeichnende Innenstruktur aller sogenannten Nachfolge-Basiliken. Es fehlt bezeichnenderweise nur in der Doberaner Klosterkirche. Die Zisterzienser folgten ihren eigenen Vorbildern mit massiver Wandkonstruktion.

Eine weitere Filiation ließe sich für den Lübecker Chorpfeiler anschließen, der über Rostock und Doberan abgewandelt und weiterentwickelt wurde. Eine eigene, noch reichere Lösung bietet der Chorpfeiler der Stralsunder Nikolaikirche. Natürlich ist das auffallendste gemeinsame Motiv der Ostsee-Basiliken die monumentale, hoch aufragende **Größe**. Es kann kein Zweifel darüber bestehen, dass der Lübecker Marienchor besonders dieses Motiv als erster sichtbar und mit nachhaltiger Vorbild-Wirkung eingeführt hat. Und nur darauf kann sich die These von den „Tocherbauten" beziehen.

Ein städtebauliches Gesamtkunstwerk: Die Kirche auf dem Markt und die zum Hafen hinunterlaufenden Speicherhaus-Straßen. Dieses Erbe des Mittelalters ist heute fast ausgelöscht. Nur Kirche und Rathaus sind geblieben („Zeppelin"-Bild von 1919).

Bedeutungen verschieben sich

Die in sich widersprüchliche Wort-Findung „Bürgerkathedrale" weist auf ein Dilemma hin: In Lübeck und in der Stralsunder Nikolaikirche erscheint erstmals an Pfarrkirchen ein Bauprogramm, das wir traditionellerweise mit den großen Bischofskirchen im gotischen Frankreich verbinden. Doch im Verlauf des 13. Jahrhunderts verliert der Typus Basilika mit Chorumgang und Kapellenkranz offenbar seine Bindung an den hohen Klerus, zumal die Reformorden, sogar die strengen Zisterzienser, sich diese Form längst angeeignet hatten. War es der Glanz des Modernen, der technischen Raffinesse, dass nun auch die Führungsschichten aufstrebender Neu-Städte wie Lübeck mit basilikalen Großbauten ihren Aufstieg zur Schau stellen wollten? In Frankreich ist es die innige Verbindung zwischen König, hohem Klerus und Volk, die den Kathedralbau ermöglicht. Im Reich dagegen fehlte nach 1250 die sichernde und einigende Zentralmacht, was erklären mag, dass besonders die sich weitgehend unabhängig wähnenden, von oligarchischen Räten regierten Neustädte im südlichen Ostsee-Raum sich selbst eine Art zeitgemäßer „Reichs-Repräsentation" schufen.

Das führt zur Frage, ob der geistliche Anspruch, d. h. das inhaltliche Programm einer Kathedrale wie Reims oder Köln von einer riesenhaften Pfarrkirche vom Typ Lübeck-St. Marien voll eingelöst wird. Allem Anschein nach führt der Repräsentationswille der geldgebenden Kaufmannschaft dazu, dass die „hansischen Basiliken" eine Spur weltlicher geraten als zeitgleiche Bischofs- oder Klosterkirchen. Der Lübecker Rat betritt die Marienkirche durch sein Portal in der Südervorhalle und er wohnt der Messe im eigenen Gestühl bei. Er versammelt und berät sich in einer eigenen Kapelle, über der er eine Schatz- und Urkundenkammer errichten lässt. Das politische Interesse des Rates wird nicht nur der Obhut Gottes unterstellt, sondern vielmehr noch durch diese Einbindung legitimiert und überhöht. So lässt sich vielleicht die Bezeichnung „Ratskirche" begründen. Beide Räume, „Bürgermeister-Kapelle" und „Trese", sind bis heute Eigentum der Stadt.

Die vollendete Marienkirche

1304 werden die Arbeiten an St. Marien wieder aufgenommen. Die Westtürme wachsen auf, zwischen sich den älteren „Einturm" bewahrend. Neu an den blockhaft aufeinander gestapelten Massen sind die geschossmarkierenden, weiß ausgeputzten Vierpass-Friese, ein sehr dekoratives Motiv, das aber auf Lübeck beschränkt bleibt und nur an den wenig jüngeren Turm-Aufhöhungen der Jakobi- und der Petrikirche wiederholt wird.
1310 wird die St. Annen-Kapelle dem damals noch bestehenden frühgotischen Süd-Seitenschiff vorgesetzt. Der traditionelle Name Briefkapelle erinnert an die einst draußen zwischen den Strebepfeilern eingerichteten Stände der Schreiber. Der kleine Bau ist künstlerisch völlig eigenständig (vgl. Text gegenüber). Auch die nach 1310 neu ausgestattete offene Vorhalle des Mittelturms (einsehbar hinter dem neogotischen Sandsteinportal) trägt die Handschrift des „Briefkapellen-Meisters".

St. Annen- oder Briefkapelle, Schrägblick. Über zwei schlanken Pfeilern die fächerförmig ausstrahlenden Gewölbe, die vergleichsweise „flach" geführt sind. Plastische Durchgliederung der Wände mit Blendnischen und Maßwerk.

St. Annen- oder Briefkapelle, Senkrechtblick. Zwei aus Dreistrahlen zusammengesetzte Schirmgewölbe. Für eine Beziehung zum Ordensstaat fehlt allerdings der Nachweis. Deutlich die zum Achteck tendierende, einen Zentralraum bildende Gestalt. Die innen etwa 12 Meter breite Kapelle ist auch 12 Meter hoch.

Die Briefkapelle St. Annen

Dieser kleine Bau, 1310 zunächst als Marienkapelle begründet, spricht eine völlig andere Architektursprache als die Marienkirche, an deren Südseite er steht. Der Innenraum wirkt außerordentlich schlank und hoch. Dieser Effekt wird durch schmale, von Blendnischen plastisch durchmodellierte Wandstreifen und die zwei fast absurd dünnen achteckigen Granitpfeiler befördert. Die Raumdecke besteht aus zwei sich durchdringenden, schirmförmig ausstrahlenden Radialgewölben, die aus dreiteiligen Gewölbekappen, sogenannten „Dreistrahlen" zusammengesetzt sind. Auffallend ist, dass dieser Raum neben der Franziskanerkirche St. Katharinen (s. S. 184) der einzige Bau in Lübeck mit echtem Maßwerk ist. Die Fenster und Wandnischen sind mit Dreipässen aus Kunststein geschmückt.

Die Briefkapelle braucht Erklärungen. Man hat sie gern mit Innenräumen der Burgen in Verbindung gebracht, die um 1300 im Deutschordensstaat an der Weichsel errichtet wurden. Besonders oft wurde der Große Remter der Marienburg genannt. Es sieht in der Briefkapelle tatsächlich manches ordensgotisch aus, so die exakt geschnittenen Granitpfeiler, die Maßwerk- und Formstein-Details. Doch die steile Raumform und die eher flache Gewölbe-Führung sind der Ordensgotik fremd. Außerdem sind die Schirmgewölbe der Ordensburgen neuerer Forschung zufolge jünger als die der Briefkapelle.

Auch England ist als Ideen-Geber genannt worden. Dort gab es schon im 13. Jahrhundert komplizierte, aus Dreistrahlen zusammengesetzte Wölbungen. Doch eine der Briefkapelle verwandte Raumform lässt sich aus England nicht beibringen. Ebenso wenig sprechen die Details in der Briefkapelle „englisch".

Es führen auch keine Verbindungen zu den wenigen im Süden des Reiches realisierten frühen Radialgewölben, etwa in der Regensburger Auerkapelle oder im Refektorium des Zisterzienserklosters Maulbronn.

Wozu wurde die Briefkapelle errichtet? Nur als prachtvolle Vorhalle? Als Rats-Zugang? Eine nicht zufrieden stellende Erklärung, da die Südervorhalle als repräsentativer Eingangsbau bereits bestand. Wäre der Stifter bekannt, könnte man der Frage nachgehen, ob die singuläre Architektursprache eine bedeutungsvolle Demonstration politischer oder wirtschaftlicher Beziehungen darstellt, sei es zum Deutschordensstaat oder eben nach England.

Ihre außerordentliche Besonderheit macht die Briefkapelle zu einem Herzstück des UNESCO-Welterbes.

Das Langhaus, das nach 1315 zwischen dem hoch aufragenden Chor und den wachsenden Türmen errichtet wird, ist noch einmal große Architektur. Wand- und Pfeilerquerschnitte sind insgesamt etwas kompakter gehalten als im Chor; die Mauerstärken sind solider. Der Arkadenpfeiler mit seinen ganz dünnen, nur an der Mittel- und der Seitenschiffsfläche aufgesetzten Dienstbündeln aus fünf schlanken Rundstäben und den bandartig-flachen Vorlagen in den Laibungen verdeutlicht die stilistische Weiterentwicklung. Erstmals wird auch ein Name genannt: Der Baumeister des Langhauses ist „Meister Hartwich".

Das Wandpfeiler-Motiv ist im Langhaus ganz ins Monumentale gewandelt. Hier stehen zwei gleich hohe, schlanke Arkaden übereinander: Dass die Angleichung von Arkaden und Obergaden-Wandpfeilern volle künstlerische Absicht war, zeigt die dekorative Malerei-Fassung auf den Band-Vorlagen, die sich zwar von Joch zu Joch ändert, die aber oben und unten immer gleich ist. Die schnittig-kantige, zum Geometrischen neigende Langhaus-Architektur gehört zum Modernsten des frühen 14. Jahrhunderts. Sie ist das Urbild der Wandpfeiler-Systeme vieler Basiliken zwischen Wismar und Riga.

Marienkirche von Süd-
osten. Die vom Chor
vorgegebene spitz-
bogige Brücken-Kon-
struktion zwischen kräf-
tigen Wandpfeilern setzt
sich am Langhaus fort.
Dieses als Auflast
wirkende „Aquädukt-
system" tritt innen noch
stärker in Erscheinung.

Links: Nördliche Mittel-
schiffswand der Marien-
kirche nach Osten. Deut-
lich sichtbar das zweige-
schossige Wandpfeiler-
Skelett. Hier stehen zwei
gleich gestaltete Arka-
den übereinander. In die
obere Arkade ist wie eine
dünne Membran die
Obergadenwand mit den
schmalen Fenstern ein-
gespannt (nach einer
Lithographie von Schlös-
ser/Tischbein, Lübeck,
seine Bauten und Kunst-
werke, Lübeck o. J.).

Rechts: Das Langhaus
ist in einem Zuge von
Ost nach West zwischen
1310 und etwa 1330
aufgeführt worden.
Rechts noch ein Joch
des Chores.

„Eine Ruhmeshalle Lübeckischer Geschlechter" und ihr Ende

Mehr als der Dom und die anderen Pfarrkirchen der Altstadt gilt die Marienkirche als „geistliche und kommunalpolitische Mitte" des hansischen Lübeck. In St. Marien kulminierte der Selbstdarstellungswille der kaufmännischen Führungsschicht. Dies gilt sowohl für die Architektur als auch für die Ausstattung. Es fehlte weder an finanziellen Mitteln noch an Kunstverstand, um sich Werke ersten Ranges zu verschaffen. Dies geschah meistens dann, wenn aus Sorge ums Seelenheil Memorien gestiftet wurden, beispielsweise Altäre und Vikar-Stellen. Um 1400 vermachten Kaufleute bzw. Kaufmanns-Kompagnien der Marienkirche künstlerisch hochwertige Stein-Figuren, die sie in auswärtigen Kunstzentren erworben hatten. Das St. Annenmuseum bewahrt davon noch einige Stücke. Eine ähnliche Stiftungswelle gab es um 1500 mit Gemälde-Reta-

Strebebögen über dem nördlichen Seitenschiffs-dach. Die Nähe zur französischen Kathedral-gotik wird hier besonders deutlich. Der eingerundete Ansatz am Wandpfeiler sowie der dem Wandpfeiler aufgesetzte Halbstab, Zitat einer Säule, sind direkte Übernahmen.

beln und geschnitzten Bildwerken. Die international „erlesene" Ausstattung machte aber auch deutlich, wie sich Geistigkeit, Liturgie und Heiligenverehrung änderten.

Dank der Kontinuität in den Herrschaftsverhältnissen blieb die mittelalterliche Ausstattung nach der Reformation weitestgehend unangetastet. Im Barock wurde der Kirchenraum vollends zur „Ruhmeshalle Lübeckischer Geschlechter". Die Überfülle an Gestühlen, Leuchtern und lobredenden Epitaphien in Familienbesitz machte die Kirche zu einem musealen Aufbewahrungsort für Devotionalien vergangener Größe.

Dieses Museum ging im 2. Weltkrieg in Rauch und Asche auf. Lübeck erlebte 1942 einen der ersten Kultur-zerstörenden Luftangriffe mit Phosphor-Brandbomben. Die kriegsbedingte Auslagerung des beweglichen Kunstguts hatte gerade erst begonnen – für Lübeck zu spät. Von der überwältigenden Ausstattungsfülle der Marienkirche hat man nur wenig retten können. Durch die Hitze-Einwirkung traten großflächig Reste von mittelalterlichen Ausmalungen zutage, die sich unter jüngeren Kalkanstrichen erhalten hatten. Dass die Kirche ausgemalt war und darin ein Beispiel für die Gesamtfassung eines Kircheninneren von 1330 darstellen würde, bemerkte bereits der Inventarband von 1906.

1947 gelang die Rettung der einsturzgefährdeten Ruine. Nach Einbau stählerner Zuganker wurden die Mittelschiffsgewölbe neu aufgeführt. Der weitere Wiederaufbau vollzog sich unter dem Leitbild der „Wiedererlangung der ursprünglichen gotischen Raum-Fassung". Dass besonders dies nicht in jeder Hinsicht erfolgreich war, steht auf einem anderen Blatt. Dennoch gehört die Wiederherstellung der Marienkirche zu Lübecks großen Leistungen nach dem Kriege.

Kunst-Stiftungen

Von den geretteten Kunstwerken spiegelt einiges noch die Qualität des früheren Gesamtbestands wider:

▷ Der Marienaltar der Marientidenkapelle ist eine anspruchsvolle Antwerpener Serienarbeit von 1518. 1522 stiftete der Kaufmann Bone ihn für die Kapelle, in der er noch heute (oder heute wieder) steht.

▷ Das nahezu zehn Meter hohe Sakramentshaus wurde 1476 von den Kirchenvorstehern in Auftrag gegeben. Das filigrane, mehr einer monumentalen Monstranz ähnelnde Werk besteht aus Gelbguss, einer dem Messing ähnlichen Bronze-Legierung. Es ist heute das einzige seiner Art.

Mittelschiff der Marienkirche nach Osten um 1955. Die schweren Kriegsschäden sind im wesentlichen beseitigt. Das Hochschiff ist mit Stahlankern verspannt, die Gewölbe sind neu aufgemauert, die Malereien sind freigelegt bzw. ergänzt. Noch steht der nur mäßig beschädigte barocke Fredenhagen-Altar. Aus rein geschmacklichen Gründen wird er 1957 abgebrochen.

▷ Die sandsteinernen Chorschranken-Reliefs, 1515/17 von der Brabender-Werkstatt in Münster geschaffen, sind eine Stiftung der Familie Salige. Sie sind eine Vorform des Epitaphs, d.h. Toten-Gedenksteins.

▷ Gegen 1410 wurde der (1942 zerstörte) Lettner mit Figuren aus Sandstein geschmückt. Es sind qualitätvolle Arbeiten des „Schönen" oder „Weichen Stils", die mutmaßlich aus einer „sächsischen Hansestadt mit Steinbildhauertradition" stammen (A. E. Albrecht). Stifter waren Mitglieder des Rates. Die nach Kriegsschäden z. T. ergänzten Figuren sind nach 1996 an den Chorpfeilern angebracht worden. Nur die Hl. Dorothea hat ihren angestammten Platz am Fragment des Lettners.

▷ Die Sandsteinfigur des Hl. Antonius im südlichen Chorseitenschiff wurde Mitte des 15. Jahrhunderts von Hinrich Sunderbecke gestiftet, einem Mitglied der Antoniusbruderschaft. Die Figur wies einst auf den Almosenstand der Bruderschaft hin.

▷ Die farbig gefasste Holz-Skulptur des Evangelisten Johannes ist heute das „ergreifendste Denkmal mittelalterlicher Kunst, das der Marienkirche geblieben ist" (Max Hasse.). Die am Eckpfeiler der Südvorhalle zum südlichen Chorseitenschiff angebrachte Plastik wurde gegen 1510 von Henning von der Heide geschaffen.

▷ Von den noch verbliebenen Grabplatten und Epitaphien sind besonders die Hutterock-Platte von Bernt Notke (1508) und die prachtvolle Renaissanceplatte der Familie Wigerinck aus der Vischer-Werkstatt Nürnberg (nach 1518) hervorzuheben. Stufen der barocken Entwicklung verkörpern noch der Füchting-Epitaph von 1633/34, sowie der 1707 von dem Antwerpener Bildhauer Thomas Quellinus geschaffene Winckler-Epitaph.

Der barocke Hauptaltar, den Thomas Quellinus 1696/97 im Auftrag des Kaufmanns Thomas Fredenhagen schuf, ist zwar erhalten, zu einer Wiederher- und Wiederaufstellung dieses

Werks von europäischer Bedeutung hat sich die Kirche noch nicht durchringen können. 1957 wurde der vergleichsweise gering beschädigte Altar aus heute nicht mehr nachvollziehbaren Gründen abgetragen. Der Altar-Sockel ist zusammen mit den im Kirchenraum aufgenommenen historischen Grabplatten unter dem Fußboden des 1957 aufgehöhten Chorraums verschüttet, die aus schwarzem und rotem Marmor gefertigten Architekturteile sind magaziniert. Die weißen Marmorfiguren, die zur zentralen Golgatha-Gruppe gehören oder Glaubens-Allegorien darstellen, sind zusammenhanglos im Chorumgang aufgestellt.

Verloren – aber nicht vergessen

Von den 1942 verbrannten Kunstwerken sollen hier zumindest die bedeutendsten genannt werden:
▷ Glasfenster aus der Burgkirche, verteilt auf die drei östlichen Obergadenfenster, die Marientidenkapelle, das Westfenster und die Greveradenkapelle (unter dem Norderturm). „Nach Form und Inhalt vielleicht die großartigsten Glasmalereien aus der Zeit um 1400 in Deutschland" (Hans Wentzel). Aus den Trümmern konnten nur zwei Felder (der z. T. bereits in Kisten verpackten Fenster) geborgen und restauriert werden. Sie sind jetzt im St. Annenmuseum zu sehen (s. Burgkloster, S. 173).
▷ Bernt Notkes berühmte „Gregorsmesse" eine bald nach 1500 gemalte monumentale Bildtafel,
▷ Altar der Familie Greverade, 1494 von Hermen Rode,
▷ Marienaltar von Adrian Ysenbrant aus Brügge, 1518,
▷ Altar der Bergenfahrer, 1524 von Hans Kemmer,
▷ Altar der Stockholmfahrer, 1525 von Jacob von Utrecht,
▷ Skulpturen für den Lettner-Aufbau, nach 1518 von Benedikt Dreyer. „...Der kostbarste Schatz der Kirche, umso schmerzlicher ihr Verlust" (Max Hasse),
▷ Große Orgel mit Prospekt von 1518 und Totentanzorgel, „Orgel der Vikare" von 1476.
▷ Bernt Notkes gemalter „Totentanz" in der Nordervorhalle war nur als Kopie des 18. Jahrhunderts erhalten. Eine Variante hatte Notke für die Schwarzhäuptergilde in Reval (heute Tallinn) gemalt. Das erhaltene Fragment ist dort in der Museumskirche St. Nikolai ausgestellt.

Die gemalten Heiligen von etwa 1330 im Langhaus-Obergaden sind zu einem erheblichen Teil Kopien der Nachkriegsjahre. Viele Gesichter sind neu erfunden, ebenso die Maria im 6. Joch. Die beiden Blindfenster auf der Briefkapellenwand im südlichen Seitenschiff sind fast völlig neu. Besser erhalten ist die Grisaille-Malerei in der links anschließenden schmalen Fensterblende. Weitgehend original sind auch die Malereien in den Zwickeln über den Chor-Arkaden, ebenso der Großteil der Ornament-Bänder auf den Langhaus-Pfeilern.
Die gegen 1410 von der Familie Darsow gestiftete sandsteinerne Madonna, 1942 in der brennenden Kirche zerborsten, ist in wichtigen Details nach einem alten Gipsabguss in Kunststein neu geschaffen. Der Kopf der Maria ist neu, neu sind auch Arme und Kopf des Christus-Kindes und viele Gewandfalten. Die überaus qualitätvolle Plastik, ein Hauptwerk des „Weichen Stils" im Norden, kann daher leider nicht mehr ganz als Original gelten. Sie steht heute am falschen Platz und viel zu hoch.

Von den in den letzten Jahrzehnten für die Kirche neu geschaffenen Kunstwerken werden aus gegenwärtiger Einschätzung wohl die Glasfenster Bestand haben, die Totentanz-Fenster von Alfred Mahlau in der Nordervorhalle, das Westfenster von H.G. Stockhausen und die bedeutsamen Fenster der Briefkapelle von Johannes Schreiter. Die Oberlichtverglasung des Portals der Nordervorhalle, 2002 von Markus Lüpertz entworfen, bedient sich wieder einer konventionelleren Bildsprache, wohl aus Rücksicht gegenüber den Mahlau-Fenstern darüber. Mit Günther Ueckers Kreuz-Installation im südlichen Chorumgang wird dem Kirchenraum 2004 ein anspruchsvolles Werk der Gegenwart hinzugefügt.

Literatur

Bau- und Kunstdenkmäler der Freien und Hansestadt Lübeck, II. Band: Petrikiche, Marienkirche, Heiligen-geisthospital (Bearbeiter: Fr. Hirsch, G. Schaumann, Fr. Bruns). Lübeck 1906 (Repro-Neudruck durch Buch-handlung Adler, Lübeck 2001).
Becker-Hounslow, Steffani: Der Beitrag Englands zur Entstehung und Entwicklung figurierter Gewölbe im Deutschordensstaat Preußen. Schwerin 1998. S. 227 (zur Briefkapelle).
Dehio-Handbuch Mecklenburg-Vorpommern. Bearb. v. Hans-Christian Feldmann l., Berlin/München 2000 (vgl. Neubewertung der sogenannten „Marien-Filiation")..
Ellger, Dietrich und Johanna Kolbe: St. Marien zu Lübeck und seine Wandmalereien. Neumünster 1951
Ellger, D.: Zum Chorbau der Lübecker Marienkirche. In Zeitschrift f. Kunstgeschichte München/Berlin 1993.
Erdmann, Wolfgang: Zur Diskussion um die Lübecker Marienkirche im 13. Jahrhundert. In: Zeitschrift des Deutschen Vereins f. Kunstwissenschaft 44, Berlin 1990.
Finke, Manfred: Die Baugeschichte der Marienkirche in neuem Licht? Zu einem Büchlein von H. J. Kunst. In: Der Wagen, ein Lüb. Jahrbuch 1988. S. 53-68.
Grewolls, Antje: Die Kapellen der norddeutschen Kirchen im Mittelalter. Diss. Kiel 1997.
Hasse, Max: Die Marienkirche zu Lübeck. München/Berlin 1983.
Höppner, Henning: Didaktische Grafik zur Darstellung der Baugeschichte der Marienkirche zu Lübeck. In: St. Marien-Jahrbuch 1987 (Marien-Bauverein). S. 8l ff. (Verdeutlichung Baugeschichte per Zeichnung)
Huyer, Michael: Die Stralsunder Nikolaikirche. Die mittelalterliche Baugeschichte und kunstgeschichtliche Stellung. Schwerin 2005. Siehe besonders ab S. 305.
Nußbaum, Norbert: Deutsche Kirchenbaukunst der Gotik. Köln 1985.S.102 ff.
Zimmermann, Andreas: Die Briefkapelle der St. Marienkirche zu Lübeck. In: St. Marien-Jahrbuch 1980/81. Dort weitere Literatur.

Summary

St. Mary´s

St. Mary's is the most important church of the Gothic around 1300 in northern Germany. Its predecessor, built in brick masonry, was a Romanesque basilica based on the example of the cathedral.
Around 1250/60 the Romanesque basilica was transformed into a hall church. The but-tresses, necessary for supporting the dome's outward thrust, also appeared in the interior as wall piers. A passageway spanned between these wall piers, an architectural citation de-rived from the French Gothic. In view of the growing choir of the cathedral it was presu-mably decided around 1270 to replace the building with a basilica with a French-Gothic ambulatory.

The new choir of the basilica introduces various innovative motifs:
▷ The floor plan. The basilical choir-polygon, formed out of five sides of an octogon, is cir-

cumvented by a ambulatory of identical height as the side-aisle. This ambulatory is fused with the adjoining chapels creating hexagonal rooms. Compared to the floor plan of the cathedral's choir St. Mary's choir is a compromise, since the two western rooms in the ambulatory are only five-sided, due to the oversized side-aisles, remnants of the for-mer early-Gothic hall design.
▷ The two-storey elevation shows a slender structure of ar-cades and clerestory wall piers. Ontop the wall piers rests a massive, wall-bridge (`aquaduct-system´), which is also part of the exterior's composition. There is no triforium.
▷ The clerestory is circumvented by a gallery which cuts through the wall piers. The motif of the passageway is al-ready found in the hall churches. This gallery is emphasised by a traceried balustrade.

▷ Most striking feature of St. Mary's is its sheer size. The vaults of the central nave are 38 metres high.

It is disputed when construction of the new choir of St. Mary's began. `Around 1270´ is very likely. It is assumed that the council took over the building project as a result of the controversy with the bishop (the reason for the controversy was, among others, the `unlawful´ assumption of rights by the council, such as the choice and appointment of priests).

The idea of fusing ambulatory and surrounding chapels belongs to the stilistic richness of the Gothic, which had become international after 1250. The cathedrals of Quimper or Soissons in France were not seen as prototypes. The two-storey elevation of the nave became modern during the 13th century in central Europe, because it demonstrated modesty and building hierarchies could be achieved more sublime. All significant buildings following Reims in the German Empire like Toul, Trier and Marburg as well as the basilicas of the mendicant order are, like St. Mary's, two-storey.

The arcade-piers of St. Mary's choir are a contemporary form of the clustered columns in the `Rayonnant style´. The five shafts placed onto the square choir's pillars correspond to the ribs of the vaults. The profiles are identical from pier base to the vault boss. This pillar is in technical terms superbly conceived, because the shaped stones, in this case roll- and pear-shaped mouldings, fit into the bond of the normal stones.
The most astonishing common motif of the so-called `daughter buildings´ of St. Mary's in the Baltic Sea area is the monumental size. St. Mary's choir introduced this motif for the first time visibly and effectively. However, three other architectural elements had found a great following:
▷ The floor plan derived from the Lübecker cathedral with 5/8-choir termination, ambulatory and surrounding chapels,
▷ the gallery-system with `tunneled´ wall piers, and
▷ the clerestory wall pier system as distinctive feature of all basilicas in the Baltic Sea area – with the exception of the Cistercian church Doberan.

In Lübeck and in Stralsund's St. Nikolai church a building programme appeared for the first time for parish churches, which we traditionally find in the cathedrals and big abbeys in Gothic France. During the 13th century, however, the archetype basilica with choir-ambulatory and surrounding chapels apparently lost its meaning for the high clergy. In the northeast of the empire the elite in aspiring new cities such as Lübeck expressed their rise to power and their political independence with basilica-like monumental buildings.

Along with the erection of the western towers the St. Anne's chapel (`Briefkapelle´) was set in front of the southern side-aisle in 1310. The small building is architecturally totally independent. The interior appears extraordinary delicate and of great height. Its architecture suggested influences from buildings of the Knight's Order in Prussia with its own vault-development, especially from the triradial vaults in the `Große Remter´ of the `Marienburg´. The building dates, however, do not correspond. Also the suggested derival from the English development could not convince. The `Briefkapelle´ remains for the time being a historical mystery.

After 1315 the central nave was built. The wall-pier-motif seen in the choir was transformed into monumental simplicity. Two slender arcades of equal height are placed upon one another. The architecture of the nave with its sharp geometrical figure is among the most modern of the early 14th century. It is the prototype of the wall pier order of nearly all basilicas between Wismar and Riga.

St. Mary's was considered to be `clerical and political centre´ of Hanseatic Lübeck. In St. Mary's the self-portrayal of the mercantile elite using grand architecture found its climax. This can be applied to the décor as well. Neither funds nor artistic judgement were lacking in order to obtain first-class works of art. Therefore St. Mary's became a top-class museum of medieval sculptures, glass painting and valuable altar pieces. In World War II the interior was nearly totally destroyed. Only a small portion could be salvaged. The heat of the raging fires revealed extensive surfaces with medieval paintings. Although threatening to collapse, the salvation of the ruins was successfully achieved in 1947. The reconstruction was carried out according to the guideline `Recovery of the original Gothic spatial concept´.

Lübecks Kirchenlandschaft

Außer der das Stadtbild beherrschenden Marienkirche stehen bis heute drei weitere mittelalterliche Pfarrkirchen auf der Altstadtinsel. Die Petrikirche wurde wegen ihrer Nachbarschaft zum Marktbereich gern als zweite Marktkirche angesehen, St. Jakobi, Kirche der Neustadt am Neustadt-Markt, dem heutigen Koberg wird als „Schiffer- und Fischerkirche" tituliert und St. Ägidien gilt als Kirche des Handwerkerquartiers, das es als solches gar nicht gab.
Verschwunden sind die zur Jakobikirche gehörige Filialkirche St. Clemens am Hafen, die auf dem Marienkirchhof gelegene Sühnekapelle Maria-am-Stegel, ebenso St. Johannis „auf dem Sande" unterhalb des Domes. Von den einst vier Klosterkirchen ist nur eine, wohl die bedeutendste, auf uns gekommen (s. St. Katharinen, S. 177). Bemerkenswert ist die Eigenständigkeit von allen Kirchen im Altstadtbereich: es gibt keine typisch lübeckische Architektur. Jeder Bau führt andere Themen und Ideen vor, die importiert worden sind. Daran mag man Lübecks frühe Rolle als Schmelztopf für Architekturideen ermessen.
Im Vergleich zu den alten Städten im Westen des Reiches wie Köln oder Mainz ist Lübeck arm an Kirchen. Hier fehlen die kleinen Kapellen, besonders die Privat-Kapellen reicher Familien, wie sie in großer Zahl beispielsweise aus Regensburg oder Görlitz bekannt sind. Einige solcher Hauskapellen hat es in Lübeck möglicherweise aber doch gegeben. Zumindest fünf auf Hauskapellen verweisende „Chörlein" wie in Nürnberg kann man auf dem Holzschnitt des Elias Diebel von 1552 eindeutig identifizieren.
Die Beginen besaßen in ihren Konventen eigene Gebets- und Andachtsräume. Von zwei Beginen-Kapellen haben sich in Lübeck Spuren erhalten (s. S. 196).

St. Petri

Die Petrikirche wird heute als helle, fünfschiffige Hallenkirche erlebt. Der Eindruck der neutralen Leere ist Folge der Zerstörung 1942, als die gesamte Ausstattung verbrannte, darunter der einzigartige Renaissance-Orgelprospekt des Tönnies Evers von 1591.
Von bauhistorischem Belang ist insbesondere der romanische Westriegel gewesen, den vermutlich König Waldemar um 1220 vor die bereits 1170 genannte hölzerne Kirche setzen ließ. Einige nicht leicht erkennbare Reste sind davon in der heutigen Westturm-Anlage erhalten. Im Obergeschoss befand sich eine „Herrscher-Empore" mit seitlichen Kapellen, also eine Art Quersaal, der auch weltlichen Funktionen diente. Der Westriegel ist wie alle dänenzeitlichen Bauten in Lübeck mit Mörtel aus Hochbrandgips gemauert.
In den 1230er/40er Jahren wurde die Holzkirche durch eine dreischiffige romanische Halle ersetzt, von der allerdings nichts außer einem Turmgeschoss über dem Westwerk-Rest erhalten ist. Die romanische Stadtkirche in Gadebusch zeigt einen dieser Petrikirche sehr verwandten Grund-

St. Petri. Das Kircheninnere ist ein fünfschiffiger, richtungsloser „Einheitsraum". Nach starken kriegsbedingten Schäden Wiederherstellung bis 1987. In einigen wenigen Gewölbefeldern sind Reste spätgotischer Farbfassung konserviert.

riss. Die Raumform Halle mit ihren nahezu gleich breiten Schiffen ist aus Westfalen importiert. Gadebusch wird um 1225/30 datiert. Sie geht der Petrihalle also zeitlich voran. Über die Beziehungen zwischen diesen beiden Bauten sind noch viele Fragen offen.

Von backsteintechnischer Raffinesse ist der Chorneubau vom Ende des 13. Jahrhunderts mit seinen über Eck gestellten achteckigen Chorpfeilern. Ein einziger Formstein mit Birnstab und begleitenden flachen Kehlen genügt, um die Pfeilerkanten zu schärfen und die Senkrechte zu betonen. Nach Vorbild der Profil-Vereinheitlichung in der Marienkirche wird dieser Formstein auch im Gewölbe verwendet: Gurtbögen, Scheidbögen und Diagonalrippen sind gleich, wodurch die Rang-Abstufung zwischen Mittelschiff und Seitenschiffen aufgehoben ist. Im Lang-

haus, ab etwa 1310 im Bau, werden die spezifischen backsteintechnischen Möglichkeiten konsequent zuende gedacht. Der Langhaus-Meister verzichtet ganz auf die welligen Kehlen des Chorpfeilers und braucht nur ein dünn gestrecktes Birnstab-Profil. Mit der Vereinheitlichung des Gewölbebildes scheint eine Idee der Spätgotik vorweggenommen zu sein. Gleichzeitig wird, angeregt durch die neuen Doppeltürme der Marienkirche, auch an St. Petri eine Doppelturmanlage begonnen. Dabei verschwindet das romanische Westwerk weitgehend. Doch begnügt man sich recht bald mit der Hochführung des alten Mittelturms. Im 15. Jahrhundert werden die an Nord- und Südseite angefügten Familienkapellen zu äußeren Seitenschiffen umgebaut. Seither ist der richtungslose Pfeilerwald die unverwechselbare Raum-Gestalt der Petrikirche.

Aus der Marktperspektive war der 30 Meter hohe Dachreiter auf der riesigen Dachfläche ein wichtiger Maßstabgeber. Dieser bildschöne Turm, in dem

St. Petri, der „über Eck" gestellte Achteckpfeiler der Kirchenhalle mit seinen die Ecke betonenden Birnstab-Vorlagen. Rechts ein Chorpfeiler, links die innovativen Langhauspfeiler.

noch die spätgotische Urform von 1518 steckte, verbrannte 1942 und ist bis heute nicht wiedererstanden. Der 1942 ebenfalls zerstörte Helm des Westturms mit seinen vier Ecktürmchen ist dagegen 1961 in veränderter Form mit Betonhohlsteinen neu aufgeführt worden.

Die Petrikirche bietet als „City"-Kirche heute Raum für verschiedene kulturelle Anliegen.

St. Jakobi

Chor der Jakobikirche an der Königstraße. Die Lage der Neustadt-Pfarrkirche im Blocksystem ist geplant. Besonders eindrucksvoll die „Chorfront" von etwa 1330 mit ihren enggestellten Strebepfeilern an der Königstraße.

Die Jakobikirche ist ebenfalls zunächst provisorisch aus Holz errichtet worden. St. Jakobi ist die Pfarr- und Marktkirche des zur Dänenzeit zur Besiedlung anstehenden Quartiers um den neuen Markt, dem Koberg. Im heutigen Bau stammen die ältesten aus Ziegeln errichteten Teile von etwa 1250/60. Eine dreischiffige Hallenkirche mit wuchtigen quadratischen Pfeilern, deren gefaste Ecken mit Rundstäben besetzt sind – eine recht altertümliche Form, die braunschweigisch-ostfälische Einflüsse verrät. Unter den Traufen der Außenmauern, die heute weitgehend unter den Dächern jüngerer Kapellen verdeckt sind, haben sich spätromanisch-frühgotische Rund- und Spitzbogenfriese mit sehr schönen Glasur-Auszeichnungen erhalten.

In den 1270er und 80er-Jahren nimmt die Jakobikirche am Selbstdarstellungswettbewerb innerhalb der Stadt teil. Man beginnt damit, das Mittelschiff aufzuhöhen. Offensichtlich soll die Halle zu einer Basilika umgebaut werden. Die gleichzeitig begonnene doppeltürmige West-Anlage geht den entsprechenden Plänen an der Marienkirche voraus. Das hochfliegende Projekt scheitert, weil die wirtschaftliche Aufstiegsphase im frühen 14. Jahrhundert erstmals abbricht. Man beendet die Baumaßnahme als „Stufenhalle" und fügt ihr einen Polygon-Chor an. Anschließend Wölbung des erhöhten Mittelschiffs; Weihe 1334. Statt der Doppelturmanlage wird der ältere Mittelturm höher geführt.

Die heutige Bezeichnung „Schiffer- und Fischerkirche" ist recht jungen Datums. Die historische Bedeutung von St. Jakobi liegt in ihrer Rolle als Kirche der von Skandinavien nach Südwesten (Santiago de Compostela) durchziehenden Pilger. Die Nähe zum Heiligengeisthospital, wo die Wallfahrer aufgenommen wurden, bis man ab 1340 mit der Gertrudenherberge das größte Pilger-„Hotel" Lübecks zur Verfügung hatte, unterstreicht diese Bedeutung. Mit den Pilgern ist die Beziehung zum Hafen und zu den Schiffen besser begründbar. Die Jakobikirche dürfte auch eine Bedeutung für den Deutschen Ritterorden gehabt haben. Das Deutschordenshaus stand in unmittelbarer Nähe hinter der gegenüberliegenden Platz-Ecke.

Das Außenbild von St. Jakobi wird von der riesigen grünen Dachfläche bestimmt, auf der ein graziler Dachreiter thront, der dritte in der Baugeschichte der Kirche. Seine mehrgeschossige, schmuckreiche Form dürfte von niederländischen „Speeltoren" angeregt sein. Obwohl erst 1622 errichtet, bewahrt dieser Turm mit seinen schlanken Fialen so etwas wie eine gotische Erinnerung, ein früher Fall von einfühlsamer Denkmalpflege. Auch die überaus schlanke, 1658 aufgesetzte Helm-Pyramide des Westturms mit den vier charakteristischen Kugeln am Fuß ist eine Verbeugung des Barock vor der Gotik.

Der stimmungsvolle Kirchenraum von St. Jakobi ist wegen seiner in Jahrhunderten angesammelten Ausstattung von besonderem Interesse. Von überragender Bedeutung die aus den 1330er Jahren stammenden Heiligendarstellungen auf den Pfeilerflächen beiderseits des Mittelschiffs (s. S. 218: Wandmalerei in Lübeck). Nach Verlust der historischen Orgeln im Dom, in der Petri- und der Marienkirche 1942 sind die zwei gotischen Jakobiorgeln zusammen mit der ebenfalls geretteten Ägidienorgel die letzten Zeugen der einst berühmten Lübecker Orgel-Landschaft. Der reiche Bestand an Gestühlen, gotischen Kapellengittern, Leuchtern, Altären, Bildern gibt Auskunft über die stiftenden Bürger und Bruderschaften.

St. Ägidien

Die Ägidienkirche hat ebenfalls vorzugsweise innere Qualitäten. Auch hier steht der Besucher überrascht vor Resten gotischer Wandmalerei und vor einer Fülle von gestifteten Einrichtungsstücken aus Mittelalter und früher Neuzeit. Besonders hervorzuheben die prächtig geschnitzte und bemalte Sängerempore, ein „protestantischer Lettner" von 1594 aus der Werkstatt des Tönnies Evers. Der die Westwand wie eine riesige Skulptur ausfüllende Orgelprospekt vereinigt Spätrenaissance- und Hochbarockformen. In der Ägidienkirche sind auch mehrere sehr schöne, geschmiedete Kapellengitter des Barock zu sehen, wiewohl Schmiedeeisen nicht gerade eine Lübeck-Spezialität ist.

Die Ägidienkirche ist eine einfache dreischiffige Stufenhalle mit schlichten Pfeilern, die längsrechteckigen Wandstücken gleichen. Die heutige Kirche stammt aus dem 14. Jahrhundert. Sie ist der zweite Massiv-Bau an der Stelle. Wie die erste Kirche ausgesehen hat, ist strittig. Der eigentümliche Grundriss – quadratische Mittelschiffsjoche, die von halb so breiten Seitenschiffen begleitet werden – lässt eine kleine spätromanische Basilika „Gebundenen Systems" vermuten, deren Fundamente für den Hallen-Neubau des frühen 14. Jahrhunderts weiterbenutzt wurden.

Der romanische Vorgänger wäre damit eine Kleinform der Dombauten in Lübeck und Ratzeburg gewesen und könnte so ähnlich ausgesehen haben wie die Kirchen in Mölln und Altenkrempe. Nach 1440 wird der gotischen Halle noch ein kurzer, mit einem Fünfachtel-Polygon schließender Chor angefügt. Aus dieser Bauzeit dürften auch die Wandmalereien stammen. Wie St. Jakobi hat auch die Ägidienkirche ihren historischen Dachstuhl bewahrt. Auf dem hohen kupfergedeckten Kirchendach sitzt noch der originale spätgotische Dachreiter.

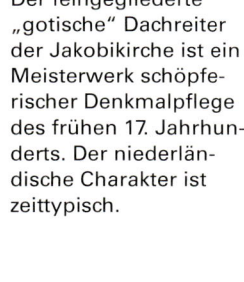

Der feingegliederte „gotische" Dachreiter der Jakobikirche ist ein Meisterwerk schöpferischer Denkmalpflege des frühen 17. Jahrhunderts. Der niederländische Charakter ist zeittypisch.

Mittelschiff von St. Jakobi nach Osten. Die wuchtigen Pfeiler noch in spätromanischer Form. Kostbar der Eindruck eines durch gotische Wandmalerei definierten Kirchenraums.

Literatur

Bau- und Kunstdenkmäler der Freien und Hansestadt Lübeck. Band II: Petrikirche, Marienkirche, Hl.-Geist-Hospital (Bearbeiter: Fr. Hirsch, Schaumann, Fr. Bruns). Lübeck 1906. – Band III: Kirche zu Alt-Lübeck, Dom, Jakobikirche, Ägidienkirche (Bearbeiter: J. Baltzer, Fr. Bruns). Lübeck 1920.
Teuchert, Wolfgang: Die Baugeschichte der Petrikirche zu Lübeck (= Veröffentlichungen zur Geschichte der Hansestadt Lübeck, hrsg. vom Archiv der Hansestadt, Band 15). Lübeck 1956.
Höppner, Henning: Die Baugeschichte der Jakobikirche zu Lübeck. Kiel 1985 (Selbstverlag nach Dissertation 1983 an der Christian-Albrecht-Universität Kiel).

St. Ägidien. Mittelschiff nach Westen mit Orgelprospekt – dank seiner mächtigen seitlichen „Bass-Türme" von typisch norddeutscher Art. Der nach 1623 entstandene Prospekt vereint Spätrenaissance- und Frühbarockformen.

St. Ägidien. Die eigentümlich expressive Raumgestalt der Seitenschiffe ist Folge der langschmalen Joche, die wahrscheinlich auf den Fundamenten einer Vorgängerkirche im „Gebundenen System" stehen.

Summary

Lübeck´s Churchlandscape

Three further parish churches are found in the Old Town: St. Peter's, St. Jacob's and the Ägidien-church. Lost are St. Clemens along the harbour, the chapels Maria-am-Stegel near St. Mary's and St. Johannis auf dem Sande near the cathedral. Of the four former monastery-churches only St. Catherine's is preserved. In spite of this listing Lübeck is a town of comparably few churches. Missing are the small chapels, especially the private chapels of the wealthy families, of which a small amount must have existed. Remains of two former vestries in convents for the Begines have been found.

St. Peter's presents itself today as a bright five-aisle hall church. The impression of a neutral emptiness is the result of the destruction in 1942, when the interiors were destroyed by fire, among them the unique Renaissance organprospect by Tönnies Evers dating to 1591. A few hardly distinguishable Romanesque remains are preserved in the western tower today. The Gothic new erection of the church, replacing a Romanesque hall, was carried out in two stages. The choir, begun in the late 13th century, shows octogonal pylons placed crosswise. For each profile a single shaped stone is sufficient. In the nave, building starting around 1310, the profile was simplified further. After conversion of the family chapels into

134

side-aisles, a `forest´ of direction-less pylons displays the distinctive spatial configuration of St. Peter's.

The core of **St. Jacob's** is a three-aisle hall with bulky square pillars. Glazed late-Romanesque/early-Gothic circular arches and pointed arches friezes were preserved beneath the eaves of the exterior walls. In the 1270s and 80s the central nave was to be extended in its height along with two additional towers. The ambitious project failed. The building was eventually completed in a more modest form as a `Stufenhalle´ (hall church, in which the central nave has no windows in the clerestory as in the basilica) with a polygon-choir, added 1330/40. Instead of installing the twin towers the older middle tower was increased in its height. The historical significance of St. Jakob's lies in its role as a church for pilgrims passing through from Scandinavia on their way to the southwest (Santiago de Compostela). The term `Schifferkirche´ (church of the sailors) has been added later.

St. Jakob's has preserved most of its interior, acquired in centuries. The saint-illustrations ontop the pillars on both sides of the central nave, originating from the 1330s, are of great significance. After the loss of the historical organs in the cathedral, St. Peter's and St. Mary's in 1942 the two remaining Gothic organs in St. Jacob's are, along with the likewise salvaged Ägidien-organ, the last witnesses of the formerly famous Lübecker organ-building tradition.

The **Ägidien-church** is a simple three-aisle `Stufenhalle´ with plain pillars. The church today originates from the 14th century. It is the second massive building at its present site. The first church was presumably a small late-Romanesque basilica, whose foundations were used for the new building in the early 14th century. After 1440 a 5/8-choir termination was added to the Gothic hall. Of all the interior furniture from the Middle Ages and early Modern Times the magnificent gallery stands out, a `Protestant rood screen´ dated to 1594 from the workshop of Tönnies Evers. The organ-prospect dominating the western wall like a huge sculpture combines both late-Renaissance and Baroque.

Die lange Front des Rathaus-Kernbaus von 1340/50. Trotz der 1913/14 fast ganz erneuerten Ziegelhaut noch immer von großartiger Wirkung. Hinter den 14 Fenstern des Obergeschosses erstreckte sich einst der monumentale Hansesaal. Hinter dem altanartigen Vorbau, einer Art „Hoheits"-Laube, das original erhaltene Hauptportal.

DAS RATHAUS

Das mittelalterliche Rathaus schuf sich der „Rat nach seinem Bilde" – jene aus den kaufmännisch-frühhansischen Führungsschichten hervorgegangene Elite, die durch immensen Reichtum ihre Macht begründet hatte. Bald nach 1200 ist dieser Rat als Gremium oder Konsortium konstituiert. Zunächst eine Vertretung der Bürgergemeinde, entwickelte er sich schnell zur Stadt-Regierung, zur Obrigkeit. Mit der Reichsfreiheit 1226 machte sich der Rat faktisch zum Stadtherrn. Die damit erworbenen stadtherrlichen Rechte umfassten die Rechtsprechung, Finanzen und Steuern, aber auch Beurkundungen, Grundstücks- und Planungswesen sowie außenpolitische Eigenständigkeit. Das mittelalterliche Rathaus musste also zunächst die Rats- und Gerichtssitzungen ermöglichen. Das Rathaus hat auch eine zentrale wirtschaftliche Bedeutung besessen.

Rathäuser gehören zur Grund-Ausstattung der Städte, die im Mittelalter nach deutschem Stadtrecht im Osten gegründet wurden, von Stralsund über Thorn nach Reval, von Breslau über Krakau bis Lemberg. Als Lehnwort ist das Rathaus in mehrere slawische Sprachen eingegangen – von ratusz über rotusz bis radnice.

Rathaus – Haus des Rates

Der Lübecker Rat hat nach Übernahme stadtherrlicher Rechte sehr früh auch die baulichen Anforderungen an sein „Dienstgebäude" formuliert und ist damit in jeder Hinsicht Vorbild für die nachfolgenden Rathausbauten in den neuen Städten im südlichen Ostseeraum gewesen. Bereits um 1250 war das Rathaus zum Ort der Selbstdarstellung des zur Obrigkeit aufgestiegenen Lübecker Rates geworden. Zeichen der errungenen Stellung war der Ratssaal. Der Ratssaal diente auch der städtischen Repräsentation. Der Lübecker Rat schuf sich mit dem Rathaus und bald auch mit der Marienkirche die „gebauten Beweise" für die Reichunmittelbarkeit der Stadt.

Das Rathaus war als Teil des Marktes auch ein Kaufhaus. Die Erdgeschoss-Bereiche waren zu großen Teilen als offene Pfeilerhallen ausgebildet. Hier wurden Marktstände betrieben, die der Rat verpachtete. Die Gewölbekeller dienten den Gewandschneidern (wie die Tuchkaufleute genannt wurden) anfangs als Tuchhalle für die beste Ware, hier war die höchste Pacht zu zahlen. Das Rathaus ist, zumindest im Mittelalter, immer auch Tuchhalle bzw. Gewandhaus gewesen. Die Bedeutung als Ort des Gerichtes ist dem Lübecker Rathaus bis 1806 geblieben. Das Niedergericht befand sich unter den Arkaden der Ratslaube, im Ratssaal, später Audienzsaal, tagten das Obergericht sowie das Appellationsgericht. Auch die Ratslaube hatte eine rechtliche Funktion. Vom Obergeschoss herab wurden die Beschlüsse und Verordnungen des Rates bekannt gemacht („Bursprake").

Das größte Rathaus des deutschen Mittelalters

Das Lübecker Rathaus ist eines der berühmtesten Rathäuser des Mittelalters. Seine Baugeschichte ist im wesentlichen bekannt:
▷ Das erste Rathaus an jetziger Stelle entsteht ab etwa 1240. Offenbar sind drei giebelständige Häuser geplant gewesen. Davon sind die gewölbten Keller erhalten sowie der zum Markt gerichtete Giebel der östlichen Haus-Einheit. Der zum romanischen Giebel gehörige Langbau an der Breiten Straße dient zunächst als Tuchhalle über drei Etagen, Keller, Erdgeschoss, Obergeschoss.

Die Südfront des Kernbaus. Aus der „Baukran-Perspektive". Rathaus und Marienkirche sind die bedeutendsten Bauten der vom Rat bewirkten Monumentalisierung Lübecks im 13. und 14. Jahrhundert.

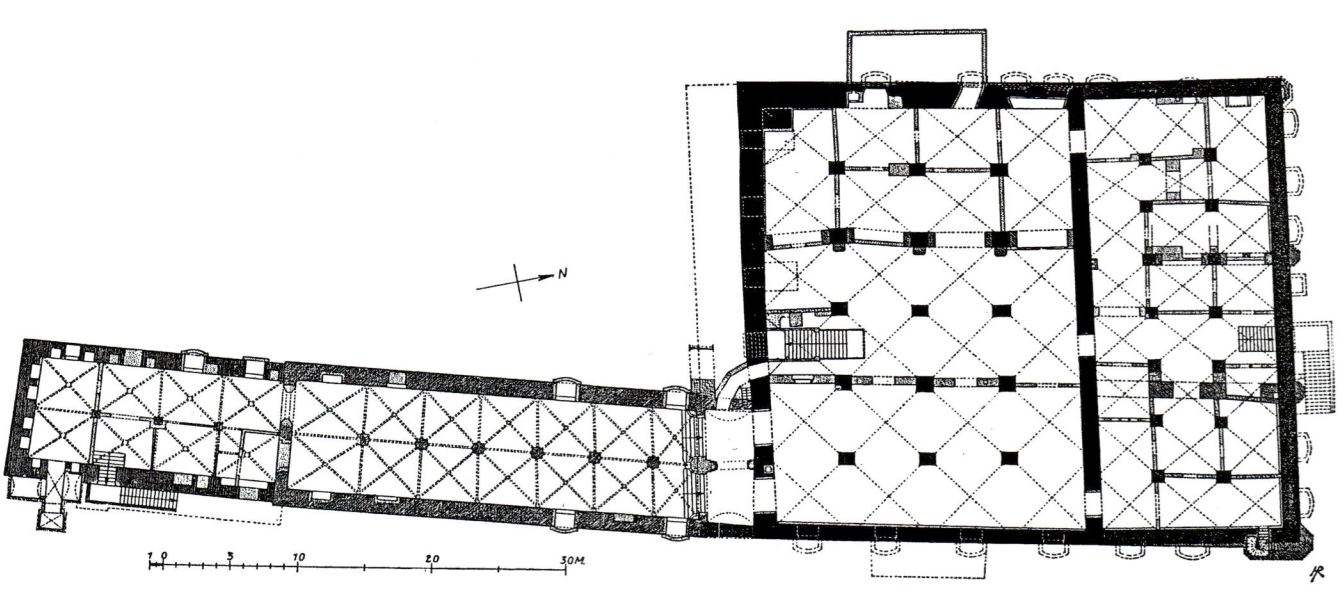

Mitte:
Grundriss des Kellers, Zustand um 1935 (nach H. Rathgens, vgl. Literatur). Im Gegensatz zu den oberen Geschossen haben hier vergleichsweise weniger bauliche Veränderungen stattgefunden.

Bau-Schema des Rathauskellers: 1 spätromanischer „Ur-Bau" von 1240: Lübecks erste Tuchhalle. 2 Keller von etwa 1280: die erweiterte Tuchhalle 3 Keller unter dem Danzelhus von 1300 4 Keller unter dem Neuen Gemach von 1440.

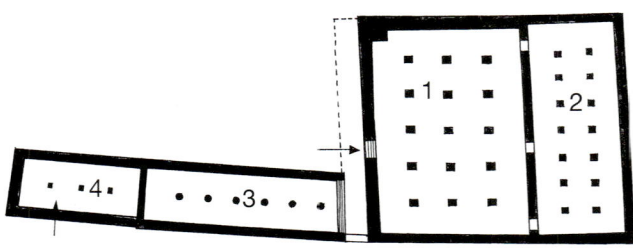

▷ Nach dem Stadtbrand von 1250 wird die Marktfront in frühgotischen Formen zuende gebaut. Der Gewandhaus-Flügel an der Breiten Straße wird das eigentliche Rathaus, die Tuchhallen-Funktion verbleibt dem westlichen Haus (heute Große Börse, oben Bürgerschaft). Die Fronten der drei Häuser gehen in einer horizontal abschließenden monumentalen Mauer auf, die mit riesigen Maßwerkblenden ausgezeichnet ist. Diese Front wird an ihrem westlichen und östlichen Ende mit je einem kantigen Turm abgeschlossen. Vor dieser Schildwand wird die Ratslaube errichtet, eine in gesamter Länge durchlaufende Arkadenreihe mit einem Obergeschoss.

▷ Von einem gegen 1290 nördlich, also am Marienkirchhof errichteten großen Querbau steht heute nur noch der Keller. Vermutlich wurden die Tuchhallen erweitert, die ja durch die Rats-Räume Einbußen erlitten hatten.

▷ Nach 1298 wird das „Lange Haus" am Heumarkt errichtet (als Heumarkt wurde der Abschnitt der Breiten Straße zwischen Kohlmarkt und oberer Hüxstraße bezeichnet). Im Obergeschoss entsteht ein weiterer Ratssaal, der aber erstmals als Festsaal auch der internen Selbstdarstellung des Rates dient. Der alte Name „Danzelhus" bezieht sich darauf. Im Erdgeschoss, einer beidseits offenen Gewölbehalle, befinden sich die Buden der Goldschmiede. Der gewölbte Keller ist Teil des Gewandschneider-Bereichs. Später wird er als Bier-Lagerkeller verpachtet.

▷ Nach 1340 wird der Hauptbau des Rathauses durch einen repräsentativen Neubau ersetzt. Nur die alten Keller, das Danzelhus und die Marktfront von 1240/50 werden übernommen. Der Ost-Trakt – an der Breiten Straße – übernimmt nun ganz politisch-hoheitliche Funktionen. Im Erdgeschoss liegt neben der großen Eingangshalle der Große Ratssaal, auch „Audienzsaal" genannt, als Tagungsstätte des Obergerichts, also des städtischen Revisionsgerichts. Außerdem tagt hier das Appellationsgericht, das über Streitigkeiten in anderen lübisch-rechtlichen Städten verhandelt. Eine breite Treppe in der Halle führt hinauf auf die Laube; von dort gelangt man in den riesigen Hansesaal. Mit dieser Räumlichkeit besitzt Lübeck das modernste Tagungszentrum der Zeit. Viele nachfolgende Hansetage finden hier statt. Der Hansesaal war notwendig geworden, seit sich die Führungsrolle Lübecks in der Städte-Hanse gefestigt hatte. Beide Säle, Audienz- und Hansesaal, verfügen über einen kleineren Beratungsraum, die Hörkammern.

Der Tuchhandel wird in die neue Tuchhalle verlagert, dem westlichen Gebäudetrakt. Aus der Tuchhalle wird 1673 die Börse. Zwischen den beiden Gebäudetrakten und den hohen Schildmauern im Norden und Süden bleibt ein öffentlicher Durchgang, der Markt und Marienkirchhof verbindet. Hier haben Eisenwaren-Händler, „Nädler", ihre Verkaufsstände gehabt. Der Durchgangshof ist durch die Hörkammern und einen Abort-Turm in Wirkung und Funktion eingeschränkt gewesen (vielleicht deshalb wird der Hof später überdacht und als Holz- und Mehl-Magazin ganz der Öffentlichkeit entzogen). Am Marienkirchhof fasst eine hohe Schildwand aus schwarzglasierten Ziegeln die neuen Bauten zusammen.

▷ Gegen 1435 baut Ratsbaumeister Nikolaus Peck die ehrwürdige Maßwerkfront des Hauptbaus um. Er versieht die Mauer oben mit einem markanten Fries aus Terrakotta-Platten. Auch die Aufhöhung der Ecktürme durch schlanke, sechseckige „Riesen" ist sein Werk. Seinen mittleren Pfeilerturm lässt er unbekümmert senkrecht durch eine Maßwerk-Blende hindurch-„wachsen". Das Motiv mit den Riesen und den älteren Windlöchern ist seit den späten 1920er Jahren eine klassische Lübeck-Vignette – dank der werbegrafischen Stilisierung Alfred Mahlaus.

▷ 1440/42 errichtet Peck als südliche Verlängerung des Langen Hauses das „Neue Gemach". Wieder wird das Erdgeschoss als offene Gewölbehalle ausgebildet, es ist Marktbereich. Hier wird die amtliche Marktwaage aufgehängt. Der Name „Stadtwaage" rührt daher. Vielleicht hat Peck auch den „Kaak" errichtet (die richtige Bezeichnung ist „Finkenbauer"). Dieser kleine Bau mit einer offenen kleinen Obergeschoss-Laube dient der Zurschaustellung von Dieben und Markt-Störenfrieden. Das Erdgeschoss gehört als „Butterbude" zum Markt (die gegenwärtig vorhandene Kaak-Version ist ein Neubau an falscher Stelle, dazu unfertig).

▷ 1360 werden zwei Marktbuden zwischen Marienkirchhof und Breiter Straße den Ratsschreibern zugewiesen, ein Beleg dafür, dass sich nun langsam eine städtische Verwaltung bildet. Ein erstes Kanzleigebäude entsteht aber erst 1483. Dieser Bürotrakt ist kurz und erstreckt sich, vom Marienkirchhof gesehen, über nur fünf der heute 22 Arkadenbögen. Die Erdgeschossräume zur Breiten Straße werden verpachtet, die Ratsschreiberei befindet sich im Obergeschoss.

Nachmittelalterliche Baumaßnahmen

Die Ratslaube ist ein Hauptwerk der niederländisch geprägten Renaissance. Statt der nicht rekonstruierbaren Farbigkeit von 1572 wurde 2003 die Blei-weiß-Fassung aus dem 18. und 19. Jahrhundert erneuert. Dieser Anstrich dient auch dem Schutz des sehr witterungs-anfälligen Sandsteins.

1570–1572 wird die gotische Ratslaube von holländischen Steinmetzen durch einen Neubau aus farbig gefasstem Sandstein ersetzt; nur die zwei zwischen Langem Haus und Hauptbau „eingeklemmten" mittelalterlichen Joche bleiben erhalten. Mit Diamant-Rustika-Mauerwerk und übergiebelten großen Kreuzstockfenstern, ionischen Pilastern, Voluten und Obelisken gelangt qualitätvolle Renaissance-Architektur nach Lübeck, offenbar nach Stich-Vorlagen des Vredeman de Vries. Tönnies Evers d. J. schmückt 1584 die Schmalseite der Laube an der Breiten Straße mit einem schönen Erker. Eine andere niederländische Steinmetz-Truppe errichtet 1594 an der Breite-Straße-Front des Neuen Gemachs die sandsteinerne Treppe zum Renaissance-Festsaal im Obergeschoss. Dieses von der Evers-Werkstatt mit überbordendem Schnitzwerk ausgestattete Prunkzimmer wird nach den hier stattfindenden Sitzungen der „Kriegskommissare" später „Kriegsstube" be-

Der Audienzsaal ist Lübecks letzte offizielle historische Bauleistung von überregionaler Bedeutung. Der von Stadtbaumeister J. A. Soherr 1755 durch Umwandlung des gotischen Rats- und Gerichtssaals geschaffene Raum ist auch durch künstlerische Zutaten bemerkenswert. Die Wandbilder malte Stefano Torrelli aus Bologna (damals in Dresden und Sankt Petersburg tätig). Ob die 2005/06 durchgeführte Restaurierung (eigentlich eine Neufassung) allen Problemen und Fragestellungen gerecht wurde, wird sich noch zeigen müssen.

nannt. Den Kriegskommissaren war im 17./18. Jahrhundert das lübische Militärwesen unterstellt (S. 146).

Ratsbaumeister Johann Adam Soherr wandelt den gotischen Audienzsaal 1754 in einen luftigen, stützenfreien Rokokosaal um. Die Wandbilder im neuen Audienzsaal malt Stefano Torelli. Soherr baut auch die seit 1673 im ehemaligen Gewandhaus (dem westlichen Rathaustrakt) bestehende Börse zu einem bedeutenden, über zwei Geschosse geführten großen Saal um.

Das Kanzleigebäude wird gegen Ende des 16. Jahrhunderts und noch einmal 1614/15 verlängert und reicht nun bis an die obere Mengstraße („Bäckerbuden"). Die Sandsteintreppe zur Kriegsstube erhält ebenso wie die Portalvorhalle am Hauptbau gegen 1640 einen Anbau in frühbarocken Formen. Beide Vorbauten werden im 19. Jahrhundert wieder entfernt. 1781 erneuert man den Nordgiebel des Kanzleigebäudes. Nach 1818 werden die Buden im Erdgeschoss des Kanzleigebäudes geschlossen und zu Dienstzimmern umgebaut.

Alle Sandstein-Teile der Laube und der Treppe mussten wegen Witterungsschäden mehrmals ausgewechselt werden. Die Laube wird 2003 in zwei sehr hellen Grautönen neu gestrichen, entsprechend einer fürs 18. und 19. Jahrhundert nachgewiesenen Fassung. Die Erst-Fassung von 1570 konnte nicht rekonstruiert werden, weil es zu wenig Befunde gab. 2005 wird die vormalige Wirtschafts-Funktion der Erdgeschossräume des Kanzleigebäudes reaktiviert: Die 1818 vermauerten Arkaden an der Breiten Straße werden wieder geöffnet und Läden ziehen ein.

Die Bedeutung

Die spröde Auflistung des Bau-Verlaufs sagt nichts über das Beispielhafte des Unternehmens „Rathaus zu Lübeck". Was war, was ist bedeutend?

▷ Die frühen Ziegelformen des spätromanischen Giebels in der Südwand. Der steigende Rundbogenfries und die Eckbetonungen mit schwarz glasierten Steinen sind stilbildend gewesen. Die spätromanisch-frühgotische Backstein-Architektur im Lande spricht diese Sprache.

▷ Die **SCHILDWAND**. Die machtvolle Südwand am Markt ist die erste Schildwand im Backsteinbereich. Ihre Monumentalform wurde vielfach wiederholt und abgeändert, nicht nur am Rostocker und am Stralsunder Rathaus, sondern auch an manchen Bürgerhaus-Fassaden. Wirklich neuartig ist auch die Gliederung durch Maßwerk-Blenden in aktuellsten Formen französisch-flandrischer Gotik. Vermutlich sind diese Maßwerk-Blenden von auswärtigen Bauleuten ausgeführt worden, ein weiterer Hinweis für die Absicht des Rates, sich durch anspruchsvolle Architektur eine legitimierende „Überhöhung" zu schaffen. Die beiden sogenannten Windlöcher sind übrigens Teil der Maßwerk-Komposition; vermutlich sind sie durch geschnittene Blech-Dekore (wie später in Stralsund) ausgezeichnet gewesen. Diese Maßwerk-Wand, die offenbar insgesamt mit schwarzglasierten Steinen verblendet war (heute weitgehend abgewittert), ist in

Ausschnitte aus der Südfassade: das Maßwerk der mittleren Blende in Nahsicht. Die Ziegel waren schwarz glasiert. Ist diese monumentale Wand das Werk französisch-flandrischer Bauleute?

ihrer kunst- und wirkungsgeschichtlichen Bedeutung bislang noch nicht hinreichend erforscht worden.

▷ Der Südwand ist die **RATSLAUBE** vorgesetzt. Der zweigeschossige, im Erdgeschoss auf Arkaden ruhende Bau ist in Wismar, Stralsund, Rostock und andernorts in abgewandelter Form, aber gleicher Funktion wiederholt worden. Unten tagte das Niedergericht, von oben wurde die „Bursprake" verkündet. Das heißt: der Rat informierte das versammelte Volk zwei Mal im Jahr über neue Gesetze, Verordnungen, Beschlüsse und Verhandlungsergebnisse. Das Vorbild für die Laube könnte der (vermutete) Vorbau der dänischen Vogtei am Koberg gewesen sein, dem heutigen „Hoge Hus". Der Rat hätte dann die vom vormaligen Stadtherrn benutzte Bedeutungsform übernommen, nachdem er sich nach Gewährung der Reichsfreiheit 1226 die Niedere und bald auch die Hohe Gerichtsbarkeit angeeignet hatte.

▷ Am Danzelhus von 1300 fasziniert das original erhaltene Backsteinmauerwerk der Marktfront mit seiner durchgehend schwarzgrünen, düster prunkenden Glasur. Neuartig waren auch die aus Flandern übernommenen großen Kreuzstockfenster, ebenso die großformige, beide Geschosse zusammenbindende Gliederung in Form einer Fensterrahmung sowie der abschließende Wappenfries, mit dem der Rat sich als eine „ritterliche Körperschaft" darstellt. Die schwarze Danzelhus-Front demonstriert wie bereits die machtvolle Südwand das Bestreben des Rates,

Rathaus-Südwand. Aufmaß der westlichen Maßwerkblende – aktuellste Formen der nordfranzösischen Kathedralgotik (aus: Rathgens/ Wilde, Rathaus).

Langes Haus (Danzelhus) von Westen. Die offenen Erdgeschoss-Gewölbehallen gehörten zur Marktfläche und brachten dem Rat Pacht oder Miete. Mit den aufgehängten (erneuerten) Wappen stellt der Rat sich an der Fassade eines Festsaals als höfisch-ritterliche Körperschaft dar. Teilungen der Fensteröffnungen von 1883.

Danzelhus, Erdgeschosshalle. Gehörte zum Markt. Hier hatten die Goldschmiede ihre Buden. Im Gewölbekeller lagerten anfangs Tuche. Die Pfeiler waren im Erstzustand aus Ziegeln aufgemauert. Ihre acht Rundstab-Vorlagen glichen den Diensten im Langhaus der Marienkirche.

seinen Führungsanspruch durch eine nur ihm zustehende Architektur zu „untermauern". Dies gilt nicht nur für die Herrschaft des Rates in Lübeck; vielmehr meldet der Rat durch seine im Wortsinne „glänzenden" Bauten auch seinen Anspruch auf Führung im sich formierenden Städtebund an. Der zu großen Teilen erhaltene Dachstuhl mit seinen halbkreisförmigen Bindern verweist auf eine verlorene Saaldecke, die aus einer holzgetäfelten Halbtonne bestanden haben muss. Der zugehörige große Rats- und Gesellschaftssaal hieß jahrhundertelang „Löwensaal", weil hier zwei ausgestopfte Löwen aufgestellt waren, vielleicht ebenfalls Zeichen der Rats-Herrschaft.

▷ Mit dem Rathaus-Neubau von 1340/50 leistet sich der Lübecker Rat ein monumentales Regierungsgebäude, das einem Fürstensitz gleichkommt. Natürlich will man mit diesem Prachtbau auch auswärtige Gesandte, Kaufleute und Gäste beeindrucken (der erste Hansetag fand 1356 hier statt). Zweifellos schafft Lübeck sich damit auch einen gebauten „Beweis" für seine Reichsunmittelbarkeit. In drei Ideen offenbart sich seine Bedeutung. Da ist zunächst die **OST-FASSADE** an der Breiten Straße mit der Portalvorhalle. Zwar hat man die äußere, dunkelgrün glasierte Ziegelhaut 1913 erneuert, auch sind die Fensteröffnungen im 18. Jahrhundert tiefer gesetzt worden. Doch der Gesamteindruck ist immer noch großartig: es ist die

Bronzener Schild, ehemals Türklopfer, von der Rathaustür im Hauptportal. Im Kreis der Sieben Kurfürsten der thronende Kaiser. Ein „sprechender" Hinweis des Rates auf die Reichsunmittelbarkeit Lübecks. Da die zwischen 1350 und 1354 vakante Stelle des Trierer Erzbischofs vom Abt der Reichsabtei Prüm vertreten wurde – statt des Trierer Bischofswappens ist das Wappen des Abtes von Prüm zu sehen – könnte der Türklopfer in dieser Zeit entstanden sein. Vielleicht wollte man sich aber auch nur von Köln unterscheiden – die Bistumswappen von Trier und Köln sind gleich.

X

„Perspektivische Ansicht des Hansesaals nach Norden". Zeichnung von E. C. Krüger 1819. Nur der Dachstuhl ist noch erhalten (hier nicht dargestellt). Einer der eindrucksvollsten Profanräume des europäischen Mittelalters – 1818 zerstört, obwohl andernorts die Gotik bereits „wiederentdeckt" worden war.

modernste Fassade ihrer Zeit im norddeutschen Raum, dazu auch die größte und längste. Vom bedeutenden, auf die Reichsunmittelbarkeit verweisenden bauplastischen Schmuck der geschosstrennenden Friese (teils Stuck, teils Naturstein) ist sogar noch der eine oder andere Kopf original. Auch der berühmte bronzene Türklopfer mit den „Sieben Kurfürsten" symbolisiert Lübecks herausgehobene politische Stellung.

Die zweite Sensation war der **HANSESAAL** im Obergeschoss, eine der monumentalsten nichtkirchlichen Raumschöpfungen der Gotik in Deutschland. An ihn erinnert nur noch die lange Reihe der 14 hohen Fenster. Der nach Brandschaden (1358?) erneuerte Dachstuhl von 1360 belegt seine einstige Größe. Die Raumdecke bildete im Querschnitt eine Passform mit zwei seitlichen „Nasen". Diese vom Maßwerk übernommene Eigenart sowie die für Lübeck ungewöhnlichen Zimmermannstechniken lassen vermuten, dass niederländisch-flämische Spezialisten am Werk waren, wiederum ein Beleg für eine vorbedachte Selbst-Inszenierung des Rates.

Der dritte Trumpf war die **NORDWAND** zum Marienkirchhof. Sie ist als Antwort auf die neuen Rathausbauten von Rostock und Stralsund zu verstehen. Stralsund leistet sich gegen 1310 mit der neuen Front zum Alten Markt eine herausfordernde Prunkfassade, die ebenso wie die etwas ältere Rostocker Front die frühgotische Lübecker Marktfront in modernster Form paraphrasiert. Die neue Lübecker Version, vollständig aus schwarzglasierten Steinen aufgeführt, muss die Konkurrenten zweifellos noch übertrumpft haben.

Von großer Bedeutung war die städtebauliche Lage. Ohne Vorbauten stand die Nordwand frei in der Blickachse der Breiten Straße. Kanzlei und Marientidenkapelle gab es noch nicht. Zusammen mit dem von Strebebögen umstellten Chor der Marienkirche bot sich hier ein Stadtbild von einer herrscherlichen Größe, das Lübecks politische Stellung als reichsunmittelbares Haupt der Hanse unmissverständlich zum Ausdruck brachte.

Die grandiose Nordfront wurde wegen Baufälligkeit im 19. Jahrhundert abgetragen. Heute sehen wir dort eine Neu-Redaktion von 1888 aus glatten Industrie-Steinen, eher eine „wilhelminische" Prachtwand, die dem Urbild nur entfernt ähnlich ist.

▷ Mit dem **NEUEN GEMACH** von 1440 bringt Nikolaus Peck den Reichen Stil nach Lübeck. Peck liebt eine kleinteilige, an Zierformen reiche Bauweise. Erstmals scheint Lübeck hier aber auch zu nehmen und nicht nur zu geben. Die malerische Mischung aus städtischer Tradition und zugereister Schmuckfreude ist unverwechselbar. Sie trägt Züge der „Odergotik" (vgl. Burgkloster, S. 169). Die lübische Schildwand samt Hochblenden und Glasurschichten wird mit Maßwerkrosetten und -friesen und kleinteiligen Terrakotta-Dekoren bereichert. Das Neue Gemach ist ein zierliches Schmuckkästchen.

Rathaus-Nordwand heute. Die glatte „fabrikgotische" Oberfläche weist die Wand als sterilen wilhelminischen Neubau von 1890 aus, hier durch Gegenlicht abgemildert. Die einstige monumentale städtebauliche Wirkung der 1340/50 vollendeten Baugruppe Rathaus/ Marienkirche war jedoch schon seit Jahrhunderten durch das Kanzlei gebäude verstellt.

Abgesang an die Größe

Den tiefsten Punkt seiner Geschichte erlebt das Rathaus im 19. Jahrhundert. Kleinmut und Verständnislosigkeit vernichten fast alles, was an bedeutenden Innenräumen aus Lübecks Glanzzeiten erhalten ist. Löwensaal und Hansesaal werden ausgeräumt und in Dienstzimmer aufgeteilt. Über den Hansesaal urteilt ein damaliger Besucher: „… eine ungeheure, dunkle, schmutzige Scheune". Der fünfachsige gotische Kernbau des Kanzleigebäudes wird 1818 abgebrochen und durch den bestehenden schlichten Neubau ersetzt. Nach 1848 muss ein „Bürgerschaftssaal" für das erste echte Stadtparlament geschaffen werden. Dies gelingt erst im Rahmen der Rathaus-Gesamt-Instandsetzung, die in Etappen von 1888 bis 1913 durchgeführt wird. Der bedeutende, über zwei Stockwerke geführte Börsensaal im vormaligen Gewandhaus wird 1887 aufgegeben: Im neuen Obergeschoss entsteht die neugotische Bürgerschaft, das Erdgeschoss nimmt der jetzt um die Hälfte niedrigere neue Börsensaal ein. Der ebenfalls von Soherr geschaffene Audienzsaal wird durch zusätzliche reiche Stuckdekore stark verändert. Die bereits 1817 umgebaute Diele hinter dem Haupteingang an der Breiten Straße erhält eine doppelläufige, gewölbte Treppenanlage, wie die Nordwand zum Marienkirchhof ein Werk der Neugotik aus schwarz prunkenden Fabrik-Glasursteinen. Mit Monumental-Gemälden zur

Das Neue Gemach aus der Perspektive der Breiten Straße. Kleinteilige Zierfreude ist ein Kennzeichen der Bauten des Nikolaus Peck. Schildwand und Hochblenden sind traditionelle Lübecker Motive; die mit Maßwerk gefüllten Kreisblenden und Formsteinfriese sind eher im Brandenburgischen zuhause. Vorne ein Teil der Treppe von 1594.

Hansegeschichte in der Treppenhaushalle, im Roten Saal und in der Bürgerschaft wird Lübecks vergangene Größe dem wilhelminischen Nationalismus dienstbar gemacht, kein echter Trost für das Verlorene.

Die großflächige Neu-Verblendung des Außenmauerwerks wirkt sich sehr ungünstig auf das Erscheinungsbild aus. Bereits 1860 war die Front des Langen Hauses zur Breiten Straße erneuert worden. In den 1880er Jahren entstehen die oberen Mauerabschnitte mit allen Türmchen der Ratswaage neu. Die maschinenglatte Nordfront am Marienkirchhof weckt anscheinend erste Zweifel. Mit der Haupthaus-Front an der Breiten Straße verfährt man 1913 etwas umsichtiger. Die neue Westwand des Hauptbaus fällt besonders anspruchslos aus. Diese Front war an der damals noch vorhandenen schmalen Gasse Enger Krambuden nicht einsehbar.

Mögen diese zeittypischen Umdeutungen und Um-Arbeitungen heute noch so denkmalwert sein: Der wilhelminische Durchbau und die voreilige Erneuerung großer Teile der Fassaden-Oberflächen haben dem ehrwürdigen Rathaus viel von seiner geschichtlichen Größe genommen (wie schnell die wilhelminische Neogotik in Ungnade fiel, zeigt das Schicksal der unter dem Bürgerschaftssaal bis 1960 bestehenden Börse: die historistische Raumfigur musste einer wenig überzeugenden Moderne in Rot und Gold weichen).

Die ehemalige „Kriegsstube" im Neuen Gemach. Teil des Vertäfelungsblocks der Nordseite vor der durchgreifenden Wiederherstellung nach 1880. Reichste Spätrenaissance-Formen. Die Kriegsstube war der dritte repräsentative Ratssaal im Lübecker Rathaus. Tönnies Evers d. J. und seine Werkstatt schufen dieses einst hochberühmte „Hauptwerk der Renaissance in Norddeutschland" zwischen 1594 und 1613. 1942 verbrannt.

1942 geht der letzte der großen historischen Rathaus-Innenräume zugrunde. Die prachtvolle Kriegsstube, eine der bedeutendsten Raumschöpfungen der Renaissance im Norden, verbrennt völlig. Historische Innenräume aus Lübecks großen Zeiten sucht man heute im Rathaus also vergeblich, wenn man nicht den Audienz-Saal von 1762, der 1880 und 1899 überformt und anläßlich einer Grund-Instandsetzung 2005/06 eine Neu-Ausmalung hinnehmen musste, als Zeugen vergangener hansischer Tage ansehen möchte.

Rathaus und Markt

Auch die „Fassung" des Rathauses durch die zugehörige Marktbebauung ist unwiederbringlich verloren. Es gibt keinen Hinweis mehr auf Art und Größe der aus Fachwerk errichteten Marktbuden, die in Reihenhaus-ähnlichen Riegeln seit etwa 1300 die innere Platzfläche gegen die später entstandenen Teilmärkte Schüssel- und Bäckerbuden, Heumarkt und Kohlmarkt abgrenzten. An diesen Neben"-Märkten standen die prächtigsten Kaufmanns- und Händlerhäuser Lübecks und markierten den eigentlichen Marktrand. Das einstige Gewirr kleiner Durchlässe und Gassen, die zwischen dem inneren Markt und den Straßen-Märkten außen vermittelten, klingt nur noch in der allein bewahrten Bezeichnung „Weiter Krambuden" an.

Nachdem Maßstab und Rhythmus der Marktbebauung durch die monumentale „Kaiserliche Post" auf der Westseite zerstört und die letzten Buden-Reste 1942 zugrunde gegangen waren, sind nach dem Kriege große Geschäftshäuser die neuen Markt-Anrainer geworden. Die Größe des einstigen

„Hauptmarktes der Hanse" ist nicht mehr ablesbar, er ist auf ein Maß geschrumpft, auf das die beliebte Bezeichnung „gute Stube" hinweist. Nur dem aufmerksamen Beobachter teilt sich die frühere Bedeutung noch aus dem Grundriss mit, den das Viereck zwischen Kohlmarkt und oberer Mengstraße, Schüsselbuden und Breite Straße samt den von Westen und von Osten einmündenden Straßen beschreibt. Auch dieser Grundriss ist durch die Verbreiterung von Kohlmarkt, Holstenstraße und Wahmstraße an der Südseite sowie dem Durchbruch der Straße Fünfhausen an der Nordseite in seiner Aussage stark beschädigt worden. Als in den Jahren 2000–2002 der Post-Block durch ein in seiner Kubatur noch größeres, längeres und öffentliche Fläche überbauendes Kaufhaus ersetzt wurde, wurde offenbar, dass der epochale Grundriss der „civitas" Heinrichs des Löwen (vgl. S. 18 f.) in Lübeck nicht als zu schützendes Denkmal angesehen wird. So sind als einzige originale Markt-Anrainer die Marienkirche und das Rathaus erhalten. In einem nahezu vollständig ausgetauschten Kontext erscheinen sie eher wie Fremdkörper.

Wo die einstige Größe noch zu spüren ist

Vom Rathaus bleibt uns vor allem die düster-großartige Südfront am Markt mit dem heiter-hellen Spiel der Renaissance-Laube davor. Südfront, Langes Haus und Ratswaage bieten trotz erheblicher Einbußen immer noch große Flächen ungestörten Mauerwerks aus dem Mittelalter. Der ausgedehnte Ratskeller gibt weiterhin Auskunft über die frühe Baugeschichte. Auch von der

„Altstadtzentrum" zwischen Holsten- und Sandstraße, Beckergrube, Königstraße und Untertrave. Die Großdenkmäler Rathaus, Marien- und Petrikirche stehen wie Fremdkörper in ihrer Umgebung. Die Mitte vom einstigen „hansischen Lübeck" ist durch Kriegszerstörung und Abbrüche zu einer weitgehend austauschbaren „City" geworden.

 historische („vorindustrielle") Gebäude

„wilhelminisch" vor 1914

Neubebauung nach 1945.

Innenstruktur des „Hanse-Rathauses" von 1340/50 ist noch einiges unter Putz und Verkleidungen erhalten, beispielsweise die gotische Grundform des Ratssaals hinter der Rokoko-Struktur des Audienz-Saals. Weitere Einblicke ermöglichen die beiden gotischen Joche der Ratslaube und die Portale der verlorenen großen Säle im Obergeschoss sowie das Portal des Audienzsaals. An der unteren Hörkammer wurde ein weiteres farbig gefasstes Portal-Fragment freigelegt. Diese Hörkammer ist als Raum wiederhergestellt worden. Auch von den dort einst vorhandenen Wandmalereien konnten einige Bruchstücke noch aufgefunden und restauriert werden. Ebenso ist ein Großteil der gotischen Brandmauern der zwei Haustrakte noch vorhanden. Die mit tiefen stichbogigen Nischen (ehemaligen Verkaufsständen) gegliederte Wand im früheren Durchgang zwischen Markt und Marienkirchhof ist heute in der sogenannten Mehlkammer zu betrachten. Und die erhaltene Große Kommissionsstube im Kanzleigebäude ist ein kleiner Trost für die verbrannte Kriegsstube. Sie ist ein Werk von Tönnies Evers d. J. von 1612–1615.

Die Große Kommissionsstube im Kanzleigebäude ist ein kleiner Trost für die 1942 vernichtete prachtvolle Kriegsstube, wie diese ein Werk der Kunsttischlerfamilie Evers.

Literatur

Albrecht, Stephan und Jens Christian Holst: Von Lübeck bis Stralsund. Zur Entstehung eines Rathaustyps. Ein Zwischenbericht. In: G. Lupfner, K. Rudert, P. Sigel (Hrsg.), Festschrift Jürgen Paul. Dresden 2000.
Albrecht, Stephan: Mittelalterliche Rathäuser in Deutschland. Darmstadt 2004.
Erdmann, Wolfgang: Aspekte der Baugeschichte des Lübecker Rathauses. In: Zeitschrift des Vereins für Lüb. Geschichte und Altertumskunde Bd. 68, 1988. S. 113 ff.
Erdmann, Wolfgang: Der Narr am Lübecker Rathaus und die Bedeutung des Kopf-Frieses aus der Zeit um 1340/50. In: Lübeckische Blätter 3, 1988. S. 41 ff.
Holst, Jens Christian: Die Rathausfront in Stralsund – zu ihrer Datierung und ersten Gestalt. In: Matthias Müller (Hrsg.), multiplicatio et variatio. Festgabe für Ernst Badstübner. Berlin 1998, S. 60–99.
Neugebauer, Manfred mit Sigrid Wrobel und Dieter Eckstein: Die Datierung mittelalterlicher Monumentalbauten in Lübeck – Rathaus, Katharinenkirche, St. Jakobikirche. In Lübecker Schriften zur Archäologie und Kulturgeschichte (LSAK) Band 6, Bonn 1982, S. 201–217.
Rathgens, Hugo und Lutz Wilde: Die Bau- und Kunstdenkmäler der Hansestadt Lübeck. Band 1. 2.Teil: Rathaus und öffentliche Gebäude der Stadt. Lübeck 1974.

Summary

The Town Hall

After obtaining administrative rights the council of Lübeck drafted very early the building requirements for its own building. In this regard it was prototype for the following town halls in the new cities in the southern Baltic Sea area. Already around 1250 the Town Hall was seen as the means for self-portraying the power of the council of Lübeck, the `Ratssaal´ (main council hall) showing the newly acquired status with side chambers such as the `hearing rooms´ added later on. The `Ratssaal´ also served for representational purposes.

Being part of the market the Town Hall also acted as a large store. The council rented out or leased the spatious halls on the ground floor level. Initially the cellar vaults served as cloth hall for the merchants, some used by the council for wine trade. Ground and second floor levels were reserved for trading with textiles. These cloth halls have always been part of the Town Hall.

The Town Hall has always been seat of the Court. The Lower Court resided under the arcades of the `Ratslaube´, the Higher Court and Appellation Court held their meetings in the `Ratssaal´, later used as audience chamber. The `Ratslaube´ had a legal function as well: the council's resolutions and decrees were announced from the upper level (`Bursprake´).

Ein schönes Raumbild schaffen bis heute die Arkaden an der Westseite des Kanzleigebäudes, einst als Durchgang vom Rathaus zur oberen Mengstraße entlang des Marien-Friedhofs gedacht.

The building history of the Town Hall is basically known:

▷ The first Town Hall at its present site is built around 1240. Apparently the three buildings have been designed to be gable-ended. Of these the cellar vaults are preserved as well as the gable facing the market in the eastern wing.

▷ After 1250 the facade along the market square is completed in early-Gothic style. The fronts of the three buildings merge in a horizontal monumental wall, decorated with huge traceried blind niches. Together with this `Schildwand´ (square-shaped façade wall concealing the pitched roof) the `Ratslaube´ is erected.

▷ Only the cellar is existing of the large transept, erected around 1290 on the churchyard of St. Mary's, presumably an extension of the cloth hall.

▷ After 1298 the `Lange Haus´ (`long house´) is built. In the upper storey a further `Ratssaal´ is installed that also serves as festival hall and thus also for internal self-portrayal. The old name `Danzelhus´ (Dance House) refers to this.

▷ Around 1340 the Town Hall's main building is replaced by a representative new building. Merely the old cellar, the market facade from 1240/50 and the Danzelhus are adopted for the building. In the eastern wing of the new building next to the lobby is the `Große Ratssaal´ , also called `audience chamber´. In the upper storey the huge Hanseatic Hall (`Hansesaal´) is located. Along the churchyard of St. Mary's a new `Schildwand´ is built made of bricks of black glaze.

▷ Around 1435 the master builder for the council Nikolaus Peck decorates the traceried front of the main building with the three slender hexagonal pillars. 1440/42 he erects the `Neue Gemach´ as southern extension of the `Lange Haus´. It is also called the `Stadtwaage´, later `Kriegsstubenbau´.

▷ A first chancellery of small size is erected after 1483.

The exemplary of the task „Town Hall of Lübeck" consists of the following innovations:

▷ The mighty south-wall along the market is the first SCHILDWAND constructed in brickwork. Its monumental form was repeated and alterated, not only in the town halls of Rostock and Stralsund, but also in many a townhaus façade.

▷ With the RATSLAUBE the town council symbolizes its role as legislative and judicial body. The building placed above arcades on the ground floor level has been repeated in Wismar, Stralsund and Rostock in various designs but identical function.

▷ The DANZELHUS demonstrates, with ist greenblack-glazed brickwork, the council's intention of expressing its claim to leadership by significant architecture.

▷ Primarily the EASTERN FACADE is of significance of the new building for the Town Hall of 1340/50. It is structured merely by great `Flemish´ windows with segmental-arched blind niches. Reminiscent of the HANSESAAL in the upper floor, one of the most monumental non-clerical spatial creations, is only the long row of 14 high windows. The black-glased NORTHWALL facing the churchyard of St. Mary's was understood as response to new town hall-building projects in Rostock and Stralsund. It stood, without any interrupting front-annexes, open to the Breite Straße and presented itself as an overwhelming viewpoint in the urban context, showing unmistakably the political position of Lübeck as capitol of the Hanseatic League. The terrific northern front was demolished in the 19th century due to dilapidation. Today we find a new building of 1888 made of smooth industrial bricks.

▷ With the NEUE GEMACH from 1440 Nikolaus Peck introduces the `Rich Style´ to Lübeck. The `Schildwand´ along with its vertical blind niches and layers of glazed brickwork is enriched with traceried rose windows and friezes and small-sized terracotta decor.

Among post-medieval building activities we find the new `Ratslaube´ built by Dutch stone-masons in 1570-72 as well as the limestone stairway in the façade of the `Neue Gemach´, leading to the Renaissance festival hall on the upper floor, built in 1594. In 1754 Johann Adam Soherr converts the Gothic audience chamber into a Rococo hall free of pillars. The chancellery is extended around the end of the 16th century and again in 1614/15. The walled up shops on the ground floor level are reopened in 2005.

In the 19th century the Town Hall loses its significant interior rooms, `Löwensaal´, `Hansesaal´ and `Börse´. In the course of the `restoration´ of the Town Hall after 1888 the new Council Hall and the neo-Gothic hall with its stairway are added. The complete removal of the interior and overhasty renewal of large parts of the facade's surfaces have eliminated much of the historical greatness from the venerable Town Hall. In 1942 the magnificient `Kriegsstube´, the most important spatial creation of the Renaissance in the north, is lost.

Lost is also the setting of the Town Hall by the surrounding market buildings. After dimension and rhythm of the formerly small-sized marketstalls have been affected by the Imperial Post Office (`Kaiserliche Post´) on the western side and the last stalls were destroyed in 1942, new dominant abutters have taken over the market. The size of the former 'main market of the Hanseatic League' is not recognizable any more, the layout damaged by recent additions.

What remains of the Town Hall is most of all the splendid south front on the market with its Renaissance arcade and the façade of the `Danzelhus´ with its glazed brickwork. Traces of early building history can be found in the cellar vault, the `Ratskeller´. Behind the Rococo ornamentation of the audience hall we find the Gothic `Ratssaal´. Some Gothic portals offer further insights into the Hanseatic Town Hall of the 14th century. Major parts of the Gothic fire walls of the three original houses also still exist. The `Große Kommissionsstube´ in the chancellery is the only perserved spatial creation by Tönnies Evers jun. from 1612–15.

Heiligengeist-
hospital, Südgiebel der
Kirchenhalle, nach 1300
neu aufgeführt. Der ein-
fache dreieckige Umriss
wird als Bescheiden-
heitsform gedeutet.
Die straffe Blendgliede-
rung folgt weitgehend
der Form des mutmaß-
lich älteren Nordschiff-
Giebels (vgl. Abbildung
Seite 157).

DAS HEILIGENGEISTHOSPITAL

Das Heiligengeisthospital gehört wie St. Marien, Rathaus und Katharinenkirche zu den hochkarätigen Baudenkmälern Lübecks. Wir haben es hier mit einer Architektur von europäischer Bedeutung zu tun. Am Heiligengeisthospital hat die Zeitgenossen jedoch weniger die Architektur, sondern immer das „Menschliche" fasziniert. Das Interesse gilt bis heute vornehmlich einer über 700-jährigen Tradition, die von der Alten- und Krankenversorgung bis zum modernen Seniorenheim reicht. Diese menschliche Seite wird in unserer Darstellung zwangsläufig einmal ausgeklammert.

Die Hospital-Bewegung

Mittelalterliche Hospitäler waren keine Krankenhäuser nach heutiger Vorstellung. Dennoch war die Pflege und Betreuung alter und kranker Menschen selbstverständlich. Die Klöster machten es vor: Die „Infirmarie" ist bei Benediktinern, Zisterziensern und anderen Orden zu einem festen Bautyp entwickelt worden. Der Krankensaal ist eine gestreckte, meistens mehrschiffige gewölbte Halle außerhalb der eigentlichen Klausur. Berühmte Beispiele stehen in Eberbach (Rheingau) und in Ourscamp (bei Noyon, Nordfrankreich).

In den Städten nahm sich bis ins 12. Jahrhundert die Kirche der Bedürftigen an. Viele einst bischöfliche Spitäler („Hotel Dieu" wie z.B. in Paris, Reims, Laon oder auch in Mainz) künden noch heute davon. Mit der Neubegründung des „Ospedale San Spirito" durch Innozenz III in Rom um 1207 und durch die Erfahrungen der Kreuzzüge gewann der Hospitalgedanke besonders in den aufblühenden Städten eine treibende Dynamik. Eine neue Geistigkeit im Gefolge der Bettelorden, das sich ausbreitende Memorialwesen „zur Erlangung der Seligkeit" und die zunehmende Selbst-Regierung der Städte machten das Hospital im 13. Jahrhundert zu einer zentralen Bauaufgabe.

Im kolonialen, also fast voraussetzungslos neuen Lübeck wurde schon vor 1230 ein Spital an der Südwestecke des Klingenbergs begründet. Der Bischof sorgte dafür, dass diese Anlage sich auch dem Seelenheil der Insassen widmete und einen durchweg kirchlichen Rang erhielt. Die Verlegung an den Koberg war zunächst ein Ergebnis städtebaulicher Pläne. Der Rat zeigte mit dem Spital und der Ratsschule am Ort der heutigen Pastorenhäuser am Neuen Markt, dass er mit der Aufsiedlung der Neustadt auch eigene Interessen verfolgte. Es war aber auch ein Akt einer einvernehmlichen Einigung mit dem Klerus. Mit der von Bischof Johann III von Tralau erlassenen „Ordnung der Brüder und Schwestern des Heiligengeist-Hauses zu Lübeck" war eine nahezu klösterliche, fast ordensmäßige Regel für Aufnahme und Leben im Hospital durchgesetzt. Die Zusammenarbeit mit dem Bischof hielt nicht lange; bereits gegen 1300 befand der Rat allein über „sein" Spital.

Zu den Aufgaben des Hospitals gehörte auch die Aufnahme durchreisender Pilger. Da Lübeck der Einreise-Hafen für die Pilger aus den skandinavischen Ländern in Richtung Südwesten war, besonders nach Santiago de Compostela, wurde mit dem Hospitalneubau einem echten Notstand abgeholfen.

Das Heiligengeisthospital als Bauwerk

Das Heiligengeisthospital ist die größte Anlage dieses Typs in Deutschland. Es besteht aus der dreischiffigen, nur zwei Joche tiefen Hallenkirche am Koberg, deren Mittelschiff sich um fast 90 Meter als „Langes Haus" fortsetzt. Nördlich dieses im Grundriss T-förmigen sakralen Kern-

Die Front des Heiligengeisthospitals am Koberg. Die schlanken Stiftstürme sind statisch wirksame Auflasten, können aber auch als „Riesen", also Zeichen der Ratshoheit, verstanden werden. Der Giebel des Nordseitenschiffs leider ungenau erneuert.

stücks schließt der „Querbau" an. In Verlängerung der Kirchenfront nach Norden, mit leichtem Knick in Richtung Große Burgstraße, stehen die beiden Giebelhäuser Koberg 10 und 11, beide als Teil der Hospitalanlage geplant und gebaut. An der Großen Gröpelgrube sind das Eckhaus Koberg 11 und der Querbau durch den „Ersten Längsbau" verbunden, der östlich im Anschluss an den Querbau durch den „Zweiten Längsbau" fortgesetzt wird. Hofseits am Langen Haus, Querbau und Ersten Längsbau liegt ein zweiflügliger Kreuzgang. Die Baugeschichte hat Karl Bernhard Kruse weitgehend geklärt.

Das Heiligengeisthospital, gesehen vom Turm der Jakobikirche. Rechts das gewaltige Dach der Langen Halle.

▷ Beginn der Planung für das Baugrundstück am Koberg kurz nach 1260. Baubeginn wahrscheinlich 1263 nach Erlass der „Ordnung der Brüder und Schwestern des Heiligengeist-Hauses zu Lübeck" durch Bischof Johann III von Tralau. Vorbild der Anlage ist vermutlich das Hospital „Bijloke" in Gent (Flandern) gewesen. „Die Vorsteher könnten diesen Bau gesehen und ihm in wesentlichen Punkten nachgefolgt" sein (Kruse). Die Daten passen sehr gut dazu: die Dächer der Genter Anlage wurden 1251–1253 aufgesetzt.

Einer der ersten Geldgeber und Förderer ist Erzbischof Albert Suerbeer von Riga gewesen, vormals Kanoniker in Lübeck, der „1265 zweimal 100 Mark lübisch einem Kirchenbauprojekt des Rates zukommen lässt" (Holst); dieser Kirchenbau ist das Heiligengeisthospital gewesen.

▷ Der Bau beginnt im Westen; zum Zeitpunkt des Stadtbrands 1276 stehen bereits die Außenmauern der Kirchenhalle am Koberg im ersten Zustand. Der Brand der nördlichen Altstadt bedeutet nur eine kurze Bau-Unterbrechung.

▷ Der aus mehreren Gebäuden bestehende erste Bau-Abschnitt wird „zwischen 1285 und 1290" fertiggestellt und schrittweise bezogen:

Die Kirche. Fassade mutmaßlich nur mit zwei Achteck-Türmchen beiderseits des Mitteltrakts. Seitenschiffe zunächst flach gedeckt, doch „bald nach 1285 und der Weihe" (Kruse) gewölbt. Dazu müssen die Außenmauern um fast einen Meter erhöht werden. Ein glasierter Spitzbogenfries, der im ersten Zustand die Mauer oben abschloss, wird dabei abgebrochen. Die Südost-Ecke der Kirche erhält einen Strebepfeiler. Das Friedhofsportal in der Südwand wird durch ein aus Gotland importiertes Sandsteinportal ersetzt. Das Mittelschiff ist gemeinsam mit dem Langen Haus mit einer durchlaufenden, fünfseitig gebrochenen Holztonne überdeckt. Zwischen Kirche und Halle steht eine nur etwa drei Meter hohe Lettnermauer mit zwei Durchgängen und drei Altar-Nischen.

Bezogen wird auch der erste Teil des Langen Hauses über einem zweischiffig gewölbten Keller. Am östlichen Ende wahrscheinlich wieder zwei Achteck-Türmchen. An der Südseite ein kleiner Anbau, von dem nur dessen gewölbter Keller unter der heutigen „Herrenstube" erhalten ist.

Das am Langen Haus nördlich anschließende zweigeschossige Querhaus über dem zweischiffig gewölbten sogenannten „Ochsenkeller") sowie der nicht mehr erhaltene Latrinenturm im Hof östlich vor dem Querbau sind ebenfalls fertig.

Fertig auch das Erste Längsgebäude an der Großen Gröpelgrube, zweigeschossig über Gewölbekellern. Als West-Abschluss dieses Traktes folgt das dreigeschossige Eckhaus Koberg 11, ein Getreidespeicher. Im Querhaus und Längsgebäude lagen die nach Männern und Frauen getrennten Krankensäle, Wärmestuben, Essräume und der Küchenbereich.

▷ Um 1300 wird die Lücke zwischen Koberg 11 und der Kirche mit dem Speicher Koberg 10 geschlossen; wie Nr. 11 über einem Gewölbekeller. Der zweiflügelige Kreuzgang verbindet die Lange Halle mit dem Querbau und dem Ersten Längsgebäude. An der Westfassade werden den Strebepfeilern die charakteristischen Achtecktürme aufgesetzt. Die Seitenschiffsgiebel an der Kirchen-West- und der Ostfront

Speicherhäuser Koberg 11/10. Die einstigen Doppelluken der Speicherböden wurden, soweit sie echte Öffnungen waren, durch Fenster ersetzt. Leit-Formsteine sind hier der Viertelstab für die Mauerecken und der Halbstab für die Säulchen in den Doppelluken. In den Speicher-Lüftungsluken an der Gröpelgrube-Front links sind grün glasierte Viertelkreis-Bogensteine wieder verwendet. Sie stammen wahrscheinlich von den Bogenfriesen der Kirche. Die Friese wurden entfernt, als man die Umfassungsmauern anlässlich der Einwölbung aufhöhte.

werden neu aufgeführt. Die niedrige Lett-
nermauer wird durch eine auf schlanken
Spitzbogen-Arkaden stehende gewölbte
Laube bereichert.

▷ Um 1310 Verlängerung des Langen
Hauses um 31 Meter nach Osten. Die
Südost-Ecke der neuen Ostfassade wird
durch einen niedrigen Treppenturm betont. An der Großen Gröpelgrube entsteht als Verlängerung des Ersten Längsbaus der zunächst ein-, bald zweigeschossige Zweite Längsbau. Die vorge-
sehene Unterkellerung unterbleibt. Im
Kreuzganghof wird ein Badehaus errichtet. Künstlerisch bedeutende Ausmalung des westlichen Kirchenraums, die
auf den für Stifter attraktiven hohen
Rang der Anlage verweist. Die erhaltenen Wandbilder sind auch inhaltlich sehr
anspruchsvoll (vgl. „Wandmalerei in Lü-
Lübeck", S. 214).

▷ Nach 1340 Errichtung der Gertrudenherberge, auch „kleines" Heiligengeisthospital genannt, auf der nordöstlichen
Grundstücksecke Langer Lohberg / Große Gröpelgrube für die durchreisenden
Pilger. Das „große" Hospital kann sich
ganz der Alten- und Krankenpflege wid-
men. Südlich des Langen Hauses wird
1360 am Hospital-Friedhof das später barock überformte Verwalterhaus errichtet.

▷ 1495: Das Mittelschiff der Kirche erhält ein zweijochiges Sterngewölbe. Wenige Jahre vorher ist die Lettnerwand als
definitive Raum-Trennung zwischen Kirchenhalle und Langem Haus bis in den
Dachstuhl hochgeführt worden. Als
letzte Baumaßnahme des Mittelalters
entsteht im Südost-Winkel zwischen Kirche und Langem Haus das Archiv, ein
kleiner Raum mit Sterngewölbe.

Als jüngste Maßnahme sei der Umbau
der Gertrudenherberge zu Wohnungen erwähnt. Obwohl die hochkarätige Bausubstanz bekannt war, leitete das Denkmalamt die Unterschutzstellung erst 2006 ein,
als gotische Wandmalereien entdeckt
wurden – zu spät, um Malereien und
Raumstruktur rehabilitieren zu können.

Kreuzgang. Ostflügel nach Norden. Rechts mit Glasurschichten betonte Öffnungen im Querbau. Formale Auszeichnung für einen einst dahinter-liegenden Raum. Aufgabe dieses Raumes wegen Einbau der „Ochsentreppe".

Die Kirchenhalle nach Norden gesehen. Über dem Lettner rechts die um 1490 hochgezogene Rückwand. Dadurch wurde das Lange Haus abgetrennt. Die Lettner-Laube wurde zu einer dekorativen „Sänger-bühne".

Wie kommt man zu Datierungen?

Das Fälldatum der in Balkenlagen und Dachwerken verwendeten Hölzer kann heute von der „Dendrochronologie" durch Analyse der Jahresring-Kurven ziemlich genau bestimmt werden. Die meisten während des Umbaus 1972–1973 genommenen Proben gehören zu Eichen, die 1284, 1286, 1287 und 1289 gefällt wurden. Daraus ließ sich der zeitliche Ablauf des Baugeschehens erschließen. „Da die Verzimmerung auf dieser mittelalterlichen Großbaustelle nicht vollständig im Jahr der Fällung durchgeführt werden konnte, muss die Bauzeit um ein Jahr verschoben angesetzt werden. Demnach waren Kirche und Langes Haus 1285, östlicher Teil des Ersten Längsgebäudes 1288, Haus Koberg 11 und westlicher Teil des Ersten Längsgebäudes 1290 rohbaufertig. Im 14. Jahrhundert erfolgten bereits die ersten Erweiterungsmaßnahmen, zunächst mit dem zweiten Längsgebäude um 1302 ... und dem Haus Koberg 10 ..." (Kruse).

Datierungen konnten auch aus Beobachtungen zur Backstein-Technik gewonnen werden. Zeittypisch wechselnde Ziegel-Formate, Steinfarben und Fugen-Ausbildungen am Hospital erbrachten Aussagen, die sich mit den Daten der Holzbiologen weitestgehend deckten. Die Wirtschaftsflaute nach 1300 führte zur Einstellung, zumindest „Streckung" vieler Bauprojekte. Auch bei Heiliggeist musste gespart werden: Am Zweiten Längsbau an der Gröpelgrube dokumentieren die vermauerten straßenseitigen Kellerportale und -fenster die gewölbten Mietkeller, die auch hier geplant, aber nie ausgeführt wurden.

Nehmen und Geben

Zwischen 1250 und 1350 entsteht in Lübeck fast alles, was das heutige „Weltkulturerbe" ausmacht. In jenen Jahren dürfte die Marienkirche die innovativste Dauerbaustelle gewesen sein. Der unverwechselbare Wandpfeiler-Aufriss der frühgotischen Halle beeinflusst auch die Westfront der Heiligengeistkirche. Die in Spitzbogennischen des Sockelbereichs liegenden Kreisfenster sind ebenso ein Marienhalle-Zitat wie die bereits erwähnte Viertelstab-Verwendung. Marienkirche und Spital wurden von denselben Geldgebern gefördert. Vielleicht ist der Baumeister der Marienhalle, die frühestens 1251 begonnen wurde, auch Bauleiter der Heiligengeist-Baustelle nach 1260 gewesen. Die Form der mit Hochblenden geschmückten Seitenschiffsgiebel der Heiligengeistkirche stammt ebenfalls von der Marien-Baustelle: Wahrscheinlich hat der um 1274 errichtete, heute verdeckte Ostgiebel der Marien-Südervorhalle das Motiv eingeführt. Auch im Wechsel vom Viertelstab zu moderneren Profilen hat St. Marien den Ton angegeben. Das um 1285 noch einmal ausgetauschte mittlere Portal der Westfront zeigt die gleichen Birnstab-Formsteine wie die Chorpfeiler in der Marienkirche. Die Dreifenstergruppe, welche sowohl die Mittelpartie der Kobergfront als auch die Ostseite auszeichnet, ist ein geläufiges Motiv im Backsteinbau der Kolonisationszeit. Die Großform der Front am Koberg – gereihte Dreiecksgiebel – zeigt eine „zitierende" Ähnlichkeit mit Bauten anderer Städte, etwa dem Sint-Jans-Spital in Brügge.

Kirchenhalle. Ostgiebel des nördlichen Seitenschiffs. Im Zusammenhang mit Einwölbung und Aufhöhung der Außenmauern entstanden. Die Gliederung mit Hochblenden und Biforien wurde auch für Bürgerhäuser vorbildlich.

Vor den Stufen zum ewigen Leben

Welcher Sinngebung die gewaltige Anlage im Mittelalter folgte, ist durch die jüngeren Umbauten, besonders durch die Abtrennung der Kirche von der Langen Halle und durch die im 19. Jahrhundert in die Halle hineingestellten „Kabäuschen" völlig unkenntlich geworden. Wie das Hospital um 1290 zu verstehen war, schildert Karl Bernhard Kruse:

Langes Haus nach Osten. Nur oberhalb der Kabäuschen ist die monumentale Größe der Halle noch erlebbar. Die Dreifenstergruppe zeichnet die Chorwand aus. Auch die Westfront der Kirche ist dadurch betont.

„Der heutige Raumeindruck ... entspricht in keiner Weise dem Raumgefüge, das 1289 ... vorhanden war. Die gebrochene Holztonne unter den Sparren und Kehlbalken des Dachwerks erstreckte sich von der Dreifenstergruppe in der Westfassade bis zur ... Dreifenstergruppe in der ... Ostfassade des Langen Hauses ... Die niedrige Lettnerwand schloss nicht ab, sondern gliederte die beiden zusammengehörigen Gebäude in ein kurzes Mittelschiff mit zwei Seitenkapellen und einen langen, hohen Chorbereich. ... Langes Haus und Kirche gehörten zusammen ... Die Bewohner des Heiligengeist-Hospitals lebten nach einer Regel, die von den Ordensregeln der damaligen Zeit viel aufgenommen hatte: Sie hatten keinen ... persönlichen Besitz und lebten selbst als Eheleute im Hospital enthaltsam. ... Vor diesem Hintergrund wird verständlich, wenn das Lange Haus als Chor der Heiligengeistkirche aufgefasst wird, in dem die Schwestern und Brüder, nicht der Hospital-Meister und seine Helfer, ihr Leben betend verbrachten. Mag auch uns modernen Menschen der Gedanke, in einer Kirche, in der ... Gottesdienst gefeiert wird, zu leben, d.h. zu essen und zu schlafen, noch so befremdlich sein: für einen schon bettlägerigen Menschen, der auf eine gute Sterbestunde mit den Tröstungen der Kirche wartet, ist er einsichtig". Das ist nun das wirklich Bedeutende am Lübecker Heiligengeisthospital: Nicht eine sich abschottende Priesterschaft hinter einem hohen Lettner, sondern die Kranken und Alten selbst bildeten das Personal dieses monumentalen Kirchenchores. Ein zutiefst franziskanischer Gedanke, dem Armut und Demut in der Nachfolge Christi höchste Tugenden bedeuteten.

Am östlichen Ende der Langen Halle unter der Dreifenstergruppe muss es also einen Altar gegeben haben. Gemalte Weihekreuze an den Wänden weisen noch heute die Lange Halle als Sakralraum aus. Die westlich vorgesetzte dreischiffige Kirchen-Vorhalle war demnach eher Memorial-Raum für Angehörige Verstorbener. Hier wurden die Totenmessen gelesen; die Altar-Mensen mit gemalten Wand-Retabeln unter der Lettnerbühne und das (aus Gotland importierte) Friedhofsportal an der Südseite sind deutliche Hinweise.

Vorbilder Nachbilder

Die meistzitierten Spitalbauten des Mittelalters sind neben Lübeck die Bijloke in Gent, Sint Jans in Brügge und das 1293 von Marguerite de Bourgogne gestiftete Tonnerre (Burgund). Ein berühmter später Nachfolger ist das vom Kanzler Rolin 1443 gestiftete Hôtel-Dieu in Beaune. Von großer Bedeutung unter den älteren Beispielen ist das 1175 von einem ranghohen Adligen gestiftete und 1190 weitgehend fertiggestellte „Hôpital St. Jean" in Angers. Angers war Hauptort des damals englisch beherrschten Westens Frankreichs („Anjou"). Eine dreischiffige Halle mit hocheleganter Wölbung nahm die nach Männern und Frauen getrennten Schlafstellen-Reihen auf. Die unmittelbar nordwestlich anschließende große „Grangie", ein riesiger, dreischiffiger Speicher mit offenem Dachstuhl und monumentalem Gewölbekeller nach Art der Zisterzienser zeigt, wie der Unterhalt der Anlage und ihrer Bewohner finanziert

Heiligengeisthospital von Osten (vom Dach der 1890 auf dem Hospitalgrundstück erbauten Marienschule). Am West-Ende die Kirchenhalle mit den vier Stiftstürmen.

wurde. Das ist mit der Lübecker Anlage direkt vergleichbar. Die gewölbten Kellerräume unter dem Langen Haus, unter den Speichern am Koberg und an der Gröpelgrube stellen typische Miet-Keller dar, die nur über die breiten Kellerhälse von außen begangen werden konnten. Vom Spital aus gab es keinen Zugang. Auch der „Ochsenkeller" ist als eine Kaufhalle anzusprechen, vergleichbar mit der Kaufhalle Schüsselbuden 2 (s. S. 62). Die beiden vier Böden fas-

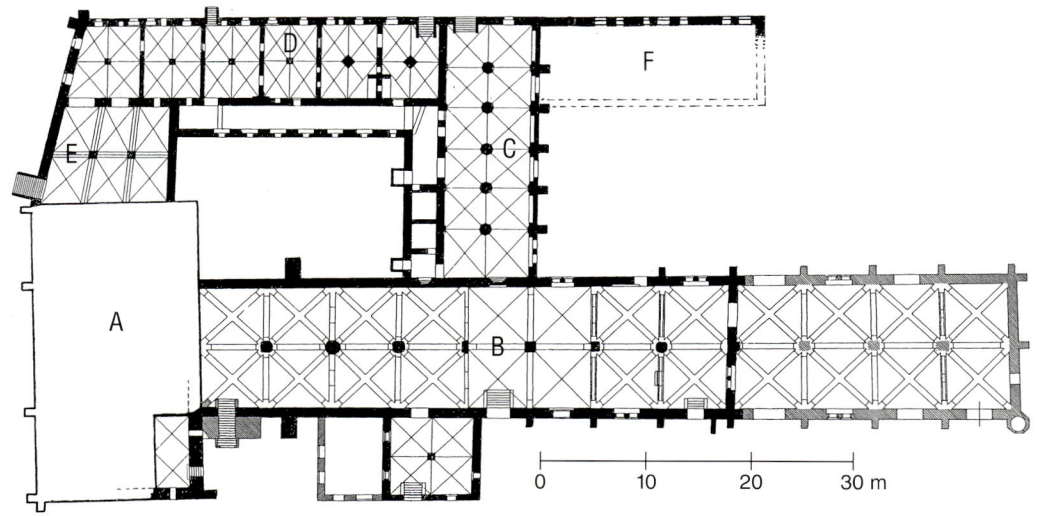

Kellergrundriss. Bau um 1265 begonnen. Die Mieteinnahmen dienten dem Unterhalt des Hospitals.
A Kirchenhalle (Gruft neuzeitlich)
B Keller unter dem Langen Haus, Verlängerung um 1310. Die Verstärkung der Gewölberippen aus dem frühen 19. Jahrhundert.
C „Ochsenkeller" unter dem Querhaus
D Keller unter dem Ersten Längsgebäude an der Großen Gröpelgrube, mit dem Speicher Koberg 11
E Keller des Speichers Koberg 10 um 1300
F Zweiter Längsbau, der nicht mehr ausgeführte Keller.

Ochsenkeller unter dem Querbau, gebaut als repräsentative Kaufhalle. Archivbild von 1972. Die Raumproportionen sind stark verfälscht. Im Rahmen der „Sanierung" sind die profilierten Pfeilersockel mitsamt vier weiteren Backsteinschichten des aufgehenden Mauerwerks in der neuen Betonsohle verschwunden.

senden Giebelhäuser am Koberg speicherten Getreide für den Eigenbedarf des Hospitals. Zumindest Teile der Erträge aus den Spitaleigenen Dörfern und Fluren konnten hier gelagert werden. Zusätzlich gab es weitere Wirtschaftsgebäude auf dem Hospitalgelände.

Das Heiligengeisthospital ist nicht der erste, wohl aber der bedeutendste Hospitalbau auf deutschem Boden. Die Lübecker „Jahrhundert-Idee" jedoch, die Kranken und Alten selbst zum gottgewissen Personal des Kleriker-Chors zu machen, wiederholt sich in baulich abgemilderter Form nur in Tonnerre; vielleicht auch in Stralsund, im Vorgängerbau des heute bestehenden Heilgeistspitals.

Ein Nachsatz

Unser Heiligengeisthospital ist also eine der bedeutendsten und monumentalsten Anlagen im frühen Backsteinbau, so das einhellige Urteil der Fachgelehrten. Zur Zeit der „Sanierung" zwischen 1970 und 73 war diese Einschätzung offenkundig nicht bekannt. Ziel war, den fast 700 Jahre alten Gebäudebestand in ein modernes Alten- und Pflegeheim nach aktuellem Standard umzuwandeln.

Eine Denkmalpflege mit den heute geltenden Qualitäts-Maßstäben hat es damals nicht gegeben. Über das Bauwerk war so gut wie nichts bekannt. Vorbereitende Bauforschung war noch nicht üblich, folglich fehlte auch eine denkmalpflegerische Zielstellung. Die Erkenntnisse von Kruse, Erdmann und anderen zur Baugeschichte sind als Not-Aufnahmen während der Bauarbeiten ge-

Ochsenkeller. Die Gewölbe sind mit auf Kopf gesetzten Ziegeln gemauert, die Kappen haben also eine Stärke von mindestens 30 cm. Erkennbar die klimatische Schädigung. Der schützende Kalkanstrich ist längst abgefallen, jetzt ist der Stein „dran".

wonnen worden. Nur die Amts-Archäologie hat seinerzeit gemeinsam mit dem „Sonderforschungsbereich 17" der Universität Kiel die Gelegenheit zur Forschung genutzt.

Abgeräumt und zerstört worden sind alle alten Dachwerke von 1284–1288 außer über der Langen Halle und der Kirche; ein Vorgehen, das auch unter den damals geltenden Bedingungen nicht zu rechtfertigen war. Abgebrochen u.a. das Badehaus von 1300 im Kreuzganghof, die Südwand des Zweiten Längsbaus, die Rückfassade von Koberg 11, dazu eine große Menge Durchbrüche durch originales Mauerwerk von 1280/91 und die 100%ige Zerstörung der Befensterung des 18. und 19. Jahrhunderts. Das ist geschehen und verjährt. Doch Planungsfehler von damals entfalten ihre zerstörende Wirkung bis heute und in die weitere Zukunft: Besonders besorgniserregend die Salzkristallisation in den gewölbten Kellerräumen und im Kreuzgang: Heizung und Trockenheit bewirken hier zunehmende Schäden, deren Folgen für die originale Bausubstanz absehbar sind. Es besteht dringender Handlungsbedarf.

Literatur

Eckstein, Dieter und Sigrid Wrobel: Der Kalender in Holz. Altersbestimmung mit Hilfe der Dendrochronologie. In: Archäologie in Lübeck (erschienen zur gleichnamigen Ausstellung), Lübeck 1980. S. 148.
Erdmann, Wolfgang: Zur geplanten Sanierung des Lübecker Gertrudenspitals. In: Zeitschrift des Vereins für Lübeckische Geschichte und Altertumskunde Bd. 70, 1990. S. 61–69.
Finke, Manfred: Hoffnung für die Gertrudenherberge. In: Bürgernachrichten, Zeitung der Bürgerinitiative Rettet Lübeck Nr. 95/2005, S. 5.
Kruse, Karl Bernhard: Die Baugeschichte des Heiligen-Geist-Hospitals zu Lübeck. Mit einem archäologischen Beitrag von Günter P. Fehring (= Lübecker Schriften zur Archäologie und Kulturgeschichte, Hrsg. Manfred Gläser, Band 25). Bonn 1997.
Teuchert, Wolfgang: Überlegungen zu Baugeschichte und Gestalt des Heilig-Geist-Hospitals in Lübeck. In: Nordelbingen 40, 1971. S. 22–37.

Summary

The Heiligengeist-Hospital

In the high and late Middle Ages the care and support of the old and ill was quite natural. The monasteries of the Benedictines and Cistercians had developed the `firmaria´ (a medieval hospital ward) into a fixed building type, a long stretched, often multi-aisle vaulted hall outside the actual enclosure. In the rising towns the idea of hospitals grew due to the experiences during the crusades. A new spirituality introduced by the mendicant orders and the increasing self-government of the towns made the hospital in the 13th century a central building task.

Already before 1230 a hospital was founded in Lübeck on the southwest corner of the Klingenberg. The relocation to the Koberg took place by mutual consent with the bishop. Nearly monastical order-like regulations for admission and life in the hospital were asserted by bishop Johann III of Tralau with the decree `order of the brothers and sisters of the Heiligengeist-house in Lübeck´. However, around 1300 the council alone was in charge over 'its' hospital.

The Heiligengeisthospital is like St. Mary's, the Town Hall and St. Catherine a building of European significance as well. It is the largest complex of its kind in Germany. It consists of the three-aisle, only two-bay deep hall church, whose central vessel continues for nearly 90 metres as `Lange Haus´, ressembling in floor plan a T-pattern. The `Querbau´, a transversal wing, is attached north of this sacral core. In extension of the churchfront to the north are the two warehouses Koberg 10 and 11, both planned and built as part of the hospital complex. The history of its building is basically known.

Planning begins shortly after 1260, building presumably 1263. Prototype for the complex was probably the 'Bijloke' hospital in Gent (Flanders). Among the first buildings completed between 1285 and 1290 there are the church's western hall, the adjoining 'Lange Haus' with vaulted cellar, the two-storey transversal building to the north above the so-called 'Ochsenkeller', the 'first longhouse' on the Große Gröpelgrube, and the three-storey warehouse Koberg 11. Hospital wards, heated rooms, dining rooms and the kitchen area were located in the transversal building and in the longhouse, separating men and women.
The open space between Koberg 11 and the church is filled around 1300 by the warehouse Koberg 10 with its vaulted cellar. The double-wing cloister connects the 'Lange Haus' with the transversal building and the 'first longhouse'. The buttresses on the western facade receive their characteristic octogonal towers. The gables of the side-aisles along the church's western and eastern front are rebuilt. The low rood screen receives a vaulted arcade.

Around 1310 the 'Lange Haus' is extended by 31 metres. At the Große Gröpelgrube the two-storey 'second longhouse' is built. A planned additional basement is not carried out, a recession forces the 'stretching' of the building project. The church's interior receives artistically valuable painting, exemplifying the high value this memorial-room had for donors.

Among the hospital's tasks were also the admission of pilgrims passing through. For this purpose the Gertruden-hostal is built after 1340 on the northeastern corner of the lot Langer Lohberg / Große Gröpelgrube. In 1360 the administrator's house, later decorated in Baroque style, is erected south of the 'Lange Hause' at the hospital cemetary.

In 1495 the nave of the church hall receives a two-bay star-ribbed vault. With the rood screen reaching up to the truss church hall and Langes Haus are definitively separated.

The architecture of the Heiligengeist-hospital is determined in the first building phase strongly by the early-Gothic St. Mary's hall. In the alignment of triangular pediments on the Koberg that are quite modest compared to the crow gables, references to buildings in other towns are obvious, for example to the Sint-Jans-hospital in Bruges.

Which intention originally had been sought in the Middle Ages has been totally garbled beyond recognition especially by the detachment of the church hall from 'Lange Haus' and by insertion of small rooms (called 'Kabäuschen') into the hall in the 19th century. Langes Haus and church belonged together. The inhabitants of the Heiligengeist hospital lived according to rules that had adopted much from the order's rules of the time. The 'Lange Haus' can be regarded as choir for the Heiligengeist church, in which sisters and brothers spent their lives praying. Not an enclosed priesthood behind a high rood screen, but the sick and elderly themselves formed the personell of this monumental church choir, a deeply Franciscan concept, for whom poorness and humbleness were the highest virtues in the succession of Christ. The western three-aisle vestibule therefore was the memorial-room for the relatives of the deceased, in which the requiems were held.
The unique idea in Lübeck of incorporating the old and sick into the personell of the cleric choir is repeated, though on a smaller scale, only in Tonnerre (Burgundy), perhaps also in Stralsund in the predecessor of the still existing Heilgeisthospital.

The Heiligengeisthospital in Lübeck occupies a prominent role among the other complexes in Gent, Bruges and Tonnerre as well as the subsequent successor Hôtel-Dieu in Beaune (Burgundy). The `Hôpital St. Jean´ in Angers (France), completed in 1190, shows how upkeep of the complex and its inhabitants was financed with its large `Grangie´, a huge warehouse. Comparable to the cellar vaults in Lübeck, they were rented out and so helped support the hospital economically.

In 1972–73 the nearly 700-year-old building was transformed into a senior's home according to modern standards. This `renovation´ did do harm to the significant building by removing and destroying, among other things, all old roof trusses from 1284–88 except for those covering the `Lange Halle´ and the church. Especially alarming is the salt cristallisation caused by heating and dryness in the cellar vaults, cellars and in the cloister, leading to the irrevocable destruction of the old building's substance.

Burgkloster. Der Sommerremter, auch Lange Halle, Urbau des Dominikanerklosters. Die beiden westlichen Abschnitte (rechte Bildhälfte) gehörten mit ziemlicher Sicherheit zum dänischen Palas. Die Wölbung stammt von 1240/50. Die verschiedenen Pfeilerformen verweisen darauf, dass dieser Riesensaal ehemals in drei Räume unterteilt war. Es gibt viele Wandmalerei-Reste.

DAS BURGKLOSTER SANKT MARIA MAGDALENA

Im mittelalterlichen Lübeck hat es vier Klöster gegeben. Das älteste war das benediktinische Johanniskloster, das schon 1177, kurz nach Beginn des Dombaus, gegründet und später Zisterzienser-Nonnen übergeben wurde. Erhalten ist davon wenig (s. S. 192). Mit dem Aufschwung der Handelskolonie kamen auch jene Mönchs-Orden nach Lübeck, denen der Papst erstmals „die Arbeit in der Welt" gestattet hatte: Sie kümmerten sich um das Volk, besonders um die Massen armer und rechtloser Menschen, die vom Land in die aufblühenden Städte strömten. Als neue, dem Zeitgeist entsprechende Orden gewannen die Bettelmönche durch demonstrative Besitzlosigkeit, seelsorgerische Hingabe, Kranken- und Armenpflege, aber auch Wortgewalt das Vertrauen der Stadtbevölkerung. Bald hatten sie nicht nur die Bedürftigen, sondern auch die guten Bürger und reichen Patrizier auf ihrer Seite.

Burgkloster. Pfeiler im Ostteil der Langen Halle. Bereits in der frühen Phase um 1250/60 zeigt sich, wie der Priesterorden seinen Führungsanspruch durch Qualität der Ausstattung untermauert.

Bettelorden: eine neue Bewegung zur rechten Zeit

Dominikaner gehören wie die konkurrierenden Franziskaner zu den Bettelorden. Wer sich alte Städte ansieht, wird schnell bemerken, dass Dominikaner und Franziskaner fast immer gemeinsam auftreten. Wo Franziskaner ein Kloster bauen, sind Dominikaner nicht weit. Und umgekehrt. Das Auftreten der Bettelorden ist untrennbar mit dem Wachstum der Städte und dem Entstehen eines ersten Proletariats gegen 1200 verbunden. Dem Papst kommen die Franziskaner und die Dominikaner mit ihren sozialen und fürsorgenden Anliegen wie gerufen, zumal sie so überzeugend die eigene Armut „in der Nachfolge Christi" betonen.

Die Bezeichnung „Bettelorden" ist irreführend. Die steile Karriere der Bettelorden nach 1220 beruht auf einem neuartigen Geschäft: Für bestimmte finanzielle Leistungen erwartet und erhält der stiftende Bürger von den Mönchen eine Gegenleistung in Form von Totenmessen, Gedenk-Andachten und Fürbitten. Nach Mitte des 13. Jahrhunderts werden auch Grablegen in den Klosterkirchen käuflich. Die Kirche wird zu einem Memorial-Raum für Bezahlende. Dieses Geschäft, der Memorialdienst und die bezahlte Fürsprache, ermöglicht die schon im 13. Jahrhundert überraschend großen und bedeutenden Bauten der Mönche. Treibende Kraft dieser Entwicklung dürfte die „Erfindung" des Fegefeuers gewesen sein: Seit dem 13. Jahrhundert werden die Qualen des Purgatoriums erstmals so realistisch ausgemalt, dass es vorteilhaft erschien, beim Jüngsten Gericht Mönche als Fürsprecher an seiner Seite zu wissen.

Die Dominikaner sind ein reiner Priesterorden, der sich zudem ganz aus Adligen rekrutiert. 1215 gründet Dominikus sein erstes Kloster in Toulouse, 1217 bestätigt der Papst diese Gemeinschaft als neuen Orden, 1220 findet bereits die erste Generalversammlung mehrerer „Dominikaner"-Klöster statt. Dominikanermönche tun sich besonders als Prediger und Beichtväter hervor. Der Papst beauftragt sie mit der Überwachung und Durchsetzung der offiziellen Glaubenslehre. Daraus entsteht die später so berüchtigte Inquisition.

Die 1210 vom Papst autorisierten Franziskaner, anfangs eine reine, vom Kaufmannssohn Francesco aus Assisi begründete Laien-Bewegung, setzen neben der Predigt auch auf den Dienst „am Menschen". Ihre Beliebtheit beruht nicht nur auf der Tatsache, dass sie Grablegen in ihren Kirchen „preisgünstiger" anbieten als die normalen Pfarrkirchen, in denen hohe Gebühren zu zahlen waren. Franziskaner leisten intensive Arbeit „in der Welt", die von Armenspeisung und Krankenpflege bis Bildung alles umfasst, was heute das staatliche soziale Netz leistet. Eine Gemeindearbeit nach heutigem Verständnis ist das Wirken der Bettelorden nur deshalb nicht, weil sie keine Gemeindekirchen im kirchenrechtlichen Sinne führen. Aber ihre großen Klosterkirchen sind offen für alle.

In Lübeck, der aufstrebenden Metropole des Nordens, fassen die in unglaublicher Schnelligkeit expandierenden neuen Mönchsorden sehr früh Fuß: Bereits 1225 (noch zu Lebzeiten des Heiligen Franz !) erhalten die Franziskaner am Nordrand der damaligen Stadt Bauland und 1226 übernehmen Dominikanermönche das Areal der dänischen Burg.

Eine Burg wird Kloster

Am 22. Juli 1227, dem Tag der Heiligen Maria-Magdalena, besiegten die Lübecker und ihre Verbündeten das dänische Heer und beendeten so die dänische Vorherrschaft im Ostseeraum. Der Lübecker Rat hatte gelobt, im Falle des Sieges ein Mönchskloster zu stiften. „Das Los" – so muss man annehmen – „fiel auf die Dominikaner", denen man das Gelände der verwaisten Burg als Bauplatz für ihr Kloster schenkte.

Eine schöne Geschichte – wahrscheinlich aber mehr ein Beispiel dafür, wie Stadtgeschichtsschreibung durch Legendenbildung eine den Lübecker Rat glorifizierende Aura verschafft. Tatsächlich müssen die ersten Dominikaner schon vor Bornhöved in Lübeck gewesen sein, zweifellos als „Konkurrenz"-Unternehmen zu den seit 1225 ansässigen Franziskanern. Im Frühjahr 1226 sollen Lübecker Bürger den Dänen die Burg „im Handstreich" entrissen haben – nachfolgend konnten sich also Predigermönche in der Burg einrichten. Grund für diese Vermutung sind die Dominikaner-Statuten: Eine neue Niederlassung muss eine dreijährige Bewährungs- bzw. Probezeit durchstehen, um offiziell vom Generalkapitel des Ordens anerkannt zu werden. Da der Lübecker Konvent bereits auf dem Generalkapitel von 1229 zugelassen wurde, liegen die Anfänge der Lübecker Dominikaner-Niederlassung tatsächlich früher als bisher angenommen.

Damit ist die „Lange Halle" (auch „Sommerrefektorium") mit ziemlicher Sicherheit der Rest der dänischen Burg, das Mauerwerk des Westteils (ohne die jüngere Wölbung) kann nur der Palas dieser Burg gewesen sein. Ein wichtiges bauhistorisches Argument dafür sind die zwei repräsentativen Wandkamine in der Westwand, Bauformen, die damals nur dem Adel zustanden, nicht aber den Bettelmönchen. Für die Übernahme-Theorie spricht auch, dass die Bettelorden in ihren ersten Jahren noch keine eigenen Kirchen bauen durften.

Das Brand-Datum 1228 von untersuchten Ziegeln der Langen Halle muss dazu kein Widerspruch sein: Die Mönche können schon früh Ausbesserungen und Veränderungen am nur wenig älteren dänischen Urbau vorgenommen haben – sofern das Brand-Datum (das mit der „Thermolumineszenz"-Methode ermittelt wird) unanfechtbar ist.

Sicher ist, dass bis 1260/70 ein voll ausgebautes Kloster entstand. Als Teil dieses frühen Klosterbaus ist die Wölbung der Halle samt deren Verlängerung nach Osten erhalten. Im Backsteinbereich einzigartig sind hier die mit Kugel-Formsteinen bereicherten Fensterlaibungen, ein aus dem spätromanischen Werksteinbau direkt übernommener Dekor.

Ein nicht ganz typisches Dominikanerkloster

Nicht allein der Stadtbrand von 1276, vielmehr der Wunsch, am gewaltigen Modernisierungsschub in der zweiten Jahrhunderthälfte teilzuhaben und mit aktueller Architektur zu beeindrucken, lassen im Konvent den Entschluss reifen, einen fast vollständigen Neubau zu wagen. Die vergrößerte Klosterkirche ist 1319 fertig. Leider ist sie nicht erhalten.

Wenn man der 1819 anlässlich des Abbruchs angefertigten Zeichnung trauen darf, war diese Kirche eine hochräumige Basilika mit teilweise offenem Strebewerk. Der wandhaft geschlossene Obergaden mit kleinen Fenstern und einer Jochmarkierung durch einen einzigen dünnen Gewölbedienst rückt diesen Bau in die Nähe Typ-bildender Dominikanerbauten wie Regensburg oder Erfurt. Die Kirche besaß einen hohen, einschiffigen Mönchschor mit einem im Südost-Winkel zum Langhaus stehenden Chor-Seitenturm.

Wohl zeitgleich mit der Kirche entsteht der fast quadratische Kreuzgang mit bemerkenswerter Konsolplastik. Es folgen der Ost- und der Westflügel der Klausur, deren Mauern zu großen Tei-

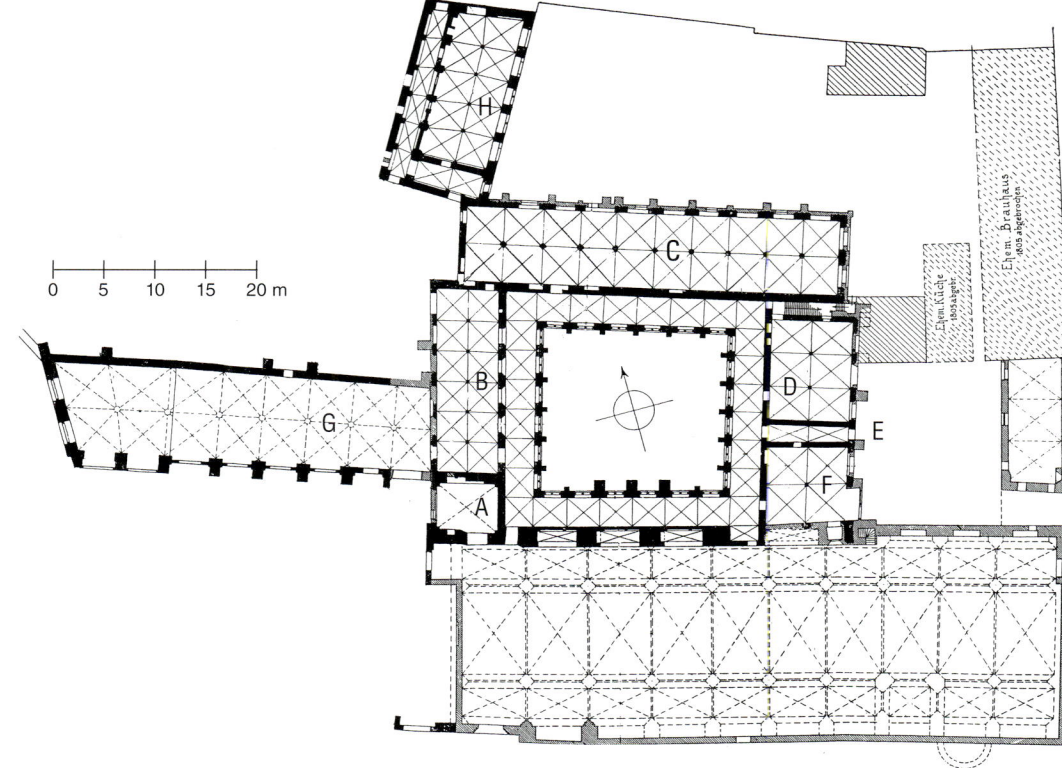

Burgkloster. Grundriss der Gesamtanlage. Die 1818 abgebrochene Kirche gestrichelt. An Stelle der Wirtschaftsgebäude an der Großen Burgstraße seit 1890 das Burggericht. Originales Mauerwerk aus der Klosterzeit schwarz. Am zentralen Kreuzgang liegen: A ehem. Abtskapelle (?), B Kapitelsaal, C Lange Halle, D Winterrefektorium, E Durchgang, F Sakristei. Außerhalb der Klausur: G Beichthaus, H Hospital.

len heute noch vorhanden sind, wenn auch außen um 1890 neu verkleidet. Das Obergeschoss über der romanischen Langen Halle wird erneuert. Hier liegt, durchaus ungewöhnlich, der Schlafsaal der Mönche, das Dormitorium.

Links: Die Fassade des Beichthauses an der Kleinen Altefähre gehört in die Monumental-Phase der Architektur Lübecks in der ersten Hälfte des 14. Jahrhunderts. Der originale Giebel ist nicht erhalten, die jetzige einfache Dreiecksform stammt mutmaßlich aus dem 17. Jahrhundert.

Rechts: Hospital, zweischiffige Halle im Erdgeschoss. Die gut erhaltenen Reste einer Steinofenheizung sowie die Wandnischen zwischen den Fenstern an der Ostseite legen nahe, dass dies einst ein Krankensaal war. Doch der repräsentative Schmuckfußboden bleibt dazu ein Rätsel.

Alle Räume im Erdgeschoss sollen, so die jüngere Forschung, dem Armutsgebot der Dominikaner folgend, flache Decken gehabt haben. Für Norddeutschland wäre eine derart rigorose „Wölb-Feindlichkeit" außerordentlich bemerkenswert. Der zweifelsfrei durchgehend gewölbte Kreuzgang widerspricht denn auch einer solchen Annahme.

Nördlich an die Klausur anschließend wird um 1340/50 das Hospital errichtet, das vermutlich auch im Pilgerwesen der Zeit eine Rolle gespielt hat. Die Ostfassade des Hospitals zeigt prunkvolles Glasurschicht-Mauerwerk und große Fensteröffnungen flandrischer Art in Stichbogenblenden. Der Erdgeschoss-Saal mit seinen gereihten Schranknischen erinnert an die Infirmarien der Benediktiner und Zisterzienser. Wenig später wird westlich der Klausur das Beichthaus angefügt, dessen Südwand in große spitzbogige Fenster aufgelöst ist. Es ist ein „gebauter Beweis" für die Beliebtheit der Dominikaner als Beichtväter. Das Beichthaus war eine zweischiffig gewölbte, lange Halle, die auch für Begräbnisse und damit als Memorie genutzt wurde. Der lange Trakt besaß einst noch ein niedriges Obergeschoss. Die mit schwarzglänzenden Glasurschichten auf den volkreichen Hafen gerichtete Giebelseite könnte eine Antwort auf die soeben von den Franziskanern fertiggestellte Pracht-Fassade ihrer Katharinenkirche gewesen sein. Der auffallende Prunk bei der Gestaltung sowohl des Hospitals, des Beichthauses als auch der Katharinenfassade (s. dort) lässt sich mit Stiftungen reicher (wohl auch dem Rat nahestehender) Bürgerfamilien erklären. Man mag darin auch eine „Belohnung" für eine politische Haltung sehen: Die beiden Bettelorden hatten den Rat und die Bürger Lübecks während der Auseinandersetzungen mit Bischof Burchard von Serken unterstützt.

Ein „Oder-gotischer" Chor?

Eine weitere bauhistorisch bedeutende Phase beginnt 1399 mit dem Neubau des Kirchenchores. Der einschiffige Langchor, das basilikale Mittelschiff nach Osten fortsetzend, wird abgebrochen und durch einen hohen, dreischiffigen Hallenchor ersetzt. Der alte Chorturm wird einbezogen und zum Chorinneren als Kapelle geöffnet. Lettner und Chorschranken teilen das Mittelschiff der neuen Chorhalle als Mönchschor ab.

Da es in dieser Zeit in Lübeck keine andere Baustelle von Belang gibt, wird man für diese überraschend gegen den Trend verlaufende Bautätigkeit der Dominikaner noch Gründe anführen müssen. Zur Neubaumaßnahme gehören auch das nördlich des Chores an der Burgstraße gelegene sogenannte Brauhaus, das erst 1889 zugunsten des neuen Gerichtsgebäudes abgebrochen wurde. Von ihm besitzen wir gerettete Baukeramik, besonders die grotesken, schwarzgrün glasierten „Fratzen schneidende" Köpfe. Solche Köpfe finden sich übrigens ähnlich am Dominikanerkloster in Tangermünde.
Die Formensprache der Neubauten scheint aus dem Osten zu stammen, genauer: aus dem Oder-Havelgebiet. Die Verwandtschaft mit der dekorativen Schauwand-Gestaltung des „Hinrich Brunsberg aus Stettin" ist auffällig. Seine von glasierten Formstein-Wimpergen bekrönten, wie Lisenen angeordneten Figurennischen finden wir an der Stargarder Marienkirche, an St. Jacobi in Stettin, St. Marien in Königsberg / Neumark (heute Choina), an der Brandenburger Katharinenkirche und andernorts. Gab es in Lübeck einen „Brunsberg-Ableger"? Leider ist die vom Lübecker Maler Hauttmann vor Abbruch angefertigte Chor-Ansicht zu wenig genau, um darüber urteilen zu können.

Möglicherweise hat die Architektur des neuen Lübecker Dominikanerchores Nachfolge in der nahen Nachbarschaft gehabt: Die glasierte Baukeramik der bald nach dem Lübecker Dominikanerchor aufwachsenden Wismarer Kirchenbauten St. Nikolai und St. Georgen ist von gleichem Charakter.

Erstaunlich ist, in welch' kurzer Zeit die Lübecker Dominikaner ihren neuen Chor errichten. Nach Aussage der Urkunden ist er bereits 1401 fertig. Die künstlerisch hochrangige und sicher sehr kostspielige Ausgestaltung zieht sich aber noch über Jahre hin. Natürlich handelt es sich, wie auch beim Chorbau selbst, um Stiftungen reicher Bürger, die hiermit ihr Seelenheil zu gewinnen hoffen. Von besonderer künstlerischer Qualität ist die farbige Verglasung, die „einem Schüler des Conrad von Soest" zugeschrieben wird, neuerdings Conrad von Soest selbst (die Fenster gelangten im 19. Jahrhundert in die Marienkirche, wo sie 1942 fast vollständig zugrunde gingen). Von dem prachtvollen, bedeutsamen Bestand wurden nur zwei Felder des Kreuzlegenden-Fensters gerettet.

Dagegen existieren viele der vermutlich aus französisch Flandern importierten Skulpturen zu unserer Freude noch und stellen den Hauptteil des berühmten Fundus an „lübeckischer Steinplastik des Weichen Stils" im St. Annen-Museum dar, z.B. die „Klugen und Törichten Jungfrauen".

Prachträume der Spätgotik

Der neue Kirchenchor dürfte das Signal gegeben haben, die gesamte Klausur zu modernisieren. Alle Räume werden jetzt scharfkantig und schönlinig gewölbt. Im Westflügel entsteht der neue Kapitelsaal, eine zweischiffige Halle zu sechs Jochen. Der Raum öffnet sich mit fünf repräsentativen Portalen zum Kreuzgang. Eine quadratische Kapelle füllt den Raum bis zur Kirche. Die Erdgeschosshalle des Hospitals wird unterkellert und gewölbt, ebenso der Ostflügel der Klausur. Dort entstehen in den 1430er Jahren das Winterrefektorium, die Treppe zum Dormitorium, der Durchgang zum Wirtschaftshof und die Sakristei am neuen Kirchenchor. Das Refektorium

Winterrefektorium, Gewölbekonsole. Der einst mit einer Steinofenheizung ausgestattete Speisesaal der Dominikaner besitzt qualitätvolle Bauplastik des „Weichen Stils". Die stark beschädigten Gewölbekonsolen zeigen neben Gastmahlszenen auch das Letzte Abendmahl.

erhält dabei qualitätvolle Gewölbekonsolen, die Gastmahlszenen zeigen, und Schlussstein-Scheiben mit Christus-Szenen im Wechsel mit Darstellungen bedeutender Dominikaner. Dieses Sich-in-Position-Setzen verrät einiges vom Sendungsbewusstsein des Ordens. Am prachtvollsten erscheint uns heute die vergleichsweise gut erhaltene Sakristei, die einst eine Seitenkapelle an der Nordseite des Kirchenchors darstellte. Den quadratischen Raum überdeckt ein vierteiliges Kreuzrippengewölbe auf einer achteckigen Mittelstütze. Auf der Nordwand sind durch didaktische Restaurierung zwei sehr schöne und bedeutende Wandbilder sichtbar gemacht worden, in denen etwas von der Spiritualität der Dominikaner anklingt. Links ist eine Darstellung der Gregorsmesse zu erkennen, einem Bildmotiv des 15. Jahrhunderts. Der Gregorsmesse thematisch gegenübergestellt eine besser erhaltene, von tiefer religiöser Spannung erfüllte „bürgerliche" Messe rechts daneben. Die

Die Sakristei, einer der kostbarsten Räume der Gotik in Lübeck. Einst funktional auf den neuen Chor der Kirche ausgerichtet. An der Nordwand zwei bedeutende Bilder des Weichen Stils von etwa 1410/20. Die hölzerne Umkleidung des Mittelpfeilers mit einer „Kredenz" und der prächtige Fußboden stammen aus dem späteren 15. Jahrhundert, dazu skulptierte Gewölbekonsolen und gotische Wandschränke. Alles atmet Qualität. Die Gewölbe-Fassung ist von 1884/85.

Schmuckfußboden in der Sakristei. Diese Fläche und die Reste im Hospital sind weit und breit die einzigen und gleichzeitig anspruchsvollsten Beispiele dieser Art. Die Restaurierung dieses kostbaren Bestandes ist bis heute nicht gelungen; der Boden wird durch Salzkristallisation zerstört.

Gewölbekonsolen sind auch hier von ausgesuchter Qualität. Thema ist die Passion Christi. Der Fußboden aus exakt zugeschnittenen Ziegelplättchen ist ein Ausnahme-Kunstwerk. Die Ziegelmasse ist in ganzer Stärke durchgefärbt. Neben dem normalen roten Terrakotta-Ton sind schwarze und weiße Plättchen verlegt. Die Hauptflächen zeigen Bänder, die diagonal verlaufen und sich durchkreuzen. Umlaufend Flächen mit quadratischen und rechteckigen Steinen. Besonders schön die Eck-Rosetten mit ihren flamboyanten Fischblasen-Motiven. Ähnliche Fußböden aus farbigem Ziegel-Mosaik gab es auch im Winterrefektorium und im ebenfalls neu durchbauten und gewölbten Hospital, ein kleiner Rest des Fußbodens ist dort noch zu sehen.

Ob diese Böden noch in die Zeit um 1440 gehören, ist fraglich. Die Ausstattungsphase von 1400–1440 ist noch nicht die letzte; gegen 1500 entstehen noch einmal schöne Gewölbemalereien im Kapitelsaal, dem Anschein nach von gleicher Hand wie die Malereien in der oberen Sakristei der Katharinenkirche.

Kunst als Medium

„Die weitgehend bewahrte innere Klosteranlage gehört zu den Hauptleistungen der Backsteingotik in Norddeutschland und ist außerdem durch qualitätvolle und ikonographisch interessante Bauplastik bedeutsam", urteilt Lutz Wilde 1971. Die Klausur ist ein Dokument dafür, wie sehr die Dominikaner ihrer Geistigkeit durch bildliche Darstellungen Ausdruck zu verleihen wussten und den Anspruch ihres Ordens auf geistliche Führung künstlerisch überhöhten. Die Architektur der verlorenen großen Kirche und die im St. Annenmuseum befindlichen Reste der Ausstattung lassen keinen Zweifel an der überregionalen Bedeutung des Klosters. Die inzwischen gewonnenen Erkenntnisse über die Wandbilder in der Klausur bestätigen diese Einschätzung (s. Wandmalerei S. 218). Bereits die nur sporadisch aufgedeckten Malereien aus der 1. Hälfte des 14. Jahrhunderts sind von einer Qualität, die in Lübeck selten ist (s. z.B. das kleine Kreuzigungsbild als Rest des ersten Kapitelsaals). Die aus Kunststein geschaffenen Darstellungen auf Kapitellen, Konsolen und Gewölbeschluss-Steinen der Ausstattungsphase nach 1400 gehören zum Besten des Weichen Stils im Norden.

Das Burgkloster veranschaulicht Anspruch und Wirken des Dominikanerordens in einer Weise, wofür es in Norddeutschland kaum Vergleichbares gibt. Nur im Süden, etwa in den elsässischen Konventen Colmar und Gebweiler (Guebwiller), scheinen Ziel und Ideal noch eindrucksvoller verwirklicht.

Neuzeit als Schicksal

Die Reformation beendet 300 Jahre klösterlichen Lebens an der Burg. Nach Anregung des Reformators Johannes Bugenhagen werden die Klosterräume zu Armenwohnungen umgebaut, die bis weit ins 19. Jahrhundert hinein Bestand haben. Die große, bedeutende Kirche wird 1819 abgebrochen. Nur die Nordwand des nördlichen Seitenschiffs bleibt stehen. Ursache für die seit Jahrhunderten bekannte Baufälligkeit dürfte die schlechte Fundamentierung der Baumassen über den verfüllten Gräben der Burg gewesen sein. Auf die leergeräumte Fläche der Kirche stellt Lübeck 1874 eine Schule, städtebaulich kein vollwertiger Ersatz. Einige Klosterräume werden nach Verlegung der Armenwohnungen restauriert und in den 1880er Jahren anlässlich einer Kunstgewerbe-Ausstellung neu ausgemalt.

Mit dem Aufstieg des Zweiten Deutschen Kaiserreichs wächst die Neigung der Staatsorgane, sich mit prunkvollen Repräsentationsbauten hervorzutun. In Lübeck muss, noch vor Post, Banken und Gymnasien, ein neuer Gerichtspalast her. Die Wahl des neuen Standorts fällt auf die weitgehend leerstehenden Bauten an der Burg. Die Reste des Burgklosters erscheinen geeignet, der Justiz eine Aura von geschichtlicher Tradition zu verschaffen.

Der Bau des Gerichtsgebäudes ab 1883 bedeutet für das Burgkloster die schwerste Beeinträchtigung in seiner Geschichte. Den Entwurf liefert der damalige Lübecker Baudirektor Adolf Schwiening. Der bis dahin erhaltene spätgotische Wirtschafts-Trakt an der Großen Burgstraße, das Brauhaus, muss für den Neubau verschwinden, mit ihm die nicht zum Kloster gehörige Burgschmiede. Der neue Justizpalast, bautechnisch und handwerklich überaus solide und längst denkmalgeschützt, ist ein hohltönender Prachtbau in preußischer Reißbrett-Gotik. Mit seiner auf die Burgstraße gerichteten axialen Symmetrie ist er viel stärker absolutistisch-barockem Entwurfsdenken verpflichtet; die vorgeblendete „mittelalterliche" Fabrik-Ziegelpracht ist nur Theaterdonner.

Die bis dahin weitgehend erhaltene Klausur wird quasi amputiert: Das gesamte Obergeschoss wird abgetragen. Über den gewölbten gotischen Erdgeschossräumen entsteht der Zellentrakt eines Untersuchungsgefängnisses mitsamt Gerichtssälen und Funktionsräumen. Das neue Zuchthaus, Ersatz für die längst unzeitgemäße Einrichtung am St. Annenkloster, entsteht draußen in Lauerhof.

Die fatale Rolle des Burggerichts und seines Untersuchungsgefängnisses zwischen 1933 und 1945 kann im Rahmen dieses Buches nicht dargestellt werden. Hingewiesen sei auf die Dokumentation „Vergangen wie ein Hauch", die als Dauer-Installation im Gerichtssaal zu sehen ist.

1962 bezieht das Gericht neue Dienstgebäude am Burgfeld. Die dem Land Schleswig-Holstein gehörende Behörden-Immobilie steht leer und wartet auf Verwertung. Den Schwieningschen Prachtbau an der Großen Burgstraße belegt das Versorgungsamt. Die mittelalterlichen Räume dahinter sollen museal genutzt werden. Ein Arbeitskreis Burgkloster legt eine sorgfältig zusammengestellte Studie zur Einrichtung eines Stadtgeschichtlichen Museums vor. Eine Entscheidung wird nicht getroffen. Es ist zunächst nicht einmal Geld für eine angemessene Instandsetzung da. Doch dann geschieht ein Wunder. Dank einer Initial-Spende des Lübecker Mäzens Rodolfo Groth wird beschlossen, die leer stehenden Räume zu restaurieren. Bauhistorische Untersuchungen beginnen, Gutachter tagen. Ab 1980 laufen die Sanierungsarbeiten auf vollen Touren. Eine neue Eingangshalle entsteht. Am 27. August 1990 „übergibt das Land das restaurierte Kloster" der Hansestadt Lübeck. Doch die Restaurierung ist zu diesem Zeitpunkt keineswegs beendet.

Ehemalige Burgkirche. Nur zwei Bildfelder der im übrigen verlorenen Verglasung des Hallenchores konnten restauriert werden: „Das vor Kaiser Konstantin fliehende Barbarenheer" aus dem Kreuzlegenden-Fenster von etwa 1430/40. Von 1840 bis 1942 in der Marientidenkapelle der Marienkirche, jetzt im St. Annenmuseum.

Von einem befriedigenden Abschluss ist man immer noch weit entfernt. Die Restaurierung ist zwar an vielen Stellen weitergeführt worden; auch das Beichthaus konnte instandgesetzt werden und beherbergt seit 2005 das „Archäologische Museum". Für die Klausur wird insbesondere ein didaktisches Konzept vermisst, das den Besuchern helfen würde, die künstlerisch hochrangige Ausstattung mit Wandmalerei und Bauplastik in ihrem fragmentarischen Zustand richtig einschätzen und würdigen zu können. Das Stadtgeschichtliche Museum, in dem die Räumlichkeiten selbst erstes Ausstellungsobjekt wären, ist aus Kostengründen längst zu den Akten gelegt. Die einmaligen Räume bilden also den „neutralen" Rahmen für Ausstellungen und events, die auch an jedem anderen Ort stattfinden können. 2006 entsteht im Rahmen der Neuordnung der Lübecker Museen ein Plan, der in den Klosterräumen ein „begehbares und interaktives Hansezentrum" einzurichten.

Literatur

Bau- und Kunstdenkmäler der Hansestadt Lübeck (Bearb. von Joh. Baltzer, Fr. Bruns, H. Rathgens), Band IV: Die Klöster. Das Burgkloster: S. 167. Lübeck 1928. – Neudruck durch Buchhandlung Adler 2001.

Binding, Günther und Matthias Untermann: Kleine Kunstgeschichte der mittelalterlichen Ordensbaukunst in Deutschland. Darmstadt 1985.

Gorski, Michael: Die Baugeschichte der Burgkirche in Lübeck. In: Der Wagen. Ein Lübeckisches Jahrbuch 1990, S. 244 ff.

Holst, Jens Chr.: Früher Backsteinbau in Lübeck. In: Schriften des Instituts für Bau- und Kunstgeschichte der Universität Hannover Band 12 (= Festschrift für Günther Kokkelink), Hannover 1999. S. 41–50.

Meißner, Jan M.: Zur Baugeschichte des Lübecker Burgklosters. In: Lübecker Schriften zur Archäologie und Kulturgeschichte Band 6, Bonn 198Z S. 99–106.

Scheftel, Michael: „Lübeck 1229", eine Inschrift auf dem Chorgestühl der St. Nikolaikirche zu Röbel. Zur Gründung des St. Marien-Magdalenenklosters der Dominikaner in Lübeck. In: Das Gedächtnis der Hansestadt Lübeck (= Festschrift für Antjekathrin Graßmann). Lübeck 2005. S. 45–53.

Schenkluhn, Wolfgang: Architektur der Bettelorden. Darmstadt 2000.

Wilde, Lutz: Die Baugeschichte des Burgklosters. In: Russalka Nikolov (Hrsg.), Das Burgkloster zu Lübeck, Lübeck 1992. S. 24–75

Zur Ausstattung:

Albrecht, Anna Elisabeth: Steinskulptur in Lübeck um 1400 – Stiftung und Herkunft. Berlin 1997.

Wittstock, Jürgen: Die mittelalterlichen Bildfenster der Burgkirche in Lübeck. In: Der Wagen. Ein Lübeckisches Jahrbuch 1978. S. 120–133.

Summary

The Dominican Monastery St. Mary Magdalena

In the Middle Ages there had been three monasteries in Lübeck. The oldest was the Benedictine Johannis-monastery that was turned over later to the Cistercian nuns. With the rise of the trade colony the mendicant orders came to Lübeck. At the end of the Middle Ages an additional monastery for nuns was founded: the St. Annen-monastery.

Dominicans as well as the competing Franciscans belong to the mendicant orders. The appearance of the mendicant orders correlates with the growth of the towns and the emerging of an early proletariat around 1200. For the pope the Dominicans and the Franciscans with their social and welfare concerns came at the right time.

The steep career of the mendicant orders after 1220 is based on a special kind of `deal´: for certain financial services the donating citizen expects and receives a return from the monks such as requiems, memorial-prayers and intercessions. Also burials are purchasable during the late 13th century in the monastery's churches. The church turns into a memorial-room for those who can pay. This business, the memorial service and the paid recommendation, makes possible the grand and significant buildings of the monks.

The Dominicans are a pure priests order, which recruits its members from the aristocracy. In 1215 Dominikus founded his first monastery in Toulouse. Dominican monks predominantly operated as preachers and confessors. The pope intrusted them also the with verification of the doctrinal theology, the later so dreaded and infamous inquisition.

In Lübeck the Dominicans are registered in 1227, the area of the Danish castle is allotted to them as building ground. Therefore the monastery is named „Burgkloster" up to our days. The `Lange Halle´, the oldest wing of the enclosure, is assumed to be the remains of the late-Romanesque Great Hall of the Danish castle. The mendicant orders in their early years were not permitted to build their own churches. Building activity is accounted for starting 1240/50; in 1260/70 the first monastery is completed.

After the town fire in 1276 the successive renewal of the first complex begins. The enlarged monastery church is completed in 1319. Unfortunately it was demolished in 1819. The structure of its walls made it comparable to similar Dominican buildings such as in Regensburg or Erfurt. The church possessed a high, single-aisle monk's choir with a choir side-tower.

At the same time with the church the cloister is built with a remarkably sculptured pedestal. The east and west wings of the enclosure follow. A dormitory for the monks is located in the upper floor above the Romanesque `Lange Halle´. All rooms on the ground floor level supposedly had flat ceilings. In northern Germany such a radical attitude against vaults is highly remarkable.

The adjoining hospital is erected north of the enclosure around 1340/50, which presumably also played a role in the times of pilgrimages. Around 1350 the confession-house on the western side of the enclosure is added. It is one of the few still preserved examples for this building type. It was also used for funerals and as memorial room.

In 1399 the single-aisle straight-sided choir is demolished and replaced by a high three-aisle hall choir. The architectural style of the new building is related to the decorative show-wall design by `Hinrich Brunsberg from Stettin´, the main representative of the so-called `Odergothic´ of around 1400.

The ambitious artwork in the interior, like the building itself donated by citizens, takes many years to complete. Only small fragments are preserved of the colourful stained glass windows. On the other hand many of the mainly imported sculptures from French Flanders still exist and represent the main part of the famous fundus of stone sculptures in International Gothic style (known as `Schöner Stil´ or `Weicher Stil´) in the museum of St. Anne, i.e. the `Wise and Foolish Virgins´.

After completion of the church choir the enclosure's rooms received vaulted ceilings. On the northern wall of the sacristy two very beautiful and significant paintings have been revealed and restored, showing a Gregorsmass and a Holy Mass. In these paintings a bit of the spirituality of the Dominicans can be sensed. A speciality is the late-Gothic floor made out of differently coloured brick-tiles. Unfortunately the restauration has not been achieved yet. `The widely preserved inner monastery complex belongs to the greatest feats of the brickwork-Gothic in northern Germany and is furthermore of great significance due to valuable and iconographicly interesting building-sculpture´ (Lutz Wilde, 1971). Adding to these is the large fundus of recently uncovered wall paintings. The `Burg´-monastery exemplifies aspiration and work of the Dominican Order in a manner not seen anywhere else in northern Germany.

After the Reformation the monastery's rooms are converted into appartments for the poor, which endure until far into the 19th century. Only the northwall of the northern side-aisle remains during the demolition of the church in 1819. The Court Building's erection in 1883 presents the greatest interference for the monastery in its history: the entire upper floor of the enclosure, up until then entirely preserved, is demolished and replaced by a remand prison with cell house, courtrooms and other functional rooms. The new `Justice Palace´ with its axial-symmetrical front facing Große Burgstraße is of absolutistic-Baroque architectual design. The faced wall of artificial brickwork in Prussian neo-Gothic remains a disturbing element in the urban context till today.

In 1962 the Court moves out. The medieval rooms in the back shall be used for the Museum of Urban History. Only thanks to a donation by the Lübecker patron Rodolfo Groth the restauration can begin. In August 1990 the state hands over the monastery to the Hanseatic city of Lübeck, its building substance salvaged and extended with a new entry. The restauration has been carried on in many parts; also the confession house could be restored and accomodates the `Archaeological Museum´ since 2005, but much remains to be done. The installation as a Museum of Urban History, in which the rooms themselves would have been its first exposition, has been cancelled due to lack of funding. So the unique rooms form a `neutral´ setting for events that can take place at any other site as well.

Das klassische Bild einer Bettelordenskirche, gesehen vom Turm der Jakobikirche: Das lange Dach von St. Katharinen mit dem spitzen Dachreiter über der Stadt. Das große barocke Walmdach davor gehört zum ehemaligen Palais Kohpeis, seit 1826 Reformierte Kirche.

DIE FRANZISKANERKIRCHE SANKT KATHARINEN

Die Franziskaner trafen noch vor den Dominikanern in Lübeck ein. Bereits 1225 erhielten sie ein Grundstück an der oberen Glockengießerstraße am Rande der damaligen Stadt, eine typische Lage für den jungen Orden. Das Lübecker Kloster wurde zudem Kustodie für den südlichen Ostseeraum, eine Verwaltungs- und Ausbildungszentrale. Schon darin äußert sich ein überörtlicher Anspruch (über die Bettelorden vgl. S. 166). Die Mönche der Bettelorden waren nicht an die „stabilitas loci" gebunden. Durch Austausch, Reisen und Ausbildung sind die Konvente oft international zusammengesetzt gewesen. Zudem war es den Mönchen erlaubt, für ihre „Arbeit in der Welt", d. h. für die Bedürftigen in der Stadt, das Kloster zu verlassen.

Die heutige Katharinenkirche, eine dreischiffige Basilika, ist der zweite Bau an dieser Stelle. Archäologische Erkundungen hat es noch nicht gegeben, deshalb weiß man nichts vom Vorgänger. Mit dem Bau der jetzigen Kirche dürfte bald nach 1280 begonnen worden sein; der eichene Dachstuhl (über Chor und Querhaus) ist dendrochronologisch auf 1303±5 datiert. St. Katharinen gehört mit der Burgkirche, mit der Marien- und der Jakobikirche zu den großen Basilika-Projekten der zweiten Jahrhunderthälfte. Als letzter Bauabschnitt entstand bis Mitte des 14. Jahrhunderts die Westfassade. Die Klausur, in der seit der Reformation das Katharineum residiert, Lübecks erstes Stadtgymnasium, wurde noch nach 1350 erweitert und ausgebaut.

Die heute als Teil der Lübecker Museen geführte Katharinenkirche gilt als typische Bettelordenskirche. Doch der Rang der Katharinenkirche als Teil des Welterbes „Altstadt von Lübeck" besteht eher darin, dass sie sich durch außergewöhnliche Besonderheiten von anderen Franziskanerkirchen unterscheidet. Und zwar nicht deswegen, weil die Bettelorden ihre Bauten durch örtliche Bauleute aufführen ließen und so auch lokaltypische Formen übernahmen. In St. Katharinen werden die „Regeln" franziskanischen Bauens in mehrfacher Hinsicht gebrochen.

Querschiff und Langchor

Als einzige Kirche Lübecks neben dem Dom hat St. Katharinen ein Querschiff. Die steil aufschießenden beiden Giebel an der Nord- und der Südseite zeigen, dass dieses Querhaus sogar zweischiffig ist. Ein solcher Grundriss ist unter den Bettelordensbauten im deutschen Raum absolut einmalig – ja, er ist eigentlich „undenkbar". Der Typus weist nach Italien und Frankreich. Ein Querschiff gibt es erstmals an San Francesco in Assisi und an S. Francesco in Bologna.

Im Gegensatz zu den Bettelordensbauten haben aber die Klosterkirchen der Zisterzienser durchweg ein Querschiff – so auch Doberan. Das Doberaner Querhaus ist sogar zweischiffig. Der gesamte Doberaner Dachstuhl wurde kürzlich auf 1295 (d) datiert, was die Bauforscher dazu zwingt, den Baubeginn entgegen bekannter Urkundenlage auf etwa 1280 anzusetzen. Doberan könnte also „vorbildlich" auf die Lübecker Franziskaner

Mönchschor von Norden. Die auffällige Mauerkante (links über dem roten Dach der Crispinkapelle) ist keine Baufuge, sondern verdeutlicht die Grenze zwischen zwei Statik-Systemen. Der einzigartige „hoheitliche" Zinnenkranz erinnert an Kommunalbauten italienischer Städte.

gewirkt haben. Gegen diese sehr gut eingeführte These spricht allerdings einiges: Zum einen zeigt das Katharinen-Querhaus in der Stirnseite einen zweigeschossigen Wandaufriss, zweitens öffnet es sich, anders als in Doberan, ohne verschleiernde Schein-Arkaden zum Mittelschiff und drittens fluchtet das Lübecker Querhaus in italienischer Art mit den Außenmauern der Seitenschiffe, weil es nur ein Seitenschiffsjoch tief ist.

Programmatisch für die Mönchsarchitektur ist dagegen der Langchor, das den Mönchen vorbehaltene einschiffige „Glashaus", welches das Mittelschiff nach Osten fortsetzt und meistens mit einem Fünfachtel-Polygon schließt (ein Chorschluss über fünf Seiten eines Achtecks). Solche einschiffigen Ost-Abschlüsse mit großbahnigen Glasfenstern baute man im 13. Jahrhundert erstmals in Frankreich, bezeichnenderweise bei Kirchen sozial engagierter Reform-Orden. Man verzichtete auf Chorumgang und Kapellenkranz und konnte

Querschiff mit Treppenturm von Nordosten. Auffallend die „auszeichnenden" Details: Mit Glasurkanten betonte Pfeiler, glasierter und „genaster" Spitzbogenfries und Maßwerke.

Blick ins Querschiffsgewölbe. Es ist nur so tief wie das Seitenschiff breit ist, einen fühlbar abgeschlossenen Raum wie in Doberan kann es daher nicht bilden.

nun die Obergadenfenster des Binnenchores bis in die Erdgeschosszone herunterziehen. Ein berühmtes und spätes Beispiel ist St. Martin-au-Bois in der Picardie. Die Stimmung des „vom Himmel bis auf den Boden" fallenden Lichts der hohen Chorfenster dürfte der Geistigkeit der neuen Mönchsorden sehr entgegen gekommen sein, zumal anfangs ja keine figürlichen Glasfenster eingesetzt wurden, sondern schimmernde Grisaillen, Ornamentfenster aus zunächst farblosem, bald auch tieffarbigem Glas. In dieser Tradition steht auch der durchlichtete Mönchschor von St. Katharinen, einer der klarsten Räume der Gotik in Lübeck. Das erleuchtete Fünfachtel-Polygon als Ost-Abschluss setzte sich übrigens auch im normalen Pfarrkirchen-Bau durch.

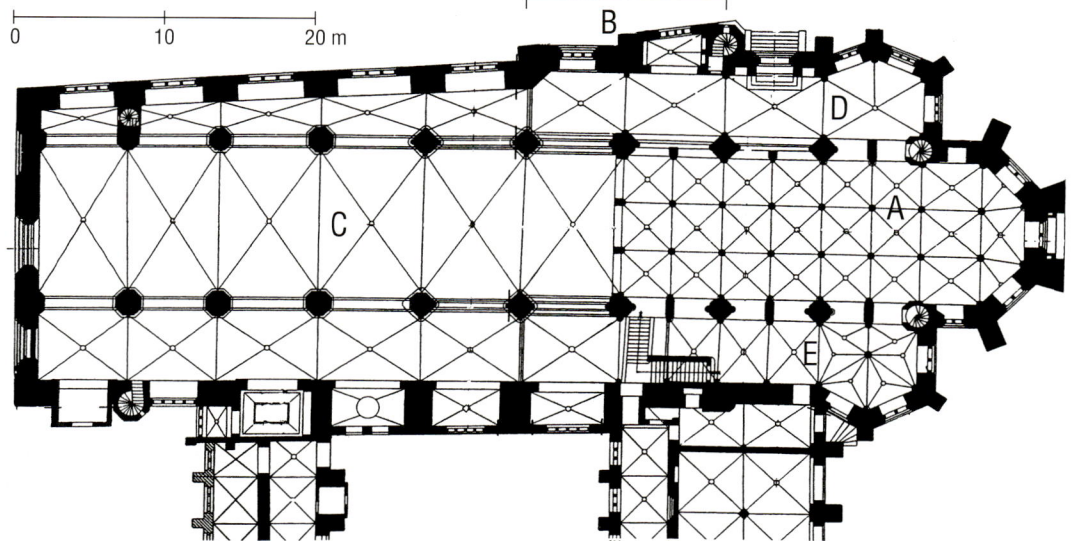

Grundriss der
Katharinenkirche
A Unterkirche, darüber
der Mönchschor
B Querschiff
C Langhaus
D nördlicher
Nebenchor
(Crispin-Kapelle)
E südlicher
Nebenchor (Strobuk-
Kapelle)

Stifter bestimmen mit

Die zweite große Besonderheit von Sankt Katharinen besteht darin, dass der Mönchschor wie eine Empore hochgehoben ist und dadurch unter sich eine Art ebenerdiger Krypta bildet. Dazu kommt ein Drittes: Die Katharinenkirche besitzt zwei Nebenchöre, die vom Mönchschor nach Norden und Süden ausstrahlen. Mit diesem Grundriss steht Lübecks Franziskanerkirche im deutschsprachigen Raum absolut allein da. Wolfgang Erdmann hat nachgewiesen, dass der nördliche Nebenchor von vornherein als Stiftung der Familie Crispin angelegt worden ist. Sowohl der Wunsch nach einer Memorie des Segebodo Crispin für seine vor 1294 verstorbene erste Frau als auch die Neubaupläne der Franziskaner waren Anlass, diese Kapelle zu stiften. Entsprechendes gilt auch für die Strobuk-Kapelle, dem südlichen Nebenchor. Ihr über einer Mittelsäule ausstrahlendes Radialgewölbe geht dem Gewölbe der Briefkapelle an St. Marien zeitlich voran.

Folglich haben reiche Stifterfamilien nicht nur zur Finanzierung des Neubaus beigetragen, indem sie sich in allernächster Nähe zum Hauptaltar der Mönche eigene Andachtsräume bauen durften, sie haben, zumindest in Teilen, auch das Bauprogramm mitbestimmt.

Der erhobene Mönchschor ist demnach wohl kaum ein Zitat der Zweigeschossigkeit der Grabkirche des Heiligen Franziskus in Assisi, wie mehrfach vermutet wurde. Es liegt nahe, die außergewöhnliche Anlage mit funktionalen Zwängen zu erklären: Wenn die Grundfläche der (späteren) südlichen Kapelle von Anfang im Besitz der Familie Strobuk gewesen ist, dann hätten die Mönche den Vorraum

Katharinenkirche. Querschnitt durch den Mönchshor mit Crispinkapelle links und der Strobukkapelle rechts mit der darüber befindlichen oberen Sakristei. Rechts anschließend der ehemalige Schlafsaal der Mönche.

der Kapelle queren müssen, um in ihren nebenan gelegenen Chor mit Hochaltar und Chorgestühl zu gelangen. Entscheidend dürfte für die Mönche aber der Wunsch gewesen sein, ihre Chor-Messen dem Einblick aus den seitlich wie „Logen" angeordneten bürgerlichen Kapellen zu entziehen. Die Exklusivität des Mönchschors, in anderen Kirchen durch Lettner und Chorschranken gewährleistet, wurde hier im Wortsinne durch „Herausgehobenheit" zurück-

Unterchor im Kerzenlicht. Als Zitat des unteren Geschosses der Grabeskirche von Assisi angesprochen, tatsächlich aber wohl eher eine Konsequenz des Wunsches der Mönche nach „Exklusivität". Der Unterchor war Memorialraum, wie die dicht aneinander liegenden Grabplatten zeigen. Auffallend die Verwendung von altertümlichen Formen bei Kapitellen und Basen. Säulen und Gewölbe waren starkfarbig gefasst.

gewonnen: Die Strobuk-Kapelle wurde überbrückt und der anschließende Mönchschor um die Höhe dieser Überbrückung aufgestockt.

Das brachte drei Vorteile: die Mönche konnten aus dem Dormitorium in den hohen Chor der Kirche gelangen, ohne eine Treppe benutzen zu müssen. Zweitens: der Überbrückungsraum über der Strobukkapelle wurde zur neuen, repräsentativen und geräumigen Sakristei. Und drittens gewann man durch den Unterchor zusätzlichen Raum für bürgerliche Stiftungen und Memorien, wie die

Südlicher Nebenchor, Untergeschoss. Der von der Familie Strobuk als Memorialkapelle gestiftete Raum ist seit Jahrzehnten abgetrennt. Das Radialgewölbe ähnelt dem Gewölbe der Briefkapelle an St. Marien, ist aber älter.

schöne Grabplatte des Bürgermeisters Lüneburg bis heute beweist.

Für die „Überbrückungs-These" spricht auch, dass die an der Nordseite gelegene Crispin-Kapelle keine solche Obergeschoss-Abtrennung erfuhr. Hier musste kein Mönchszugang organisiert werden. Vom „Hoch"-Chor der Mönche führte übrigens von Anfang an eine Treppe hinunter in den für alle öffentlichen Kirchenraum. Die jetzige breite Treppe wurde erst gegen 1460 eingebaut.

Es ist nicht völlig sicher, ob der aufgeständerte Mönchschor in der bestehenden Form zur ersten Planung gehört hat oder ob er gemeinsam mit dem Überbrückungs-Geschoss über der Strobukkapelle nachträglich bzw. im Zuge der fortschreitenden Bauarbeiten in den Langchor hineingestellt wurde. Einige Beobachtungen sprechen für die zweite Annahme.

Die Grundrissfigur des Katharinenchors mit den beiden nach Norden und nach Süden ausstrahlenden Bürgerkapellen muss nicht von den radial ausstrahlenden Umgangskapellen des Domes oder der Marienkirche abgeleitet werden, wie mehrfach vorgeschlagen wurde. Eher käme dann eine Erinnerung an die „Drei-Kapellen-Chöre" früher Franziskanerkirchen Italiens in Frage, so in Pisa, Cortona oder Treviso.

Südlicher Oberchor (über der Strobukkapelle), einst obere Sakristei, später als „Konsistorialzimmer" zur Stadtbibliothek gehörig. Die oberhalb des Kapellengewölbes neu ansetzenden Runddienste in den Raumecken beweisen: Die Strobukkapelle wurde nicht einem bereits vorhandenen Bau angefügt, sondern war „rechtlich da" und entstand gemeinsam mit dem Chor der Franziskaner (Foto während einer Baumaßnahme 2002).

Mittelschiff nach Osten mit dem erhobenen Mönchschor – eine außergewöhnliche Lösung. Die lückenlos liegenden Grabplatten verdeutlichen die einstige Memorial-Funktion des Kirchenraums.

Zitate auch bei der Statik

Im Katharinen-Chor folgen zwei grundverschiedene Aufriss-Systeme aufeinander. Das fünfseitige Chorpolygon besteht aus massiven Wänden, die außen mit Strebepfeilern verstärkt sind. Die hohen Fenster erscheinen wie eingeschnitten. Die beiden westlich anschließenden Langchor-Joche zeigen hingegen eine Wandpfeiler-Architektur: Die nach innen verlegte Statik wird von halben, mit einem dicken Rundstab besetzten Achteck-Vorlagen geleistet, die vom Boden bis in die Gewölbezone durchlaufen und über dem Kämpferband stark profilierte Schildbögen aussenden. Die nördliche und südliche Ecke zum Querschiff akzentuieren Vorlagen, die zu Dreiviertel-Pfeilern zusammengesetzt sind. Den vollen Achteck-Querschnitt zeigt dann der Freipfeiler zwischen Mittelschiff und Querhaus; mit seinen vier aufgelegten voluminösen Runddiensten zitiert er den „kantonierten" Pfeiler der französischen Kathedralgotik zwischen Chartres und Reims. Mit diesem Kathedralpfeiler und dem daraus abgeleiteten Aufriss der Chorwände steht die Katharinenkirche um 1300 in Nordeuropa völlig allein.

Da in der Chor-Außenansicht keinerlei Baufuge erkennbar ist, lässt sich die demonstrative Abfolge unterschiedlicher Wandsysteme nicht mit „wechselnden Baumeistern" erklären. Die Internationalität der franziskanischen Bauvorstellungen wird in mehr oder weniger verschlüsselten Zitaten erkennbar. Der kantonierte Pfeiler ist ein offensichtliches Beispiel. Diese Pfeiler-

Nördliche Wand des Mönchschors innen. Zwei statische Systeme: rechts das massive Mauerwerk des Polyon; links anschließend eine Wandstruktur mit halben Achteck-Vorlagen.

form könnte über die Kölner Minoritenkirche an die Lübecker Franziskaner-Niederlassung vermittelt worden sein, ebenso das offene Strebewerk, das zu Unrecht allgemein der Vorbildschaft von St. Marien zugeschrieben wird (das offene Strebewerk von St. Marien entstand erst gegen 1320/30). Neben Verweisen nach Frankreich (Paris war ein Hauptort franziskanischer Arbeit und Lehre) haben auch italienische Bezüge eine Rolle gespielt, wie die Analyse des Querschiffs gezeigt hat.

Im Langhaus wird der kantonierte Achteck-Pfeiler konsequent vereinfacht: Die Runddienste entfallen, der Pfeiler wird „nackt". Es ist der früheste Achteck-Pfeiler in Lübeck und Region (der etwa zeitgleiche Achteck-Pfeiler der Petrikirche beruht auf einer anderen Entwicklung und hat noch Eck-Dienste). Der achtseitige Pfeiler, in italienischen Ordenskirchen seit 1260 üblich, wird in Bettelordensbauten Norddeutschlands erst nach 1320/30 zur Regel. In St. Katharinen trägt der Wechsel der Pfeilerform auch zur Bedeutungsabstufung innerhalb des Kirchenraums bei. Während die westlichen Querschiffsecken sowie

Querschiff und Querschiffs-Ecke, ausgezeichnet durch „kantonierte" Pfeiler, d.h. Achteck-Pfeiler mit voluminösen Runddiensten als Vorlagen für Gurt- und Scheidbögen.

das westlich anschließende Pfeilerpaar noch kantoniert angelegt sind, herrscht ab dem westlich anschließenden zweiten Bauabschnitt kantige Flächigkeit.

Die zwischen den beiden Bau-Abschnitten (westliche Querhaus-Ecken und Langhaus) erkennbare Baufuge ist womöglich eine Abbruch-Fuge; ob hier der Anschluss eines Vorgängerbaus fassbar wird, muss eine spätere Bauforschung klären. Zu denken gibt, dass der Langhaus-Dachstuhl aus wiederverwendeten Hölzern von 1305 (Dendro-Datum) besteht.

Im Langhaus-Obergaden westlich der genannten Abbruch- oder Anschluss-Fuge geschieht noch einmal etwas Neues: Über den Arkadenpfeiler-Deckplatten ziehen flache Wandlisenen in die Gewölbezone; in den von ihnen gerahmten Wandfeldern sind flache Blenden eingetieft, in denen sich die nach unten als Wandnischen weiterlaufenden Fenster öffnen. Diese Gliederung erinnert zwar entfernt an den Obergaden von St. Marien, hat jedoch mit dem statisch aktiven Wandpfeilersystem der Marienkirche nichts zu tun. Vielmehr müssten italienische, süd- und westdeutsche Kirchen der „Monumentalisierungsphase" (Schenkluhn) um 1300 zum Vergleich herangezogen werden. Auch der zweigeschossige Aufriss der Mittelschiffswand wird nicht der „Marienkirche verdankt", wie behauptet wird, sondern ist programmatische Regel aller Bettelordens-Basiliken. Neu in Lübeck ist auch die Statik des nördlichen Seitenschiffs. Hier entstehen erstmals echte Ein-

Obergaden-System im Langhaus: ein Relief aus drei Wandnischen-Stufungen.

Auszeichnende Bauplastik aus Kunststein am Querschiffspfeiler und in den beiden Nebenchören (Crispin- und Strobuk-Kapelle).

satzkapellen, weil die nach Norden hinausgerückte Schiffswand mit der Außenseite der Strebepfeiler fluchtet. In der Glockengießerstraße bietet das Seitenschiff damit eine flächige Ansicht, die bereits spätgotisch anmutet.

Das Armutsgebot

Der formale Aufwand der Architektur von St. Katharinen ist trotz des vorgeschriebenen Verzichts auf einen Turm geradezu regelwidrig. Von der für Bettelorden typischen Schlichtheit keine Spur. Durch den Erfolg, der auf breitem Wohlwollen großer Teile der Bevölkerung und dem dadurch ausgelösten Zustrom an Geldmitteln beruhte, neigten die neuen Mönchsorden immer mehr dazu, sich mit ihren Bauten der Zeit entsprechend repräsentativ darzustellen, allerdings in ordenstypischer Präzision und Knappheit, bald gepaart mit monumentaler Größe.

Ein Blick auf die aus Kunststein angefertigte Bauplastik zeigt teilweise aufwändigste Laubwerk-Zier im Querschiff und in der nördlichen Chorseitenkapelle. Bemerkenswert sind auch die Konsolen der den Querschiffspfeilern westlich vorgelegten Runddienste. Die Grenze zum zweiten Bauabschnitt markieren im Süd- und im Nordseitenschiff auffällig große, figürliche Gewölbekonsolen. Im erhöhten Ostchor finden sich jedoch nur schlichte Kelchkapitelle, wie sie seit 1240, beispielsweise in der Regensburger Dominikanerkirche, bei den Bettelorden üblich sind. Das heißt, wo die Mönche „unter sich" waren, ist der schmückende Aufwand zurückgenommen. Dagegen springt der bürgerliche Schmuckwille in den Kapellen und zugehörigen Vorräumen der Familien Crispin und Strobuk geradezu ins Auge.

Auch die äußere Gestalt trägt Züge dieser Widersprüchlichkeit. Ebenso wie die Westfront (s. Seite gegenüber) ist auch das mit gelb- und grünglasierten Ziegelplatten verzierte Hauptgesims der Crispin-Kapelle alles andere als franziskanisch-schlicht. Das gilt auch für die mit Blenden reich verzierten Querschiffsgiebel, besonders für die Nordfront, die zusätzlich mit glasiertem Spitzbogenfries und glasierten Mauerkanten geschmückt ist.

Maßwerk – ein weiteres Rätsel

Der erste Bauabschnitt der Katharinenkirche ist durch Fenster-Maßwerk aus Kunststein ausgezeichnet. Um 1300 ist dies für Lübeck und den gesamten südlichen Ostseeraum eher ungewöhnlich. Drei offenbar originale Maßwerke mit „genasten" Vierpässen haben sich in den mittleren Chorpolygon-Fenstern erhalten. Originale befinden sich z.T. auch noch in der Crispin-Kapelle und im Ostfenster des südlichen Querschiff-Arms, während die meisten Maßwerke der Querschiff-Fronten im 19. Jahrhundert nicht sehr verlässlich erneuert wurden. Die Formen im Chor sind stilistisch um 1290/1300 einzuordnen, die Maßwerke in den Querschiffsfronten entsprechen, soweit beurteilbar, mit ihren teils bereits sphärischen Formen der Entwicklung um 1320/30.

Nun ist Maßwerk-Einsatz weder für den in der Hierarchie viel höher stehenden Lübecker Dom noch für die riesenhafte Marienkirche nachweisbar. Weshalb taten die Franziskaner sich entgegen ihrem Armutsgebot mit Fenstermaßwerk hervor?

Natürlich wurde auch hier Auswärtiges zitiert. Der international agierende Franziskanerorden orientierte sich nicht am Lübecker Baugeschehen. Das Katharinen-Maßwerk zeigt Lösungen, die in den großen westlichen Bauhütten wie Köln formuliert wurden, in vereinfachter Form im

Maßwerke in Fenstern des nördlichen Seitenchors (Crispin-Kapelle). Wieweit es sich um Originale handelt, wäre zu untersuchen. Ganz sicher original ist das Maßwerk in Bildmitte aus drei „gestapelten Vierpässen".

Werkstein-Bereich jedoch längst weit verbreitet waren. Es fällt auch auf, dass die Lübecker Franziskaner sich nicht der technisch hochstehenden Ziegel-Maßwerk-Produktion des Zisterzienser-Bautrupps von Chorin bedienten wie etwa die Konvente von Angermünde oder Brandenburg, sondern Kunststein bevorzugten, der wie der aus dem Westen bekannte Werkstein von Steinmetzen bearbeitet wurde.

Der zweite Lübecker Bau mit Maßwerk ist die 1310 begonnene St. Annen- oder Briefkapelle an der Marienkirche. Auch an der Briefkapelle sind noch viele Fragen offen (s. S. 123).

Ein Blick auf die Westfassade

Auch die um 1340/50 fertiggestellte, in Glasurwechselschichten prunkende Westfassade steht in eklatantem Widerspruch zum franziskanischen Armutsgebot. Ein Italien-Zitat sollte man darin nicht sehen, trotz der Tatsache, dass Ordenskirchen wie in Pisa, Padua und Pistoia mit Schichtmauerwerk aus hellem und dunklem Naturstein ausgezeichnet sind. Vielmehr fügt sich die Katharinen-Fassade gut in das hochgestimmte Lübecker Baugeschehen der ersten Hälfte des 14. Jahrhunderts ein. Rat und Ratsmitglieder taten sich bei ihren Bau-

Westfassade vor der Restaurierung Ende 19. Jahrhundert. Die „unerklärbaren" Komponenten sind: drei Portale mit zwei von ihnen eingeschlossenen Nischen sowie die Doppelfenstergruppe mit Okulus und mittlerer, von einer Steinsäule geteilten Biforie. Eine identische Struktur zeigt die Fassade von S. Francesco in Bologna. Durch Glasurschichten und Blendnischen wird diese Komposition lübeckisch.

ten gern mit Glasurschicht-Mauerwerk hervor. Man fragt sich, ob die Franziskaner hier ihren guten Beziehungen zu ihren finanzkräftigen Förderern Ausdruck verliehen oder ob sich einige Stifter selbst ein Denkmal setzten. Die große Bereitschaft der Bürger, die Franziskaner zu fördern, beruhte sicherlich auch auf der Haltung der Mönche während der Auseinandersetzungen zwischen dem Rat und Bischof Burchard von Serken: Während des zweimal über die Stadt verhängten Kirchenbanns hielten die Mönche entgegen dem bischöflichen Verbot die seelsorgerische Betreuung der Bevölkerung aufrecht.

Die vermeintlich „typisch lüb'sche" Westfront offenbart noch mehr Fremdes. Die hohe Zwillings-Fenstergruppe mit der hellen Kalksteinsäule in der Doppelnische des breit bemessenen Zwischenfelds und dem Okulus darüber (ein Rundfenster, das hier als Blende zitiert wird) lässt sich als Verweis auf Fassaden anderer Franziskanerkirchen verstehen. Ein solcher Verweis ist auch die Drei-Portal-Anlage mit den vermauerten Stichbogen-Blenden. Die Struktur der Katharinen-Fassade scheint von einer der großen Ur-Kirchen des Ordens bestimmt zu sein, nämlich San Francesco in Bologna.

Eigenartig auch der Chor mit seinem Zinnenkranz und dem bandartig umlaufenden Hauptgesims: Mit Zinnen waren die Kommunalbauten italienischer Städte ausgezeichnet. Vielleicht besaß auch die erste Schildwand des Lübecker Rathauses einen solchen Zinnenkranz. Der Holzschnitt des Elias Diebel von 1551 zeigt nicht nur den Zinnenkranz am Katharinenchor, sondern auch mehrere Bürgerhäuser, die aufgrund ihrer zinnenbekrönten Schildwände um etwa 1300 und damit zeitgleich zum Katharinenchor entstanden sein können (vgl. S. 177). Vielleicht zeigt sich darin, wie eine zunächst nur dem wehrhaften Adel zustehende Bauform um 1300 zu einer Auszeichnungsform wird, mit der die tonangebenden „Ratsfamilien" ihre Häuser und die von ihnen geförderten Projekte schmücken.

Südlicher Nebenchor, Obergeschoss über der Strobukkapelle. Die zwischen Dormitorium und Mönchschor liegende Sakristei wurde um 1500 noch einmal sehr qualitätvoll ausgemalt /s. S. 219). Als „Konsistorialzimmer" zusammen mit dem Dormitorium heute Teil der Stadtbibliothek.

Die originale Raumfassung

Zum Bau gehört die farbige Fassung des Innenraums. Zwei Systeme sind bauzeitlich entstanden. Sie verweisen auf abgestufte Bedeutung: Im Hochchor der Mönche sehen wir eine hellgraue Quadermalerei, rot konturiert, mit weißen Fugen. Der öffentlich zugängliche Kirchenraum zeigt auf kalkweißem Grund ein doppeltes, rotbraunes Fugennetz. Die Fasen-Kanten der Blend- und Fensternischen sowie die Gewölbe-Gurtbögen und -rippen sind vollfarbig im Wechsel zinnoberrot, ockergelb und grün betont. Die Innenseiten der Arkaden-Bögen im Langhaus zeigen ornamental gehaltene Heiligenfiguren mit leeren Spruchbändern, z. T. unter jüngeren Fassungen. Im Unterchor und in den Chorseiten-Kapellen, aber auch in den unteren Wandzonen des nördlichen Seitenschiffs ist noch ein großer, unaufgedeckter Bestand an Wandmalerei des 14. und 15. Jahrhunderts erhalten, u. a. in Fensternischen auch gemalte Grisaillen (ornamentale Verglasung). Hervorzuheben ist der im 19. Jahrhundert stark restaurierte Ziegel-fußboden im Ober- und im Unterchor.

Ein Blick auf die Ausstattung. An beweglichem Kunstgut aus der Bauzeit muss das Chorge-stühl erwähnt werden. Die Wangen gehören in einen stilistischen Zusammenhang mit dem unter Bischof Bocholt um 1330 geschaffenen Gestühl im Dom und zum Doberaner Altar. Einige be-deutende Altäre von Gebetsgemeinschaften und Korporationen sowie der 1472 gestiftete Zyklus farbiger Glasfenster aus dem Chor werden im St. Annen-Museum bewahrt. Erhalten auch die hohe, den Mönchschor nach Westen abschirmende Brüstung mit der zugehörigen Triumph-kreuzgruppe.

Im Barock sind einige Memorien-Kapellen bürgerlicher Familien an der Langhaus-Südseite recht qualitätvoll neu ausgestattet worden. Das berühmte und bedeutende Gemälde „Auferw-eckung des Lazarus" von Jacopo Tintoretto (1576) ist ein schöner Beleg dafür, dass auch nach der Reformation reiche Bürger weiterhin anspruchsvolle Kunst für ihre Kirchen stifteten. Er-wähnt werden muss, obwohl es den Rahmen der „UNESCO-Welterbe"-Darstellung sprengt, die 1929/30 von Museumsleiter Carl Georg Heise angeregte und realisierte Umdeutung der Westfassade durch Terrakotta-Figuren von Ernst Barlach. Nach dem 2. Weltkrieg wurde der un-vollendete Zyklus von Gerhard Marcks ergänzt. Auch hierin mag man einen Beweis für den traditionellen Lübecker Stiftungswillen sehen.

Ein langer Weg zur Erkenntnis

Das Katharinenkloster wurde nach der Reformation zur städtischen Lateinschule. Aus dieser Gelehrtenschule ist das Katharineum hervorgegangen, das bis heute in den alten gewölbten Klos-terräumen residiert. Im ehemaligen Dormitorium der Mönche, jetzt „Gründungssaal" benannt, wurde nach 1617 die einstige Klosterbibliothek mit anderen Beständen zusammengefasst. Das war der Grundstock für die heutige Stadtbibliothek. Die Kirche ist nach der Reformation Kir-che geblieben. Die bürgerlichen Kapellen der Südseite mit ihrer barocken Überformung zeugen ebenso davon wie der von Grabstellen des 17. und 18. Jahrhunderts übersäte Kirchenboden. Es sind wiederverwendete Grabplatten und Grüfte des Mittelalters. Napoleons Armee nutzte die Kirche als Pferdestall und leitete damit die Profanisierung ein. Carl Georg Heise machte den großartigen Bau 1920 zum Bestandteil der Lübecker Museen. Nach dem 2. Weltkrieg gab es wie-der Gottesdienste, solange St. Marien nicht genutzt werden konnte. Eine griechisch-orthodoxe und eine altkatholische Gemeinde dürfen in der Kirche bis heute Gottesdienste feiern. Über Jahre hinweg war St. Katharinen auch wieder Schulkirche des Katharineums.

Museumsdirektor Wulf Schadendorf entdeckte den Wert der Kirche. Er veranlasste die Freile-gung der Wandfassung, die in Etappen bis in die späten 1980er Jahre erfolgte. Bis heute nicht freigelegt ist das Querschiff mit seiner staub-gebänderten Kalkfassung, die ganz eigenartige Stimmungswerte vermittelt. Die Restaurierung des südlichen Seitenschiffs mit seiner frühbaro-cken Rankenmalerei und den wertvollen barocken Grabkapellen steht ebenfalls noch aus. Im-merhin konnte 2006 mit der Restaurierung der Papendorfkapelle begonnen werden. Erinnert sei auch an den nur in groben Umrissen bekannten großen, und wie es scheint, künstlerisch und in-haltlich bedeutenden Bestand von noch übertünchter gotischer Wandmalerei. Dies gilt in be-sonderem Maße für die völlig ausgemalte Crispin-Kapelle.

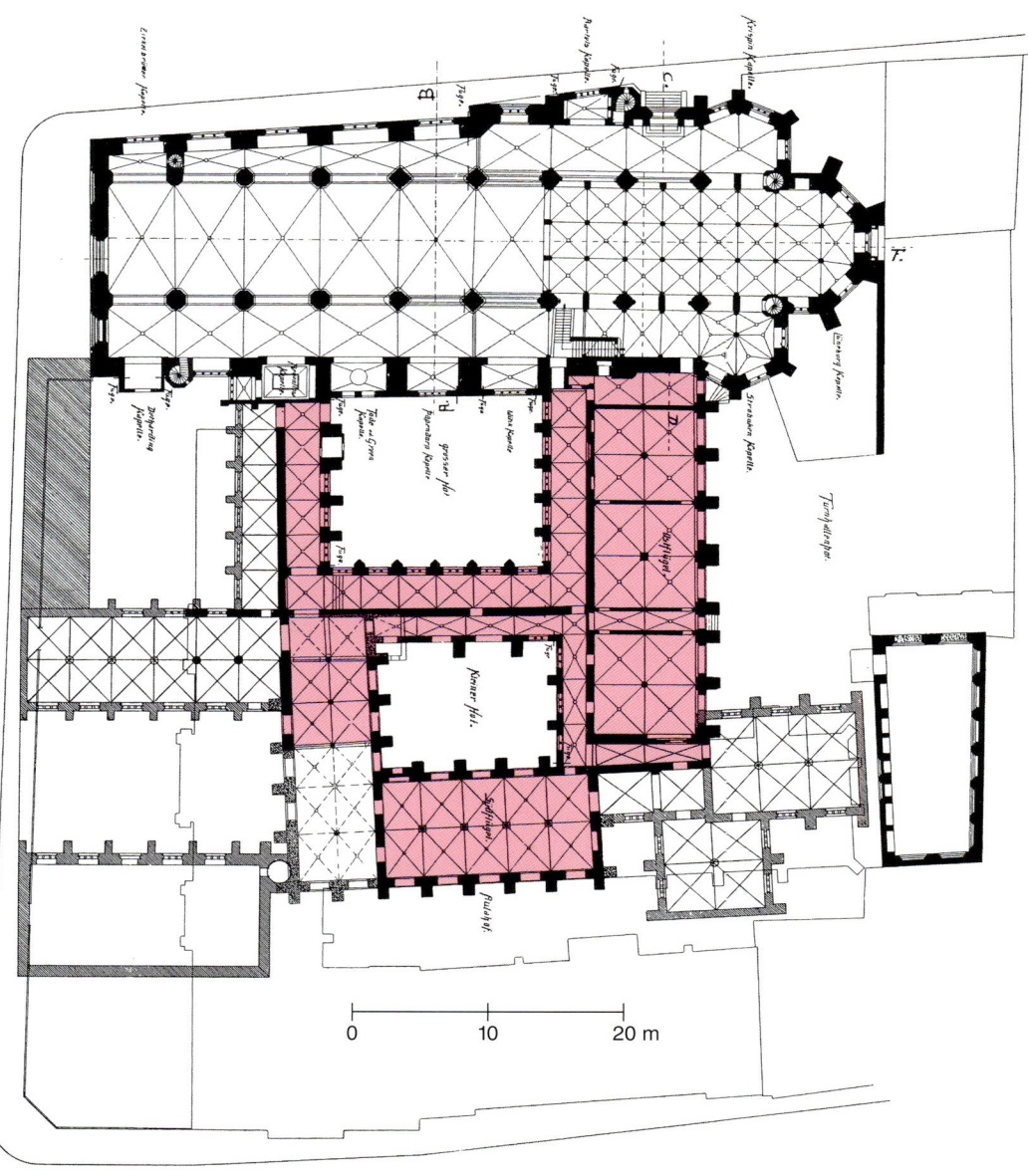

Grundriss des Katharinenkloster bis Mitte 19. Jahrhundert. Die bis heute erhaltenen mittelalterlichen Räume sind hervorgehoben. Aus: Bau- u. Kunstdenkmäler..., s. Lit.

Die Katharinenkirche gehört zu den bedeutendsten Bettelordensbauten Deutschlands. Damit ist sie ein zentraler Bestandteil des UNESCO-Welterbes „Altstadt von Lübeck". Die allgemeinen Welterbe-Richtlinien sehen vor, dass die Öffentlichkeit über den Welterbe-Rang angemessen informiert wird. Lübeck hat mit St. Katharinen die Chance,

▷ die Rolle des Franziskanerordens für das mittelalterliche Lübeck und die gelungene Umnutzung des Klosters durch den Reformator Johannes Bugenhagen zu erklären und

▷ die bau- und kunstgeschichtliche Präsenz der Kirche und ihr Verhältnis zur internationalen Entwicklung durch eine mediale Präsentation zu verdeutlichen.

▷ Darüberhinaus müssen Wege gefunden werden, die dem Besucher ein besseres Verständnis des Bestandes ermöglichen. Bis heute ist weitgehend unbekannt, dass Kirche, Klausur und Mönchsdormitorium (Gründungssaal) nebst südlichem Nebenchor (Konsistorial-Zimmer) zusammengehören und dass ein nahezu völlig erhaltenes Kloster „anschaulich" begangen werden könnte. Hier mehr Offenheit zu schaffen wäre eine schöne Zielsetzung für die Museumsverwaltung in Kooperation mit der Schul- und der Bibliotheksverwaltung.

Schließlich wären auch einige Maßnahmen am Bestand wünschenswert:
▷ Die moderne Trennmauer zwischen der Strobuk-Kapelle und dem Unterchor sollte entfernt werden.
▷ Die jetzt im St. Annen-Museum unter eher ungünstigen Bedingungen präsentierten spätgotischen Fenster des hohen Chores sollten an ihren angestammten Ort zurückkehren.

Die Katharinenkirche hat es verdient, ihrem Wert entsprechend „im Geiste angehoben" zu werden.

Literatur

Binding, Günther und Matthias Untermann, Kleine Kunstgeschichte der Mittelalterlichen Ordensbaukunst in Deutschland. Darmstadt 1985 (2. Aufl. 1993). Mit weiterführender Bibliographie.
Binding, Günther, Maßwerk. Darmstadt 1989.
Brohmann, Martina: Die Sakristei der ehemaligen Franziskanerklosterkirche St. Katharinen zu Lübeck. Baugeschichte und Wandmalerei im oberen südlichen Nebenchor. In: Nordelbingen 73, 2004. S. 7–42.
Dehio, Georg, Handbuch der Deutschen Kunstdenkmäler. Hamburg Schleswig-Holstein. Bearb. V. Johannes Habich. München/Berlin 1971. Neuauflage 1993. Der Lübeck-Text (S. 303 ff.) ist von Lutz Wilde.
Die Bau- und Kunstdenkmäler der Hansestadt Lübeck (Bearb. von Joh. Baltzer, Fr. Bruns, H. Rathgens), Band IV: Die Klöster. Das Kathrinenkloster, S. 35 ff. Lübeck 1928. – Neudruck (Reproduktion) durch Buchhandlung Adler 2001.
Erdmann, Wolfgang, Fragen zu Baugeschichte und Wandmalereien der Lübecker Franziskanerkirche St. Katharinen. In: Zeitschr. d. Vereins f. Lüb. Geschichte u. Altertumskunde (ZVLGA) Bd. 67, S. 31–58. 1987.
Fligge, Jörg: Die Restaurierung des „Scharbausaals" in der Stadtbibliothek Lübeck. In: Der Wagen. Lübecker Beiträge zu Kultur und Gesellschaft. Lübeck 2002. S. 80–96.
Höppner, Henning: Die Baugeschichte der Jacobikirche zu Lübeck. Kiel 1985 (im Selbstverlag). Zu St. Katharinen siehe Seiten 88/89.
Jaacks, Günther. St. Katharinen zu Lübeck. Baugeschichte einer Franziskanerkirche. Lübeck 1968 (= Veröffentlichungen zur Geschichte der Hansestadt Lübeck. Hrsg.: Archiv der Hansestadt. Band 21). Rezensionen von Lutz Wilde (ZVLGA 48, 1968, S. 142 ff) und Dietrich Ellger (Nordelbingen 38, 1969, S. 222 ff).
Schenkluhn, Wolfgang, Architektur der Bettelorden. Die Baukunst der Dominikaner und Franziskaner in Europa. Darmstadt 2000.
Schenkluhn, Wolfgang, Ordines Studentes. Aspekte zur Kirchenarchitektur der Dominikaner und Franziskaner im 13. Jahrhundert. Berlin 1985. Beide Schenkluhn-Werke mit umfangreicher Bibliographie.
Trost, Heike: Die Katharinenkirche in Lübeck. Franziskanische Baukunst im Backsteingebiet (in der Reihe „Franziskanische Forschungen"). Kevelaer 2006. (Dissertation, lag mir bei Fertigstellung des Manuskripts leider noch nicht vor).
Wilde, Lutz, Katharinenkirche Lübeck. Museum für Kunst und Kulturgeschichte. München-Berlin 1983 (u. weitere Auflagen) = Große Baudenkmäler Heft 252.

Summary

The Monastery Church St. Catharine

In the beginning merely a lay-movement founded by the Francesco from Assisi, the Franciscans, authorised by the pope in 1210, emphasised besides preaching also service `for people´. Their popularity is not only based on the `cheaper´ burial services offered in their churches than in normal parish churches, in which high fees had to be paid. Franciscans provided intensive services `in the world', which includes education, feeding of the poor and caring for the sick, services which are rendered by the government's social net today. The work of the mendicant order is not parish work as understood today since they do not maintain parish churches. But their churches are open to everyone.

The Franciscans come to Lübeck already in 1225. They receive property in 1225 in the upper Glockengießerstraße, in that time on the periphery of the town, a typical site for the young order. The Lübecker monastery furthermore becomes a centre for administration and education for the southern Baltic Sea `custadia´ of the order.

The building of the present church was begun probably between 1280 and 1290; the oak truss (above choir and transept) is dendrochronologically dated back to 1303±5 years. Along with the `Burg´-church, St. Mary's and St. Jakob's St. Catherine belongs to the great basilica projects of the second half of the century. The westfaçade is completed around the middle of the 14th century.

The church is a three-aisle basilica. St. Catherine possesses a cross aisle consisting of two aisles as the only church in Lübeck besides the cathedral. This floor plan is absolutely unique among the buildings of the mendicant orders in Germany. The building type refers to Italy, i.e. to S. Francesco in Bologna.

Typical for the monk architecture after 1250, however, is the single-aisle monk's choir, mostly ending in a 5/8-polygon, a `glasshouse´ reserved for the monks. The atmosphere of light streaming from `heaven to earth´ by the high bay-windows of the choir may have been of special effect for the new monks orders with their spirituality. Initially gleaming grisailles were used instead of statuary stained glass windows. In accordance with this tradition we find also the illuminated choir of St. Catherine, one of the clearest spaces of the Gothic in Lübeck. The illuminated eastern 5/8-polygonal termination became common practice also in normal parish churches.

St. Catherine has two side choirs, which spread out from the monk's choir to the north and south, the reason for this `irregular´ composition being private donations. The northern side choir has been created as memorial for the family Crispin, the southern for the family Strobuk. Wealthy donor-families have not only enabled the funding of the new building, they have defined the building programme in part, by erecting near the monks' main altar their own rooms, an absolutely unique procedure.

This context could explain the second unique feature of St. Catharine: the monks choir is elevated like a gallery. If the ground floor of the southern choir had been in possession of the family Strobuk, then the main altar would not have been accessible for the monks – the monks would have had to cross this private chapel, descending from the dormitory by stairway. So the Strobuk chapel was bridged and the adjoining monkschoir was elevated to the height of this storey. This had three advantages: the monks could reach the choir from the dormitory without needing to use the stairway. Second: the new storey above the Strobuk chapel became a representative and spacious sacristy. And third: additional room was gained under the monk's choir for private donations and memorial services.

The influence of the families Crispin and Strobuk is also visible in quite sophisticated foliage-decor in the memorial chapels. In the elevated monkschoir, however, only plain vase capitals can be seen as are common in the mendicant order since 1240 (Dominican church in Regensburg).

In the building progress of the choir of St. Catherine two different systems are applied to the elevation. Remarkable is the wall pier architecture of the choir's bays, totally isolated in northeastern Europe around 1300. These half-octogonal attachments as well as the octogonal columns with four round responds in the transept have their origin in the French Gothic. These `citations´ are explainable with the international orientation of the Franciscan building intentions. Even the flying buttresses are import.

In the nave of St. Catherine there are only simple octogonal columns without responds. Herewith the modern forms applied by the mendicant orders arrive in Lübeck around 1320/30. The alternating forms of the columns generate a hierarchy of spaces in the church's interior. The central vessel clerestory formed out of flat blind niches corresponds to the Italian and southwest German development after 1300. The elevation of the central vessel is two-storey like in all other basilicas of the mendicant orders. The still visible seam between both building sections remains a mystery. The central vessel roof truss consists of re-utilised beams from 1305.
The distinctiveness of St. Catherine is displayed also in the use of shaped-stone tracery in the choir-polygon and in the transept. Neither the more important cathedral nor the more ambitioned St. Mary's possess traceried windows. The internationally operating order is not influenced by the building activity in Lübeck, but instead cites features and elements that were developed in the big western mason's lodges and were widely prevalent in building with shaped stone.

The last building stage is the westfaçade with the magnificent application of glazed bricks, apparently showing a similarity to communal architecture of the first half of the 14th century. Its structure can be regarded as reference to façades of other Franciscan churches. The composition consisting of a pedestral zone with three portals and connecting segmental-arched blind niches and high lancet-windows above seems to have been inspired by one of the great order's churches, by S. Francesco in Bologna.

The original spatial unit consists of two stone-pattern mural painting-systems that emerged with the erection of the church and signal a hierarchy of significance. There is also a large stock of unrevealed paintings of the 14th and 15th century preserved in the lower choir and in the chapels as well as in the lower parts of the walls in the northern side-aisles.

Bauten für das „Soziale Netz" des Mittelalters

„Was Ihr getan habt einem unter diesen meinen geringsten Brüdern, das habt ihr mir getan" (Matthäus 25, 40) – oder freier: Was du für deinen Nächsten getan hast, das hast du für dein Seelenheil getan. Dieser Imperativ war die Grundlage für das „soziale Netz" des Mittelalters. Freilich war das keine „Grundsicherung" nach heutigem Verständnis. In der reichen Stadt Lübeck aber waren die Baulichkeiten, die der Fürsorge für die Unversorgten, für die Armen und Kranken dienten, durchaus beispielhaft. Neben dem bereits vorgestellten Heiligengeist-Hospital und den Konventen der Bettelorden waren es die Frauenklöster, die Konvente der Beginen und die Armenhäuser.

St. Johannis

St. Johannis, 1177 von Bischof Heinrich I in der Wakenitz-Uferzone begründet, war zunächst ein Benediktiner-Doppelkloster. Nach Umzug der Mönche nach Cismar Mitte des 13. Jahrhunderts und Übergabe an Zisterzienser-Nonnen wurde das Kloster immer mehr zur Versorgungsanstalt für unverheiratete Frauen, die aus bessergestellten Kreisen stammten. Diese Tradition einer elitären, wenn nicht auf „ratsfähige Familien" beschränkten Belegschaft setzte sich auch nach der Reformation fort: Nach 1575 wandelte der Rat das Kloster in ein Stift für vermögende Bürgertöchter um.

Da nach 1806 das Kloster abgebrochen und durch schlichte Neubauten ersetzt wurde, die ihrerseits 1905 dem Schulneubau „Johanneum", der Feuerwache und dem „St. Johannis-Jungfrauenstift" weichen mussten, ist von der mittelalterlichen Anlage wenig bekannt. Die Kirche war eine kleine spätromanische Basilika; Fundamentreste wurden 1905 anlässlich des Gymnasium-Neubaus ergraben. Von der Klausur ist allein das gegen 1245 errichtete Refektorium in der äußeren Kubatur erhalten. Dessen Westfassade mit seinem glasierten Rundbogenfries gehört in Lübeck zu den letzten Zeugen der „Architektur der schwarzroten Muster, der Blenden und Bogenfriese, die Zisterzienserbauten von Friesland bis Mecklenburg auszeichnet" (Holst).

St. Annen. Die Kirchenruine während des Umbaus zur „Kunsthalle St. Annen". Die Stümpfe der Achteckpfeiler stehen auf eindrucksvollen Fundament-Blöcken. Der Bau folgt dem Schema der Bettelordens-Kirchen.

St. Annen

Nach 1502 entsteht in zwei Bauabschnitten das Augustinerinnenkloster St. Annen. Die Lübecker Bürger sind zwar noch reich genug, um nach einheitlichem Entwurf ein repräsentatives Kloster samt stattlicher Kirche errichten und bezahlen zu können. Doch hat Lübeck nicht mehr die Macht, den mecklenburgischen Herzog Magnus zum Einlenken zu bewegen. Der hatte sich geweigert, wie bisher Lübecker Bürgertöchter in „seine" Versorgungsklöster Rehna und Zarrentin aufzunehmen. Das St. Annenkloster ist also eine Antwort auf eine prekäre Versorgungslücke. Die Anlage, die auf drei breiten, eigens angekauften und freigeräumten mittelalterlichen Adelshof-Parzellen entsteht, ist 1515 fertig. Doch bereits 1532 wird der Konvent im Zuge der Reformation aufgelöst. Ab 1601 werden die Gebäude als städtisches Armen-, Waisen- und Werkhaus, später auch als Gefängnis („Zuchthaus") genutzt. Im 17. Jahrhundert entstehen zusätzliche

St. Annen-Kunsthalle, Fertigstellung 2003. Querblick durch die ehemalige Kirche zur einstigen Nonnenempore (links). Die Dimension Höhe, wesentliches Merkmal des vormaligen Sakralraums, ist nicht mehr wirksam.

Bautrakte. In typischer Weise zeigt sich am St. Annenkloster, wie die Versorgungs-Last von der im Mittelalter bestimmenden Kirche auf die Bürger übergeht, mithin auf den „lübeckischen Staat".

1843 vernichtet ein Großbrand das Obergeschoss der Klausur; auch die Kirche brennt aus. 1875 wird die Kirchenruine bis auf einen Mauersockel von vier bis sechs Metern Höhe abgebrochen. Seit 1915 ist die wiederhergestellte Klausur Heimstatt des St. Annen-Museums mit seiner kostbaren Sammlung sakraler Kunst des Mittelalters; im erneuerten Obergeschoss sind historische Räume aus Bürgerhäusern, profane Kunst und Sammlungen zur Kulturgeschichte Lübecks vom Mittelalter bis ins 19. Jahrhundert zu sehen. 2003/04 werden die Reste der St. Annenkirche in das Erdgeschoss eines schlicht-strengen Ausstellungs-Neubaus integriert. Diese „St. Annen-Kunsthalle" ist der Präsentation der Moderne vorbehalten.

Das St. Annenkloster ist die einzige reformationszeitliche Sakralarchitektur weit und breit. Die schönen, abwechslungsreich gewölbten Erdgeschossräume rings um den zentralen Kreuzgang entsprechen nur noch entfernt dem benediktinischen Grundschema. An die Kirche schließt südlich der Kapitelsaal an, ein repräsentativer „Ein-Säulen"-Saal. Es folgt der große zweischiffige Arbeits- und Aufenthaltsraum der Nonnen, der z.T. über dem Keller eines vormaligen Ritterhofes steht (in der Armenhaus-Zeit war dies der zentrale Essraum, deshalb der Name „Remter"). Auf den sterngewölbten Wärmeraum, dem der Körperpflege dienenden Kalefaktorium, folgen zwei Speisesäle. Die zugehörige Küche an der Südseite ist allerdings nicht erhalten. Es steht aber noch ein Teil des Äbtissinen-Trakts, östlich anschließend an den großen Aufenthaltsraum. Auffallend ist die Verwendung von Naturstein für Pfeiler, Kapitelle und Gewölbekonsolen, die Profile sind von spätgotischer Schärfe.

Frauenkloster St. Annen, einstiger Tagesraum der Nonnen. Pfeiler, Kapitelle und Gewölbekonsolen sind in qualitätvoller Steinmetzarbeit aus Sandstein angefertigt. Während der Armenhaus-Nutzung war dies der große Ess-Saal, der sogenannte Remter.

Die Kirche bestand aus einem dreischiffigen Hallen-Langhaus und einem das Mittelschiff fortsetzenden, in einem Fünfachtel-Polygon endenden Chor. Sie besaß Eigenheiten, die nicht nur dem Braunschweiger Baumeister Synsingus Hesse zuzuschreiben sind. Die mit Spitzbogen- und Kreisblenden recht bildhaft gegliederte Fassade war offenbar ein Zitat der 170 Jahre älteren Front der Katharinenkirche. Statt der prachtvollen Glasurschichten dort wird die Portal-Zone von St. Annen mitsamt noch stehendem doppelläufigem Treppenturm durch horizontale breite Sandsteinbänder bereichert. Diese „Speckschichten" sowie die tiefgekehlten Sandstein-Portale und korbbogigen Nischen verraten südniederländisch-flandrischen Einfluss. Die noch erhaltenen Einsatzkapellen zwischen den Strebepfeilern der Kirchen-Nordseite waren womöglich bürgerlichen Memorien zugedacht. Die Katharinenkirche hatte dieses spätgotische Thema bereits 1320/30 vorweggenommen (s. S. 183). Sehr eigenständig war auch die Wölbung der Kirche: Im Chor hatten sich bis 1875 ein Stern- und ein Netzgewölbe erhalten. Ein solches Netzgewölbe ist auch im zweiten Refektorium zu sehen. Es ist auch nicht sicher, ob das Mittelschiff mit einer fünfseitigen Holz-Tonne geschlossen war und die Seitenschiffe nur einfache Kreuzrippengewölbe besaßen. Auf einem vor dem Abbruch 1870 aufgenommenen Foto sind Schildbögen bzw. stehende Anzahnungen erkennbar, die auch andere Deutungen zulassen. Zum Zeitpunkt des Brandes 1843 war das Langhaus allerdings längst mit einer flachen Bretterdecke geschlossen.

Auch die Nonnenempore über den zwei östlichen Jochen des Süd-Seitenschiffs entsprach keineswegs dem Geläufigen: Der im Chor die Messe lesende Priester konnte zwar, wie üblich, von oben nicht gesehen werden, weil die Empore zum Mittel- und zum südlichen Seitenschiff eine hohe Brüstung besaß. Doch von dieser Brüstung ging ein gemauerter Segmentbogen aus, der das Mittelschiff in sechs bis sieben Meter Höhe optisch in zwei Abschnitte teilte. Auch die der Nonnenempore gegenüber stehenden Pfeiler der Nordseite waren durch solche „Schwibbögen" verspannt. Schon aus liturgischen Gründen war dies natürlich kein Lettner.

Während der Zurichtung der Kirchenruine zum Museums-Annex 2002 war eindrucksvoll zu sehen, wie der Bau fundamentiert war. Die Stümpfe der Achteck-Pfeiler beispielsweise, welche die drei Schiffe trennen, stehen auf massiven, etwa drei Meter in den Boden reichenden Ziegelsteinblöcken, die im Inneren mit Naturstein-Findlingen in besonders festem Kalkmörtel vergossen sind. Man hielt es für denkmalschonend, Pfeilerstümpfe und Fundamentblöcke auszubohren, um die neue Statik unterzubringen.

Beginen-Konvent Kleine Burgstr. 22, gestiftet von Willikin Crane. Die romanisch wirkende Hofseite entstand wie die Straßenfront nach 1284. Eine Demonstration von Bescheidenheit, trotz der Größe. Außergewöhnlich auch die beiden gotischen Flügel.

Beginen in Lübeck und ihre Bauten

Über seestädtische Verbindungen gelangte auch die flandrische Beginenbewegung nach Lübeck. Beginen, alleinstehende und in Konventen lebende Frauen, engagierten sich u. a. mit Nachdruck in der Armen- und Krankenpflege. Sie sind Teil der Armutsbewegung gewesen, die sich im 13. und 14. Jahrhundert mit den Bettelorden über Europa verbreitete. Da Beginen sich keiner klösterlichen Regel unterwarfen, war ihnen eine Rückkehr ins normale Leben möglich. In Lübeck wie auch in anderen Hanse-Seestädten „erfreuten Beginen sich der schützenden Unterstützung durch die Bürger und den Rat". Man sah in ihnen wohl auch eine Möglichkeit, bei ihnen Töchter und Witwen „nützlich unterzubringen" (Holst).

Die „schützende Unterstützung" äußert sich in beeindruckender Weise in den Bauten, die ihnen von Lübecker Bürgern als Wohn- und Arbeitshäuser geschenkt wurden. Die wichtigste der einst fünf Niederlassungen ist der gegen 1283 vom Kaufmann Willikin Crane gestiftete und nach ihm benannte Crane-Konvent Kleine Burgstraße 22. Das im Volksmund als „Siechenhaus" benannte Gebäude galt lange als ältestes Bürgerhaus Lübecks. Doch hier wohnte nie ein Bürger. Das Haus ist eine einzige Ausnahme-Erscheinung. Mit fünfzehn Metern ist es ungewöhnlich breit. Es besitzt einen Keller, der über sechs Pfeilern von zwölf Hängekuppeln überwölbt ist. Hängekuppeln sind in Lübeck sehr ungewöhnlich. Der Keller hat nur einen einzigen Zu- bzw. Ausgang an der Hofseite. Mit nur dreieinhalb Metern Erdgeschoss- und zwei Meter sechzig Obergeschoss-Höhe entspricht das Gebäude weder dem Dielen- noch dem Saalgeschosshaus-Typus. Es gab keine innere Treppe, sowohl an der Straßen- als auch

Beginen-Konvent Kleine Burgstr. 22. Der „Leit-Formstein" der Straßenfassade (Ausschnitt) ist der Viertelstab. Die Nähe zum Heiligengeistspital ist nicht nur zeitlicher Natur.

an der Hofseite war dem Obergeschoss eine hölzerne Galerie vorgesetzt, zu der eine Stiege hinaufführte. Das gewaltige Dachwerk von 1283 (d) mit drei Kehlbalkenlagen ist nahezu vollständig erhalten. Wozu wurden diese riesigen Böden genutzt? Auch über die Funktion der beiden Hauptgeschosse – wie lebten die Beginen hier, was machten sie? – ist bislang nichts bekannt. Straßenseitig wird ein Andachtsraum gelegen haben, eine Kapelle. Die beiden großen stichbogig überwölbten Fensteröffnungen links vom Portal weisen darauf hin.

Auch die Fassaden passen nicht ins Bild vom Lübecker Bürgerhaus. Die romanisch erscheinende Hoffront mit ihren Rundbogen-Öffnungen signalisiert Bescheidenheit. Ähnlich die mit Spitzbogen-Doppelluken („Biforien") gegliederte Straßenfassade. Es ist eine Architektur, die Altbewährtes bewusst als Kontrast zu jener modernen Hochblenden-Gliederung inszeniert, die damals im Bürgerhausbau aufkam. An der Straßenfront fällt auf, dass die Profile aus Viertelstab-Formsteinen bestehen; die Teilungssäulchen der Doppelluken sind Halbstäbe. Offensichtlich wollte man sich damit der ersten, ebenfalls vom Demut-Ideal geprägten Heiliggeisthospital-Architektur anpassen. Der einfache Dreiecks-Umriss der Fassaden ist ebenfalls als bewusste Annäherung

Aegidienkonvent St. Annenstraße 3, Hofseite. Als Beginenkonvent gegen 1350 errichtet. Hinter den unteren beiden Fensterluchten rechts befand sich ein Andachtsraum. An der Traufseite ist diese Kapelle durch ein spitzbogiges Portal ausgezeichnet. Im Hintergrund der Dachreiter der Ägidienkirche.

an das Hospital zu verstehen. Eine weitere Besonderheit, durch die Breite des Haupthauses ermöglicht, sind die beiden rückwärtigen Seitenflügel. Der erste Abschnitt des nördlichen Flügels entstand bereits um 1300.

Der Crane-Konvent gehört auch wegen seiner noch weitgehend unbekannten Bau- und Nutzungsgeschichte zu den bedeutendsten Baudenkmälern Lübecks – eine ruhende Quelle für die Bauforschung.

Fragen auch beim Ägidienkonvent St. Annenstraße 3, dem Rest einer größeren, anfangs möglicherweise einen Hof umschließenden Anlage. Erst während der Sanierung im Rahmen des „Aegidienhof-Projekts" 2001/02 wurde eine Kapelle aufgedeckt, Wand-Abschnitte eines ehemaligen Andachtsraumes, der noch im jetzigen Zustand mit sechs Heiligendarstellungen und Quadermalerei ausgeschmückt ist (s. S. 215). Die Kapelle besaß (und besitzt) hofseits an der nordöstlichen Traufwand einen eigenen Zugang, der als profiliertes Spitzbogenportal ausgezeichnet ist, ein deutlicher Hinweis auf die Sonderfunktion des Erdgeschosses. Das Haus ist vor 1350 entstanden. Die Gliederung der Straßen- und Hoffassade durch unterschiedlich breite Fensteröffnungen ist weitgehend im alten Zustand überkommen. Die einstige innere Aufteilung ist nicht erhalten, die vermutete Kapelle ist daher nur durch die Malereien auf Innenflächen der Nord- und Ostmauer zu erfassen.

Der Attendorn-Konvent Glockengießerstraße 4, unterhalb des Chores der Franziskanerkirche St. Katharinen gelegen, ist heute Teil des Katharineums. Das Haus ist für Schulzwecke vollständig ausgeräumt worden. Die gotische Hoffassade wurde 1972 abgebrochen und durch eine angenäherte Kopie ersetzt.

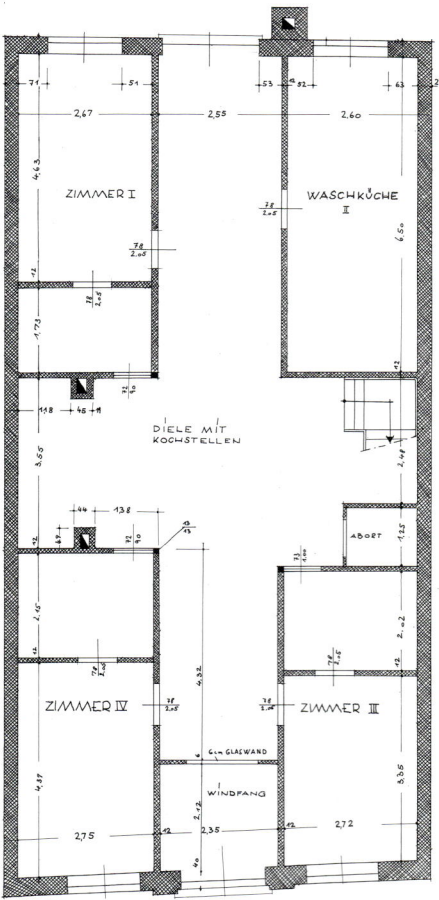

Glockengießerstr. 8, Wickedes Armenhaus. Kreuzdielen-Grundriss. „Bau-Aufnahme" anlässlich der Sanierung 1972. Schematisches Architekten-Aufmaß, weder in den Proportionen noch in den Mauerstärken verlässlich. Das Typische ist jedoch erkennbar. Im Querflur links (= Osteite) einst eine breite Feuerstellen-Anlage mit übergreifender gemeinsamer Rauchschürze. Gegenüber die Treppe.

Armenhäuser – bürgerliche Stiftungen

Abbrüche und schließlich die Modernisierungsmaßnahmen der 1970er Jahre haben die letzten Beispiele einer einst öfter auftretenden Hausform weiter reduziert. Interessant war deren wie genormt erscheinender „Kreuzdielen"-Grundriss: In die Erdgeschosshalle eines giebelständigen Hauses waren vier Kleinwohnungen eingebaut, je zwei zur Straße und zwei zum Hof. Ein mittlerer breiter Korridor verband Straßen- und Hof-Eingang; ein Querflur nahm an einem Ende die Gemeinschafts-Feuerstellen, am gegenüberliegenden Ende die Treppe ins Obergeschoss auf, das die gleiche Grundriss-Struktur aufwies. Das von Johann Ihlhorn 1449 gestiftete Armenhaus in der Glockengießerstraße 39 hat diesen eigentlich sehr funktionalen Grundriss in neuer Form bewahrt. Ähnlich das von der Familie Wickede verwaltete Haus Glockengießerstraße 8, 1397 gestiftet und 1471 zum Armenhaus für Witwen bestimmt. Hinter der Zopfstilfassade von 1790 befinden sich heute Studentenwohnungen. – Die oben erwähnten Beginenkonvente St. Annenstraße 3 und Glockengießerstraße 4 besaßen wahrscheinlich ebenfalls diesen unverwechselbaren „Kreuzdielen"-Grundriss.

Düvekenstraße. Die 1494 errichteten „Armenbuden" sind an der Straßenseite mit vorkragendem Oberstock errichtet („Stockwerksbauweise"),
während die Hofseite Ständerbauweise zeigt:
in die zwei Etagen zusammenfassenden Ständer
sind die Deckenbalken per Einzapfung und Holz-
schloss „eingeschossen". Daher die schöne Unter-
scheidung von „Stockwerk" und „Geschoss". –
Steinsichtigkeit und rustikale Schwarzfärbung der
Gefache folgen heutigem Schönheitsempfinden.

Ihlhorn-Armenhaus Glockengießerstraße 36.
Der lange Fachwerktrakt, eigentlich ein gedecktes
Laubenganghaus", wurde dem 1438 gestifteten
Vorderhaus um 1457(d) hinzugefügt. Eigentümlich
das „Ständerfußblatt", ein nur in Lübeck vorkom-
mendes Fachwerk-Detail.

Hingewiesen sei noch auf eine Besonderheit des in Lübeck gar nicht so seltenen Fachwerks, das
vorzugsweise im Mietwohnbau (vgl. „Höfe und Gänge" S. 264) Anwendung fand: Am langen
Hofgebäude des Ihlhornstifts von 1464 beispielsweise ist an der in Stockwerkbauweise errichteten westlichen Traufseite das „Ständerfußblatt" zu sehen (auch „Ständerfuß-Schale"). Dieses
Detail zeichnet auch die 1494 erbauten „Armenbuden" in der Düvekenstraße aus. Das Ständerfußblatt, ein brettartig vorstehender unterer Fortsatz des Fachwerkständers, überlappt das
Ende des Balkens, in den der Ständer eingezapft ist und schützt somit den Balkenkopf vor Witterungsschäden. Es ist ein Fachwerk-Detail, das nur in Lübeck und der nahen Umgebung zwischen 1450 und 1550 vorkommt.

Literatur

Die Bau- und Kunstdenkmäler der Freien und Hansestadt Lübeck, IV. Band. Die Klöster … Bearb. von J.
Baltzer, Fr. Bruns und H. Rathgens. Lübeck 1928. Repro-Neudruck durch Buchhandlung Adler Lübeck 2001
Albrecht, Thorsten: Das Lübecker St. Annen-Kloster. Herausgeber: Museum für Kunst und Kulturgeschichte.
Lübeck 2003. Weitere Literatur dort.
Hayessen, Walter: Die Gebäude der Lübecker Wohlfahrtspflege. Dissert. Braunschweig 1925 (Manuskript
im Archiv der Hansestadt Lübeck): LX 893.
Holst, Jens Christian und Manfred Neugebauer: Der ehemalige Cranekonvent zu Lübeck. In: 25 Jahre Ar-
chäologie in Lübeck (= Lübecker Schriften zur Archäologie und Kulturgeschichte, Bd. 17). Bonn 1988. S. 94–97
Hunecke, Irmgard: Jahresbericht des Bereichs Denkmalpflege der Hansestadt Lübeck 2002/2003 (zum Be-
ginenkonvent St. Annenstraße 3). In: Zeitschrift des Vereins für Lübeckische Geschichte und Altertumskunde
Band 83, S. 251. Desgl. Jahresbericht 2003/2004, in ZLGA Bd. 84, S. 282/283. Lübeck 2003 und 2004
Möhlenkamp, Annegret: Beginenkonvente in Lübeck unter besonderer Berücksichtigung des Aegidienkon-
vents: Gemalte Heilige und andere Spuren. In: ZLGA Bd. 85, Lübeck 2005. S. 57–92.

Summary

Buildings for the `Social Net´ in the Middle Ages

`What have you done unto one among my lowest brothers, you have done unto me´ (Matthew 25, 40) – or in other words: What you have done for your brother, you have done for your own salvation. This is the basis for what worked in the Middle Ages as `social net´. The many types of buildings serving the purpose of caring for the needy, the poor and ill are in Lübeck exemplary. Besides the already mentionened Heiligengeisthospital and the convents of the mendicant orders we find the nunneries, the convents of the `Beginen´ and the houses for the poor.

St. Johannis, founded in 1177 by bishop Henry I. on the marshy banks of the Wakenitz, was initially a Benedictan double-monastery. After handing over to the Cistercian nuns the monastery became more and more an institution of provision to unmarried women from the upper society. This restricted accomodation continued also after the Reformation: the council transformed the monastery after 1575 into a residence for daughters of wealthy citizens.

The church was torn down in 1805. Of the enclosure only the refectorium in its cubature is preserved, built around 1245. Its western façade with its glazed frieze of circular arches belongs to the last traces of late-Romanesque décor-architecture in Lübeck. This structural rest is today part of the Johanneum, the second municipal gymnasium (high school), that has been erected since 1905 on the property of the former monastery.

The Augustine monastery St. Anne is erected after 1502 in two building phases as second monastery for Lübeck's middle-class daughters. In 1532 the convent is closed in the course of the Reformation. Beginning 1601 the buildings are used as municipal poor-houses, orphanages and workhouses, later also as a prison. In typical manner St. Anne exemplifies how the burden of social welfare is transferred from the church, which had been dominating in the Middle Ages, to the citizens and thus consequently to the `Lübish state´.

In 1843 the church burns down, the ruins largely demolished in 1875. In 1915 the restored enclosure becomes home for the museum of St. Anne with its precious collection of medieval art. The remains of St. Anne are integrated in 2003/04 into an extension for exhibitions, in which Modern Art is presented.

The St. Annen-monastery is the only sacral architecture from the times of the Reformation in northern Germany with beautiful, diversified vaulted rooms on the ground floor level around the central cloister. Remarkable is the application of natural stone for columns, capitals and vault brackets, the profils of the ribs are of late-Gothic precision and sharpness.

The church consisted of a three-aisle nave and a choir, which extends the central vessel and ends in a 5/8-polygon. It is not sufficiently researched; the church seems to have been more significant than presumed up to now. It had vaults, which were otherwise not existent in Lübeck. An interesting feature was also the gallery for the nuns above the two eastern bays of the side-aisle.

The `Begines´ in Lübeck and their buildings. Thanks to the seaward connections the Flemish Begines-movement came to Lübeck. Begines, single women living in open convents, were strongly engaged in the care of the poor and sick. Soon their work found support by citizens who saw a possibilty to usefully accommodate daughters and widows.

The most important of the formerly five Begine's houses is the Crane-convent in Kleine Burgstraße 22, donated around 1283 by the merchant Willikin Crane and therefore named after him. The house is with its fifteen metres wider than any other house. It has a basement with 12 dome-like vaults. Originally a gallery with a stairway was placed in front of the upper level to the street and courtyard from the outside. The enormous truss dates back to 1283. A chapel was presumably on the ground floor level. Little is known about the former arrangement and use of the floors.

The rear façade from 1284 with its romanesque openings is rated however as `modest form´ (`Bescheidenheitsform´). The street-façade, composed with pointed-arch biforiums, refers to the Heiligengeist-hospital-architecture as `related in spirit´. A further specialty, made possible by the width of the main building, are the two rear wings. The Crane-convent is an idle source for future building research.

The Ägidien-convent St. Annenstraße 3 is presumably the remains of a larger complex, initially enclosing a court. During the restoration of the fronthouse in 2001 parts of a former chapel were revealed with painted images of saints – a unique finding. The core of the Attendorn-convent Glockengießerstraße 4, situated near the choir of St. Catherine, has been entirely removed for school use. The Gothic court façade was replaced in 1972 by a copy.

In Lübeck there had been several houses for the poor, which had been donated by citizens. Interesting were their apparently standardised ground floor plans: in the ground floor lobby of a house four small apartments were installed, two facing the street and two towards the court. A wide middle corridor, remains of the hallway, connected street and court entrances; a second hall led on one side to the shared fire-place, on the opposite side to the staircase leading to the upper level with an identical floor plan. The donated poor-house by Johann Ihlhorn in 1449 in the Glockengießerstraße 39 has preserved this ground floor plan in a new form, in similar manner the Wickede-Stift Glockengießerstraße 8.

Burgtor, Stadtseite
vor der großen, 1901
abgeschlossenen
Restaurierung. Es fehlen
die geschossbetonenden
Terrakottenfriese. Der
dekorative Charaker der
auf die Stadt gerichteten
Wand ist deutlich.

STADTBEFESTIGUNG

Über den Welterbe-Status der Lübecker Stadtbefestigung lässt sich ebenso wenig sagen wie über den Rang der Burgkirche, der Clemenskirche oder der Kapelle „St. Johannis auf dem Sande". Auch die mittelalterliche Stadtmauer ist zum allergrößten Teil verschwunden. Die bekannten Darstellungen zeigen, dass die Stadtmauer mit einer Höhe zwischen sieben und neun Metern, einem stadtseitigen Wehrgang und den in mal kürzeren, mal weiten Abständen stehenden Viereck- oder Rundtürmen beachtliche Ausmaße besaß. Die nahezu allseitige Sicherung durch Wasserflächen hat eine noch monumentalere Ausgestaltung wie etwa in Wisby, Reval oder später in Nürnberg überflüssig gemacht. Im 16. und 17. Jahrhundert ist dann nach Planung der Niederländer Ryswyck und Valkenburgh besonders der Westseite ein beeindruckendes Bastionssystem vorgelegt worden, dessen Wälle im Abschnitt zwischen Holstentorplatz und Mühlenbrücke vergleichweise gut erhalten sind. Diese Reste gehören nicht ausdrücklich zum Welterbe-Areal „Altstadt von Lübeck". Es wurde aber vorgeschlagen, sie im Sinne der UNESCO-Richtlinien zur „Pufferzone" zu erklären.

Die mittelalterliche Stadtmauer umschloss wahrscheinlich erstmals während der Dänenzeit gegen 1217/20 die gesamte Siedlungsfläche. Zu einem echten Einsatz ist sie nie gekommen. Nach Ende des 18. Jahrhunderts wurde sie nach und nach abgetragen, zuerst an der Hafenseite, an der Ostseite erst 1855–1857. Dort sind zwei Stückchen übriggeblieben – wegen einiger Wohnhäuser, die ihnen im 17. Jahrhundert angebaut wurden, nämlich hinter dem St. Annenkloster (an der Mauer 47–51), dort mit einem spätromanischen Halbturm und „Im Sack", d.h. An der Mauer 206, unterhalb der Hundestraße. Hier kann man die später vermauerten frühen und breiten Zinnen noch erkennen. Die bereits erwähnte „Heinrichsmauer" von 1180 (s. S. 29) mit der nachfolgenden, bauhistorisch sehr aufschlussreichen Aufhöhung stellt bis heute den nördlichen Abschluss der Altstadt mit dem Burgtor dar. Und außer diesem Burgtor ist uns natürlich das berühmte Holstentor geblieben.

Aus einem Rest ein Ganzes

Der Halbturm am Krähenteich von etwa 1220 gehört zusammen mit den fünf erhaltenen Halbtürmen der Burgtormauer zu den ältesten Stadtmauertürmen weit und breit. Im Gegensatz zu den Burgmauer-Türmen ist er ausgezeichnet erhalten, dazu in voller Höhe, nämlich 16 Meter, bei einem Durchmesser von 9,40 m und Mauerstärken zwischen 1,40 m unten und 0,75 oben. Die Absätze der sich innen von unten nach oben geschossweise verjüngenden Mauer dienten als Balkenauflager für drei Decken. Zur Stadtseite ist der Turm mit einer leichten Fachwerkwand geschlossen gewesen. Bauweise und Formen, etwa die großen rundbogigen Luken im Obergeschoss, ebenso der am Außenmauerwerk ablesbare regelmäßige 1:1-Verband – immer ein Läufer, ein Binder – sind charakteristisch für die Dänenzeit. Die beiden rundbogigen Türöffnungen, durch die man auf den Wehrgang gelangte, sind erhalten.

Halbturm am Krähenteich mit südlich anschließendem Rest der Stadtmauer um 1900, eine Architektur der Dänenzeit. Wahrscheinlich wurde die Stadtmauer gegen 1217/20 erstmals um die gesamte Stadt geführt.

Burgtorfront von der Feldseite. Neben dem Burgtor die Stadtmauer in fast voller Höhe, gut erkennbar die vermauerten Zinnen. Die unteren Partien (etwa 3 Meter) des „Kohlenturms" stammen von 1180, darüber schönes dänenzeitliches Mauerwerk im 1:1-Verband. Fensterdurchbrüche recht neu.

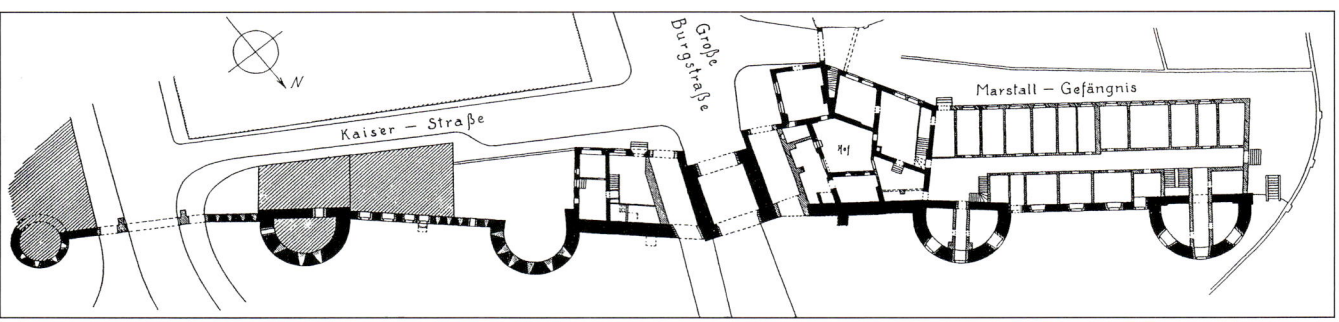

Grundriss der Burgtormauer, Zustand um 1910 (nach H. Rathgens). Zur ersten Durchfahrt des Mittelalters sind zwei weitere hinzugekommen; heute sind es vier. Von ehemals sechs Halbtürmen stehen noch fünf, wenn auch nicht in voller Höhe. Innerer Ausbau der Türme jünger. Der „Marstall-Gefängnis"-Neubau von 1803 noch mit den Zellen (heute Ausbau als Jugendzentrum).

Rundtürme dieser Art sind besonders an der Ostseite der Stadt längs der gestauten Wakenitz gebaut worden. Allein am Krähenteich zwischen dem Mühlentor und Krähentor hat es fünf davon gegeben. Kürzlich haben Archäologen das Fundament des einst unterhalb der Düvekenstraße stehenden Turms freigelegt.

Der Burgtor-Turm

Der in einem markanten Winkelsprung in der Heinrichsmauer stehende Burgtor-Turm geht auf die Bautätigkeit Heinrichs zurück. Wir haben es hier also mit einem echten „Burg"-Tor zu tun. Kern des Bauwerks ist aber bis über das dritte Obergeschoss hinaus ein Viereck-Turm, der zur Stadtseite ehemals offen war. Innen sind spätromanische Details wie Schartennischen und rundbogige, jetzt mit Mauerwerk aufgefüllte Zinnen und Ausgänge zum ehemaligen Wehrgang erhalten. Sie zeigen, dass man in der Dänenzeit einen dreigeschossigen Durchgangsturm aufführte, der nachfolgend um ein weiteres Geschoss aufgehöht wurde.

200 Jahre später wird diese klotzige Anlage nochmals um ein Geschoss aufgestockt. Zusätzlich verkleidet man den Turmkörper allseits mit einem feingliedrigen Dekor. Die fünf durch Horizontalfriese voneinander abgesetzten Obergeschosse der Feld- und der Stadtseite zeigen ein Relief aus enggereihten, spitzbogigen Blenden und Biforien, die sich weiter oben als Fenster öffnen. Das Ganze ist unerhört reich in der Erscheinung, verblüffend die Verschiedenartigkeit der Details. Kein Geschoss gleicht dem nächsten; die Anzahl der Blenden wechselt an der Stadtseite von vier über acht wieder zu vier, die allerdings als Biforien zweigeteilt sind, zu fünf Biforien in den zwei oberen Etagen. An der Feldseite wird dieses Schema einfallsreich variiert. Noch mehr ornamentales Detail erkennt man in den Friesen: kleinteilige Maßwerke aus Dreipass- und Vierpassformen trennen die unteren Eta-

Burgtor: Ausschnitt aus der Stadtseite. Fast alle Terrakotten sind 1901 neu angefertigt worden. Auch vom Außenmauerwerk ist viel ausgetauscht worden. Viele Glasursteine sind aber noch die alten und sorgen bei entsprechendem Sonnenstand für die gewünschte Pracht.

gen, darüber folgen ein Maßwerkband mit Fischblasen-Dekor und oben ein auch aus der Fernsicht wirkungsvolles Dreiecks- oder Zickzack-Band mit eingelegtem Blattwerk. Durchgehende Glasurschichten-Verwendung, hier wohl auch ein Hinweis auf den Rat als Bauherrn, und die achsensymmetrische Gliederung der Schauseiten machen aus diesem scheinbar märchenhaften Dekor eine straff gegliederte Architektur. Der Turm wurde von einem schlanken, spitzen Helm bekrönt, der sich, ähnlich der Lösung an der Marienkirche, über vier mit Maßwerk geschmückten Dreiecksgiebeln erhob. Der jetzige gedrungene Turmabschluss in Form einer geschweiften Haube stammt von 1685.

Der Burgtor-Turm von 1442/43 ist eines der prachtvollsten Beispiele des Wehrbaus im Reichen Stil der ersten Hälfte des 15. Jahrhunderts. Errichtet wurde er von Nikolaus Peck, der in seiner Amtszeit als Ratsbaumeister auch das Neue Gemach des Rathauses aufführte (s. S. 144). An beiden Bauten sehen wir die gleichen Formsteine, Maßwerk-Platten, Glasur-Farben und glasierten Blatt-Dekore; beide zeichnen sich durch eine Wandgliederung durch schmale, kräftig profilierte Blenden-Motive aus. Höchstwahrscheinlich hat Peck auch jenes Außentor errichtet, das in Diebels Stadtansicht von 1552 zu sehen ist: eine hohe Maßwerk-Blendenwand, die in ähnlicher Form u. a. noch in Neubrandenburg und in Malchin erhalten ist. Die Formensprache Pecks ist nicht mehr nur lübeckisch. Vielmehr bemerken wir hier eine Zierfreude, die eher im brandenburgischen Raum erwartet wird. Einige Details finden sich in Prenzlau wieder, anderes erinnert an Bauten in Brandenburg/Havel.

Die Gottesstadt

Ob die mittelalterliche Stadtbefestigung überhaupt jemals als reiner Wehrbau verstanden wurde, als Architektur, die das Leben der Stadtbewohner und ihren Besitz vor Angriffen äußerer Feinde und Neider schützen sollte? Das Zeichenhafte der Stadtmauer ist oft betont worden. Zeitgenössische Darstellungen der Himmelsstadt nach der Offenbarung Johannes (Das neue Jerusalem, Offenbarung 21) beeindrucken mit Zinnenkränzen, zinnenbekrönten Türmen, Schießscharten, hohen geschlossenen Mauern. Nehmen wir zwei typische Beispiele: Trotz aller stilistischen Unterschiede zwischen der spätromanischen Gottesstadt in der Vierung des Braunschweiger Domes mit den zwölf Aposteln als Stadttore und der gotischen Himmelsstadt im Nonnenchor von Wienhausen ist der wehrhafte Charakter des neuen Jerusalem in beiden Darstellungen unübersehbar. Die Überhöhung der Mauer mit zum Himmel ragenden, helmbesetzten Türmen gehört zur Stadtkrone, ihr ist die Mauer wie ein solider Sockel als zusammenfügendes Band unterlegt. Die alles umschließende Stadtmauer ist auch eine Vergegenwärtigung der Jenseits-Gewissheit des mittelalterlichen Menschen (vgl. die Darstellung auf Seite 10).

Wer sieht, welche Dimensionen und Techniken der Wehrbau schon um 1200 beispielsweise im Streitgebiet zwischen Frankreich und England entwickelt, wird einer vergleichsweise schwachen Stadtmauer wie in Lübeck keinen hohen militärischen Wert beimessen, wohl aber einen symbolischen. Nach Aufkommen der Feuerwaffen stellt sich die Frage verschärft: Wer würde den so zartgliedrigen Burgtor-Turm wirklich zuschanden schießen wollen? Ist er nicht viel zu schön?

Das Holstentor: Relikt in fremder Umgebung

Das Holstentor ist das mittlere von ehemals drei Toren, durch die der Weg aus dem Holsteinischen in die Stadt geführt wurde und natürlich umgekehrt. Zeitweilig gab es noch das Walltor, das die außen liegende barocke Bastionskette durchquerte. Das innere Holstein-Tor stand als Teil der mittelalterlichen Stadtmauer unterhalb der Holstenstraße. Das erhaltene mittlere Holstentor ist nur als Teil einer Wall-Befestigung verständlich, mit der man im späten Mittelalter den Welthafen Trave sichern wollte – de facto lag der Hafen ja ungeschützt vor der Stadtmauer. Dieser Wall nebst westlich davor ausgehobenem erstem Stadtgraben wurde erst im Verlauf des 16. Jahrhunderts fertig. Er verlief in engem Bogen feldseitig vor dem 1478 vollendeten mittleren Tor und erforderte den Bau eines äußeren Tores. Von diesem Gebäude in schönen Formen der niederländischen Renaissance ist nichts mehr zu sehen – bis auf den an das mittlere Tor versetzten Rest seiner Inschrift PULCHRA RES EST PAX FORIS ET DOMI CONCORDIA (Draußen Frieden und drinnen Einigkeit ist eine schöne Sache). Verkürzt auf „CONCORDIA DOMI FORIS PAX", prangt sie heute über der feldseitigen Durchfahrt. An die erste Hafensicherung erinnert allein die bestehende Topografie aus Wallhalbinsel und Stadtgraben. Das heutige Umfeld wird übrigens noch stärker durch die erwähnte Bastionsbefestigung und deren Beseitigung im 19. Jahrhundert geprägt.

Ein politisches Signal

Das Holstentor ist also als Brückenkopf zu verstehen. Es hat einen Vorgänger-Bau eines solchen Brückenkopfs gegeben, der die wie ein Zwinger ausgebaute Holstenbrücke feldseitig sicherte. Für den Neubau nach 1464 gab es einen aktuellen Anlass. Der dänische König, bekanntermaßen kein Freund Lübecks und der Hanse, war 1460 auch Landesherr von Holstein geworden. Die Grenze zwischen Lübeck und Dänemark lag buchstäblich vor den Toren der Stadt.

Mittleres Holstentor im winterlichen Niemandsland: die begleitenden Wälle und Zwinger fehlen heute. Der Mittelteil über der Durchfahrt oberhalb des ersten Obergeschosses stammt von 1869/70, ebenso der gesamte Terrakottenschmuck (2005/06 erneuert).

Der Bau eines neuen Holstentores wird durch ein großzügiges Legat des Ratsherrn Johann Broling ermöglicht. Die Arbeiten beginnen 1464; 14 Jahre später ist das Tor fertig. Der Ratsbaumeister Hinrich Helmstede hat den Bau entworfen und die Arbeiten geleitet. Das Tor ist natürlich eine unmissverständliche Geste gegenüber Dänemark: Lübeck demonstriert seine Macht. Die monumentale Größe des Bauwerks und sein Schmuck sind aber auch selbstbewusster Ausdruck des Reichtums und der wirtschaftlichen Potenz Lübecks. Mit dem Doppelturm-Tor wird überdies eine Form gewählt, die seit der römischen Antike Tradition ist und dadurch Legitimation und Aura vermittelt. Das Holstentor ist überdies das auf die Gottesstadt verweisende Zeichen, wie die vielen erkennbaren formalen und inhaltlichen Anleihen an den Sakralbau nahe legen. Schließlich hätte es auch der Verteidigung dienen können, wäre es denn mal zu einem Übergriff gekommen. Doch eine kriegerische Auseinandersetzung hat das Holstentor nie erlebt.

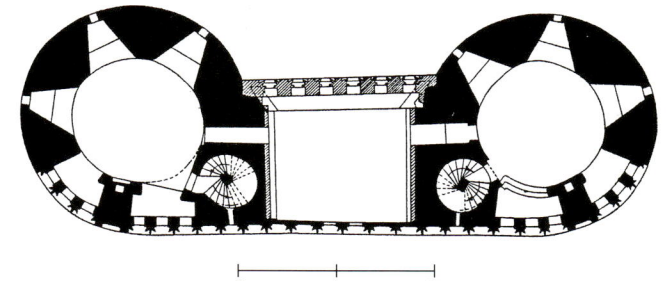

0   5   10 m

N.

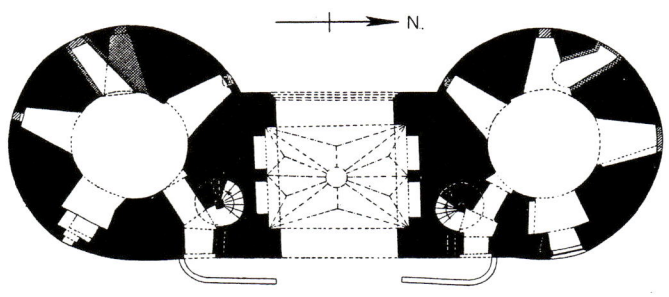

Holstentor. Grundrisse der vier Stockwerke vor 1930 (nach H. Rathgens). Von unten: Erdgeschoss, erstes und zweites Geschoss, oberes Geschoss (unter den Dachhelmen). Es fällt auf, dass die Stadtseite des Holstentores durch große Öffnungen aufgelöst erscheint, besonders das Erd- und das erste Obergeschoss. Das Tor stand also nicht isoliert im Gelände, sondern war Teil einer von Wällen und Gräben und weiteren Türmen gebildeten Verteidigungsanlage.

Holstentor.
Die prachtvolle
Stadtseite als die
eigentliche Fassade
(Foto 2004).

Stadtseite und Feldseite

Mauerstärken von etwa 3,50 m im unteren Geschoss bis 2,20 m im oberen, die exakte und differenzierte Anlage verschieden dimensionierter Geschütz-Öffnungen und Schießscharten für Handfeuerwaffen lassen keinen Zweifel: dies ist ein Verteidigungsbauwerk. Doch erscheint manches veraltet. Besonders die für Brand-Wurfgeschosse höchst anfälligen hohen hölzernen Turmhelme, die einst, so zeigt es E. Altdorfer auf dem Maria-Magdalenenaltar von 1520 (St. Annen-Museum), mit einer Vielzahl phantastischer Gauben und Windfahnen bestückt waren, lassen am vorrangigen Verteidigungszweck zweifeln. Eher veraltet erscheinen auch die Gewehr-Scharten im Obergeschoss mit ihren begrenzten Radien. Der Eindruck ist, dass mit dem Holstentor die Wehrhaftigkeit Lübecks nur demonstriert, nicht aber durch die Tat bewiesen werden sollte.

Ähnlich wie am Burgtor ist die Außengestaltung von einer Kostbarkeit des Materials, die dem schnöden Verteidigungszweck widerspricht. Eine Menge eiserner Haken scheint zu beweisen, dass man das kostbare Mauerwerk im Kriegsfall mit vorgehängten „Säcken voller Baumwolle" schützen wollte. Die durchgehende Glasurschichten-Verwendung weist wieder auf den Rat als Bauherrn hin. Von Naturstein-Gesimsen gerahmte Friese Terrakotta-Platten mit wechselndem Maßwerk umziehen das ganze Gebäude über dem ersten und dem zweiten Geschoss. Von ähn-

Holstentor. Ausschnitt aus dem Terrakotten-Band der Nordost-Seite. Vier Formstücke bilden jeweils eine Einheit, die durch die mittig aufgesetzte „Blume" deutlich wird. Die untere Form trägt Reste eines farbigen Überzugs (Engobe).

licher Qualität ist das vortretende Terrakotta-Hauptgesims in Form eines umlaufenden Laub-stab-Dekors. Von der einstigen, sehr farbkräftigen Fassung der Friese sind nur geringe Spuren nachweisbar. An einigen Platten sind auch Reste von ockergelben und grünlichen Engoben ge-funden worden. Das Holstentor war bunt!

Während die Feldseite mit den vortretenden Rundungen der Türme geschlossen ist und ihrer Funktion entsprechend kaum Öffnungen besitzt, ist die Stadtseite so reich gegliedert, dass sie als die eigentliche Schauseite zu verstehen ist. Die vier Geschosse sind durch eine enge Folge von Spitzbogenblenden und -luken ausgezeichnet. Das dritte Geschoss ist sogar als reine Blend-Ar-katur gestaltet. 26 spitzbogige Blendnischen bilden eine durchgehende Reihe, wobei das gemein-same Lisenen-Profil durch ein aufgesetztes Formstein-Säulchen betont ist. Eine ganz besonders

Holstentor. Ausschnitt aus dem Terrakotten-Band der Nordost-Seite. Zwischen zwei „Wilden Männern" das aus zwei Formstücken zusam-mengesetzte lübische Wappen. Reste einer gelblichen Engobe sind erkennbar.

Holstentor, Stadtseite. Formsteindetail aus den mittleren Blenden. Typische Profile der Spätgotik mit tiefen, schattenbildenden Kehlen. Die grünen Glasuren gehören zum Gesamt-Farbkonzept.

schöne Lösung sind die sechs schmalhohen, durch auskragende Kapitellzonen verbundenen Blendnischen über der Durchfahrt. Hier wirkt sich besonders die Profilierung mit tiefen Hohlkehlen aus, die scharfe Schatten und starke Plastizität liefert. Hinter diesem Blendenbereich lagerte man einst die hochgezogenen Balken des Sperrgatters. Bei drohender Gefahr wurden diese Balken einzeln heruntergelassen. Der Mittelzone sitzt, zwischen den hohen Dachkegeln vermittelnd, ein Dreiecksgiebel auf, durch den drei achtseitige Türmchen ins Freie wachsen. Diese Türmchen sind wieder Rats-Architektur, weil sie die Rathaus-„Riesen" zitieren. Zugleich ist aber auch die sakrale Überhöhung spürbar, zumal sich in einer Nische des Mittelturms seit altersher eine Marienfigur befindet.

Zweifellos ist diese Schaufront ein ganz großes Stück Architektur. Da sie nach innen, auf die Stadt und ihre Bewohner, gerichtet ist – 250 Jahre früher hätte man an ihrer Stelle eine schlichte Fachwerkwand aufgesetzt – lässt sich an ihr auch ein tiefer Bedeutungswandel feststellen. Die neue, offizielle Vedute der Stadt, immer noch Architektur des Rates, ist zum Ende des Mittelalters nicht nur nach außen gerichtet, sondern spiegelt auf die Stadt zurück. Darin liegt etwas Zeichenhaftes, denn die so prachtvolle Stadtseite war nur vom Zwinger der Holstenbrücke aus und vom angrenzenden kurzen Abschnitt des Hafens unterhalb der Holstenmauer zu sehen.

Vergangenes kehrt zurück

Durch Umwallungen und Zubauten, durch Vortore, Zwingermauern, Zollhäuschen und schließlich auch eine romantische Vergrünung ist das alte Holstentor im 19. Jahrhundert fast vollständig vergessen gewesen, weil von ihm kaum noch etwas zu sehen war. Mit Abtragung der Wälle und Abbruch der Vortore kommt es wieder zum Vorschein, verwahrlost, verformt und tief im Grund versackt; für viele Lübecker ein Stück Vergangenheit, das angesichts des soeben im Vorfeld des Tores erbauten Bahnhofs der „Lübeck-Büchener Eisenbahn" besonders störend sein muss. Mit der hauchdünnen Mehrheit einer einzigen Stimme in der Bürgerschaft wird der Abbruch 1869 verhindert.

Nun ist eine Wiederherstellung der Außengestalt möglich. Das im 17. oder 18. Jahrhundert herabgestürzte mittlere Giebelfeld wird durch einen neogotischen Neubau ersetzt. Großflächig werden viele Mauerwerkspartien ausgewechselt. Die zum größten Teil verlorenen Maßwerkfriese werden nach Resten, die sich an der Stadtseite des Nordturms erhalten hatten, neu angefertigt. Das Überleben des Holstentores ist damit erst einmal gesichert. Ergebnis ist ein dekoratives, fremd in der planierten Umgebung stehendes Schaustück. Diese Rolle ist dem Holstentor bis heute geblieben.

Die Neugestaltung des Umfelds als „Stadt-Eingang" durch den Leiter des Bauamts Friedrich Wilhelm Virck bleibt Bruchstück; nur die südlich gelegene „700-Jahr-Halle" wird 1927 realisiert. Sein Nachfolger, Baudirektor und Denkmalpfleger Hans Pieper unternimmt nach 1931 die notwendige statische Sicherung des Holstentores. Die Bodenuntersuchung beweist, dass die sich

Holstentor, Stadtseite: Zustand um 1860 nach Wiederentdeckung und Entfernung der Nebenbauten. Gut erkennbar der erhaltene Terrakotten-fries rechts über dem 1. Obergeschoss.

fortsetzende Verformung des Bauwerks Folge der nicht ausreichenden Fundamentierung ist. Unter dem Tor liegen sieben Meter Schwemmboden und darunter noch sechs Meter Modde und Torf, nicht überraschend bei der Lage inmitten des eiszeitlichen Lübecker Beckens. Seit der 1934 abgeschlossenen Sanierung steht das Tor auf Betonfundamenten. In die Türme sind eiserne Ringanker eingelassen; das gesamte Bauwerk ist durch kassettierte Betondecken ausgesteift, denen die Reste der alten Balken weichen mussten (nur die obere Lage unter den Turmhelmen ist erhalten). Nach diesen rigorosen Maßnahmen ist die Bewegung gestoppt. Pieper sieht auch, dass ein solches Bauwerk genutzt werden muss, um langfristig zu überleben. Sein Vorschlag, im Holstentor ein „Museum der Wehrhaftigkeit Lübecks" einzurichten, fällt im NS-braunen Lü-beck auf denkbar fruchtbaren Boden.

Nach 1950 wird ein stadtgeschichtliches Museum eingerichtet, das im Jahr 2000 auf Wunsch eines Sponsors eine inhaltliche Wende mit dem Schwerpunkt „Macht des Handels" erhält. Sich ändernde Perspektiven der Geschichtsdeutung werden auch in Zukunft für wechselnde „Sinn-gebung" des Holstentores sorgen und das Bild von Lübecks Wahrzeichen bestimmen.

Das Holstentor als Einzelbauwerk ist langfristig gerettet, es gehört zu den bekanntesten histo-rischen Bauwerken Deutschlands und ist ein wichtiger Baustein des UNESCO-Weltkulturer-bes „Altstadt von Lübeck". Das städtebauliche Umfeld ist allerdings nicht in Ordnung. Eine Re-habilitierung ist nicht in Sicht. Nicht nur die doppelseitige Verkehrs-Umfahrt ist ein Ärgernis.

Ähnliches lässt sich über die populäre Lust an der Vergrünung sagen: Die gärtnerische Anhübschung macht nicht nur dem Holstentor, sondern stärker noch der Burgtormauer zu schaffen. Dort verdecken dichte Bestände aus Eiben und Birken eines der bedeutendsten Denkmale Norddeutschlands; ein Pelz aus Efeu lässt nur noch ungefähre Konturen ahnen. Erst 2006 gelingt es, diese Art von „Naturschutz" auf ein denkmalverträgliches Maß zu reduzieren.

2005/06 wird das Außenmauerwerk des Holstentors erneut überarbeitet. Dabei stellt sich heraus, dass sich Teile der äußeren Backsteinschale vom Kernmauerwerk abgelöst haben. Mit modernster Technologie werden die Schichten behutsam vernadelt. Große Schäden zeigen auch die im 19. Jahrhundert neu aufgeführten Partien des Bauwerks. Ob aber die recht umfangreichen Verluste an mittelalterlicher Originalsubstanz wirklich in jeder Hinsicht zu rechtfertigen sind, sollte zumindest gefragt werden dürfen. So werden die Gesimse aus gotländischem Kalkstein zu fast 100 Prozent durch Neuanfertigungen ersetzt, ebenso die meisten der aus dem 19. Jahrhundert stammenden Terrakotten. Man mag sich mit der Einsicht beruhigen, dass trotz allem originales Mittelalter immer noch an einigen Stellen erhalten ist.

Literatur

Die Bau- und Kunstdenkmäler der Hansestadt Lübeck. Band 1, 1. Teil: Stadtpläne und -ansichten, Stadtbefestigung, Wasserkünste und Mühlen (Bearb.: Hugo Rathgens). Lübeck 1939 (Repro-Neudruck durch Buchhandlung Adler, Lübeck 2000).
Schadendorf, Wulf: Das Holstentor. Symbol der Stadt. Gestalt, Geschichte und Herkunft des Lübecker Tores. Hamburg/Lübeck o.J. (1978).
Geist, Jonas: Versuch, das Holstentor zu Lübeck im Geiste etwas anzuheben. Zur Natur des Bürgertums. Berlin (Wagenbach) 1976.

Summary

City Fortifications

In the Middle Ages the fortification was understood not only as means of self-defense, but also as reference to the Heavenly City according to the book of Revelations (The new Jerusalem, Revelation 21). The elevation of the walls with tower spires rising into the sky is part of the upper city, the wall appearing like a solid unifying pedestal. The incorporated city wall is thus also a visualisation of the afterlife-certainty of medieval life.

Lübeck's city wall has disappeared in main parts. The well-known portrayals show that the city wall had considerable dimensions with a height of seven to nine metres, a battlement facing the town and towers spaced at varying intervals. The wall enclosed the whole settlement presumably for the first time during Danish occupation in around 1217/20. After the end of the 18th century the wall was by and by torn down.

Preserved are two small remains on the eastern side, An der Mauer 47–51 with a late-Romanesque halftower and An der Mauer 206. Important the northern end of the old town with the castle wall of Henry the Lion of 1180 and the castle gate (`Burgtor´). Apart from the `Burgtor´ the famous `Holstentor´ (Holstengate) has been preserved.

The halftower An der Mauer 47 from around 1220 is excellently preserved. The walls receded storeywise from bottom to top, the recesses of these walls serving as supports for three ceilings. Facing town the tower had a timber-framed wall. The building technique, i.e. the brickwork of the exterior wall with a regular 1:1-bond – always a stretcher and a header alternating – is characteristic for the Danish time.

The castle gate's tower (`Burgtor´) is derived from the building activity by Henry from 1180. Thus we find a genuine `castle´-gate. The subsequently heightened building receives an additional level around 1442/43. The tower's body receives a filigran lining of narrow-rowed pointed-arched blind niches and biforias, that appear as windows at the top. Continuous application of layers of glazed bricks characterises the building as architecture of the council. The military value of the tower is subordinated clearly to its symbolism. The tower is one of the most magnificent examples of a fortified building in the `Rich Style´ in the first half of the 15th century. It was built by Nikolaus Peck, who in his tenure as master builder also built the `Ratswaage´ of the town hall.

The `Holstentor´ beyond the Trave as bridgehead is the central of formerly three gates leading to and from the city. It can only be understood as part of the lost fortification wall, which had secured the harbour of Trave since the Middle Ages.

The building of the `Holstentor´ after 1464 had a certain reason at that time. The Danish king, who was not known to be a friend of Lübeck and the Hanseatic League, had also become territorial lord of Holstein in 1460. The border between Lübeck and Denmark lay literally in front of the harbour and the gates of the city. The council's master builder Hinrich Helmstede designed and completed the building in 1478. The new gate is less a building of defense as more an unmistakable gesture towards Denmark. Lübeck demonstrated its power, its wealth and its economical potential. The technically out-of-date, but aura-bestowing twin-tower configuration as well as the high wooden towerspires and the precious materials used contradict heavily with the supposed purpose of self-defense. Friezes framed with limestone-cornices made of terracotta-plates with alternating tracery circumscribe the entire building. The application of layers of glazed bricks refers to the council as client. The side facing the town is specially decorated. The four storeys received an ornamentation of pointed-arched blind niches and hatches with glazed brickwork. This showfront, facing the city and its citizens, reflects a profound change of spirit. The new, official veduta of the city, still architecture of the council, is not only a signal to the outside towards the end of the Middle Ages, but is also a uniting image for the urban community itself.

With the demolition of the wall and the gates the totally run-down `Holstentor´ in the 19th century reappears. Its demolition is prevented in 1869 in the city council with a majority of only one vote. The missing middle gable is replaced by a neo-Gothic new building. Large parts of the masonry are replaced and redone, lost friezes restored by incorporating remains found. The result is a strange, isolated lone-standing exhibit. This role has remained for the `Holstentor´ till today.

The necessary structural salvaging of the Holstentor succeeds in the 1930s by building director and conservator Hans Pieper. Since then both towers rest upon concrete foundations. After renovation the `Holstentor´ became museum for the `Wehrhaftigkeit´ (meaning both: `Fortification´ and `Fitness to Fight´) in the sense of the Nazi ideology. After 1950 a museum for urban history is installed that in 2000 has the main theme `The Power of Commerce´.

Kopf des Christophorus aus der Diele König-straße 51 (Foto nach Freilegung 1992). Der Stil ist typisch für die ersten Jahrzehnte des 14. Jahrhunderts.

MITTELALTERLICHE WANDMALEREI

Wandmalerei: das sind farbige Darstellungen direkt auf der Wand. Malerei auf trockenem Untergrund nennt man „Secco", auf eigens angetragenem und noch feuchtem Putz „Fresco": Während des Abbindens wird die Malschicht von feinsten Kalkkristallen gefestigt und gebunden – der Grund, weshalb die in Italien verbreiteten Fresken beständiger sind als die bei uns üblichen Secco-Kalkmalereien.

Wandmalerei gibt der architektonischen Form Richtung und Bedeutung. Das gilt sowohl für Kirchen und Sakralräume als auch für das Haus des Stadtbürgers. Als Massen-Phänomen wurde uns Wandmalerei eigentlich erst bewusst, als durch Haus-Sanierungen und durch gezielte Untersuchungen immer mehr Malereien bekannt wurden. Allerdings war manches zu vermuten gewesen: bereits vor 1900, auch in der Zeit zwischen den Kriegen hat man bei Abbrüchen und Umbauten schon mehrere Befunde gesehen und beschrieben. Wie viel die Häuser tatsächlich „hergeben" würden, hat besonders die Arbeit des 1980–1985 von der VW-Stiftung geförderten „Forschungsprojekts Lübecker Profanbau" offenbart. Seither sind viele weitere Wandmalereien aufgetaucht.

Unsere Vorstellung von mittelalterlicher Wandmalerei vom späten 13. bis Anfang des 16. Jahrhunderts ist weitgehend von Beispielen aus Kirchen bestimmt. Die aus der Bibel und den Legenden bekannten Heiligen werden, frontal stehend und somit als „anwesend" charakterisiert, den Gläubigen als Beistand und Vorbilder im Glauben empfohlen. Oft wird auch das Alte Testament einbezogen, auf den Schultern der Propheten und Könige stehen die Apostel des Neuen Testaments. Die Wurzel-Jesse-Darstellung ist eine sehr eindrucksvolle Zusammenfassung dieser Bezüge.
Eine andere Bildform ist erzählend, sie illustriert und erläutert Begebenheiten aus der Bibel und anderen Quellen auf eindringliche Weise. Auch hier sind die konstruierten Verbindungen aus Prophezeiung (Altes Testament) und Erfüllung im Neuen Testament wichtig. Wesentlichen Anteil an dieser Bildwelt hat die Christusgeschichte, weniger die Szenen aus dem Leben Jesu als ausdrücklich die Passionsgeschichte vom Einzug in Jerusalem bis zu Kreuzigung, Tod und Auferstehung. Zum Ende des Mittelalters wird die detailgenaue Schilderung des Marienlebens besonders beliebt.

Herkunft der Bilder

Mittelalterliche Wandmalerei hat ihren Ursprung in byzantinischen Bildformeln, die in Mittel- und Westeuropa vom 9. bis ins 13. Jahrhundert abgewandelt und zugunsten einer erzählenden Bilder-Bibel verlebendigt wurden. Innovativ und stilbildend waren die illustrierten („illuminierten") Handschriften aus den Schreibstuben der großen Klöster. Berühmte Namen sind beispielsweise Aachen, Lorsch, Reichenau, Helmarshausen, Köln. Die mit kostbaren Malereien ausgestatteten Bücher, in der Mehrzahl Evangeliare und Messe-Texte, lieferten die über lange Zeiträume sich wenig ändernden Vorlagen für Szenen-Aufbau und -folge, Gewandformen, schmückende Rahmungen aus Architektur-Kürzeln, Dekor-Leisten, Sinngebung durch Farbe u.a.m. Für den norddeutschen Raum der Kolonisationszeit werden westfälisch-kölnische, aber auch sächsisch-thüringische Quellen angenommen. Lübecks älteste (bekannte) Wandmalerei ist auf den Arkaden-Zwickeln im Chor der Marienkirche zu sehen. Sie entstand gegen 1290 und illustriert die Schöpfungsgeschichte. Um 1300/1330 zeigt sich bereits eine „voll eingemeindete" westlich-gotische Formensprache, die sich aus der stark formalisierten französischen Hof-

Heiligengeistkirche, Nordwand. Maria und Christus auf dem „siebenstufigen Löwenthron" (s. 1. Buch Könige 10, 18), umgeben von der Engelshierarchie. In der unteren Szene überreicht ein König zwei Königinnen Zepter und Reichsapfel. Die modellierende Malerei, die moderne Architektur-Darstellung, Gesichtsformen und Körperhaltung weisen auf westliche Vorbilder. Das Gemälde ist Teil eines Programms: Die gesamte Kirchenhalle war künstlerisch und thematisch sehr anspruchsvoll ausgemalt.

kunst unter Ludwig dem Heiligen (Louis IX) entwickelt hatte. Das Element einer spielerisch-eleganten, weltlichen Jugendlichkeit tritt hinzu, die, typisch für die Jahrzehnte vor 1350, beispielhaft in den Bildern des 1320 in Zürich angefertigten „Manesse-Codex" nachzuvollziehen ist. Die farbigen Glasfenster, die zunehmend die darstellende Wandmalerei verdrängen, folgen ebenfalls Buchmalerei-Standards und entwickeln sie weiter.

Zum Bestand in Kirchen …

Über Wandmalerei in Lübecker Kirchen und Klöstern geben die alten Inventar-Bände verlässlicher Auskunft als die heute erhältlichen Führer, aus denen nur ein lückenhaftes Bild gewonnen werden kann (St. Jakobi ist da die glänzende Ausnahme). Der Bestand an mittelalterlicher Wandmalerei in Lübecker Sakralräumen ist noch überraschend groß. Die wichtigen Zyklen stammen aus dem späten 13. und aus der 1. Hälfte des 14. Jahrhunderts. Am bekanntesten waren bislang die Obergaden-Malereien in St. Marien, die aufgereihte „Gemeinschaft der Heiligen". Der Rang der eleganten Pfeiler-Heiligen der Jakobikirche hat sich erst in letzter Zeit herumgesprochen. Anders als in der Marienkirche ist hier ein theologisches Konzept erkennbar: Auf den zum Mittelschiff gerichteten Pfeilerflächen sind die zwölf Apostel dargestellt. Der Blick über die Reihe der Mittelschiffspfeiler beschert uns das hierzulande seltene Erlebnis eines durch Wandmalerei theologisch definierten Kirchenraumes. Noch anspruchsvoller ist die Darstellung des „Thrones Salomonis" auf der Nordwand der Heiligengeistkirche. Thematisch gibt es zu diesem Gemälde nur wenig Vergleiche, ein älteres Beispiel im Dom zu Gurk, Kärnten, ein jüngeres im Kloster Bebenhausen. Schon daran lässt sich die überregionale Bedeutung des Bildes ermessen. „Christus in der Mandorla" im benachbarten Wandfeld ist dagegen noch stark der byzantinischen Formelhaftigkeit verbunden. Die drumherum angeordneten „Stifter-Bildnisse" sind zumindest eine zeit- und sozialgeschichtliche Sensation: Sie gelten als älteste porträthafte Darstellungen von Bürgern. In ihnen wird anschaulich, wie das Patriziat sich vom bischöflichen Einspruch emanzipiert. – Ein weiterer Zyklus hat sich im ehemaligen Beginenkonvent St. Annenstraße 3 erhalten. Dort sind sechs Heiligendarstellungen aufgedeckt worden, die zur Ausmalung der ehemaligen Kapelle gehören. Ein sensationeller Fund, der Lübecks Rang als „Welterbe" eindrucksvoll unterstreicht: Von mittelalterlichen Beginenkapellen, dazu noch ausgemalt, ist in der Kunstwissenschaft nämlich nichts bekannt. Noch bedeutungsvoller der Fall Gertrudenherberge: Die Aufdeckung des großen, mit Heiligendarstellungen ausgemalten Erdgeschoss-Saals im August 2006 bestätigt erneut Lübecks Weltkulturerbe-Rang. Das Denkmal-Management wurde dem Anspruch dieses hochkarätigen Fundes nicht gerecht. Der große Saal (Kapelle?) wurde in kleine Appartements aufgeteilt; die gotischen Malereien wieder verdeckt. Umfangreiche Fragmente gibt es auch im Burgkloster und in der Katharinenkirche, dort sind die Malereien größtenteils noch nicht freigelegt. Für das 14. und das 15. Jahr-

St. Annenstraße 3, Kapelle des ehemaligen Beginen-Konvents. Mangels Bauforschung wurde ein stadt- und sozialgeschichtlich bedeutsamer Raum nicht erkannt. Die Malereien traten erst während der Sanierung zutage, was wegen der unpassenden neuen Nutzung die weitgehende Einhausung erforderte. Fraglich, ob die Malerei auf diese Weise mittel- bis langfristig gehalten werden kann.

hundert liegen weniger Befunde vor. Wichtig sind wiederum die Ausmalungen der vormaligen Sakristei auf dem südlichen Nebenchor der Katharinenkirche und der Sakristei der einstigen Burgkirche. Auch die Aegidienkirche ist in Teilen spätgotisch ausgemalt.

… und in Bürgerhäusern

Der Bestand an Wandmalerei vom 13. bis ins 16. Jahrhundert in Bürgerhäusern ist zu einem großen Teil im Katalog von Brockow/Eickhölter/Gramatzki (s. Lit.) einzusehen. Vor Ort betrachten kann man die meisten Malereien leider nicht, weil sie sich entweder in einem rein privaten Kontext oder in Räumen von Behörden oder Unternehmen befinden, die Publikumsverkehr nur in Ausnahmefällen erlauben. Was sich auf Lübecker Hauswänden an mittelalterlicher Malerei findet, gehört drei Motiv-Gruppen an:
▷ Natur zitierende Ranken, Blatt- und Blütenformen, die in stark unterschiedlichen, zeittypischen Varianten vorkommen, die Trifolien-(Dreiblatt-)Ranken in den Jahrzehnten nach 1300.
▷ Quader- oder Fugenmalerei sowie gegenstandslose Schmuckformen, z.B. Treppen- und Zickzackfriese. Beide Dekorationsformen, die meistens in Kombinationen erscheinen, werden als „Paradies"-Vergegenwärtigung gedeutet, als Verweis auf das „Heilige", die „Heilige Stadt" und das erhoffte Ewige Leben. Spuren von Rankenmalerei und Quadrierungen erscheinen auf mittelalterlichen Lübecker Wänden vergleichweise häufig.
▷ Die dritte Motiv-Gruppe umfasst Illustrationen zur Heilsgeschichte nach Bibelstellen oder zu Begebenheiten aus den Heiligenlegenden. Thematisch gleichen sie den Malereien in den Kirchen; der erwähnte Schöpfungszyklus der Marienkirche beispielsweise wiederholt sich in verkleinerter Form im Hause Königstraße 28. Auf der Wand der ehemaligen Diele Schüsselbuden 2 sind die Heiligen Drei Könige dargestellt. In den Jahrzehnten um und nach 1300 sind in Verbindung zu solchen Themen öfter aufgereihte Wappen-Folgen aufgetaucht, ein internationales Phänomen. Ein typisches Beispiel ist die Malerei im Hause Fischergrube 20: Hier wurde auf der Dielenwand der Rest einer mit Wappen kombinierten Bilderfolge aufgedeckt, die als Illustrationen „Geschichte vom Verlorenen Sohn" identifiziert wurde.
Vergleichsweise gut erhalten ist auch die Wandmalerei aus den Jahrzehnten nach 1300 auf der

Königstraße 51. Unter einem Wappenfries mit hurtigen Falken in einem Ranken-Wald läuft ein kufisches Ornamentband, eine Variante arabischer Schrift. Darunter noch ein schöner Rosenfries. So stellt sich um 1320/30 die sich höfisch orientierende Lübecker Oberschicht dar. Freilegungszustand 1992. Heute unbeachtet in einem Laden der sogenannten Königpassage.

Fischergrube 20. Diele. Unter einem Fries aus Wappen und Topfhelmen mit Federbüschen inmitten von Trifolien- (=Dreiblatt-) Ranken wird die Geschichte vom Verlorenen Sohn dargestellt. Die einzelnen Bilder sind wie im Comic durch einfache Streifen getrennt. Wie in Königstr. 51 wird auch hier mit Adels-Insignien repräsentiert.

Diele Königstraße 51. Die auf der nordseitigen Brandmauer erkennbaren Bildnisse stellen vermutlich Moses, David und Salomo dar. Als ein Hinweis auf die Vergänglichkeit irdischen (kaufmännischen) Strebens steht auf einem der Schriftbänder „Du bist zwar reich, aber du lebst nicht ewig" zu lesen. Eine Folge gemalter, aber weitgehend verlorener Wappen schloss sich auf beiden Dielenwänden an. Zugehörig auch eine überlebensgroße Christophorus-Darstellung. Sein Anblick sollte „vor plötzlichem Tod" bewahren. Die sehr nuancenreiche Malerei auf Feinputz ist nachfolgend nicht sehr zufriedenstellend restauriert worden. Man hat zwar die Fehlstellen mit gelblichem Feinmörtel wieder geschlossen, aber darauf verzichtet, die Malerei mit einfachsten

Mitteln (Auspunkten) wieder leserlich zu machen. Da dieser wichtige Befund die Wände eines Ladens „schmückt", wäre eine solche didaktische Maßnahme zu vertreten gewesen.

▷ Andere Malereien belegen die damalige Beliebtheit der aktuellen Ritter-Epen und der Minne-Dichtung. Wie die erwähnte Wappenmode zeigen sie, wie sehr sich das reich gewordene Patriziat durch höfisch-adlige Auszeichnungsformen von anderen Bürgern abzuheben versucht. Die Auftraggeber haben wohl nur noch in wenigen Fällen dem Niederadel angehört. Das bedeutendste bislang in Lübeck aufgedeckte Beispiel von „Ritter-Malerei" war der Parzival-Fries im Wohnflügel des Hauses Johannisstraße 18 (heute Dr.-Julius-Leber-Straße). Diese auch künstlerisch sehr anspruchsvolle Bilderfolge nach Wolfram von Eschenbachs Dichtung trat 1929 zutage, als das Haus wegen der geplanten Erweiterung des Karstadt-Gebäudes abgebrochen wurde. Als Auftraggeber wird der Kaufmann und Ratsherr Bernhard Pleskow genannt, der von 1339 bis 1368 das Haus bewohnte.

Königstraße 51. Ausschnitt aus der Wandmalerei von etwa 1320/30, Freilegungszustand 1992. Dargestellt sind Salomo (Bild), David und Moses, also Repräsentanten des „Alten Bundes", dazu Christophorus. Die Feinheit der aufgedeckten Malerei hat die Restaurierung leider nicht bewahren können.

Bürgerliche Wandmalerei des Mittelalters enthält nicht nur den erwähnten inhaltlichen Verweis auf die Jenseits-Verheißung. Sie ist in einem ganz profanen Sinne auch Schmuck. Zweifellos haben mit Wandbildern, Ranken und Ornamenten, mit gemalten Paneelen und Vorhängen ausgezeichnete Dielen und Dornsen auch repräsentative Züge (vgl. Kleiner Blick ins Innere, S. 285). Der Ausblick auf das Paradies aber liegt allem zugrunde.

Eine Flut von Wandmalerei in Bürgerhäusern gibt es wieder im 16. Jahrhundert als Folge der Reformation, sehr oft in Grau-Malerei (Grisaille), die häufig auf Druckgrafik der Zeit beruht. Mit der Renaissance werden auch antike Stoffe zu Bildmotiven, die aber immer mit christlichen Aussagen verknüpft werden. Eine Vielzahl neuer Dekore taucht auf, die durchweg „Musterbüchern" von Ornamentstechern wie C. Floris, Vergil Solis, H. Aldegrever entnommen sind. Mit „Aldegrever-Ranken" ist beispielsweise die Außenwand der Dornse in Mengstraße 50 geschmückt. Auch arabisch-islamische Formen wie die Maureske erhalten Eingang in den Lübecker Formenkanon.

Königstraße 51. Kopf des David.

Fragen zur Qualität

Die Forschung hat sich dazu noch kaum geäußert, obwohl sich dem prüfenden Auge Qualitätsunterschiede fast von allein eröffnen. Die hoch gelobte Obergaden-Malerei in der Marienkirche ist nicht unbedingt erstrangig. Ihre Bedeutung liegt in der Gesamtheit. Fein und nuanciert dagegen die kleine Kreuzigungs-Darstellung im Kapitelsaal des Burgklosters. Die Hand des Malers, der dieses kleine Meisterwerk schuf, ist auch an anderen Stellen des Klosters nachzuweisen. Von großer Qualität sind auch die Pfeiler-Heiligen in St. Jakobi, die dem vom höfischen Frankreich ausgehenden internationalen Stil verpflichtet sind. Es handelt sich um „ … Darstellungen von hohem künstlerischen Wert: Der enorm feine Pinselstrich, die zarte Konturierung der Gesichtszüge und die gekonnt zierliche Überlängung der Figuren weisen die Bilder als Werk eines unbekannten großen Malers seiner Zeit aus" (Irmgard Hurecke). Die beiden Bilder an der Nordwand der Heiligengeistkirche („Christus und Maria auf dem Thron Salomonis" und rechts „Christus in der Mandorla") überragen durch ihre ihre einstmals so feine, ebenfalls französisch-westliche Malerei. Von einiger maltechnischer Qualität waren auch die Bilder der Dielenhalle von Königstraße 51. Die hier sitzenden drei Heiligen, auf feinem Kalkputz in teilweise lasierender, mehrschichtiger Malerei geschaffen, zeigen den für 1320/30 typischen internationalen Standard. Die genannten Beispiele stammen zweifellos aus der Hand von Künstlern, so auch spätere Arbeiten, z.B. die beiden Messe-Darstellungen in der Burgkirchen-Sakristei und die überaus qualitätvollen Gewölbemalereien in der Sakristei der Katharinenkirche oberhalb der Strobukkapelle. Nur einfache sinngebende Fassungen wie Ranken und Quadermalerei könnten vielleicht auch auch Leute „vom Bau", also Tüncher, geschaffen haben.

Oben: Die um 1330 gemalten Pfeiler-Figuren der Jakobikirche, im Bild der Apostel Paulus und der Heilige Laurentius (Langhaus-Nordseite, 1. Pfeiler von Westen).

Burgkloster, Westwand der Langen Halle. Dekor-Malerei um 1330 mit Greifen und Adlern – links „geht" ein Vogel um die Mauerkante. Trotz starker Schädigung ist der höfisch-ritterliche Zug noch erkennbar, der aus diesen stark stilisierten Darstellungen spricht.

Kreuzigung im Kapitelsaal des Burgklosters, im Internationalen Stil der 1330er / 40er Jahre.

Gewölbemalerei im südlichen Oberchor der Katharinenkirche, kurz vor der Reformation um 1516 entstanden. Die rätselhaften Engelsfiguren und Heiligen mit ihren schwingenden Spruchbändern gehören zu den stärksten Leistungen spätgotischer Malerei im Norden. Bedeutung und Funktion des Dargestellten sind nicht ganz geklärt. Offenbar ließen die Mönche ihre Sakristei noch einmal mit einem anspruchsvollen Programm ausschmücken – geistliche Weisung in unruhiger Zeit.

Weshalb überhaupt erhalten?

Von Wandmalerei ist noch so viel erhalten oder noch zu erwarten. dass Lübeck zu den bedeutendsten Stätten mittelalterlicher Wandmalerei zählt. Zur künstlerischen Qualität gesellt sich die gute Lübecker Quellenlage: Aus den erhaltenen Urkunden (z.B. Oberstadtbuch) lassen sich Besitzverhältnisse und Bauvorgänge oft genau belegen und dem Haus-Befund zuordnen. Sicherlich war dies ein Argument für ICOMOS, Lübeck der UNESCO als Erbe-Anwärter zu empfehlen. Für Lübeck ist daraus eine schwere Verantwortung erwachsen. Diese „Landschaft von Dokumenten", der ein nicht bezifferbarer wissenschaftlicher Wert zukommt, ist pfleglichst zu erfassen, auszuwerten und zu konservieren. Wandmalereien sind also auch Geschichtsquellen. Nur sie, nicht die Abbildung, sind das authentische Dokument, dem jede Theorie sich zu stellen hat. Die Wandmalereien zu erhalten und zu schützen gebietet auch die Verantwortung für die nachfolgenden Generationen. Für die Forschung hat sich hier ein weites Feld eröffnet: Die Bau- und Kunsthistoriker stehen bei Themen über Inhalt, Wert und Rang Lübecker Wandmalerei noch vor vielen Fragen. Wandmalerei ist aber nicht nur Arbeitsfeld der Wissenschaftler. Die interessierte Öffentlichkeit muss Zugang zu Wandmalereien zu erhalten, um sich ein „Bild" von den Sinngebungen des Mittelalters machen zu können und etwas von den sie bedingenden geschichtlichen Umständen zu erfahren.

Wandmalereien sind gefährdet. Weiterhin wird bei Umbauten oder Gesamtsanierungen historischer Gebäude auf kompetente Voruntersuchungen verzichtet. Weiterhin sind „Überraschungen" an der Tagesordnung, wenn im Sanierungs-Ablauf wieder einmal Wandmalereien aufgedeckt wurden, wie auf bedrückende Weise die Fälle St. Annenstraße 3 und Gertrudenherberge gezeigt haben. Und weiterhin gilt, dass manche Beteiligte wenig Erfahrung und kein Gespür für Malerei-Befunde besitzen.

Als sehr problematisch stellt sich immer stärker die Versalzung der Wände dar. Ungeeignete Sanierungsmethoden und mangelhafte Klimatisierung haben bereits in vielen Fällen Wandmalerei hochgradig geschädigt. Die Malerei ist einfach mitsamt dem Putz von der Wand gefallen. Sogar einige vor wenigen Jahren aufwändig restaurierte Wandbilder gelten bereits als „abgängig". Jetzt wird die Grundlagenforschung wichtig: Wie ist der Bestand zu retten und am effektivsten zu erhalten?

Königstraße 57. Quadermalerei auf der Nord-Brandwand im Unterboden. Keine „Imitation" von Natursteinquadern, um den „minderwertigen" Ziegel zu überdecken, wie man immer wieder lesen muss, sondern Verweis auf das Paradies und die Gottesstadt. Auch Naturstein-Quaderwände wurden durch Quadermalerei umgedeutet!

Wahmstraße 33. „Reformatorische" Grisaille-Malerei aus dem 16. Jahrhundert. Noch wird die mittelalterliche Bildwelt fortgesetzt: Zu sehen ist eine Szene der Genesis: Gott erschafft die Tiere. Vorbilder für diese gemalten „frommen Tapeten" lieferten süddeutsche und niederländische Stecher und Zeichner.

So wünschenswert die Präsentation von Malereibefunden im Rahmen des UNESCO-Auftrags auch sein mag: dringlicher ist also die Bestandssicherung. Die zentralen Leitsätze für die Praxis:

▷ Die Freilegung ist nur dann sinnvoll, wenn nachfolgend durch richtige Klimatisierung und angemessene Raum-Nutzung der Bestand sicher gehalten werden kann.

▷ Werden besonders wertvolle Malereien in einem Raum aufgedeckt, dessen Nutzung dem Erhaltungs-Auftrag zuwiderläuft, muss eine Nutzungs-Änderung ermöglicht werden. Die europaweite Einmaligkeit der Beginenkapelle St. Annenstr. 3 und der ausgemalten Pilgerhalle der Gertrudenherberge haben dieses Problem in aller Schärfe deutlich werden lassen. Die in solchen Fällen übliche „Einhausung" hinter Rigips oder Glas ist keine Lösung, die dauernden Bestandsschutz garantiert.

Eines der im August 2006 aufgedeckten Wandbilder im Erdgeschoss-Saal der Gertrudenherberge: eine Mitte 14. Jahrhundert gemalte Kreuzigungs-Darstellung, auch die beiden Assistenzfiguren Maria und Johannes sind unter jüngeren Kalkanstrichen fast völlig erhalten.

▷ Nicht jede aufgedeckte Malerei lohnt die Freilegung und Restaurierung. Der Befund muss aber untersucht, dokumentiert und konserviert werden. Mit einer Verkleidung oder einer Leichtbauwand schützt man ihn vor klimatischen Beeinträchtigungen. Im Idealfall werden Revisionsklappen angelegt, die eine Überprüfung des Zustands erlauben.

Literatur

Brockow, Thomas: Die mittelalterliche Dielenausmalung im Lübecker Haus Königstraße 51. In: Der Wagen 1997/98, S. 235–251.
Brockow, Thomas: Mittelalterliche Wand- und Deckenmalerei in Lübecker Bürgerhäusern. In: Eickhölter/Hammel-Kiesow (Hrsg): Ausstattungen Lübecker Wohnhäuser …(= Häuser und Höfe Bd. 4), Neumünster 1993. S. 41–118.
Brockow, Thomas: Spätmittelalterliche Wand- und Deckenmalereien in Bürgerhäusern der Ostseestädte Lübeck, Wismar, Rostock, Stralsund und Greifswald (= Dissertation, veröffentlicht in „Studien zur Geschichtsforschung des Mittelalters Band 14"). Hamburg 2001.
Brockow, Thomas: Spätmittelalterliche Wandmalerei in Bürgerhäusern der hansischen Ostseestädte. In: Möhlenkamp, Annegret und Ulrich Kuder, Uwe Albrecht (Hrsg.): Geschichte in Schichten. Internationales Symposium zur Wand- und Deckenmalerei im städtischen Wohnbau des Mittelalters und der frühen Neuzeit (= Denkmalpflege in Lübeck Bd. 4), Lübeck 2002. S. 66–82. Dieser Symposiumsband enthält weitere wichtige Beiträge, u.a. von Annegret Möhlenkamp: Einführung in das Tagungsthema, S. 11–21.
Hunecke, Irmgard: Die Farbe Rot. Erkenntnisse während der Restaurierung von Wandmalereien an der Nordwand der Kirche des Heiligengeist-Hospitals zu Lübeck. In: Denkmal, Zeitschr. für Denkmalpflege in Schleswig-Holstein Nr. 8 (2001). S. 70–76.
Möhlenkamp, Annegret: Beginenkonvente in Lübeck unter besonderer Berücksichtigung des Aegidienkonvents: Gemalte Heilige und andere Spuren.In: Zeitschrift des Vereins f. Lüb. Geschichte und Altertumskunde Bd. 85, 2005. S. 57–92.
Scheftel, Michael, Die Kammer des Herrn Bertram Stalbuc? Befunde zur Innenausstattung Lübecker Bürgerhäuser an Brandmauern aus dem späten 13. Jahrhundert. In: Archäologie des Mittelalters und Bauforschung im Hanseraum (= Festschrift für Günter P. Fehring), Rostock 1993. S. 409 ff.
Schirok, Bernd: Die Wandmalereien in der ehemaligen Johannisstraße 18 und in der Fischergrube 20. In: Eickhölter/Hammel-Kiesow, Aussatungen Lübecker Wohnhäuser (= Häuser und Höfe Bd. 4). Neumünster 1993. S. 269–298.
Wandmalerei in Lübeck. Artikelserie in den „Lübeckischen Blättern" 1997. In den Heften 1–12. Beiträge von Annegret Möhlenkamp, Thomas Brockow, Manfred Eickhölter, Thorsten Albrecht, Manfred Finke.
Wölfel, Dietrich (Hrsg.): Die gotischen Pfeilermalereien in St. Jakobi zu Lübeck. Mit Beiträgen von Irmgard Hunecke, Irmgard und Britta Butt und Dietrich Wölfel. Lübeck 1999 (Broschüre, nur in der Jakobikirche).

Summary

Medieval Wallpainting

Lübeck is one of the most significant sites for medieval wallpainting. Besides the artistic quality very good sources are found for both sacral and profane building in Lübeck: from preserved documents we find detailed information concerning ownership and building activities. Certainly this was a reason for ICOMOS to recommend Lübeck to the UNESCO as applicant. For Lübeck this has resulted in a deep responsibilty.

Wallpainting enhances the architecture, giving it form and direction. This applies to churches as well as to the citizens in their privat homes. Lübeck's medieval wallpaintings are `secco´-paintings applied onto dry lime plaster surfaces. Genuine `Fresko´-painting on fresh and wet plaster, which binds the pigments while drying into finest calcium crystals, is not common in the north.

Our perception of medieval wallpainting from the late 13th till early 16th century is derived to a great extent from examples from churches. One motif for illustration presents the saints as assisting role models in faith. Another motif shows stories from the Bible and other sources in a vivid manner. Origins are Byzantine painting styles, which were varied and developed in the monasterys' scriptoriums (writing rooms) of Central- and Westeurope from the 9th till 13th century. These book-illustrations served as model for the church paintings. For northern Germany of the Colonial Times (13th century) Westphalian-Cologne, but also Saxonian-Thuringian sources are assumed. Around 1300/1330 Lübeck's wall-paintings show a western-Gothic style, which has emerged in French art at the court of Louis the Holy. A playful-elegant youthfulness evolves, which appeared exemplary in the paintings of the secular `Manesse-Codex´ made in Zürich in 1320.

The stock of medieval wallpainting in Lübeck's sacral rooms is still surprisingly large. The important cycles originate from the late 13th and first half of the 14th century. Most significant are presumably the saints on the pillars of St. Jacob's, since they offer to us an idea of a sacral space theologically defined by wallpainting. The elegant figures, standing under painted traceried gables, are works of an unknown great painter of his time. Artistically very ambitious are illustrations along the north wall of the Heiligengeist-church, especially the `Coronation of Maria on the Throne of Salomonis´. St. Mary's holds further cycles on the choir-arcades and in the clerestory. There are also considerable fragments in the `Burg´-monastery, in the former Begines house St. Annenstraße 3, in St. Catherine and the Aegidien-church. Significant are once again the late-Gothic paintings in the former sacristy on the upper south choir of St. Catherine and in the sacristy of the former `Burg´-church.

Contrary to wallpainting in sacral rooms wallpainting in private houses can be viewed in a few cases only. Medieval painting in private houses consists of three groups of motifs:
▷ Citations of nature displaying twines, leaves- and flowers from the centuries after 1300,
▷ stone- or mortar-joint-patterns and abstract décor, i.e. stepped- and zigzag-friezes,
▷ the third (and more seldomly displayed) motif includes figurative illustrations with instructive, moralising content, consisting of Christian story of salvation and contemporary heraldic fashion, like for example rowed series of shields. These paintings refer to their clients as members of the aristocracy. The most important cycle are the aesthetically significant `saints´ in the hall of Königstraße 51.

The wallpaintings not only refer to the promise of an afterlife. They are also decoration and are means of representation. The Reformation starts a wave of painting in Grisaille-technique. With the Renaissance also ancient themes are used for illustrations, though always combined with Christian meaning.

The existing wallpaintings, especially in private house, are heavily endangered. It is of great importance to obtain knowledge of methods to effectively restore and save these paintings.

Ausschnitt der Speicher-
front Beckergrube 95
um 1970. Noch ist der
von Arbeit und Alter
geprägte Zustand erhal-
ten – die Sanierung
(1977) glättet die Falten.

Tradierung auf hohem Niveau

Renaissance in Lübeck

Unsere Geschichtsschreibung lässt das Mittelalter um 1500 enden. Die Neuzeit begann mit tiefen Zäsuren. Der Buchdruck verbreitete neues Wissen und neue Lehren in bislang ungewohnter Schnelligkeit. Die Kirche verlor viel von ihrer alle Menschen einbindenden Kraft und brach schließlich in Glaubenskämpfen auseinander. Die Entdeckung neuer Kontinente erschloss neue Handelsrouten und Märkte.

Zugleich kam ein neues Menschenbild auf. In Italien hatte man die antike Geisteswelt und den antik-römischen Formenkanon wiederentdeckt. Das daraus folgende „rinascimento" erfasste alle Lebensbereiche. In Florenz war diese Bewegung schon um 1420/30 in voller Blüte. Sie lieferte die wichtigsten Facetten des Neuen in Philosophie, Wissenschaft, Literatur und Mode, besonders aber in Baukunst und Malerei.

Die im fernen Norden ruhende Reichsstadt Lübeck war damals zwar immer noch das „Haupt der Hanse", wurde aber politisch wie wirtschaftlich bereits heftig von aufstrebenden Konkurrenten bedrängt, von Städten wie neuen Territorialmächten. Die Reformation war für Lübeck besonders einschneidend, da sie das Ende der hohen Geistlichkeit bedeutete, die sich seit Generationen aus den führenden Rat-bildenden Familien rekrutierte. Es zerfiel also „nicht nur der alte Glaube, sondern zugleich brach auch im Weltlichen die alte, vom Rat vertretene Überlieferung hansischer Politik und damit auch die Machtstellung Lübecks zusammmen", so der Kirchenhistoriker Wilhelm Suhr. Jürgen Wullenwevers fehlgeschlagener Versuch, Lübecks vormalige Machtposition zurück zu erlangen, führte aller Welt den sinkenden Stern der Hanse vor Augen. Dennoch hat diese um 1500/1550 immer noch mächtigste Stadt Norddeutschlands ihren Anteil an der Aufnahme und Weiterverarbeitung des Neuen gehabt. Die Renaissance kam aber nicht direkt aus Italien nach Lübeck. Sie wurde zunächst über Süddeutschland, Frankreich und Flandern vermittelt. Später war sie ganz der niederländischen Entwicklung verpflichtet.

Tradition gegen Fortschritt

An Lübecks Wirtschaft änderte sich wenig. Auch im 16. Jahrhundert ging alles seinen seit vielen Generationen gewohnten Gang, mit Höhen und Tiefen. Eine neue Hausform brauchte man nicht. Zum Dielenhaus gab es wegen seiner vielseitigen Nutzbarkeit keine Alternative – nicht nur bei Kaufleuten und Brauern. Auch Handwerker aller Gewerke schätzten die Flexibilität des freien Hallenraumes. Die Urform von Diele und Speicher spiegelte sich auch in den Grundrissen der traufständigen Quer- und Reihenhäusern der Nebenstraßen (vgl. S. 286). Das Haus war in erster Linie immer noch ein Gewerbebau.

Für völlig neue Formen der Selbstdarstellung war man in Lübeck noch nicht aufgeschlossen. Geschäftsleute modernen Typs wie die Medici oder Pazzi und neuartige Herrschafts- und Bildungs-Eliten wie in Italien, bald auch in Frankreich, hat es in der norddeutschen Handelsstadt Lübeck noch nicht gegeben. Niemand hätte hier ganze mittelalterliche Quartiere abreißen wollen, geschweige denn können, um Palazzi mit antikisierenden Fassaden darauf zu stellen, Durchbrüche zu schaffen, Gärten anzulegen. Und doch: modern wollte man schon sein in Lübeck, aber im Rahmen dessen, was man hatte und was man konnte. Renaissance beschränkte sich zunächst auf Schmückendes, auf Ausstattung der Dielen und Dornsen, auf Übernahme der ak-

X
An der Untertrave 74. 1942 zerstört. Nachgotische Fassade von 1520/30 mit Hochblenden, stichbogigen Doppelluken, weiß ausgeputzten Kreisblenden und Glasur-Wechselschichten.

tuellsten Ornamente und Zierformen, die aus süddeutschen und niederländischen Musterbüchern in die Werkstätten der Stubenmaler und Snitker gelangten. Von diesen Ausstattungen sind hier und da größere und kleinere Reste erhalten.

Nachgotik gegen das Neue

Im Hausbau des 16. Jahrhunderts laufen zwei Tendenzen parallel: Noch wird das Bild der großen Straßen von Treppengiebeln mit senkrecht strukturierenden gotischen Hochblenden beherrscht. Doch gegen 1530 gibt es erste Fassaden, in denen Horizontal-Gesimse und gereihte Anordnung von Maueröffnungen die Waagerechte stärker mitsprechen lassen. Was ist an diesen Giebeln „modern"? Scheinbar setzen sie das traditionelle gotische Bild fort: Neu ist aber, dass jedes Geschoss durch eine waagerecht angeordnete Folge von Kreisblenden betont wird. Das bedeutendste Beispiel war das mit Glasurschichten ausgezeichnete, 1942 zerstörte Haus An der Untertrave 74. Etwas einfacher gibt sich die noch ste-

X
Fischergrube 88. 1942 zerstört. Nachgotische Fassade aus den 1530/40er Jahren. Die Horizontale wird durch Kreisblenden betont. Über der Diele liegen zwei Unterböden und drei Dachböden.

Die „Schiffergesellschaft", Foto vor 1880. Ein traditioneller nachgotischer Hochblendengiebel. Die Schifferbrüder finanzierten den Unterhalt ihres Gesellschaftshauses durch Vermietung der Speicherböden. Die Fassade dürfte erst nach Kauf des Hauses 1335 entstanden sein. Um 1880 mit Fabrikziegeln neu verblendet.

Engelsgrube 27. Eine klassische Fassade der Nachgotik, Giebel neu nach Mitte des 16. Jahrhunderts (die im Denkmalplan angegebene Datierung „1530" ist mit Sicherheit zu früh). Zustand während der nicht abgeschlossenen Sanierung. Der erneuerte Anstrich in Gelb folgt einer im späten 18. und im 19. Jahrhundert denkbaren Farbigkeit.

hende Front Hüxstraße 33. Im mehrfach umge-
bauten und veränderten Giebel Beckergrube 89
diese Gliederung ebenfalls zu sehen.

Nachfolgend werden die Hochblenden merklich
schmaler. Die breite Doppelluke schrumpft zu
einer Einzelöffnung. In wenigen Fällen sieht man
statt der üblichen Fasenprofile auch schmale
Hohlkehlen mit begleitenden dünnen Rundstäben. Der feine Taustab kommt ebenfalls vor, besonders schön am Haus Mengstraße 23. Weiterhin wird das Wandrelief durch Kreisblenden verstärkt, so am bekannten Giebel der Schiffergesellschaft Breite Straße 2. Weitere Beispiele sind
die Fassaden Mühlenstraße 60 und Dankwartsgrube 26 (1545). Das Mauerbild wurde durch
eine egalisierende breite Fuge mit „Fugenstrich"
geglättet. Aufgefundene Farbspuren lassen auf
verlorene Fassungen in ziegelrot und weiß; aber
auch grau und schwarz schließen.

Um 1560/70 ist diese Nachgotik zum Schema er-
starrt. Über der hohen Diele liegt wie seit Jahrhunderten der Unterboden mit drei oder vier
Fenstern; darüber sitzt der von Hochblenden ver-
tikal gegliederte Treppengiebel mit stichbogig
schließenden Lüftungsluken. Mit einer solchen
wie genormt erscheinenden Struktur sind die Fassaden von Glockengießerstraße 26 (1572), Engelsgrube 27 oder Mengstraße 44 fast verwech-
selbar. Neu ist, dass besonders bei Kaufleuten
und Brauern statt des einen Unterbodens nun
zwei, in einigen Fällen sogar drei Böden übereinander gelegt werden.

Mit der klassischen Vorstellung von Renaissance
hat Lübecks Nachgotik nichts zu tun. Wie erklärt
sich die Vorliebe für die überkommenen gotischen
Strukturen? Festhalten am Bewährten in beweg-
ter Zeit? Konservativ ist die lübische Nachgotik
in jedem Fall. Sie ist aber auch typisch für Lübeck, denn sie fehlt in allen vergleichbaren Stadt-
bildern zwischen Lüneburg und Stralsund fast
ganz. Und daher haben wir guten Grund, dieses
Festhalten am Mittelalter als Bestandteil des
Welterbes „Altstadt von Lübeck" zu sehen.

Details an nachgoti-
schen „Renaissance"-
Fassaden. Die Blenden
am Giebel Mengstraße
23 (nach 1557) sind
mit Hohlkehle und
begleitenden feinen
Halbstäben profiliert
(„doppelte Welle"), die
Luken mit Taustäben.

Mengstraße 54 zeigt
dagegen durchgehend
nur die einfache Fase.
Auf den Staffelschultern
noch die selten gewor-
dene alte Deckung mit
„Mönch-und-Nonne"-
Ziegeln.

Erste Total-Importe

Hat es überhaupt Renaissance-Formen beim lübischen Hausbau gegeben, die von der italienischen Entwicklung abzuleiten sind? Leider wissen wir darüber recht wenig, weil der Bestand an
Renaissance-Architektur in Lübeck besonders stark gelichtet ist. Wir müssen daher viele nicht

mehr vorhandene Bauten anführen, um wenigstens eine kleine Vorstellung vom Rang des Verlorenen und von der Mittlerrolle zu gewinnen, die Lübeck noch im 16. Jahrhundert innehatte.
Ein erster wichtiger Beleg für ein frühes Eindringen echter Renaissance-Formen ist die Hof-Be-
bauung des 1942 vernichteten Hauses Schmiedestraße 7. Flügel und Querhaus sind durch kräftige, durchlaufende Gesimsstreifen horizontal betont, Lisenen sorgen für eine orthogonale Ein-

bindung in die Fläche. Die Bildnis- und Wappenmedaillons aus Sandstein sind „Import" im doppelten Sinne, sowohl vom Material her als auch in der künstlerischen Ausprägung. Da die Wappenmedaillons sich bestimmten Lübecker Familien-Konstellationen zuordnen lassen, kann die Entstehung dieser Architektur auf bald nach 1543 eingegrenzt werden. Stilistisch erinnert dieser leider nur im herabgezonten Zustand fotografisch überlieferte Bau ganz allgemein an norditalienische Ziegel-Renaissance. Es wären aber auch süddeutsche Einflüsse denkbar.

Auch auf einigen anderen frühen Hausfronten beginnt etwas Neues – sie passen weder zur importierten Renaissance des Hofgebäudes von Schmiedestraße 7 noch zur vorherrschenden Lü-

Links: Sandstein-Portal Mengstraße 26. Seit Ende 19. Jh. im Domhof; das Portal gehörte zum Bestand des 1942 zerstörten Dommuseums. Angeblich von 1545.

becker Nachgotik. Das auf etwa 1545/50 zu datierende Erdgeschoss von Mengstraße 4 („Buddenbrookhaus") beispielsweise ist leider nur der Rest einer Fassade, an der Sandstein verwendet worden ist. Man wüsste gern, wie der zugehörige Giebel mit seinen Werkstein-Details ausgesehen hat.

Sandsteinportal Mengstraße 4 in den 1920er Jahren. Heute „Buddenbrookhaus".

Portale aus Sandstein

Der Hauseingang an der Straße, das Portal, bot sich für eine besondere Gestaltung geradezu an. Im Mittelalter war das schlichte, aber meist mehrfach gestufte Spitzbogen-Portal aus Backstein die Regel. Im 16. Jahrhundert eröffnete der Einsatz von Sandstein neue Möglichkeiten.

Dies zeigt sich sehr schön am Portal von Mengstraße 26. Es steht jetzt vandalisiert, unerkannt und ohne zuständigen Eigentümer im Domhof. Es hat die Form einer Säulen-Ädikula. Eine Ädikula ist ein von zwei Säulen getragenes klassisches Giebelmotiv, sie zitiert also ein antikes „Tempelchen". Eine solche Form besaß bis 1942 auch das Portal am Hause Königstraße 97. Das fast identische Portal Fleischhauerstraße 14 steht noch heute an Ort und Stelle. Das Portal von Königstraße 85 mit seiner strengen Kanellierung erinnert wieder an das Portal des Buddenbrookhauses.

Die Sandsteinportal-Mode beweist, dass der weltliche Glanz der Repräsentation jetzt hin und wieder auch in Lübeck geschätzt wird – offenbar eher von vermögenden Kaufleuten, die auf ihren Geschäftsreisen im flandrisch-niederländischen Raum das moderne „Decorum" kennen lernen konnten. Wahrscheinlich wurden die Portale auch von niederländischen Steinmetzen angefertigt. Die Arbeiten waren zusätzlich farbig gefasst. Es wurde aber nicht nur Sandstein importiert. Es gelangten auch neue Bautechniken nach Lübeck. Niederländisch sind z.B. einige Dachkonstruktionen und Decken-Ausbildungen.

Das 16. Jahrhundert war decorumsüchtig. Wer finanziell irgendwie dazu in der Lage war, umgab sich mit Raumausstattungen und Bauzier, die religiöse und moralisierende Inhalte als Beleg für Bildung und christliche Rechtschaffenheit vorführten. Auch die Portale haben Aussagen, neben Justitia mit Schwert und Waage und der Fortuna mit Füllhorn tauchen viele andere Verweise auf antikes und christliches Gedankengut auf.

Eine der älteren erhaltenen Haus-Fronten der Renaissance ist Mengstraße 64. Das Dachwerk stammt von 1554. Der Giebel zeigt durchlaufende Sandstein-Gesimse und dekorative Kreis-Blenden. Im Giebel sind erstmals horizontal angeordnete, stichbogig überwölbte Lüftungsluken zu sehen, die nicht mehr achsial übereinander stehen. Eine Betonung der Senkrechten wird somit ganz vermieden. Das ist neu. Mehrere Fassaden verarbeiten diesen Luken-Typ weiter, beispielsweise die Kaufmannshäuser Mengstraße 50, 52 und 27 oder Alsheide 17. In der zweiten Jahrhunderthälfte wird die horizontale Gliederung im Stadtbild etwas häufiger, nachdem sich als Folge eines wirtschaftlichen Aufschwungs nach 1560/70 die Bautätigkeit belebt.

Die Moderne und Statius von Düren

Mit den Terrakotten des „Ratsziegelmeisters" Statius von Düren kommt ein Hauch der großen Renaissance nach Lübeck. Wahrscheinlich war Statius von Düren nicht nur Ziegelei-Unternehmer, sondern auch entwerfender Künstler. Er wirkte von etwa 1549 bis 1571 in Lübeck und arbeitete von hier aus auch für das Mecklenburgische Herzogshaus. So lieferte sein Ziegelhof die Baukeramik für den Fürstenhof in Wismar sowie die Schlösser in Gadebusch und Schwerin. Seine vermutlich erste Arbeit waren Terrakottenfriese für das 1549–1552 erbaute äußere Mühlentor, einem formal vom Holstentor abgeleiteten Doppelturm-Tor, das allerdings bereits 1662 modernen Bastionen weichen musste. Mit Statius von Düren ist der Name des Kaufmanns Gerd Ruyter verbunden. Die Terrakotta-Architektur des Statius von Düren hat immer wieder die Frage aufgeworfen,

wer die entwerfenden Baumeister gewesen sind. Die Lübecker Maurermeister Gabriel von Aken und Valentin von Lyra, die am Fürstenhof Wismar tätig waren, waren es mit Sicherheit nicht. Terrakotten, Dekorplatten aus feinem Ziegelton, waren in Lübeck schon lange bekannt. Es gab Terrakotten an der Chorfassade der Dominikanerkirche und am Kloster-Brauhaus an der Großen Burgstraße. Ratsbaumeister Nikolaus Peck setzte sie 1440 an der Ratswaage und am Burgtor ein, sein Nachfolger Helmstede am Holstentor. Die Produkte der Werkstatt von Dürens waren eigentlich Bau-Fertigteile. Von Düren stellte beispielsweise antikisierende Wand-gliederungen wie Pilaster und Gesimse her, aber auch Giebel und Säulen für Tür-Umrah-mungen, offene Kamine und dergleichen. Sinnvoll verwendbar waren diese Stücke nur an Bau-ten, die waagerecht strukturiert, eben Renaissance-Architektur waren. Hauptanteil an der Produktion hatten die berühmten quadratischen Platten. Auch sie waren nicht als Einzel-Kunstwerke gedacht, sondern sollten zu geschossmarkierenden Friesen zusammengesetzt wer-den. Die Platten zeigen Bildnis-Medaillons von bekannten Fürsten der Zeit, andere stellen

Zwei Ausschnitte aus dem Lübeck-Holzschnitt von Elias Diebel, 1552. Rechts eine Renaissance-Fassade im Bereich Sandstraße/Klingenberg, links eine Fassade an der Breiten Straße in der Nähe zum Koberg, beide offenbar mit Statius-von-Düren-Baukeramik. Da Diebel realitätsnah darstellte, sind diese Darstellungen Dokumente der ersten Renaissance in Lübeck. Auf „dem Diebel" sind noch mehr von solchen Fassaden auszumachen.

x
.Kohlmarkt 13. Die größte bis 1942 erhaltene Fassade mit von-Düren-Baukeramik. Neu-Einrichtung des Dielenbereichs in den 1930er Jahren. (Foto kurz vor Bau der Handelsbank, links, jetzt Deutsche Bank). Die Terrakotten schmücken hier ein großes, aber traditionelles Dielen-Speicher-Haus mit einem Obergeschoss, einem Unterboden und drei Speicherebenen im Dach. Wie der um 1790 vereinfachte Giebelumriss ausgesehen haben könnte, zeigen die Diebel-Ausschnitte.

antike und biblische Gestalten dar. Die Porträts werden von Blattkränzen, Girlanden oder „festons" kreisförmig gerahmt. Auch Fabeltiere und Putten, lübsche Doppeladler und Adels-Wappen sind auf Quadratplatten produziert worden. Vieles geht auf Vorlagen süddeutscher und niederländischer Maler und Ornamentstecher zurück. Zeitgeschichtlich bedeutsam ist die aus drei Platten bestehende Folge zur reformatorischen Gesetz-und-Gnade-Thematik. Den Entwurf dazu lieferte möglicherweise der Maler Erhard Altdorfer, der auch am Bau des Fürstenhofs in Wismar beteiligt war. Altdorfer, Bruder des berühmteren Albrecht, war ab 1512 im Dienst des Mecklenburgischen Herzogs und starb um 1561 in Schwerin. Sein Titel-Holzschnitt zur Lübecker Bibel von 1534 zeigt bereits die drei „reformatorischen" Motive Sünde, Gnade, Auferstehung in synchroner Darstellung. Dem Triptychon wurden meistens die Medaillons der Propheten Joel und David zugeordnet.

Von Dürens orthogonale, dabei die Horizontale betonende Gliederung gemahnt stark an die französische Palast-Architektur der „Loire-Renaissance" zur Zeit König François I. aus dem frühen 16. Jahrhundert, die ihrerseits viel der Terrakotta-Renaissance Norditaliens zwischen Cremona und Ferrara verdankt. Eine überraschende Ähnlichkeit mit Bauten des Statius von Düren hat z. B. das „Maison Chabouillé" in Moret-sur-Loing (südöstlich von Paris). Die Lübecker Terrakotten sind farbig gefasst gewesen.

Statius von Düren heute

Lübeck hat seinen einst bedeutenden Bestand von Häusern mit von-Düren-Terrakotten nicht halten können. Fast alle wichtigen Bauten sind innerhalb weniger Jahrzehnte im späten 19. Jahrhundert der City-Bildung zum Opfer gefallen. Aus alten Bau-Aufnahmen und Fotos wird deutlich, welche baukünstlerische Dimension heute in Lübeck fehlt. Statius-von-Düren-Fassaden besaßen die Häuser Schüsselbuden 32, der 1566 erbaute Bergenfahrer-Schütting Breite Straße 67 (gegenüber dem Rathaus), Braunstraße 4 und das traufständige Haus Beckergrube 30, das Vorderhaus des von Gert Ruyter erbauten Ahrens Torweg. Mindestens drei weitere von-Düren-Häuser mit Renaissance-Terrakotten entdeckt man auf dem Holzschnitt des Elias-Diebel von 1552, dazu das damals soeben fertiggestellte (später abgebrochene) mit Terrakotten geschmückte Mühlentor. Als der Holzschnitt erschien, bestand die von-Düren-Werkstatt eben zwei Jahre. Von Dürens Art zu bauen muss also allergrößten Eindruck gemacht haben. Geradezu sensationell war das Haus Braunstraße 4, das erstmals über der traditionellen hohen Diele drei gleich hohe Wohn-Etagen besaß. Die waagerechte Betonung leisteten drei von Gesimsprofilen eingefasste Terrakottenfriese, die senkrechten Achsen wurden durch „lebensgroße" Hermenpilaster betont. Besonders angesichts dieser Fassade stellt sich die Frage nach einem entwerfenden Baumeister. Der Großteil der beim Abbruch geborgenen Baukeramik ist 1879 am Neubau Musterbahn 3 wiederverwendet worden.

Depenau 33. Lübecks letzte Fassade mit deutlicher Gliederung durch horizontal strukturierende Gesimse und Terrakotten aus der Statius-von-Düren-Werkstatt. Zwischen Seeungeheuern und Porträt-Medaillons das Triptychon Sündenfall, Gnade und Auferstehung", das die neue protestantische Lehre verdeutlicht.

X
Verlorene Renaissance: Diese großzügig durchfensterte Traufseit-Fassade am Marienkirchhof (Ecke Weiter Krambuden) ging 1942 zugrunde. Die frühen Lilienanker weisen den schmalen, etwa zwei Marktbuden-Parzellen besetzenden Bau in die Zeit 1550/60. Strenge Horizontal-Teilung und mit Taustäben geschmückten Lisenen der Zwerchgiebel, in denen zwei Terrakotten erkennbar sind, spiegeln Architektur-Gedanken der Statius-von-Düren-Bauten wider. Fensterformen und Putz stammen aus dem 19. Jahrhundert.

Verlorene Renaissance: Ratsapotheke, Breite Straße 55 (Ecke obere Johannisstraße, jetzt Dr.-Julius-Leber-Straße). Einem mittelalterlichen Haus (s. Traufseite und getreppter Rückgiebel) 1582 vorgesetzt. Total-Import aus den Niederlanden: eine solche Fassade könnte auch in Haarlem oder Leiden stehen. Abbruch vor 1900; der gotische Gewölbekeller fiel erst 1955 dem Wiederaufbau zum Opfer. Nach einer Bleistiftzeichnung von C. J. Milde 1855.

Bis zuletzt erhalten und als bedeutendes Denkmal geschützt und gepflegt war das „von-Senden'sche Haus" Kohlmarkt 13 (s. S. 232). 1942 brannte es aus. Es war der letzte Zeuge des einst mit repräsentativen Handelshäusern besetzten Marktrands. Die Terrakottenfriese wurden durch „Zwillings-Säulen" aus gelb und schwarz glasierten Taustäben in eine geschossübergreifende Gliederung eingebunden. Mit einem Stützkorsett hätte diese bedeutendste Renaissance-Fassade Lübecks vielleicht gerettet werden können. Sie verschwand mit allen Terrakotten und Glasursteinen häppchenweise in den frühen Nachkriegsjahren. Die Sandstein-Figuren des Portals fristen ein trauriges Dasein in einem Geschäftshaus an der Sandstraße. Nur wenige Statius-von-Düren-Terrakotten sind uns noch geblieben. Mengstraße 27 und Depenau 31 zeigen immerhin noch einen durchlaufenden Fries über dem Dielenbereich. Hier sieht man auch das Triptychon „Gesetz und Gnade". Diese drei sehr bildhaft durchgearbeiteten Relief-Platten finden sich auch wiederverwendet am Hause Fleischhauerstraße 25, einem Neubau von 1924. Der hoheitliche Adlerfries am 1571 neben dem Burgtor erbauten Zöllnerhaus ist vermutlich die letzte Auftragsarbeit des Statius in Lübeck. Statius-von-Düren-Terrakotten sind aber auch „regelwidrig" in die Kreisblenden der Hochblenden-Fronten Wahmstraße 35 und 37 eingesetzt worden, zuletzt noch im Haus Nr. 33, dessen Dach auf 1572 (d) datiert ist.

Verlorene Renaissance: Ehem. Schüsselbuden 12 (einst Nowgorodfahrer-Schütting). Hof mit Flügel und Querhaus, Abbruch für die Paketpost um 1900. Der zweigeschossige Langflügel als Saalbau mit Treppenturm. Die Sandsteindekore wie diamantierte Rustika und Beschlagwerk verraten den über die „Weserrenaissance" vermittelten niederländischen Einfluss. Am Querhaus Versuch einer klassischen dreigeschossigen Fassade.

Ein wesentliches Merkmal der von-Düren-Fassaden ist ihre kräftige Horizontal-Struktur. Sie hat in Lübeck eine gewisse Nachfolge gehabt – auch ohne Terrakotten. Beispielsweise an der 1942 zerstörten Fassade des „Glandorp-Hauses" Fischstraße 34, die sich durch eine Gliederung mit großformatigen, gelb und schwarz glasierten Taustab-Doppel-„Säulen" auszeichnete. Obwohl man hier auf den Einsatz von Terrakotten verzichtet hatte, war diese Fassade der Pracht-Front von Kohlmarkt 13 sehr ähnlich. Gesimse und Taustab-Profile in der Art von Dürens haben noch zwei der vom Investor Wilhelm Meding 1566 erbauten drei Giebelhäuser Engelsgrube 81–85 von 1566 bewahrt. Auch die sehr plastisch durchgestalteten Giebel Dr. Julius-Leber-Straße 68 oder Beckergrube 65 sind von der Architektur von Dürens beeinflusst.

Niederländisches in Variationen

Mit dem Neubau der Ratslaube 1570 machte sich verstärkt ein niederländischer Einfluss in Lübeck bemerkbar. Die hier tätigen Steinmetzen Hans Fleminck und Herkules Midow kamen aus Südflandern. Gemeinsam mit dem Utrechter Philipp Brandin waren sie auch für den Mecklenburger Hof tätig. In ihren Entwürfen hielten sie sich ziemlich eng an Ornament-Vorlagen des Vredeman de Vries. Einige wenige, aufwändig mit Sandstein gegliederte Fassaden dürften davon angeregt worden sein, etwa das 1942 zerstörte große Kaufmannshaus Fischstraße 27. Niederländisch ist auch eine neue Giebel-Kontur: Neben dem vorherrschend bleibenden Staffelgiebel kommen nun auch erste Schweifgiebel vor, bestückt mit Obelisken und Kugeln. Die neue Pracht beherrscht die Stadtbilder von Haarlem und Amsterdam über Bremen und Hamburg bis nach Danzig. Lübeck hatte daran

Engelsgrube 47. Ein kleines Brauerhaus, kurz nach 1600 errichtet. Die völlig durchfensterte Front folgt holländischen Vorbildern. Beide Unterböden waren Speicher. Der vor 1900 bis auf die Dach-Kontur heruntergenommene Giebel besaß Staffeln mit Sandstein-Voluten. Zum Dachboden gehörten ehemals drei Fenster bzw. Blenden, eine weitere Blende darüber saß im Spitzboden. Die Instandsetzung des Hauses 1982 konnte diesen Tatsachen nichts abgewinnen.

zumindest einen kleinen Anteil. Zeichnungen und Fotos haben uns beispielsweise die Fassaden Mengstraße 16 und Breite Straße 103 überliefert (die Parzelle Breite Straße 103 gibt es wegen Verbreiterung der oberen Wahmstraße nicht mehr). Die Fassade der Ratsapotheke Breite Straße 55 war vermutlich sogar von einem holländischen Baumeister errichtet worden. Bei den monumentalen Häusern Schüsselbuden 24 und Sandstraße 16 beschränkte sich der Einsatz von Werkstein auf Gesimse und Portale. Alle genannten Fassaden sind nicht erhalten. Eine besonders kostbare Architektur war der Langflügel im Hof von Schüsselbuden 12, einst zum Nowgorodfahrer-Schütting gehörig. Die ehemals geschosshohen Saalfenster waren in statischer Hinsicht äußerst gewagt. Am dreigeschossigen Querhaus mit seinem Rustika-Mauerwerk war eine regelgetreue Anwendung der antiken Ordnungen zu sehen: Über dorischen bzw. toskanischen Erdgeschoss-Pilastern folgten in den Etagen darüber die ionischen und die korinthischen Entsprechungen. Als Baudatum des Nowogorodfahrer-Saals wird 1587 angegeben.

Eine kleine Vorstellung vom verlorenen niederländischen Schmuckreichtum bescheren uns heute nur noch die zum Koberg gerichteten Zwerchhaus-Giebel der Jakobi-Pastorenhäuser. Eine offensichtlich niederländisch geprägte Architektur bewahrt auch das Haus Braunstraße 8 unter Putz; der Portal-Rest und die von Sandstein-Bändern, sogenannten „Speckschichten" gegliederte Hoffassade sind deutliche Hinweise, die uns auch an einigen Wohnflügeln begegnen, Alfstraße 38 z. B. oder Mengstraße 48. Anstes-

Langer Lohberg 49 ehemals Brauhaus. Typische Rückansicht mit Wohnflügel des frühen 17. Jahrhunderts. Die vergleichsweise großen Fenster des Renaissance-Flügels sitzen in Stichbogen-blenden, die mit Fasen profiliert sind. Fenster biedermeierlich.

ten müssen uns die stark lädierten niederländischen Giebel des Kanzleigebäudes und des Zeughauses am Dom, Werke des Ratsbaumeisters Hans von Rode, über das verlorene niederländische Flair in Lübecks Straßen hinwegtrösten. Nirgends hat sich eine Spur der Farb-Fassungen erhalten.

Mengstraße 42/44, Hofansicht vom Querhaus. Einer der letzten Kaufmannshöfe des 16. Jahrhunderts.

An der Untertrave 18. Haus von Schiffseignern aus der 2. Hälfte des 16. Jahrhunderts. Rückansicht. Über der ehemaligen Diele zwei Unterböden. Der Wohnflügel mit typischem Einsprung zum Vorderhaus, im Knick-Winkel ein Kaminzug. Fenster biedermeierlich. Insgesamt weitgehend original erhalten, inklusive Reste von Farbfassungen. Der Zustand jedoch alles andere als „welterbekonform".

1594 errichtet der Antwerpener Bildhauer Robert Coppens die Rathaustreppe an der Breiten Straße. Ihre verschwenderische Pracht löst in Lübeck eine zweite Sandstein-Mode aus. Von den vielen Sandstein-Portalen, die daraufhin für Bürgerhäuser angefertigt werden, haben nur wenige überlebt, so das Portal vom ehemaligen Amtshaus der Krämerkompanie Schüsselbuden 24, das sich heute als Fremdkörper am Treppenturm an der Paketpost Braunstraße 1/3 befindet. Erwähnenswert auch Mengstraße 68 und die in einen Neubau eingefügten Reste des alten Schabbelhaus-Portals Mengstraße 36.

Für die niederländisch beeinflusste Architektur mit ihren meist einfachen, nach innen gerichteten Schweifen ist die Verwendung großflächiger, stichbogig überwölbter Fenster in horizontaler Anordnung kennzeichnend. Auch die bislang üblichen kleinen Lüftungsluken der Speicherböden werden durch gleichgroße Fenster ersetzt. Mit dieser „Fenster-Mode" kündigt sich langsam eine Abkehr von der jahrhundertelang bewährten „Wirtschaftsform" an. Doch hinter den großflächigen, teils fest verglasten, teils mit Holzklappen verschlossenen Öffnungen liegen wie eh und je nüchterne Speicherböden, aber keine Wohnräume. Beispiele sind die Brauhäuser Engelsgrube 47 und 66, vergleichbar die Gliederung der Unterböden an den Getreide-Kaufmannshäusern Große Altefähre 31/33 und der Brauhäuser Wahmstraße 54/56. Auch an den neuen hofseitigen Flügel-Anbauten des 16. Jahrhunderts setzen sich große Fenster durch, die in stichbogig überwölbten Blendnischen sitzen.

Hundestraße 77 (Bild vor 1914).
Stilistische Hinweise sind die dekorativen, um 1620–1640 üblichen Maueranker, desgleichen die Taustab-Verwendung unter den Rollschichten der Staffeln. Die 1983 durchgeführte „Sanierung" hat vom historischen Gerberhaus nur das Mauerwerk der Fassade erhalten.

Salzspeicher an der Obertrave, Speicher II (von Norden), 1594 erbaut. Wirtschaftsform. Nur der Treppengiebel erinnert an frühere Schmuckmotive. Der gleich gestaltete Giebel von Speicher III (links) 1745 durch einfachen dreieckigen Umriss ersetzt. Beide Fronten wegen starker Verformung 1934 abgebrochen und neu aufgeführt.

Ausklang

Um 1600 und in den ersten Jahrzehnten danach geschieht nichts prinzipiell Neues mehr. Man experimentiert hin und wieder mit dem alten Formstein-Repertoire und erzielt überraschende Wirkungen wie beispielsweise am Hause Große Burgstraße 24, wo der eigentlich frühgotische Viertelstab „Urstände" feiert. Solche formalen Spielereien waren offenbar selten. Die letzte Giebel-Variation, die man zur lübischen Renaissance rechnet, zeigt mit regelmäßig in der flächigen Wand verteilten gleichgroßen stich- oder rundbogigen Luken eine ungeschönte Wirtschaftsform, womit die rohe Speicher-Architektur späterer Jahrhunderte vorweggenommen wird. Ein gutes Beispiel dafür ist die Fassade des Gerberhauses Hundestraße 77, die allerdings durch kunstvoll geschmiedete Maueranker bereichert wird. Vertreter dieser letzten Renaissance sind auch Obertrave 8, Engelsgrube 68, Fleischhauerstraße 81, Langer Lohberg 42–46 und andere. Dieser Fassadentypus, der wiederum auf niederländisch-westfriesische Vorbilder zurückgeht (vgl. beispielsweise die Lübecker Salzspeicher mit den kleinen Packhäusern in Harlingen oder Franeker), tritt übrigens auch in Wismar auf, siehe Spiegelberg 45 und 48, ebenso in Rostock.

Mit neuen Dekorationsformen wie Ohrmuschel- oder Knorpelstil kündigt sich in den 1630er und 40er Jahren bei geringer Bautätigkeit der Früh-Barock an. Erst gegen 1680/90 beginnt eine kleine Belebung. Lübeck steht im Barock- und Rokoko-Zeitalter aber nicht mehr im Zentrum der Entwicklung und muss sich hinter dem aufgestiegenen Hamburg, hinter Amsterdam und Danzig mit einem Platz im 2. Rang zufrieden geben. Die von außen hereingeholten Architektur-Neuerungen sorgen zwar für neue Formen und Farben, an der seit Jahrhunderten bestehenden Altstadt-Struktur ändert sich aber im Prinzip nichts.

Literatur

Brix, Michael: Nürnberg und Lübeck im 19. Jahrhundert. Denkmalpflege Stadtbildpflege Stadtumbau. München 1981.
Der Fürstenhof zu Wismar. Hrsg. Landesamt für Denkmalpflege. Band 1 der Reihe: Baukunst und Denkmalpflege in Mecklenburg-Vorpommern. Schwerin 2005.
Eimers, John: Die Werkstatt des Statius von Düren. In: Nordelbingen 3. 1924. S. 133–271.
Finke, Manfred und Robert Knüppel, Klaus Mai, Ulrich Büning, Historische Häuser in Lübeck. Lübeck 1989.
Finke, Manfred: Lübecker Bürgerhäuser. Zur Systematik der Staffelgiebel-Entwicklung von 1200 bis 1600. (Masch.-schrift., Kunsthist.Insitut der J. Gutenberg-Universität Mainz 1969).
Hübler, Hans: Das Bürgerhaus in Lübeck (= Das Deutsche Bürgerhaus Band 10), Tübingen 1968.
Kommer, Björn R. und Ulrich Pietsch: Portale und Türen in Lübeck. Lübeck 1968.
Rathgens, Hugo und Friedrich Bruns, Lutz Wilde: Rathaus und öffentliche Gebäude der Stadt (= Bau- und Kunstdenkmäler der Hansestadt Lübeck, Band 1, 2. Teil). Lübeck 1974.
Suhr, Paul: Der Backsteingiebel des norddeutschen Bürgerhauses im Mittelalter (= Kunstwissenschaftliche Studien Bd. 18). Berlin 1935.

TRADITIONALISM ON A HIGH LEVEL

Renaissance in Lübeck

In Italy the Renaissance was in full blossom already around 1420/30. Its ideas were expressed in philosophy, science, literature and fashion, especially though in architecture and art.

For Lübeck the Reformation was specially drastic, since it meant the end of the high clergy, which had been recruited since generations from the leading families represented in the council. `Not only the old belief, but also, in the secular world, the old Hanseatic political concept the council stood for, disintregrated and hereby the position of Lübeck as a power´, the church historian Wilhelm Suhr stated. Jürgen Wullenwever's failed effort to reestablish Lübeck's former power showed to all the decline of the Hanseatic League. However, the Renaissance did find its way into Lübeck's architecture.

Little changed for Lübeck's trade business. A new house type was not needed. There was no alternative to the `Dielenhaus´ due to its versatile usability. The archetype of hall and storage rooms was displayed in the eaves-fronted row-houses in the side streets.
Houses were still mainly regarded as an architecture of trade and business. In the design of its facades two tendencies were observed: the post-Gothic, vertically arranged gable with blind niches dominated the horizontally emphasised façade. In the 1530s/40s the vertical niches became more slender, the broad double-hatch was replaced by a single opening. Vertical niches and hatches were profiled with bevelled edges, rarely with slender concave or cable moulding. On various gables the wall relief was intensified by circular niches.

The preference for the preserved Gothic design in the 16th century is a conservative element in Lübeck's architecture. This remembrance of the Middle Ages belongs to the UNESCO-world heritage Old Town of Lübeck.

A first total-import, an important proof for the early emergence of an authentic Renaissance style was the courtyard-complex Schmiedestraße 7 of 1543/50, demolished in 1942. This horizontally structured building reminded of north Italian `brickwork´-Renaissance. Also on some other early façades something new began, for instance on the ground level of house Mengstraße 4 dated back to 1545/50. New was also house Mengstraße 64 from 1554 with limestone cornices and decorative circular blind niches. Horizontally placed arched hatches were seen in the gables for the first time. Subsequently this type of hatch was to be found quite often. House-porticos made of limestone were also important contributions to the New. With these elements the genuine Renaissance came to Lübeck. There were constructed by stonemasons, who had come from the Netherlands.

From the Netherlands originated the Decorum-fashion. It demanded room decoration and ornamentation that displayed religious and moralising contents as proof for education and Christian virtue.

With the terracottas of the `master bricklayer´ Statius von Düren a bit of the great Renaissance came to Lübeck. Statius von Düren worked in Lübeck from around 1549 till 1571 and from here also for the Duke of Mecklenburg. His products were ready-made building elements, for instance antique wall compositions such as pilasters and cornices, gables and columns for doorframes, open chimneys and the sort. Main portion of the production were the famous square plates. All elements were only useful in an `italianised´ horizontal pattern. Historically significant was the series showing the reformatorian `Law and Grace´-theme, consisting of three plates. Stilistically the von-Düren ceramic is comparable to the French palace-architecture of the `Loire-Renaissance´ of the period of king François I. from the early 16th century, which on its part owes much to the terracotta-Renaissance of northern Italy between Cremona and Ferrara.

Lübeck does not possess significant façades by Statius-von-Düren anymore. So an important link of architectural dimension is missing. Important façades were house Schüsselbuden 32 and the Bergenfahrer-Schütting Breite Straße 67, downright sensational was Braunstraße 4. The eaves-fronted house Beckergrube 30 and the enormous gable house Kohlmarkt 13 were destroyed in 1942. The terracotta-friezes remain only on the houses Mengstraße 27 and Depenau 31, where the triptychon „Law and Grace" can be seen.
A few façades without terracotta application, but with a strong horizontal lining are considered as successors of the von-Düren façades, for example the gable-ended house Engelsgrube 81–83, built in 1566.

With the new building of the `Ratslaube´ in 1570 a growing Dutch influence in Lübeck is notable, which cannot be seen anymore in today's townscape. Typical was the use of limestone for portals, cornices and early `Schweif´-gables decorated with volutes. The front of the pharmacy Breite Straße 55 could have been built in the Dutch city of Haarlem. A remarkably rich limestone-architecture was found in the rear wing of Schüsselbuden 12 formerly belonging to the `Nowgorodfahrer-Schütting´ (assembly-room for merchants), on whose backyard building the ancient column orders could be seen. The lost Dutch richness in décor can only be surmised today on the dormer-gables of the St. Jakobi pastorhouses and on the heavily damaged gables of the chancellery and the Arsenal. Also some rear residential wings show rests of Dutch limestone architecture. The town hall-stairway on the Breite Straße, built in 1594, led again to a limestone building-style in Lübeck. The most important result of the Dutch influence, however, was the appearance of extensive, segmental-arched windows in a horizontal arrangement.
The last gable-variation of the Lübecker Renaissance returned back to the unpolished building-style for trade purpose with regularly placed identical hatches in the flat walls. Hereby the crude warehouse architecture of the following centuries to come presents itself for the first time. This type of façade, derived in turn from Dutch–Frisian models, appeared also in Wismar and Rostock. With new decorations in the 1630s and 40s the early Baroque arrives in Lübeck.

Blick auf Lübecks Brauerhäuser im 16. Jahrhundert

Die Gestaltung von Häusern, besonders der zur Straße gerichteten Fassade, ist immer auch Ausdruck wirtschaftlicher Blüte gewesen. Die wichtigsten Bau-Konjunkturen in Lübeck sind bekannt. Die erste verläuft bis zur Mitte des 14. Jahrhunderts, mit einer auffälligen Unterbrechung um 1300, die zweite beginnt nach 1430 und hat ihren Gipfel gegen 1460. Die dritte Baukonjunktur setzt gegen 1530 ein und kulminiert um 1560/70. In dieser letzten Phase entstehen die größten Bürgerhäuser Lübecks. Bis in die jüngste Vergangenheit haben sie als „typisch lübsche" Kaufmannshäuser gegolten. Die meisten von ihnen sind jedoch als Brauerhäuser erbaut worden. Mit ihren riesigen Kubaturen überragen sie bis heute weithin erkennbar die Häuser ihrer Nachbarschaft.

Das Braugewerbe – einst ein bedeutender Wirtschaftszweig in Lübeck

Bier war im Spätmittelalter und in der frühen Neuzeit ein „Nahrungsmittel allerersten Ranges" (Wolfgang Frontzek). Es gab eine breite Skala verschiedenster Biersorten, die vom „Dickbier" (Vollbier) bis zum Dünn- und Kinderbier reichte. Im 16. Jahrhundert verdrängte das exportfähige (und lukrativere) „Weißbier" zunehmend das sogenannte Rotbier, das nur in der Stadt verkauft werden durfte. Die großen Brauhäuser des 16. Jahrhunderts sind in der Mehrzahl Weißbrauhäuser gewesen.

Bier lieferte den Menschen die lebensnotwendige Flüssigkeitsmenge – „aufs Jahr gerechnet zwischen 500 und 1000 Liter" pro Person. Bier wurde in großen Mengen industriell produziert. Dem riesigen Getreideverbrauch der Brauer, die zur Herstellung eines Liters Bier fast ein Kilogramm Malz benötigten, stand eine Landwirtschaft gegenüber, die im Normaljahr das Saatgetreide nur verdrei- oder vervierfachen konnte. Nur Seestädte waren in der Lage, die benötigten Mengen per Schiff aus entfernteren Regionen zu importieren. Das machte Hamburg, Lübeck und Wismar zu den bedeutendsten Braustädten im 15. und 16. Jahrhundert. Damit ist auch die Rangfolge genannt: „In Hamburg dürften jährlich 250.000 bis 300.000 Hektoliter Bier erzeugt worden sein, in Lübeck lag der Wert nur geringfügig niedriger, in Wismar zwischen 100.000 und 120.000 Hektoliter ... München zählte nur etwa 40 Brauer, die kaum 5.000 Hektoliter im Jahr hergestellt haben mögen" (Frontzek).

Während in mittel- und süddeutschen Städten nur ein- oder zweimal, in Hamburg und Wismar durchschnittlich 12 mal jährlich gebraut wurde, durften die Lübecker Stadtbier-Brauer wöchentlich brauen. Für die Exportbrauer gab es überhaupt keine Beschränkungen. Diese günstige Regelung traf sich mit zwei weiteren Vorteilen: Lübeck verfügte schon früh über Wasserleitungen. Im Zuge des Wakenitzstaus am Hüxterdamm wurde bereits vor 1294 die „Brauerwasserkunst" angelegt. Von der hier erstmals im mittelalterlichen Europa realisierten „künstlichen Hebung" profitierten die Brauer in der Hüxstraße und der Fleischhauerstraße bis hinauf zur Königstraße. Kurz darauf wurde zur Versorgung des nordwestlichen Altstadtbereichs die Wasserkunst am Burgtor installiert. Sie nutzte das natürliche Gefälle zwischen Wakenitz und Trave und ermöglichte im 16. Jahrhundert die florierenden Exportbierzentren in der Becker- und der Fischergrube. Weitere kleinere „Wasserkünste" am Wakenitzufer folgten.

Als zweiter Standort-Vorteil erwies sich das Dielen- und Speicherhaus, das nach 1280/90 zum vorherrschenden Nutzungs-Typ geworden war. Sein offener Grundriss machte es auch als Gewerbe-Einheit für Brauer vorzüglich geeignet.

Ein nicht ganz neuer Haustyp

Im Mittelalter besaß das Speicherhaus zwischen Diele und Dach meistens nur ein einziges Geschoss, den Unterboden. Im 16. Jahrhundert wurden zwei, manchmal sogar drei Unterböden über die Diele gestapelt. Zusammen mit den Böden im steilen Kehlbalkendach ergab das eine Verdrei- bis Vervierfachung der bislang möglichen Speicherkapazität. Da die Brandmauern, die der ersten steinernen Aufbau-Phase im späten 13. Jahrhundert entstammten, wegen der Nachbarrechte nicht verändert werden konnten, musste man die gewünschten neuen Kapazitäten durch Aufstocken der Hauskörper schaffen. Damit sind diese Speicherhäuser auch Ausdruck neuen Wirtschaftens. In ihnen zeigt sich die marktbeherrschende Stellung der Brauer, die den Gerste-Einkauf genossenschaftlich organisierten. Sie konnten dank vorhandenen Speicher-Volumens ganze Ernten aufkaufen und damit die Preise bestimmen. Voraussetzung dafür war wiederum die aufkommende Gutswirtschaft, die größere Mengen „aus einer Hand" lieferte.

Wahmstraße 31–37. Lübecks größte historische „Bürgerhäuser". Zwischen 1550 und 1570 als Brauhäuser über älteren Brandmauern erbaut. Heute umgenutzt und durch mancherlei Umbauten entstellt, insbesondere Austausch der Speicherluken durch Kunststoff-Sprossenfenster (!). Im Bestand saniert nur Wahmstr. 33 (Mitte).

Die eigentliche Brauerei war die Diele: „Hier stand die große eingemauerte Braupfanne, die ein Volumen von 4000 bis 5.000 Litern hatte". Der Hopfen wurde auf der normalen Hausfeuerstelle gekocht. Eine weitere Feuerstelle lieferte die Hitze für die im Obergeschoss eingebaute Darre, diese Hitze verwandelte die keimende Gerste zu Malz. Und so wurde gebraut: „Von der Brau-

Wahmstraße 35/37, Rückseiten von Nordosten. Die Kubaturen der Häuser heben sich aus der Nachbarbebauung heraus. Die Rückfront von Nr. 37 (links) ist nur mit Luken gegliedert, Nr. 35 zusätzlich mit Hochblenden. Die Wohnflügel in jüngerer Zeit stark verändert. Alle Schornsteine modern.

Braudiele Wahmstraße 37, aufgenommen kurz nach Stilllegung des Betriebs (aus „Vaterstädtische Blätter" 1919). Die gesamte Einrichtung war bis dato erhalten und intakt. Gäbe es sie heute noch, besäße Lübeck ein authentisches Brauerei-Museum. Oben Blick in Richtung Haupttreppe und Flügel, unten vom Hoffenster in Richtung Straße.

pfanne aus wurde heißes Wasser in Rinnen zum Maischbottich und zum Stellbottich hinübergeleitet. Im hohen Dielenraum hing unter der Dielendecke eine Balkenlage, auf der die Kühlschiffe ruhten, in die man das Bier zum Abkühlen aus dem Maischbottich hinaufpumpen musste. Die darüber liegenden Geschosse dienten, von der Darre abgesehen, allein der Speicherung von Gerste, Malz und Hopfen" (nach Frontzek). Ein Brau-Vorgang (ein „Brau") nahm fünf Tage in Anspruch und war nur im Team von sechs und mehr professionellen Arbeitskräften zu leisten.

Das große Brauerhaus war also eine Gewerbe-Einheit, eine Fabrik. Die Wohnung des Brauers und seiner Familie befand sich traditionell im hofseitigen, meist zweigeschossigen Flügelanbau, der gelegentlich schon stattliche Ausmaße erreichte.

Konservative Formen

Flügelhaus Wahmstr. 56, Ausschnitt mit drei von sechs Achsen der vergleichsweise großzügigen Anlage. Das Wohnhaus eines Brauers und seiner Familie, kurz vor 1600 an der Rückseite des Brauerhauses erbaut. Hauptgeschossfenster in Stichbogenblenden, oben ist die Bleiverglasung des frühen 18. Jahrhunderts erhalten. Foto vor Sanierung 1984.

Die Brauer waren nach den Fernkaufleuten die erfolgreichste und vermögendste Berufsgruppe im frühneuzeitlichen Lübeck. Bei der Gestaltung ihrer Hausfassaden hielten sie indes mehr als alle anderen am Herkömmlichen fest. Vorherrschend war bei ihnen der nachgotische Blenden-Typ. Andere Formen wie der niederländische „Fenster-Typ" finden sich bei Brauerhäusern signifikant seltener als bei Häusern anderer Berufsgruppen. Engelsgrube 47 und 60 sind fast die einzigen (erhaltenen) Beispiele. Die modernsten, dem Stand der italienischen Hochrenaissance folgenden Entwicklungen, etwa die mit Terrakotta-Pilastern und Gesimsbändern gegliederten Fassaden in der Art des Statius von Düren, sind bei Brauern überhaupt nicht auf Gegenliebe gestoßen. Nur an den großen Brauerhäusern Wahmstraße 33–37 kann man die berühmten Medaillons reichlich sinnwidrig eingebaut finden: Die quadra-

Letzter Rest der Export-bier-Brauermeile Becker-grube: die hohen Brauerhausfassaden Nr. 67–71 zeigen nur noch im oberen Giebel-rest originales 16. Jahr-hundert. Nr. 71 wurde im späten 18., die beiden links anschlie-ßenden im frühen 20. Jahrhundert durch-greifend umgestaltet.

tischen Platten, die doch eigentlich zu horizontalen Gesimsbändern zusammengefügt gehören, wurden hier mit Hammerschlägen auf Kreisform gebracht, um sie in die gotisierenden Kreis-blenden einfügen zu können.

Vorstellbar ist, dass die Brauer mit ihrer Vorliebe für den Hochblendengiebel eine altbewährte Traditionsform zum Zeichen ihres Aufstiegs ummünzten. Allerdings wurden mehrere Brauhaus-Neubauten des 16. Jahrhunderts von Kaufleuten errichtet, die durch Vermietung ihrer neuen Gewerbe-Immobilien vom einträglichen Weißbrauer-Geschäft profitieren wollten. In diesen Fäl-len wären Kaufleute selbst die Initiatoren der konservativen Fassadengestaltung gewesen. Eine spezifische Brauerhaus-Form war der nachgotische Hochblendengiebel allerdings nicht, obwohl die trotz unterschiedlichster Baudaten bestehende Ähnlichkeit von Brauerhaus-Giebeln dies nahe legt. Die drei Fassaden Wahmstraße 33–37 beispielsweise liegen 15 Jahre auseinander, Wahmstraße 54 und 56 zehn Jahre, Engelswisch 17–21 und 50 ebenfalls zehn. Gleichzeitig ent-standen aber sehr ähnliche Getreide-Kaufmannshäuser wie Große Altefähre 31 und 33.

Vermutlich waren traditionelle Hausformen und Giebel, die fast demonstrativ an „Bewährtes" aus Lübecks großer Epoche erinnerten, Ausdruck des Sich-Behaupten-Wollens in einer Zeit, in der Lübecks Vorrangstellung langsam auslief. Es war ein Sonderweg, den nur die Lübecker Bau-geschichte gegangen ist.

Brauerhäuser heute

So bedeutend das Braugewerbe in Lübeck einst auch war – heute gibt es hier keine einzige Braue-rei mehr. Aber viele der alten Brauerhäuser sind, zumindest ihrer äußeren Erscheinung nach, noch da. Sie stehen an der Wahm- und an der Hüxstraße, am Langen Lohberg, an der Engels-grube, an der Engelswisch und sonstwo. Die ehemaligen Exportbrauer-Zentren jedoch, die un-teren Abschnitte der Beckergrube und Fischergrube, wo sich nahe der „Bier-Kaje" die großen „Seebier"-Brauereien drängten, wurden 1942 größtenteils zerstört. Über einige ausgewählte Brauerhäuser sei in aller Kürze berichtet:

Engelsgrube 66 und 68, beide als Rotbrauerhäuser um 1600 neu aufgeführt. Die Rückfronten mit ihrer karg-sachlichen Luken-Gliederung verdeutlichen eindrucksvoll die einstige quasi-industrielle Funktion der Häuser. Foto von 1980, nachfolgend Ersatz aller Lukenklappen durch Sprossenfensterchen. Damit wurde der industrielle Charakter verniedlicht.

▷ Hüxstraße 126, Ecke An der Mauer. Wohl das älteste Brauerhaus in Lübeck, noch mit spätgotischem Staffelgiebel. Anfang der 1970er Jahre mit Studenten-Appartements durchbaut.

▷ Hüxstraße 121. Das aus dem späten 16. Jahrhundert stammende Anwesen war bereits im 19. Jahrhundert in Wohnungen aufgeteilt worden. In dieser Form 1989 recht anspruchsvoll saniert.

▷ Langer Lohberg 47. Zuerst Gerber-, dann Brauerhaus. Nach Umbau durch den Kaufmann Schinckel um 1530 Miet-Brauhaus. Die Straßenfront mit ihrer einfachen Luken-gliederung wäre mit dem angegebenen Datum „nach 1530" ein viel zu früher Vertreter dieses Typs; die schmuckreichen Spätrenaissance-Maueranker dürften jedoch Hinweis für einen weitgehenden Neubau der Fassade nach 1600 sein. Im 19. Jahrhundert Wohnhaus. Lange als Nachtlokal namens „Rote Katze" bekannt. 1989 wurde das stattliche Haus entkernt und mit Studentenwohnungen durchbaut. Die große ehemalige Braudiele mit klassizistischer Galerie ist als Raum jedoch erhalten.

▷ Langer Lohberg 49. Im Kern gotisch, um 1600 umgebaut und mit neuem Flügelanbau versehen. Seit Ende des 19. Jahrhunderts Wohnhaus. Es wurde in diesem Bestand 2001 vorbildlich saniert.

▷ Engelswisch 50, um 1569/70. Das stattliche „Haus zum Schwanen" musste sich 1977 die Totalentkernung und den Einbau von acht Sozialwohnungen gefallen lassen. Dabei wurde stark in die Substanz eingegriffen. Der mit einfachen Stichbogen-Luken gegliederte Rückgiebel seit 1890 von einem Mietshaus verbaut.

Engelswisch 17–21, vor den Eingriffen 1980/81. In diesen drei Häusern wurde von 1571 bis Ende der 1950er Jahre Bier gebraut. 1979 Abbruch bis auf das Fassaden-Mauerwerk und Auffüllung der Kubatur durch eine Schulturnhalle. Eine aus Steuermitteln finanzierte Fehlleistung.

▷ Engelswisch 17–21. Eindrucksvolle Drillings-Gruppe von 1571, bis 1960 ohne Unterbrechung als Brauerei genutzt. 1980 bis auf die Straßenfronten und Teile der Hofwände abgebrochen. Seither kaschieren die besonders an der Hofseite grob verfälschten Fassaden die neue Turnhalle für die Ernestinenschule.

▷ Wahmstraße 54/56. Die monumentalen Häuser wurden 1984/86 in akzeptabler Form zu Büros und Wohnungen umgebaut. In Nr. 56 ist die hohe einstige Braudiele erhalten. Im Flügelanbau sitzen noch originale Fenster aus dem 17. und 18. Jahrhundert.

▷ Wahmstraße 32. 1969 abgerissen. Neubau mit jammervoller Fassade „in alter Form" aus Ziegeln vom Abbruch.

▷ Wahmstraße 37. Das monumentale Brauerhaus ist im baulichen Bestand völlig erhalten. Leider wird die charaktervolle einstige Braudiele durch zusätzliche nostalgische Einbauten in der Raumwirkung stark beeinträchtigt.

▷ Wahmstraße 33 wurde nach Teilzerstörung durch Brandstiftung vorbildlich instand gesetzt und als Wohnhaus in Nutzung genommen. Die große Braudiele wurde rekonstruiert. Bemerkenswert ist die hier im Unterboden erhaltene letzte originale Darre. Im Wohnflügel konnten alte Wandfassungen und -malereien freigelegt und konserviert werden (vgl. S. 271).

Literatur

Frontzek, Wolfgang: Das städtische Braugewerbe und seine Bauten (= Rolf Hammel-Kiesow, Hrsg: Häuser und Höfe in Lübeck, Band 7). Neumünster 2005:
Frontzek, Wolfgang: Geschichte der Brauhäuser Wahmstraße 54 und 56 in Lübeck. (Privatdruck im Coleman-Verlag). Lübeck 1986.
Mührenberg, Doris: Die Lübecker Wasserkunst – eine mittelalterliche Innovation. In: Der Wagen. Lübecker Beiträge zur Kultur und Gesellschaft. Lübeck 2004, S. 137–148:

Summary

Excursion: Breweries in Lübeck

In the last big building phase of the `Hanseatic period´ in Lübeck between 1540 and 1600 the largest private houses in Lübeck were built. Most of them were built as breweries. Lübeck's formerly leading role in the northern German brewing business was based on two advantages: Lübeck possessed thanks to the dammed river Wakenitz waterpipelines already at an early time, actually the first facility in Europe with `artificial lifting´ of over 16 metres. The second `advantage of location´ was the open floor plan of the traditional hall, which was excellently suited as trade room for brewers. In the hall stood the brewkettles, the floors above the hall served as spaces for storage and processing of barley, malt and hops.

The necessary new storage capacities were created by extending the medieval buildings. The brewers could purchase thanks to their storage-volume whole harvests and thus determine the prices. So the big brewer-house was in fact a business-unit, a factory. The home of the brewer and his family was traditionally in the two-storey extension wing.

In the design of their houses façades the brewers preferred the post-Gothic use of blind niches. Perhaps the brewers intended to adapt an established and approved traditional style as a sign of their ascend. But also merchants erected `breweries for rent´ with conventional blind niched-gables. So this clinging unto the `known and approved´ is an expression of standing one's ground in a time, when Lübeck's decline had already begun. This exceptional attitude has been observed in the building history of Lübeck only.

In Lübeck there are no breweries anymore. But many of the old brewer-houses still exist, at least in their exterior appearance. They are in the Wahm- and Hüxstraße, on Langer Lohberg, in the Engelsgrube, the Engelswisch and anywhere else. The former exportbrewer-centres however, the lower parts of the Beckergrube and Fischergrube, where the `Sea beer´-breweries were amassed near the `Bier-Kaje´ (beer quai), were largely destroyed in 1942.

Blocksquerstr. 16–28. „Pertinenz" zu Mengstraße 40. Im Kern einheitliche Reihenhauszeile des 16. Jahrhunderts. Fassaden um und nach 1800 dem Zeitgeschmack angepasst. Diese Reihe war einst „Zubehör" des Eckhauses Mengstraße 40 (im Hintergrund links).

TRAUFE UND REIHE

Lübeck war einst wegen seiner „Kaufmannshäuser mit ragenden Staffelgiebeln" berühmt. Das ist weitgehend Geschichte. Im Verlaufe des Strukturwandels der Altstadt zum Geschäftszentrum kamen viele, oft sehr bedeutende Gebäude schon im späten 19. Jahrhundert unter die Spitzhacke. Ein Großteil des Bestands ging dann 1942 im Brandbombenteppich zugrunde. Und noch in den 1950er und 60er Jahren fielen weitere Großdielenhäuser dem Wiederaufbau zum Opfer. Es muss ganz sachlich festgestellt werden: Das Lübecker Kaufmannshaus hat Seltenheitswert.

Dafür ist anderes in den Blickpunkt gerückt: Krieg, Wiederaufbau und City-Entwicklung haben die randständigen Bereiche der Altstadt weitgehend verschont. In den meisten dieser eher stillen Straßen wird man zwar auch bedeutende Giebelhäuser finden, stadtbildprägend ist hier aber viel öfter eine traufständige Bebauung. Das heißt: die Häuser wenden ihr Satteldach der Straße zu, ganz im Gegensatz zur traditionellen Vorstellung von „ragenden Giebeln".

Forschungsgegenstand Traufenhaus

Eine große Menge traufständiger Häuser bildeten und bilden bis heute die Einzelhäuser auf normalbreiter, also an der Straße sechs bis acht Meter messenden Parzelle. Bereits ihre Vorgänger dürften in der Frühzeit als parzellenbreite Einzel-Mietshäuser errichtet worden, wie die schon im 1. Stadtbuch benutzte Bezeichnung „Bude" nahelegt. Bude – latinisiert „boda" – bedeutet hier keineswegs das schlecht und billig gebaute Gelass „auf Zeit", sondern einfach nur das „kleine" Haus im Gegensatz zum großen „domus". Die Bauherren gehörten auch hier überwiegend zur kaufmännischen Oberschicht.

Für die Jahre nach 1300 lässt sich feststellen, dass vermehrt in traufständige Häuser investiert wurde. Damals war der erste langanhaltende wirtschaftliche Höhenflug vorüber. Die Nachfrage nach großen Giebelhäusern ging zurück. Dazu kam auch, dass besonders an den Nebenstraßen Parzellen zur Bebauung anstanden, die für eine giebelständige Hausform nicht tief genug waren. Traufständige Häuser sind trotz normaler Fassadenbreite selten tiefer als neun Meter. Vielleicht sind aber auch die Brandmauer-Vorschriften die Ursache: Bei traufständigen Häusern durften sie womöglich nur halb so lang wie bei den normalen Giebelhäusern sein. Die vergleichsweise geringe Haustiefe erwies sich als sehr vorteilhaft. Die bessere Ausleuchtung mit Tageslicht machte das traufständige Haus zum vorherrschenden Handwerkerhaus. Das Obergeschoss, der Unterboden, wurde anfangs wie der hohe Dachraum sicherlich als Speicher genutzt. Der private Wohnbereich lag wie beim Giebelhaus im hofseitigen Flügelanbau.

Traufständige (Einzel-)Häuser mit Fassadengliederungen aus dem Mittelalter sind aus dem Straßenbild verschwunden. Vermutlich steckt aber noch die eine oder andere Vorderfront unter jüngerem Putz. Doch es gibt einige Fassaden des 16. oder frühen 17. Jahrhunderts. Genannt seien Schlumacherstraße 4 und Mengstraße 41/43, beide Häuser besitzen zwei Unterböden, sowie St. Annenstraße 6, Große Burg-

Große Burgstr. 11. Traufständiges gotisches Haus über zwei Parzellenbreiten mit klassizistisch überformter Fassade von 1588. Seit 1491 als „Absteige der Bischöfe von Ratzeburg" erwähnt. Das bedeutende Haus besitzt an der Hofseite zwei historische Wohnflügel.

An der Untertrave 96. Neubau von 1559 am ehemaligen Hafenmarkt. Solide Fachwerk-Traufseitfassade in Stockwerks-Konstruktion. In den Räumen sind bedeutende Renaissance- und Barock-Ausstattungen erhalten. Nutzung ehedem als Mietshaus für gehobene Ansprüche im kaufmännischen Umfeld.

Rosengarten 1/3, ein um 1600 errichtetes Doppelhaus. In der Anlage den Reihenhäusern vergleichbar. Im Bestand saniert nur die rechte Haushälfte, Nr. 3. Die Nachbarfassade neu von 1990.

straße 11, Glockengießerstraße 12, 72 und einige mehr. Traufständig waren bzw. sind im übrigen auch die Vorderhäuser der Wohnstiftungen und Armengänge (vgl. „Höfe und Gänge", S. 259).

Häufiger als Einzelhäuser finden sich noch Doppelhäuser, also zwei Häuser unter einem Dach. An ihnen zeigt sich deutlicher als beim Einzelhaus, dass sie von einem Unternehmer quasi „genormt" als Mietshäuser erbaut wurden. Schöne Beispiele sind Aegidienstraße 55/57, Hundestraße 45/47 und 56/58 oder Rosengarten 1/3 mit Fachwerk-Oberstock von etwa 1600, der aber nur im rechten Hausteil im Bestand saniert werden konnte. Schwönekenquerstraße 3/5 sei als dreigeschossiger Massivbau aus dem 16. Jahrhundert mit klassizistisch überformter Fassade angeführt. Doppelhäuser sind definitionsgemäß keine Reihenhäuser. Erst ab drei Einheiten sollte man von einem seriellen Reihenhaus sprechen.

Häuser unter einem Dach

Reihenhäuser sind nach heutigem Verständnis Wohngebäude, die aus einer Anzahl gleichgroßer Wohn-Einheiten bestehen und deren Zusammengehörigkeit durch eine allen Einheiten gleiche Gliederung und das durchlaufende gemeinsame Dach wirkungsvoll unterstrichen wird. Diese Hausform existierte bereits im Lübeck des 13. Jahrhunderts. Sie ist also keineswegs eine neuzeitliche Errungenschaft, wie man meinen möchte.

Lübeck besitzt einen umfangreichen Bestand an Reihenhäusern des Mittelalters, besonders aber des 16. und frühen 17. Jahrhunderts. Für das Lübecker Reihenhaus dürften diese Merkmale zutreffen:

▷ Das Reihenhaus wurde von einem unternehmenden Bauherrn, meistens einem Kaufmann, für Mieter gebaut und war demnach ein Renditeobjekt.

▷ Das Reihenhaus besaß eine architektonische Gestalt, die sofort die geplante Einheit signalisierte.

▷ Das Reihenhaus wies „genormte" Grundrisse auf. Spätestens seit dem 16. Jahrhundert, nachdem sich gemauerte Schornsteine durchgesetzt hatten, lagen sie spiegelsymmetrisch zueinander. Zwei Häuser teilten sich einen gemeinsamen Rauchabzug.

▷ Reihenhäuser sind selten nur eingeschossig, meistens haben sie zwei, seltener drei Stockwerke. Ob alle Reihenhäuser anfangs nur eingeschossig waren wie beispielsweise Böttcherstraße 10/12, ist zumindest sehr fraglich.

▷ Die Größe der einzelnen Einheiten, besonders aber die von den größeren Giebelhäusern übernommene Erdgeschoss-Unterteilung in Diele und Dornse erlaubte meistens auch gewerbliche

Nutzungen. Reine „Wohnhäuser" nach heutigen Vorstellungen waren die Häuser früherer Zeiten ja nie, zumal für „Wohnen" kaum Zeit und Muße war.

Vorsorge in eigenem Interesse

Das Besondere am Lübecker Hausbestand ist nicht das Vorhandensein traufständiger Häuser in einer als giebelständig geltenden Stadt. In Lübeck ist offenbar sehr früh der serielle Mietshausbau als eigenständige Investitionsform betrieben worden. Man musste im Besitz eines langgestreckten Großgrundstücks sein, um ein Reihenhaus errichten zu können. Da in der nahezu fertig durchparzellierten Stadt von etwa 1300 solche Lagen kaum mehr zu haben waren, muss bereits im Verlauf der Aufsiedlung im 13. Jahrhundert ein wirtschaftliches In-

Glockengießerstr. 1–5. Reihenhaus des 16. Jahrhunderts, der Traufseite des einstigen Kaufmannshauses Königstraße 25 vorgesetzt, daher nur mit „halbem" Giebel. Einst einheitlich bis Glockengießerstr. 13, Störung um 1900 durch den überhöhten Neubau Nr. 7.

Glockengießerstr. 1–5. Pertinenz zu Königstraße 25, mit dessen südlicher Dachseite die Pultdächer der ersten vier Einheiten bis heute eine ungeteilte große Ziegelfläche bilden. Putzfassung des 19. Jahrhunderts. Im Bild Haus Nr. 5 während einer Putzerneuerung 1991. Gut erkennbar die typische Gliederung mit profiliertem Portal, großem Dornsen- und kleinerem Dielenfenster.

teresse am Zustandekommen von Grundstücken bestanden haben, die eine Bebauung mit seriellen Mietshäusern erlaubten. Für diese Annahme spricht, dass auch große Giebelhäuser von Großinvestoren in Serie gebaut wurden – sozusagen für den „unbekannten Mieter", der auch Kaufmann sein konnte.

Ein für Reihenhäuser geeigneter Grundstücks-Typ ergab sich im Laufe der Blockaufteilung an den Querstraßen.

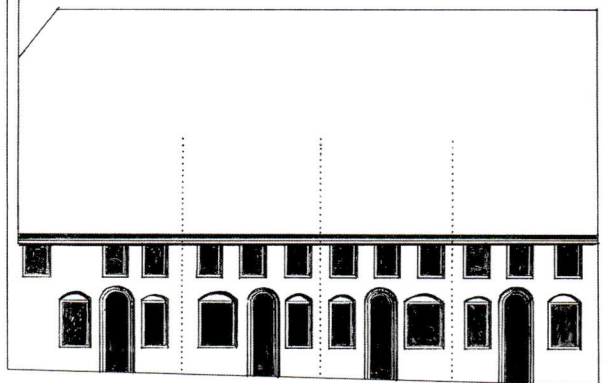

Glockengießerstr. 1–5. Aufgrund der Befunde von 1991 und der vorhandenen Fensteröffnungen im Obergeschoss lässt sich eine Reihe aus vier kleineren Buden rekonstruieren.

Die sich entlang der Straße bis zur Blockmitte erstreckenden, nur wenige Meter tiefen „Rest"-Parzellen dürften jedoch kein Zufall gewesen sein, sondern Ergebnis wirtschaftlicher Steuerung. Hier können schon früh einheitliche Mietshaus-Reihen bestanden haben. Ein schönes Beispiel ist das Eckhaus Hartengrube 28, das sich mit sechs Reihenhaus-Einheiten an der Lichten Querstraße fortsetzt (Nr. 18–28). Dieser lange Gebäudetrakt wurde an Stelle eines älteren Vorgängers um 1600 neu errichtet. In anderen Blöcken gelingt es einigen Grundbesitzern im Laufe des Parzellierungsgeschäfts im 13. Jahrhundert, eine Blockteilung zu verhindern, um durchlaufende Großparzellen zwischen Haupt- und Nebenstraßen zu erhalten. An der Hauptstraße (Beispiel obere Königstraße) entstehen dann die Häuser der „Unternehmer", an der Rückseite, der Nebenstraße, hier: dem Langen Lohberg, werden in Pertinenz zu den Königstraße-Häusern traufständige Häuser zur Miete gebaut. Das Beispiel Königstraße mit den Parzellen 5 bis 21 zeigt übrigens besonders deutlich, dass Landbesitz in der Stadt auch als Ausweis des gesellschaftlichen Ranges galt. Reihenhäuser prägten nachfolgend auch die Bebauung in den Gängen und Höfen. Die Immobilien-Unternehmer, die meist der politisch herrschenden Gruppe der Fernhandelskaufleute angehörten, planten vermutlich nicht nur die eigenen Gewerbe- und Wohnbauten, sondern errichteten auf eigenem Boden auch Mietshäuser für Arbeitsleute und Handwerker. Belege für einen solchen Miets-Wohnungsbau sind die mehrfach in der Stadt nachweisbaren „Zubehöre" von Kaufmanns-Anwesen, die bereits in den alten Akten als „tobehoringe" bezeichneten Pertinenzen. Solche Pertinenzen waren beispielsweise die acht Einheiten umfassende Zeile Blocksquerstraße 14–28, einst zu Mengstraße 40 gehörig, ähnlich die Reihe Glockengießerstraße 1–11, die noch heute mit dem einstigen Kaufmannshaus Königstraße 25 einen baulichen Verband bildet. Die Häuser Böttcherstraße 6–14 waren Pertinenzen zum Eckhaus Fischergrube 79.

Traufständige Mietshäuser und ihre Verteilung im heutigen Stadtgefüge sind nicht nur Dokumente des Verfügungsrechts über den Stadtboden seit Aufsiedlung und Parzellierung im Mittelalter. Die jüngere Forschung (M. Christensen) hat gezeigt, dass durch Auswertung von früher eher unbeachteten Quellen wie Steuerlisten und Assekuranzakten fast jedem Haus „punktgenau" die jeweiligen Eigentümer und Mieter sowie ihre Berufe und Einkommensverhältnisse zugeordnet werden können. Daraus lässt sich u.a. eine „Berufstopografie" ableiten: Man kann heute vielfach aufs Jahr genau sagen, wie die Berufe und Gewerbe über die Quartiere, Straßen und Häuser verteilt waren. Es gab zwar keine abgeschlossenen Handwerkerviertel, wohl aber auffällige Konzentrationen etwa von Gerbern (untere Hundestraße) oder Schlachtern (Fleischhauerstraße), ebenso von Brauern, Schiffern, Schmieden u. a. Die „arbeitnehmenden" Träger, Stauer, Kalfaterer, Gesellen und Ta-

Böttcherstraße 8–12, wie 4 und 6 Pertinenzen zum Brauerhaus Fischergrube 79. Anfangs vier eingeschossige Einheiten (Nr. 14 : 1961 abgebrochen). Am Haus Nr. 12 lässt sich noch die einst ungeteilte fünf Meter hohe Diele ablesen. Die gegenüber dem Dielengeschoss fast doppelt hohen, noch heute ungestörten Dächer waren in erster Linie wohl Lager. Im Hof sitzt an jeder Einheit ein kleiner Wohnflügel.

An der Mauer 44–54 (von rechts). Die fünf Fassaden erzählen von Klassizismus und Biedermeier. Das lange gemeinsame Dach signalisiert „Reihenhaus"; das in Nr. 42 aufgedeckte spitzbogige, doppelt gestufte Portal verweist auf den mittelalterlichen Kern der Reihe.

gelöhner wohnten in der Nähe ihres Arbeitsplatzes. Das ergab eine gewerbespezifische Bewohnerschaft der Reihenhäuser und Gänge. Böttcherhäuser standen unweit der Bierbrauereien, die Unterkünfte der Seeleute und Träger in Hafennähe. Lübecks große Besonderheit besteht darin, dass diese seit dem 14. /15. Jahrhundert festliegenden Verhältnisse bis heute an den Grundstückszuschnitten und den noch vorhandenen Hausstrukturen ablesbar sind. Dieser Bestand ist ein wesentlicher Faktor des UNESCO-Welterbe-Denkmals „Altstadt von Lübeck".

Bemerkenswert bleibt, dass man auch den in ärmeren Verhältnissen lebenden Menschen immer ein auf dem Erdboden errichtetes „Haus" zugestand – turmartig in die Höhe zu bauen, mit übereinandergeschichteten Mietwohnungen (in Paris gab es schon im hohen Mittelalter sechsstöckige Fachwerkhäuser), ist in Lübeck bis in die jüngere Neuzeit kein Thema gewesen.

Bauperioden

Die ältesten Reihenhäuser Lübecks sind Kleine Burgstraße 1–11. Nach Ausweis der Abbundzeichen stehen die in Teilen erhaltenen, auf 1291 dendrochronologisch datierten Dachgesparre noch an originaler Stelle. Ansonsten ist von der gotischen Gestalt außer dem arg zurechtgestutzten (wohl jüngeren) Blendengiebel, der die Reihe nach Norden abschließt, und einer vermauerten, gedrückt-spitzbogigen Luke im Obergeschoss von Nr. 1 nichts zu sehen. Weitere gotische Reihen, im Außenbild aber nicht erkennbar, sind beispielsweise An der Mauer 42–54, Hundestraße 56–58 oder Hundestraße 82–86 von 1336 (d).
Die meisten erhaltenen Reihenhäuser stammen aus dem 16. Jahrhundert. In vielen Fällen ersetzen sie Vorgänger, die bereits seit dem späten 13. und frühen 14. Jahrhundert bestanden. Manchmal weisen weiterbenutzte Teile gotischer Brandwände darauf hin. Die Neubauwelle um 1550–1600 wird einer kurzen Wirtschaftsblüte zugeschrieben. Auch erfolgreiche und aufgestiegene Handwerker treten jetzt als Bauherren und Vermieter von Reihenhausanlagen auf. Bald nach 1700 verkauft man einzelne Häuser aus einer zusammenhängenden Reihe an Meistbietende. Im 18., spätestens im 19. Jahrhundert waren sämtliche Reihenhäuser privatisiert. Für die einzelnen Häuser bedeutete dieser Besitzerwechsel einen Trend zur „Individualisierung", der zum Verlust des einheitlichen Bildes der Hauszeile führte.

Kleine Burgstr. 1–11. Lübecks ältestes Reihenhaus (Dendro-Datum: 1291). Sieben unterschiedlich gedeckte Dächer bei durchlaufendem First und durchlaufender Trauflinie. Die Überformung der einzelnen Häuser entstammt den Jahrzehnten um 1800. Es sind aber auch entstellende Veränderungen aus den 1960er Jahren erkennbar.

Stilfragen

Die gesamte Lübecker Haus-Architektur war seit dem Mittelalter vergleichsweise einfach und großformig gestaltet. Die auffallende Vorliebe der Lübecker Bauherren für klare Formen hält auch im 16. und frühen 17. Jahrhundert an. Eine kleinteilig strukturierende Renaissance-Architektur italienisch-französisch-niederländischer Prägung findet sich bei traufständigen Häusern nicht. Einziges bekanntes Beispiel dürfte das Vorderhaus von Ahrens Torweg Beckergrube 22/24 gewesen sein, das einen durchlaufenden Terrakotten-Fries besaß. Bauherr war Gert Ruyter, Geschäftspartner des Ziegelmeister Statius von Düren (vgl. S. 230).

Gleichwohl waren die Fassaden der Reihenhäuser durchaus der Zeit entsprechend und Lübeck-typisch durchgestaltet. Man verwandte bestimmte Formsteine für die Profile von Portalen, Fenstern und Luken, besonders die scharfe und präzise Fase, den Taustab und die feine, doppelte Hohlkehle. Es wurde auf einen gleichmäßigen Mauerverband mit bündiger, glatt gestrichener Fuge geachtet. Unter zeittypischen Farbfassungen in Rot, Grau oder Schwarz sorgte ein kräftiger Fugenstrich für eine regelmäßige Mauerstruktur. Für das geübte Auge sind manchmal noch heute alte Farben zu erkennen. Man imitierte auch Glasurschichten mit Farbe, gut zu sehen beispielsweise noch an der (Giebel-)Fassade Hartengrube 28 oder am Zöllnerhaus neben dem Burgtor. Lübeck-typisch auch die Verwendung dekorativer schmiedeeiserner Maueranker, besonders der „Lilie" seit etwa 1540. Die zeittypischen Stilmerkmale der Reihenhäuser in den Nebenstraßen, Höfen und Gängen sind die gleichen wie die der großen Giebelhäuser. Es gibt keinen Unterschied.

Spätestens seit 1570/80 ist die fast genormt erscheinende Gliederung der Fassaden der einzelnen Häuser die wichtigste Stilaussage: In der Regel sind die Fassaden dreiachsig: das Erdgeschoss mit leicht aus der Mitte gerücktem rundbogigen Portal und begleitendem großen Dornsen- und etwas kleinerem Dielenfenster; das Obergeschoss mit drei in Stichbogenblenden sitzenden Speicherboden- oder Kammerfenstern. Dieselbe Gliederung der Hauptgeschosse zeigen zeitgleiche

Giebelhäuser wie die bereits genannten Beispiele Glockengießerstraße 26, Mengstraße 44 oder Engelsgrube 27. In dieser Übereinstimmung wird erkennbar, dass die im Mittelalter entwickelte Wirtschaftsform der Lübecker Dielenhaus-Front langsam von dem Wunsch nach einer „Regel-Fassade" abgelöst wird, von einer Vorstellung von „Architektur als Kunst", die mit der Renaissance aus Italien, Frankreich und Flandern zu uns kommt.

Sowohl beim Reihenhaus als auch bei der Mehrzahl der einfachen Traufen- und der Doppelhäuser wird ein Staffelgiebel in geschrumpfter Form als minimierter „Zwerchgiebel" mittig auf die Trauf-Front gesetzt („zwerch" heißt quer; das Zwerchgiebel-Dach steht quer, also rechtwinklig zum Hauptdach). Dieser Zwerchgiebel war in erster Linie eine pure Notwendigkeit, weil das hohe Kehlbalkendach nur über die Luken im Zwerchhaus belichtet und belüftet werden konnte.

Reihenhäuser im Straßenbild heute

Reihenhäuser mit Fassadengliederungen des Mittelalters gibt es im Straßenbild nicht mehr. Die aus dem 16. und 17. Jahrhundert stammenden Beispiele sind ebenfalls nur bedingt Renaissance-Architektur. Das Erscheinungsbild ist von Putz und farbigen Fassungen des späten 18. und des 19. Jahrhunderts bestimmt; auch entstellende Umbauten und Verkleidungen aus unseren Tagen tragen zur „individuellen" Vielfalt des Bestands bei. Doch woran erkennt man Reihenhäuser des Mittelalters und der frühen Neuzeit im heutigen klassizistisch-biedermeierlich bestimmten Lübecker Straßenbild? Das sind die Merkmale:
▷ Das meist steile Satteldach erstreckt sich in gleicher Höhe über drei oder mehr Häuser.
▷ Die Trauflinie ist über mehrere Einheiten gleich, desgleichen Sohlbank- und Sturzhöhe der Fenster- und Tür-Öffnungen.
▷ Die innen durchlaufende Balkenlage über dem Dielengeschoss macht sich an der Fassade sehr oft durch schmiedeeiserne Maueranker bemerkbar, die sich auch in jüngerem Putz abzeichnen.
▷ Falls man Gelegenheit hat, ins Dach zu gelangen: Über alle Hauseinheiten durchlaufende Abbundzeichen der Zimmerleute auf Sparren und Kehlbalken beweisen, dass man es mit einem Reihenhaus zu tun hat.

Im übrigen stehen Traufen- und serielle Reihenhäuser den größeren Giebelhäusern in nichts nach, was die Aussstattung der Räume – also Diele, Dornse, Flügelzimmer, Kammern – mit bemalten Decken, Paneelen, Stuck und dergleichen betrifft (vgl. „Blick ins Innere", S. 284). Die schönsten Treppen des Rokoko und des Klassizismus kennen wir aus traufständigen Häusern; für die einstige Geringschätzung, die sich in Bezeichnungen wie „Kleinbürgerhäuser" (seit wann gibt es „Kleinbürger"?) oder einfach „Kleinhäuser" spiegelt, besteht nach gegenwärtigem Kenntnisstand nicht der geringste Anlass. Schließlich: Lübeck kann nur mit dem wuchern, was es hat. Nach dem weitgehenden Verlust der größeren Giebelhäuser im früheren Kaufmannsviertel stellen die Serienhäuser einen Denkmal-Fundus dar, in dem die einstige hansische Größe noch einmal spürbar wird.

Abschließend die Ausnahmen

In Lübeck hat es auch traufständige Haus-Reihen mit andersgearteten Strukturen gegeben. Diese Sonderformen sind verschwunden. Eine gar nicht so seltene Sonderform dürfte das Sahlhaus gewesen sein: Es bot auf zwei übereinanderliegenden Böden Kleinst-Wohnungen für är-

Tünkenhagen 2–16 und 18–22. Pertinenz zum Backhaus Glockengießerstr. 42. Bausubstanz im wesentlichen aus der Zeit um 1600 (Renaissance-Treppengiebel am Zwerchhaus von Nr. 18 erhalten). Offenbar zwei Bauphasen: Die Einheiten der Reihe 2–16 (vorn) sind durchgehend zweiachsig, die Häuser 18–22 mit der dreiachsigen Einheit Nr. 18 haben ein höheres Dach. Die Reihe endet mit einem Miniatur-Barockgiebel neben der barocken „Mutter-Fassade" an der Glockengießerstr. Um 1800 wurden die Fassaden verputzt, die Zwerchhäuser erhielten Dreiecksgiebel.

mere Familien. Der 1971 abgebrochene „Stützensahl" An der Mauer 121 war das bau- und sozialgeschichtlich bedeutendste Beispiel in Lübeck. Das Gebäude stand vermutlich bereits im 16. Jahrhundert, wenn nicht schon früher. Hier waren quasi zwei bescheidene Ganghaus-Reihen übereinander gesetzt; die obere war per Treppe und Außengalerie zu erreichen. Mit dem Lübecker Sahlhaus ist das Danziger „Kanzelhaus" vergleichbar. Der Sahl ist nahezu die einzige Form von „Geschoss-Wohnungsbau" in Lübeck.

Ein einmaliges Bauwerk war der 1941 abgebrochene riesige Speicher des vormaligen Zisterzienser-Wirtschaftshofs „Im Reinfeld" an der Obertrave. Die Formen der Öffnungen in beiden Geschossen waren gotisch, ebenso der im Erdgeschoss erkennbare Mauerverband. Der Durchbau des Speicher-Unterbodens zu Wohneinheiten mit Zugang per Treppe und Galerie dürfte noch im 16. Jahrhundert erfolgt sein. Zu den einzelnen Wohnungen gelangte man ebenfalls nur über eine Treppe und eine Außengalerie, die möglicherweise schon zum Zisterzienser-Wirtschaftsbau gehörte.

Eine ähnlich ungewöhnliche Traufenhauszeile hatte an der Südseite des Schrangen, dem früheren Fleischmarkt, bis in die Nachkriegszeit überdauert. Ihre in jüngerer Zeit größtenteils vermauerten korbbogigen Arkaden ließen keinen Zweifel daran, dass es sich hier um den Rest einer Marktbebauung handelte, ähnlich dem nahen Kanzleigebäude, mit dem es Entstehungszeit und stilistische Details, etwa den Arkadengang, gemeinsam hatte. Man darf vermuten, dass der Fleischschrangen „Rats-Architektur" war. Die achsiale Bezogenheit auf das Kanzleigebäude lässt ein städtebauliches Konzept vermuten, womöglich durch den damaligen Stadtbaumeister Hans von Rohde. 1960 machte ein Kaufhausneubau den letzten beiden Einheiten dieser einmaligen und problemlos zu rehabilitierenden Gebäudegruppe ein Ende.

X
Kein übliches Reihen-
haus, die Zeile an der
Schrangen-Südseite war
Rats-Architektur. Die
Häuser wurden an
Fleischer vermietet, die
unter den Bögen ihre
Verkaufsstände hatten.
Nach Ausweis der For-
men war die Zeile ein
Pendant zum Kanzlei-
gebäude-Trakt von 1614.
Der vermauerte Bogen-
gang wurde in den
1930er-Jahren teilweise
wieder geöffnet.
Von einst sieben oder
acht Häusern waren bis
1960 noch vier erhalten.

X
Der mächtige Baukörper
An der Obertrave 20/21
gehörte zum Wirtschafts-
hof des Zisterzienser-
Klosters Reinfeld, der
nach der Reformation zu
Wohnungen eingerichtet
wurde. Diese bemer-
kenswerte Umnutzungs-
Architektur musste
1940/41 einem Luft-
schutzbunker weichen.

Literatur

Christensen, Margrit: Häuser unter einem Dach. In: Zehn Jahre Weltkulturerbe (= Denkmalpflege in Lübeck 2). Lübeck 1998. S. 125–137.
Christensen, Margrit: Die Stadt der Handwerker und Gewerbetreibenden – Traufenhäuser und kleine Giebelhäuser in Lübeck. Neumünster 2006 (erscheint im Herbst 2006.).
Rolf Hammel-Kiesow, Quellen und Methoden zur Rekonstruktion des Grundstücksgefüges und der Baustruktur im mittelalterlichen und frühneuzeitlichen Lübeck. In: Häuser und Höfe Band 1, S. 39–152.
Zum Begriff „Sahlhaus" siehe: Wolfgang Rudhard, Das Bürgerhaus in Hamburg (= Das Deutsche Bürgerhaus XXI), Wasmuth Tübingen 1976. – Zu „Kanzelhaus": Karl Hauke, Das Bürgerhaus in Ost- und Westpreußen (= Das Deutsche Bürgerhaus VIII), Wasmuth Tübingen 1967.
Zu: Fleischschrangen-Arkaden vgl. Die Bau- und Kunstdenkmäler der Hansestadt Lübeck. Band 1 Teil 2: Rathaus und öffentliche Gebäude der Stadt. Lübeck 1974. S. 371.

Summary

Eaves and Rows

After loss of most of the `Groß-Dielen´ houses due to war, city-extensions and reconstruction the eaves-fronted buildings in the peripheral areas of the old town have entered the focus. We distinguish between eaves-fronted single-houses, double-houses and row-houses consisting of three or more units.

After 1300 investment in eaves-fronted houses increased. The clients belonged to the mercantile elite. The houses were significantly shorter, because roof pitch and height had to correspond to the gable-ended houses with their depth of up to 18 metres. Therefore eaves-fronted houses are in spite of a normal width of the facades rarely more than nine metres deep. The reduced housedepths provided more daylight, thus making the eaves-fronted houses the predominant houses for craftsmen. Upper storeys and subfloors as well as the high loft spaces were used for storage purposes. The privat living quarters were, as in the gable-ended houses, in the extension wing facing the rear court.

There are still some eaves-fronted single houses on properties of normal width with facades from the 16th or early 17th century, however non with Gothic arrangement. More often than single-houses we still find double-houses, that means two houses adjoined under one roof. These show clearer than the single-house that they were built by one owner as tenements.
Row-houses demonstrate effectively their unity by identical composition of each house and a shared roof. Lübeck possesses a considerable stock of medieval row-houses, but especially of the 16th and early 17th century. This stock is an essential factor of the UNESCO-world-heritage-monument `Old Town of Lübeck´. Row-houses were seldom only one-storey, mostly they had two, occasionly three stories. Their disposition, derived from the bigger gable-ended houses, allowed in most cases also commercial use.

Tenement-building in series has been conducted in Lübeck apparently very early as an independent form of investment. Already during the settlement in the 13th century the desire must have existed to create properties that allowed for building development with serial tenements. The real estate contractors, who mostly belonged to the political ruling class of the merchants, presumably not only planned their own commercial and residential buildings, but also provided in their own interest housing for the labourers. Evidence for such a provision of housing is often found in the annexes of merchant's estates, called `Zubehöre´. Often these row-house-additions were placed side by side with the large corner-houses and reached far into the narrow sidestreets.

Most of the row-houses still existing today, having replaced older buildings, originate from the 16th and early 17th century. Already then successful handicraftsmen appeared as clients, purchasing and renting out row-house complexes. With the privatisation in the 18th, at the latest in the 19th century, row-houses lost their homogeneous appearance.

The façades of the row-houses were designed according to the times in typical Lübeck style. This was achieved by the application of certain prefabricated bricks, especially of bevelled edges, cable mouldings and double concave mouldings on portals, windows and hatches, but also by masonry bond, colour and the application of decorative wrought-iron masonry anchors, especially of the `Lily´ since around 1540. Painting in red, grey and black were very common.

Beginning 1570/80 the façades displayed three bays: the ground floor with a slightly asymmetrical arched portal and accompanying large `Dornsen´- and smaller `Dielen´-windows; the upper floor with three storageroom- or chamber windows placed in elegant segmental-arched blind niches. Contemporary gable-ended houses also show this composition of the main floors. The tendency to create a `regular´ Classic facade can be seen. The `transverse gables´, placed on many eaves-fronted houses in the middle of the front, was a necessary method and the only possibility to ventilate and provide daylight for the high lofts.

There were also houserows with different kinds of patterns, for example the `Sahlhaus´. It offered on two floors, accessible by staircases and a gallery, small appartments for poor families. The huge warehouse An der Obertrave 20, torn down in 1941, was probably rebuilt, still in the 16th century, into appartments with access per staircase and gallery. Unusual was also the eaves-fronted house-row on the Southside of the Schrangen, the former meat market. It was the rest of the market buildings similar to the chancellery nearby, with which it had time of erection and stilistical details in common, i.e. the arcade. In 1960 the building of a new department store eliminated these last two units of the former row.

Torweg, Engelswisch 33, Nordseite. Äußere Erscheinung von hellem Putz und biedermeierlichen Fenstern bestimmt, Substanz dahinter jedoch von 1531 (d). Diese stattlichen Häuser haben in ihren Balkenlagen und Dachstühlen, Dielen, Dornsen und ausgebauten Obergeschossen fast unverändert die Struktur des 16. Jahrhunderts bewahrt. Auch Reste von Wandmalereien wurden aufgedeckt.

GÄNGE UND HÖFE

Lübecks Gänge und Höfe erfreuen sich bei Einheimischen und Besuchern großer Beliebtheit. Das war nicht immer so. Noch 1974 wurden Gänge zwischen Glockengießer- und Hundestraße abgebrochen, weil sie infolge jahrzehntelanger Vernachlässigung nicht mehr zu vermieten waren. Heute weiß man in Lübeck, dass die Gänge eine städtebauliche Einmaligkeit darstellen. Selbstverständlich gehören die Gänge zum UNESCO-Welterbe „Altstadt von Lübeck".

Über die Gänge braucht es heute eigentlich keine Fehl-Deutungen mehr zu geben. Die Baugeschichtsforschung hat wesentliche Erkenntnisse vorgelegt (vgl. die Literaturangaben). Für Schauermärchen ist ebenso wenig Raum wie für unangebrachte Sozial-Romantik. Richtig ist, dass in den Gängen früher die ärmeren Leute wohnten, aber nicht die völlig Mittellosen. Vermutlich gehörten Gänge wie die „Buden" und Reihenhäuser an den Nebenstraßen schon sehr früh zur Grundausstattung der sich entwickelnden Handelskolonie Lübeck. Die Berufs-Differenzierung vom Kaufmann zum Tagelöhner und die weite Spanne von reich zu arm schlug sich zwangsläufig auch in unterschiedlichen Wohnverhältnissen nieder.

X
Durchgang Wahmstraße 46. Lübecks Gänge galten Besuchern und Gästen oft als „romantisch". Romantisierend ist auch dieses Foto von Walter Waßner aus den 1930er Jahren. Die Realität war anders: wegen mangelnder Instandhaltung wurden fast alle Häuser im Durchgang Wahmstraße abgebrochen und durch „angepasste" Neubauten ersetzt.

Mit dem Abschluss der Straßen- und Blockbildung zum Ende des 13. Jahrhunderts dürften auch erste „Hagen" gebaut worden sein: im Blockinneren liegende, nach einheitlichem Plan gebaute „Buden"-Zeilen. Fürs 14. Jahrhundert sind (nach Scheftel) nur 6 Gänge urkundlich belegbar, obwohl die Zahl bedeutend höher gewesen sein muß. Fürs Jahr 1487 werden bereits 101 Gänge genannt. 1502 sind es 122. In diesen Jahren wirtschaftlicher Rezession und wachsender Armut werden die Gänge erweitert und dichter belegt. Um 1700 gab es 180 Gänge in Lübeck, um 1800 waren es 167 und am Ende des 19. Jahrhunderts noch 143 einschließlich der Stiftungshöfe. Heute sind noch 85 Gänge in Teilen oder ganz erhalten.

Gang und Stiftungshof

Als „Gang" bezeichnet man in Lübeck eine Wohnanlage in Form einheitlicher Reihenhaus-Zeilen im Inneren eines Bau-Blocks. Diese Anlage ist per Durchwegung eines Vorderhauses in Form eines Tunnels oder eines schmalen Bauwichs zwischen zwei Häusern zu erreichen. Gänge wurden als Mietwohnungen für „Bezieher bescheidener Einkommen" errichtet. Bauherren und Vermieter waren im Mittelalter durchweg Kaufleute. Im 16. und 17. Jahrhundert traten oft auch wohlhabende Handwerksmeister als Besitzer auf. Erst im späten 18. Jahrhundert setzte die Privatisierung der einzelnen Häuser ein, wodurch der einheitliche Charakter der einst seriell errichteten Zeilen verloren ging. Die Umbau- und „Verschönerungsbemühungen" setzen sich bis in unsere Tage hinein fort. Immer häufiger sieht man aber auch denkmalbewusste Wiederherstellungen der oft charaktervollen Architektur. Dass solche Sanierung erst durch etwas zahlungskräftigere neue Bewohner möglich wurde, steht auf einem anderen Blatt. Aber anders hätte eine Rettung der in vielen Fällen bereits unbewohnbaren und leerstehenden Ganghäuser wohl nicht bewirkt werden können. Damit war aber auch die traditionelle „Buddenbrook-Mauer" gefallen, die seit Menschengedenken eine unüberbrückbare Standes-Schranke zwischen den besseren Bürgern in den besseren Vierteln und den „Leuten unten in den engen Querstraßen und Gängen" darstellte.

Stiftungshöfe unterschieden sich von Gängen in der Art der Bau-Unterhaltung und in der Zusammensetzung der Bewohner. Während in den Wohngängen Miete zu zahlen war, wurden die Bewohner der Stiftungshöfe „subventioniert". Finanzielle Grundlage dafür waren Stiftungen beträchtlicher Geldsummen oder von Ländereien, aus deren Erträgen der Lebensunterhalt der Insassen bestritten wurde. Stifter waren durchweg vermögende Kaufleute. Die berühmten großzügigen Stiftungshöfe in der Glockengießerstraße dienten vornehmlich der standesgemäßen Altersversorgung von Kaufmannswitwen. Aber auch die wenigen echten Armengänge wie der von Höveln-, Bruskows- oder Glandorpsgang funktionierten so. Die Berechtigten wurden durch Stiftungsbeiräte, die sogenannten Vorsteher, sehr genau ausgewählt. Außerdem hat es eine Reihe kleinerer Armenhäuser gegeben, in den für sehr bescheidene Mieten „ordentliche" Leute wohnten. Die ältesten sind die wohlerhaltenen Fachwerk-Reihenhäuser Düvekenstraße 1–9 von 1494/97. Eine größere Rolle für die Versorgung der Bedürtigen spielten im nachmittelalterlichen Lübeck aber die „staatlichen Armen-Anstalten" Burgkloster und St. Annen (vgl. S. 192).

Füchtingshof (Glockengießerstraße 23–27) nach Süden mit Vorderhaus. Lübecks beliebtester Vorzeige-Stiftungshof. Bis auf das prachtvolle Vorsteherzimmer nur im Außenbild alt. Obwohl 1639 entstanden, spricht die Architektur noch „Renaissance". Befensterung und Farbigkeit in der Tradition des Klassizismus.

Die elf erhaltenen Stiftungshöfe und Armengänge sind in den 1970er Jahren durchgreifend saniert worden. Außer dem wiederhergestellten Außenraum, den durchweg sehr sorgfältig restaurierten Fassaden, einigen Dachgebälken und einigen beiseite gestellten Zimmer-Ausmalungen wie im Haasenhof ist kaum noch etwas alt. Aus dem jetzigen Baubestand können keine wesentlichen Erkenntnisse zur Bau- und Sozialgeschichte mehr gewonnen werden. Wir begnügen uns daher mit der chronologischen Auflistung der Sanierungsdaten:

▷ 1972: Zöllners Hof, Depenau 10/12. 1622 begründet. Neubau hinter sandstrahlgeschädigter Backsteinfront.

▷ 1972: Von Höveln Gang, Hundestraße 55/57. Gründung 1475. Von der gotischen Anlage stammt womöglich noch das Vorderhaus. Im Hof Neubau hinter alter gepflegter Fassade.

▷ 1972: Von Höveln Gang, Wahmstraße 73/77. Vom gotischen Erstbau von 1481 war nichts mehr erhalten. Totalneubau in „angepasster" Form hinter der erhaltenen Straßenfront.

▷ 1975: Dornes Stift, Schlumacherstraße 15–23. 1448 begründet. Nur Mauerwerk der Straßen- und Hoffront und der Dachstuhl des gotischen Vorderhauses erhalten. Bemerkenswert die mit Hochblenden strukturierte Straßenfront.

▷ 1975: Bruskows Gang, Wahmstraße 49. Hinter der schönen Pforte des 16. Jahrhunderts Total-Neubau in „angepasster" Form.

▷ 1977: Ihlhornstift, Glockengießerstraße 39. 1438 begründet. Außenbild von Vorderhaus und Fachwerkflügel sorgfältig erhalten. Eigentlich weder Gang noch Hof; siehe „Bauten für das soziale Netz", S. 196.

▷ 1977: Glandorps Gang und Glandorps Hof, Glockengießerstraße 41–53. 1612 gestiftet. Außenbild und Dachwerke wohl bewahrt.

Glandorpshof
(Glockengießer-
straße 43–53),
nach 1612 erbaut.
Ähnlich großzügig
wie Füchtingshof.

Von-Höveln-Gang
(Hundestr. 55–59).
Baudaten zwischen
spätem Mittelalter
und Ende des
17. Jahrhunderts.
Die Anlage folgt
eher dem „Hof"-Typ.
Schönes bieder-
meierliches Raum-
bild dank Farbigkeit
und kleinteiligen
Sprossenfenstern.

▷ 1977: Füchtings Hof, Glockengießerstraße 23. Lübecks größter und eindrucksvollster Stiftungshof, 1639 erbaut. Außenbild und Dachwerke sorgfältig erhalten. Auflösung der Haus-Einheit zugunsten von je zwei Appartements. Das wie ein Epitaph der Anlage vorgesetzte dreito-
rige Sandstein-Prachtportal ist eine Kopie aus den 1980er Jahren. Versammlungsraum der „Vorsteher" in prachtvollen Frühbarockformen museal erhalten.
▷ 1977: Birgittenstift, Wahmstraße 76–86. Hervorgegangen aus dem um 1480 erbauten Stadt-
hof des Birgittenklosters Marienwohlde (bei Mölln). Modernisierung des biedermeierlichen Flügels. Das 1942 beschädigte und später abgebrochene gotische Vorderhaus, der alte Konventsbau,
1974 in sehr unbefriedigender Form neu erbaut.

▷ 1978: Haasenhof, Dr. Julius-Leber-Straße 37. Jüngster Stiftungshof, 1727 von der Weinhändlerswitwe Haase gestiftet. Niederländisch beeinflusste Barock-Architektur. Gut bewahrtes Außenbild. Die bemalten Wandpaneele der Dornsen und Dielen wurden größtenteils herausgenommen und im Untergeschoss des „Vorsteher-Gemachs" zusammengestellt. Dieser Vorsteher-Saal gehört zu den wenigen unversehrten Barock-Räumen Lübecks.

„Ganghäuser" an der Straße. Diese Mietshaus-Buden an der Siebenten Querstraße gleichen den abgebrochenen Häusern im Durchgang Wahmstraße, es sind ebenfalls Fachwerkbauten mit auskragendem Oberstock. Entstanden um 1600 als „Zubehör" des großen Vorderhauses an der Beckergrube. „Bezieher bescheidener Einkommen" gab es nicht nur in den Gängen.

Haus und Bude

Mit „Haus" (domus) meinte man im Mittelalter eher die Wirtschaftseinheit, also das große Haus, das gleichzeitig Speicher, Lager, Wohnung Werkstatt sein konnte. Die Buden in den Gängen und Höfen waren klein und daher vorrangig Wohnhäuser. Bis auf ganz wenige Ausnahmen waren sie traufständig. Doch Buden gibt es nicht nur in den Gängen im Inneren der Blöcke. Ganze Straßenfluchten, besonders an den Querstraßen, bestehen eigentlich aus „Buden"-Zeilen (vgl. Traufe und Reihe, S. 247). Wie die untergegangenen Marktbuden waren sie solide gebaut. Diese Marktbuden müssen wir uns als auf kleiner Grundfläche stehende mehrstöckige Verkaufs- und Lagergebäude vorstellen. Und dauerhaft wie diese mussten auch die Gangbuden sein, schließlich sollten sie für sichere Mieteinnahmen sorgen. Buden sind selten nur eingeschossig. Meistens haben sie wie das große Giebelhaus ein Obergeschoss, den „Unterboden". Auch dreigeschossige Buden kommen vor.

Wie entstanden die Gänge?

Im sogenannten Gründerviertel gab es überhaupt keine Gänge. Darin steckt aber eher ein Hinweis auf die Frühbesiedlung durch privilegierte Investoren (vgl. „Eine Stadt entsteht", S. 17). Die meisten Gänge liegen in den tiefer geschnittenen Blöcken, die nach der Trockenlegung der Sumpfbereiche abgesteckt wurden. Vermutlich wurde es für Grundbesitzer interessant, in „vorsorgenden" Wohnungsbau zu investieren, als der starke Zustrom an Siedlern und Arbeitskräften in geordnete Bahnen zu lenken war.

Gänge wurden aber auch in den neuen Blöcken nur dort gebaut, wo es sich wirtschaftlich lohnte. Das Mietaufkommen der Gangbewohner war schließlich ein gutes Geschäft. Die „Gänge-Viertel" am Binnenhafen Obertrave, im Seehafen-Quartier zwischen Fischergrube und Engelsgrube und in den Gewerbegebieten der Brauer und Gerber an der Ostseite lassen vermuten, dass die Nähe zu Arbeitsplätzen ausschlaggebend für die Anlage gewesen ist. Diese Gewerbegebiete prägten sich bereits im 13. Jahrhundert aus. Natürlich haben wie überall die Grundstückspreise eine große Rolle gespielt: „Wo viel Geld zu kriegen war, da sind Gänge rar".
Für die Anlage der Gänge waren die Block-Zuschnitte entscheidend. Meistens sind Gänge und Höfe so etwas wie „Füllung" der bis zur Blockmitte reichenden Parzellen und erscheinen wie Annexe der an der Straße stehenden Vorderhäuser. Vermutlich haben viele Hausbesitzer ihre in die Blocktiefe reichende Parzelle durch eine Ganghauszeile „ertragreicher" gemacht. In anderen Fällen, etwa der grundstücksübergreifenden Anlage des Hellgrünen/Dunkelgrünen Ganges, kann auf gemeinschaftliche, wenn nicht obrigkeitliche Planung geschlossen werden.

Zwischen Engels- und Fischergrube haben sich die alten Ganganlagen weitgehend erhalten. Gut erkennbar die Reihen von Sievers Torweg Engelsgrube 31 oder des Bäckergangs Engelsgrube 43 (Überblick vom Turm der Jakobikirche).

Wie sahen die Gänge aus?

Gänge unterscheiden sich nach der Form ihrer Anlage im Blockinneren. So gibt es enge, nur an einer Seite bebaute Korridore mit bis zu elf Buden (z.B. Schwans Hof), ebenso enge und lange, aber beidseitig bebaute Korridor-Anlagen. Es gibt auch kurze, umbaute Höfe mit vier bis fünf Buden (Fünfbudengang); es gibt breite, doppelseitig bebaute Höfe mit bis zu 20 Häusern (Sievers Torweg) und es gibt den Insel-Typ, wo ein Block von zwei bis acht Häusern inmitten des umbauten Hof steht. Und es gibt verschiedenste Mischformen zwischen Korridor-, Hof- und Inseltyp. Einheitlichkeit ist selten. Auch bei Gängen hat es Teil-Abbrüche, Erweiterungen und Zusammenführungen gegeben. Was dieser geschichtliche Prozess hinterließ, erscheint heute gelegentlich arg malerisch.

Der „Durchgang", eine von Ganghäusern eingefasste Block-Querung, ist selten (s. z. B. Durchgang Wahmstraße). Die Bezeichnung „Hof" sagt etwas über den Zugang: in den Hof führt kein schmaler Tunnel, sondern ein breiter, auch für Karren und Wagen passierbarer Durchlass, daher auch „Torweg". Allerdings wurden auch die bescheidenen Armengänge „Höfe" genannt. Die Größe der in den Gängen stehenden Häuser war sehr unterschiedlich: Die Skala reicht von stattlichen Häusern, die auch an jeder Querstraße ein gutes Bild abgeben würden, bis zu ärmlichen Hütten.

Lagekarte des Hellgrünen und Dunkelgrünen Gangs zwischen Untertrave und Engelswisch. Das wie ein Labyrinth anmutende Kleinhaus-Gewirr in unmittelbarer Nähe des früheren Seehafens besteht aus einst einheitlich errichteten Reihenhäusern, die teilweise noch aus dem 16. Jahrhundert stammen. Die beiden Haus-„Inseln" lassen gemeinschaftliche Planung mehrerer Grundbesitzer vermuten. 1 Dunkelgrüner Gang Engelswisch 20 2 Hellgrüner Gang Engelswisch 28 3 Voß Gang (nicht erhalten).

■ erhaltene,
■ abgebrochene Ganghäuser,
■ Vorderhäuser in Privatbesitz,
■ private Höfe und Gärten.
Zustand um 1936.

Ganghäuser als Baudenkmale

Die ältesten der erhaltenen 85 Gänge sind auch die schönsten, falls mit „schön" die jetzt durch Sanierung wieder sichtbar gemachte zeittypische äußere Erscheinung gemeint sein darf. Es sind die stattlichen, durchweg zweigeschossigen Anlagen aus der Mitte und der zweiten Hälfte des 16. Jahrhunderts. Einige führen die aus der Spätgotik bekannte Fachwerk-Architektur aus solidem Eichenholz weiter. Ein nur in Lübeck vorkommendes Motiv im Fachwerkbau ist das sogenannte „Ständerfußblatt" (s. S. 197). Es ist ein aus dem vollen Holz des Ständers gebildetes vorstehendes Brett, das den darunter sitzenden Deckenbalken, an dessen Ende der Ständer eingezapft ist, vor Witterungsschäden schützt.

Andere Gang-Anlagen, begünstigt durch eine kräftige Wirtschaftsblüte, folgen der Massiv-Bauweise der repräsentativen Renaissance-Bürgerhäuser in bescheidener, aber sehr formbewusster Weise. Sie haben große Fensteröffnungen in eleganten, mit Fasen profilierten Stichbogenblenden und rundbogige Portale mit getreppten Gewänden. Wie bei den größeren Bürgerhäusern besaßen die Fenster einst Kreuzstock-Teilung mit Blei-Festverglasung oben und nach außen aufzuschlagenden Holzläden unten. Zeittypisches Kennzeichen sind schmiedeeiserne, sehr häufig

Bäckergang, Engelsgrube 43. Fünf von einst sieben Häusern mit vorkragendem Fachwerk-Oberstock, 1551 errichtet. Einfache Verriegelung, mit Fußstreben. Erkennbar die „Ständer-Fußblätter", die eine Art Regenschutz für die Köpfe der Erdgeschoss-Deckenbalken bilden. Der helle Anstrich stammt von 1987; der Originalbefund war rot.

als Lilie geformte Maueranker. Die Fassaden muss man sich in roter und grau bis schwarz abgesetzter Farbigkeit vorstellen. Auch Kalkweiß mit Grau ist nachgewiesen worden. Diese Anlagen waren keineswegs „ärmlich". Zur Fachwerk-Gruppe zählen besonders
▷ Siewers Torweg, Engelsgrube 31 (1543). Die Fachwerk-Oberstöcke sind allerdings weitgehend hinter Putz des 19. Jahrhunderts verschwunden oder wegen gravierender Holzschäden ganz in Massivbauweise ersetzt.
▷ Schwans Hof, Hartengrube 20. Die 1549 errichteten Ganghäuser zeigen ihr Fachwerk nur noch an der fensterlosen Rückseite. Der Oberstock des prächtigen Vorderhauses ist 1551 datiert. Die Ständer sind zu kannelierten Pilastern umgedeutet. Die Fußstreben zeigen Reliefs mit Grotesken, Mischwesen aus Tierleibern mit Köpfen bzw. Masken von Menschen, die sich aus römisch-antiken Vorbildern ableiten. Die reich beschnitzte Front ist Lübecks bedeutendste Fachwerk-Architektur. Der Schnitzer war ganz offensichtlich

Schwans Hof, Harten-grube 18. Reihe aus 11 Einheiten, um 1550 errichtet. Rendite-Anlage des Maurermeisters Lödingh. Während im Gang die Fassaden durch Putz „klassizistisch" er-scheinen, ist an der ehe-mals nicht durchfenster-ten Rückseite die einfach verriegelte Fachwerk-Konstruktion sichtbar.

mit der Fachwerk-Baukunst im Harz-Vorland zwischen Braunschweig und Halberstadt ver-traut; möglicherweise kam er von dort.

▷ Bäckergang, Engelsgrube 43 ist eines von fünf Beispielen mit Ständerfußblättern. 1551 er-richtet.

▷ Durchgang Wahmstraße 46. Das um 1600 erbaute Haus 23 ist giebelständig, eine beden-kenswerte Besonderheit. Im Gang sind zwei weitere giebelständige Häuser durch inkompetente „Sanierung" zerstört worden.

▷ Stüves Gang, Obertrave 46. Häuser 1–6, um 1600 als „Sahlhäuser" erbaut. In Sählen liegen immer zwei Wohnungen übereinander.

▷ Heynats Gang, Hartengrube 44 (2. H. 16. Jh.). Am Oberstock wurden zwei „Fenster" der Ori-ginal-Farbfassung freigelegt (hellgrau mit schwarzer Fugenmalerei). Auch hier sind Ständer-fußblätter zu sehen.

▷ Kruses Hof, Engelsgrube 26 (nach 1545), ehemals ein Armengang, daher hier das Wort „Hof". Technisch vergleichbar und diesen Haus-Reihen zeitlich vorangehend sind der Fach-werktrakt des Ihlhornstifts Glockengießerstraße 39 von 1457 und die ehemaligen Armenhäuser Düvekenstraße 1–9 (1490), beide mit der Fachwerk-Besonderheit „Ständerfußblatt" ausge-zeichnet. Die genannten Jahreszahlen sind meistens dendrochronologische Daten.

Von den massiv in Backstein errichteten Reihenhaus-Zeilen des 16. Jahrhunderts sind besonders hervorzuheben:

▷ Ahrens Torweg, Beckergrube 28. Von Gert Ruyter um 1562 erbaut (daher auch Reuters Gang). Klare Lübecker Renaissance-Architektur. Das Vorderhaus war mit Terrakotten des Ruy-ter-Kompagnons Statius von Düren geschmückt. Die östliche Hauszeile hatte den Krieg zwar unbeschädigt überstanden, wurde aber 1956 zugunsten eines Parkplatzes abgebrochen.

▷ Schillings Hof, Hundestraße 83. In den Häusern 2 und 3 ist die schöne Renaissance-Gliede-rung mit Stichbogen-Blenden gut erhalten.

▷ Kalands Gang, Hartengrube 52. Weitgehend klassizistisch überformt. In den Häusern 9, 10 und 11 sind die alten Öffnungen erhalten, ebenso die typische Trauf-Ausbildung mit profilierten Balkenköpfen über durchlaufender Kopfbohle.

▷ Im Reinfeld, Obertrave 20. Von den elf Ganghäusern, die im späten 16. Jahrhundert auf dem

Schillingshof Hundestraße 83. Bezeichnung als „Hof" wohl wegen der vergleichsweise breiten Wegefläche, der Zugang ist ein schmaler Tunnel. Die Häuser 2 und 3 zeigen die charakteristische Gliederung durch stichbogige Renaissance-Blenden. Zugehörig auch die Lilienanker.

Nördliche Zeile im Qualmannsgang, Engelsgrube 34. Die Architektur ist denn doch zu stattlich für einen Gang. Hier handelt es sich um den einmaligen Fall einer „Kaufmannsherberge", 1606 erbaut und einst zum Großgrundstück Koberg 2 gehörig, 1985 anspruchsvoll saniert. Also: dies sind keine Ganghäuser!

früheren Wirtschaftshof des Zisterzienserklosters Reinfeld errichtet wurden, stehen heute noch fünf. Der Rest musste 1941 einem Luftschutzbunker weichen (vgl. S. 255). Erhalten auf der Nordseite die eingeschossige Reihe 3, 4, 5 vor 1583. Haus Nr. 5 hat einen Zwerchgiebel in gotischer Art bewahrt. Gegenüber die zweigeschossige Reihe 6, 7, 8. Alle Häuser zeigen die typische Traufbildung mit karniesförmig beschnitzten Balkenköpfen über durchlaufender Kopfbohle.

▷ St. Jürgen-Gang, Kleine Petersgrube 4. Eine sehr kompakte Anlage, gemeinsam mit den dreigeschossigen Vorderhäusern errichtet. Heute Teil des Puppenmuseums.

▷ Kreuz Gang, Große Kiesau 5. Sandsteinerne Hausmarken mit Monogramm des Bauherrn Wilhelm Meding und der Jahreszahl 1566. 1982 vor Abbruch gerettet und saniert. Zweigeschossige Anlage aus sechs Ganghäusern. Spuren originaler Farbigkeit auf dem Mauerwerk.

▷ Lüngreens Gang, Fischergrube 38. Fünf stattliche, zweigeschossige Häuser. Durchgang zur Engelsgrube (Bäckergang) erst aus jüngerer Zeit.

▷ Torweg, Engelswisch 33. Häuser 1–5. Dem Dendro-Datum 1531 zufolge eigentlich noch spätgotisch. Die zweigeschossige Reihe ist nahezu einheitlich klassizistisch überformt.

▷ Pockenhof, Kleine Burgstraße 20. Nur die Häuser 1 und 2 stammen erkennbar aus dem 16. Jahrhundert. Portal und Fenster-Blenden sind aufwändig mit Hohlkehlen profiliert. Die anschließenden Häuser besaßen einst Fachwerk-Oberstöcke.

▷ Hellgrüner Gang, Engelswisch 28. Die klassizistisch veränderten Häuser 17 und 18 sind nach Ausweis ihrer steilen Dachform im späten 16. Jahrhundert entstanden.

Besonders ansprechende Anlagen der Barockzeit sind beispielsweise Brandes Hof, Mühlenstraße 79 und Rehhagens Gang Obertrave 37. Beide Gänge zeigen Mansarddächer. In Rehhagens Gang sind auch einige große Rokoko-Dornsenfenster erhalten. In Stüves Gang Obertrave 46 gehören die Häuser 7 und 8 ebenfalls zum Rokoko. Die neu gebauten Gänge des 19. Jahrhunderts, beispielsweise Rosengang, Rosenstraße 17, ersetzen durchweg baufällig gewordene ältere Anlagen und zeigen ein zunehmend nüchternes, vom Klassizismus bestimmtes Bild.

Im Kleinen spiegelt sich das Große

Ganghäuser waren von Anfang an eher Wohnhäuser und die Bewohner gingen ihrer Arbeit woanders nach. Das lässt auch ein Blick auf die innere Struktur vermuten. Schon für das 16. und 17. Jahrhundert sind Grundrisse bzw. Einteilungen nachgewiesen, die wie Miniatur-Ausgaben von Grundrissen der großen Häuser an den Straßen aussehen. Das Erdgeschoß ist wie dort als „Halle" gedacht, als Diele also, in die eine Dornse eingestellt ist. Hinter der Dornse befindet sich die Feuerstelle mit ihrer Rauchschürze, wie sie auch aus den Bürgerhäusern bekannt ist. Dieser Küchen-Bereich wird ab dem späten 17. Jahrhundert wie in den großen Häusern durch einen verglasten Windfang von der Diele abgetrennt (vgl. „Blick ins Innere", S. 285). Die Diele ist zu einem schmalen Flur geschrumpft und muss seitlich noch die Stiege nach oben aufnehmen. Im Obergeschoß bzw. im Dachboden liegen kleine, mit Brettern abgetrennte Schlafkammern. Bei einem derart verkleinerten Grundriss ist an irgendwelche berufliche Betätigung im Hause kaum zu denken.

Aus Ganghäusern sind inzwischen auch einige farbige Ausstattungsreste bekannt: die Dornsen des Pockenhofs beispielsweise sind mit schwungvollen Akanthusranken ausgemalt gewesen, in denen sich Adler tummeln

Zerrahns Gang, Engelsgrube 71. Seit dem Mittelalter ein langer, einseitig bebauter Korridor. Die jetzt stehenden Buden sind im frühen 19. Jahrhundert neu erbaut worden.

(um 1700), im Haus 23 im Durchgang Wahmstraße ist sogar eine Stuckdecke erhalten, die Kammern im Obergeschoss zeigen deutliche Farbreste, ebenso die Obergeschoss-Wohnungen in Stüves Gang. Farbige Kalk- oder Leimfarben-Anstriche sind fast immer nachweisbar oder noch in Resten erhalten.

Bewohner einst und jetzt

Wer hat in den Gängen gewohnt und wie viele Menschen sind in einem Haus untergekommen? Für das Mittelalter fanden sich nur wenig verwertbare Hinweise. Erst die Steuerlisten des Jahres 1663 enthalten brauchbare Aussagen. Von 1230 dort benannten Gangbewohnern, die Lohn bezogen und also auch Steuern zahlten, sind für 871 von ihnen auch die Berufe erwähnt.

Demnach sind im Jahre 1663

26 % der Gangbewohner Arbeitsleute gewesen,

21 % waren Bootsleute,

2 % Stecknitzfahrer,

9 % Soldaten des Stadtmilitärs und

6 % Träger, die als einzige Gang-Bewohner als „Amt" organisiert waren. Insbesondere gab es Bierspünder, die Bierfässer zur Bierkaje vor der Beckergrube transportierten, es gab Salzwälzer, Steinsetzer u.a.

4 % der Gangbewohner waren Handwerker, wohl Gesellen und

3 % „Sonstige" wie Kröger (Wirte), Spielleute, Diener.

Dem für die frühe Neuzeit geltenden „vier-Schichten"-Gesellschaftsmodell zufolge sind die meisten Gangbewohner Angehörige der Unterschicht gewesen.

„Oben" standen vor allem Kaufleute mit einigen hohen Rats-Beamten, gefolgt vom gewerblichen Mittelstand, der sich insbesondere aus Krämern, Brauern und Schiffern zusammensetzte. Bedeutend größer war bereits die Gruppe der in Ämtern zusammengeschlossenen Handwerker mitsamt den dazugerechneten Trägern. Den allergrößten Teil der Bevölkerung bildete aber die

große Masse derer, die nicht das Bürgerrecht besaßen. Das waren insbesondere Handwerksgesellen und Lohnarbeiter.

Zur Einschätzung der „Massen" mag dies genügen. Von Lübecks 25.000 Einwohnern im späten Mittelalter und der frühen Neuzeit waren höchstens 500 bis 600 Kaufleute, mit Familien etwa 2.000 – 3.000. Von ihnen mögen 100 „Großkaufleute" mit internationalen Beziehungen gewesen sein.

Als durchschnittliche Belegungsdichte von Ganghäusern wurde für die 1. Hälfte des 16. Jahrhunderts die Zahl von vier bis fünf Bewohnern genannt. Natürlich muss man die unterschiedliche Größe der Häuser berücksichtigen, ebenso die Tatsache, dass viele Haushalte nur Ein-Personen-Haushalte waren. Witwen beispielsweise machten 15 % der von Michael Scheftel untersuchten Schoßliste von 1663 aus. Auch Handwerksgesellen lebten allein. Wenn man diese Menge an „Ein-Personen-Häusern" vor Augen hat, wird verständlich, dass in anderen Häusern manchmal mehr als acht Personen gewohnt haben. Allerdings haben auch die Vermögenden lange vergleichsweise bescheiden gelebt. Das zeigen uns die oft überraschend kleinen Wohnflügel, die im Mittelalter und noch im 16. Jahrhundert hofseitig an den großen Kaufmanns- und Brauerhäusern angebaut waren. Das „Ganghaus-Elend" ist in seiner Schärfe erst durch spekulative Überbelegung der Gänge im 19. Jahrhundert entstanden. Damals löste sich der seit Jahrhunderten gültige „Sozialvertrag" infolge der Industrialisierung langsam auf.

Auf Lübecks Erst-Kataster von 1890/1900 sind 130 Gänge verzeichnet und 13 Stiftungshöfe inklusive Armengänge. Wenn davon heute noch 85 Gänge und 11 Stiftungs-Anlagen stehen, ist das eher ein Wunder. Der Ruf der Gänge war bis in die 1970er Jahre denkbar schlecht. Stadtplaner und Politiker sprachen von der „Menschen-Unwürdigkeit". Zu den durch Kriegseinwirkungen verlorenen 11 Anlagen, darunter der bedeutende wie Kocks Hof in der Krähenstraße, gesellen sich 35 Abbrüche, die sozial- und stadtplanerischen Überzeugungen der Nachkriegsjahrzehnte zu verdanken sind. Es lässt sich heute nicht mehr begreifen, weshalb beispielsweise Ahrens Torweg verschwinden musste, die schöne zweigeschossige Renaissance-Reihen-

Torweg Dankwartsgrube 70, Haus 5. Typisches Ganghaus des 16. Jahrhunderts, typische klassizistisch-biedermeierliche Überformung mit hellgestrichenem Putz und freundlichen Wohnstubenfenstern. Foto vor der „märchenhaften" Modernisierung in den 1990er Jahren.

Pockenhof, Kleine Burgstraße 20. Das am West-Ende der Reihe gelegene Haus zeigt eine geradezu klassische Gliederung der Lübecker Renaissance. Mittelportal, Dielen- und Dornsenfenster sind mit feinen Rundstäben und Hohlkehlen profiliert. Im Portalbogen Befund des ältesten verglasten Oberlichts Lübecks. Die drei Fenster im Obergeschoss biedermeierlich verschmälert.

Durchgang Wahmstraße 42, Haus 17. Eines von zwei im Bestand erhaltenen und sanierten Häusern im Gang, der einst 24 Häuser zählte. Einfach verriegelter Oberstock, eher unscheinbare Architektur des frühen 17. Jahrhunderts, noch mit „liebevoller Umdeutung" durch Ziegelmalerei und grüne Fensterläden. Foto um 1980.

hauszeile, oder weshalb noch 1974 und 1975 zwischen der unteren Glockengießer- und Hundestraße der Kahlschlag wütete. Auch die Häuser im Durchgang Wahmstraße sind nahezu vollständig abgebrochen worden. In diesen Radikal-Maßnahmen klingt nach, was in den 1930er Jahren NS-Bevölkerungspolitik beispielsweise durch „Ausmerzung" des Gängeviertels zwischen Harten- und Dankwartsgrube anrichtete. Dass der Kahlschlag „den Menschen zuliebe notwendig" war, versteht sich von selbst. Wissen wir es heute besser? Ja – vielleicht doch. Wir wissen mittlerweile auch, dass Geld allein die Gänge nicht retten kann. Entscheidend sind im heutigen Lübeck Bewohner, die sich der Vorteile des Wohnens inmitten der Altstadt bewusst sind und bereit sind, sich für ihre Situation zu engagieren. Zwar nicht im Sinne einer abzusperrenden privaten Idylle, sondern als bewussten Beitrag zur Altstadt-Sanierung und zum denkmalpflegerischen Umgang mit dem Erbe. Und mindestens ebenso wichtig ist eine Stadtentwicklungspolitik, die eine bewohnte Innenstadt will und den Innenstadtbewohnern deutlich sagt, dass ihr Engagement in der Altstadt willkommen ist. 1975 wurden Leitziele einer Sanierungsplanung durch die Lübecker Bürgerschaft abgesegnet, die eine solche Poltik ermöglichen. Gänge haben Zukunft: „man" wohnt wieder in den Gängen.

Literatur

Scheftel, Michael: Gänge, Buden und Wohnkeller in Lübeck (= Häuser und Höfe in Lübeck, Bd. 2, Hrsg. Rolf Hammel). Neumünster 1988.
Die Lübecker Küche, erschienen zur gleichnamigen Ausstellung (= Hefte zur Kunst und Kulturgeschichte der Hansestadt Lübeck, Nr. 7), Lübeck 1985. Siehe hier: P. W. Kallen, Die Gangküche um 1900, S. 158 f.
Über Sanierung der Gänge siehe besonders:
Jahresberichte des Amtes für Denkmalpflege, in: Zeitschrift für Lüb. Geschichte u. Altertumskunde, Jahrgänge 1970 – 90.
Bürgernachrichten, Zeitung der Bürgerinitiative Rettet Lübeck, ab 1975. Siehe bes. Nummern 5, 6: Haasenhof; 33, 34, 36: Rademachergang; 41; 41 u. 45: Bäckergang, Qualmannsgang.
Sander, Rolf: Sechs Jahre Bemühung um die Rettung der Lübecker Altstadt. In: Lübeckische Blätter 7, 1977.

Summary

Passages and Courts

Lübeck's passages (`Gänge´) and courts represent a uniqueness in the urban development today. The poorer people used to live in the passages. Presumably passages belonged to the basic layout of Lübeck already very early. The differentiation from merchant to day-labourer and the wide span from rich to poor was inevitably reflected in the variety of living conditions.

A passage is a tenement formed by homogeneous rows of townhouses in the inner blocks, built as housing for the poorer parts of the population. Clients and landlords in the Middle

Ages were throughout merchants. In the 16th and 17th century also wealthy craftsmen became landlords. The privatisation of individual houses began not until the late 18th century, by which the homogeneous character of the serial-built rows was lost.

`Stiftungs´-courts differ from passages by the manner of their upkeeping and composition of the inhabitants. While rents had to be paid for the tenements, the inhabitants of the `Stiftungs´-courts were `subsidised´ from the capital yield. The famous courts in the Glockengiesserstrasse served primarily as provision for old age for the merchants's widows. But also the few real passages for the poor (`Armengänge´) were financed by the foundations' funds. In post-medieval Lübeck also the `municipal poor-houses´ in the former `Burg´-monastery and St. Anne cared for the needy.

The eleven preserved `Stiftungs´-courts (among them the `Füchtings´- and the `Glandorpshof´ in the Glockengießerstraße) and passages for the poor were renovated in 1970s quite immensely, preserving the exterior however. Significant insights about the building and social history cannot be derived anymore from the present building stock. So we concentrate on the passages, the so-called `Gänge´.

Housing must have existed for the workmen and their families already in the early Lübeck of the 12th and 13th century. In the 14th century only six passages are known to have existed, but their number was considerably higher. According to the records their number had grown to 101 passages already in 1487. In 1502 a total of 122, to the end of 1700 there were 180 passages in Lübeck, around 1800 there were 167 and at the end of the 19th century there were 143 (including the `Stiftungs´-courts). Today 85 passages are still preserved.

The passages and courts can be regarded mainly as a kind of `filling´ of the properties reaching deep into the inner block and appear as annexes to the fronthouses along the streets. One can distinguish between the one-sided and the two-sided corridor type, short and long enclosed courts and the `island´ type. The sizes of the units may differ considerably. Some of the passage-house rows would fit perfectly into the side-streets with their valuable sites and houses.

Most of the passages lie near the inner harbour Obertrave, the sea harbour between Fischergrube and Engelsgrube and in the industrial areas on the East Side, directly next to the places of work.

The historically most significant passage-house rows originate from the mid- and second half of the 16th century. Some adopt the late-Gothic wooden-framework architecture. Other passage-complexes apply the massive building technique of the townhouses in a modest, but very more selected style. These complexes were by no means `poor´. Their erection was made possible by a period of economic growth.

From the beginning passage-houses were mainly living quarters; their inhabitants worked out-of-house. Their floor plans and internal arrangements seem like miniature versions of the floor plans of the large houses along the streets with hall, `Dornse´ and fire place. Working inside these small houses was not possible under these conditions.

According to the `four-class´-society model in the early Modern Times, most of the inhabitants were members of the lower class. At the `top´ stood above all the merchants along with some high civil servants, followed by the commercial middle-class, consisting mainly of grocers, brewers and shippers. Significantly larger was the group of craftsmen organised in guilds with their carriers. The largest part of the population, however, was the great mass of the poor who did not have the rights of a `citizen of Lübeck´. These were especially unmarried trade assistants and day-labourers, who worked at the harbour, onboard the ships, in the warehouses and breweries. To give an idea of the composition of the populace a small hint: of Lübeck's population of 25.000 in the late Middle Ages and early Modern Times merely 500 to 600 were merchants, of these 40–50 were really `great-merchants´.

The population density of passage-houses could vary considerably. It reached from single-person households comprised of widows and trade-assistants till up to occasionly more than eight persons. However, also the wealthy have lived comparably modestly for a long time, as the surprisingly small extensions on the large houses of the merchants and brewers show.

Lübeck's passages were considered as `degrading´ for a long time. Up until the 1970s they were to be demolished. However, attitudes have changed. Recently a careful renovation respecting the architecture full of character and atmosphere has slowly begun. Passages are enjoying a revival.

Große Petersgrube 21, ein verspäteter Barock-Giebel aus den 1770er Jahren. Das von einem Getreidekaufmann erbaute Kontor- und Speicherhaus ist mit seiner eindrucksvollen Diele heute Eingangsbereich der Landes-Musikhochschule. Zugehörig zwei Wohnflügel und ein weiteres Speichergebäude. – Nur an den Dekoren und am Stuck wird die Zugehörigkeit zum „Zopfstil" deutlich.

STADTBILD VOM BAROCK ZUM BIEDERMEIER

Lübecks politische und wirtschaftliche Stellung ist seit dem 15. Jahrhundert im Sinken begriffen; Wullenwevers gescheiterter Versuch, die alte Macht wiederherzustellen, die Verlagerung der Märkte, die wachsende Konkurrenz durch die Holländer und die Aufsteiger Danzig und Hamburg und der letzte, folgenlose Hansetag 1669 lassen Lübeck in die zweite Reihe treten. Doch man darf damit keine falschen Vorstellungen verbinden: Lübeck ist bis ins 19. Jahrhundert hinein eine bedeutende und große Handelsstadt geblieben. Das weltoffene „republikanische" Bürgertum Lübecks nimmt an der kulturellen Entwicklung aktiv teil und setzt sogar eigene Akzente. Lübecks Rolle als „Prototyp der hansischen Großstadt" endet mit seinem Straßenbild des 18. und frühen 19. Jahrhunderts, in dem das gotische Bürgerhaus immer noch seine Wandlungs- und Anpassungsfähigkeit beweist.

Die überkommenen mittelalterlichen Strukturen sorgen für Kontinuität in Maß-Verhältnissen und Blickbezügen. Das um 1300 fertig ausgeprägte Parzellensystem innerhalb des bereits im späten 12. Jahrhundert angelegten Block-Rasters wirkt dank der beizubehaltenden Brandmauern wie ein Korsett, das der Mode entsprechend nur neu verkleidet wird. Die Richtlinien des mittelalterlichen Lübecker Stadtrechts wirken im Stadtbild über das 17., 18. und 19. Jahrhundert bis heute fort: Auffallendstes Ergebnis ist die geschlossene Bebauung mit durchlaufenden Fluchtlinien ohne Vor- und Rücksprünge. Im Vergleich zu mittel- und süddeutschen Altstädten wirkt das strenge Bild der langen lübschen Straßenzüge auf den unvorbereiteten Besucher vielleicht etwas gleichförmig. Dieses Bild ist ein Erbe des hansischen Mittelalters und daher Teil des UNESCO-Welterbes „Altstadt von Lübeck".

Symmetrie und Proportion

Nach Mitte des 17. Jahrhunderts läuft die Bautätigkeit langsam wieder an. Zunächst hält man am traditionellen Treppengiebel fest. Doch mit der nach 1700 sich bessernden Konjunktur wird das Bild reicher. Wie schon in der lübischen „Renaissance" um 1570/90 bestimmen wieder niederländische Formen die Entwicklung. Aus der zierreichen und starkfarbigen niederländischen Spätrenaissance im sogenannten „Floris-Stil" (vgl. Ratsapotheke, S. 234) hat sich inzwischen eine niederländische Variante des von Italien ausgehenden Barock-Stils entwickelt. Metropolen wie Amsterdam, Haarlem oder Leiden führen diese Mode in großer Vielfalt vor. In den holländischen Handelsstädten besteht eine mit den älteren Ostsee-Hansestädten vergleichbare Block- und Parzellenstruktur: die Häuser wenden ihre schmale Giebelfront der Straße bzw. der Gracht zu. Die Vorbildwirkung der niederländischen Entwicklung auf Lübeck und die anderen Ostsee-Städte sowie auf Hamburg ist enorm.
Total-Neubauten gibt es in jenen Jahren in Lübeck kaum: Der mittelalterliche Hauskörper, in nicht wenigen Fällen im 16. Jahrhundert um zwei, sogar drei Böden bzw. Etagen aufgestockt, wird nur einer kosmetischen Kur unterzogen. Schon aus finanziellen Gründen gibt man sich mit einer neuen Fassade zufrieden, zumal die gestiegenen Wohnansprüche kostenträchtige Umbauten im Inneren mit sich bringen. Nur selten gelingt es einem vermögenden Bauherrn, zwei oder drei mittelalterliche Hausstellen zusammenzukaufen und die alten Häuser durch einen Palais-artigen Breitbau zu ersetzen (wie einst das Palais Kohpeis Königstraße 20, das nach 1824 zur Reformierten Kirche umgebaut wurde).

Die formalen Bestandteile der neuen Fassaden-Mode sind Import. Was sich im 16. und frühen 17. Jahrhundert bei einigen wenigen Versuchen bereits ankündigte, wird jetzt bei Modernisie-

Glockengießerstr. 44. Bauforschung ermöglichte einen Blick hinter den Putz. Tatsächlich verbirgt sich hinter der barocken „Glockengiebel"-Front das weitgehend erhaltene Mauerwerk einer Renaissance-Architektur. Der Vorgänger war dieser Untersuchung zufolge ein Brauerhaus mit zwei Unterböden und einem mit Hochblenden gegliederten Staffelgiebel Die Öffnungen des ersten Bodens waren besonders aufwändig mit doppelt gestuften Fasen-Profilen ausgezeichnet (hier nicht dargestellt).

Baualtersplan

■	Phase I um 1600
■	Phase Ia 17. Jh.
■	Phase II 18. Jh.
■	Phase III um 1840
■	Phase IIIa 1867
■	Phase IV 20. Jh.

**Lübeck
Glockengiesserstrasse 44
Vordergiebel   M 1:20**

A. Gude / Dr. M. Scheftel
Langer Lohberg 49
23552 Lübeck

Zeichnung E. Stenman
Vermessungsgrundlage S. Lorenz

rungen die Regel. Die von der Wirtschaft bestimmte Giebelfront des traditionellen Dielen-Speicherhauses wird durch eine echte „Fassade" ersetzt. Sie ist ein Erbe der klassisch-antiken Tradition: die Fassade soll nach Symmetrie- und Proportionsgesetzen als „Kunst-Stück", also Architektur an-sich verstanden sein. Grundlage dafür waren die in der Renaissance Italiens wiederentdeckten Architektur-Traktate Vitruvs, eines Theoretikers der frühen römischen Kaiserzeit. Auch der Lübecker Hausbau tendiert zur klassischen Dreigeschossigkeit. Über einem Sockelgeschoss liegen in der Regel zwei Etagen; der darauf sitzende traditionelle Giebel wird durch ein stark profiliertes Hauptgesims als aufgesetzt kenntlich gemacht. Pro Etage gibt es je nach Hausbreite drei bis fünf meistens hochrechteckige, selten stichbogige Fenster, die in senkrechten Achsen exakt übereinander sitzen. Dazu muss die alte Fassade nicht einmal abgebrochen werden; oft reichen neue Fenster, Gesimse und eine neuer Giebelumriss schon aus, um ein zeitgemäßes Aussehen zu erzielen. Über die Nutzungen hinter den Fensteröffnungen wie Kontor, Stube, Kammer, Speicherboden wird von außen nichts mehr mitgeteilt. Alles sieht nach „Wohnen" aus, zumindest nicht nach Speicher.

Volute, Schweif und Glockengiebel

Die neue Fassade ist nach 1700 meistens verputzt und farbig gefasst, zumindest ist das Backstein-Mauerwerk unter einer farbigen Schlemme verschwunden. Die ziegelsichtige Fassade ist selten. Wenn ziegelrot gestrichen wird, setzt man gern die Gesimse weiß dagegen ab, wiederum ein holländisches Motiv. Diese Betonung der Waagerechten durch stark vortretende und kräftig profilierte Gliederungen schafft in Lübecks Straßen einen auffallenden Gegensatz zu den vorherrschenden, durch Blendnischen senkrecht gegliederten Fronten. Manchmal wird durch einen Mittelrisalit, einen durch alle Stockwerke reichenden Vorsprung der mittleren Fensterachse, wieder ein senkrechter Akzent hinzugefügt.

Der Treppengiebel kommt völlig aus der Mode. Nach holländischem Vorbild wird dem Dachdreieck ein beidseitig geschweifter, unten in Voluten, oben in einer Haube endender Giebel vorgesetzt. Die Volute, auch Schnecke, ist eine der griechisch-antiken ionischen Säulenordnung entlehnte Zierform. Sie kann in Lübeck plastisch vortreten oder auch einfach nur aufgemalt sein. Die Schweifen sind anfangs nach außen gerichtet, später jedoch allgemein nach innen. Es ist die Form des niederländischen „Glockengiebels". Während von 1690 bis 1750 eine durchgehende große Schweifform, also der Umriss einer einzigen „Glocke", üblich ist, werden im Rokoko durch weitere horizontale Unterteilungen des Giebelfeldes zwei bis drei Voluten-„Etagen" übereinander gestellt. Im späteren 18. Jahrhundert verhärtet sich die Form zu einfachen Schweifen ohne Voluten; statt der bekrönenden Haube kündet ein profiliertes flaches Dreieck den Klassizismus an. Auffallend ist, dass der über dem Hauptgesims sitzende Schweifgiebel im Laufe des Jahrhunderts immer stärker abgetrennt erscheint, immer kleiner und unbedeutender wird und schließlich ganz verschwindet. Beispielhaft dafür ist die unauffällige, 1777 entstandene Fassade des Hauses Königstraße 21. Seit 1479 war es „Haus der Zirkelkompanie", vergleichbar den „Artus-" und „Schwarzhäupter-Höfen" in anderen Hansestädten des Ostseeraums, von 1824 bis 1878 Sitz des Hanseatischen Ober-Appellationsgerichts, dann Staatsarchiv, Bücherei u.a. Die Hausgeschichte dokumentiert sich in bedeutenden Befunden, die von gotischem Kaufkeller über Rokoko-Stuck und grandioser Zopfstil-Treppenanlage (s. S. 295) bis zu einem großen Saal von J. Chr. Lillie reichen.

Der dann nach 1800 im Klassizismus allgemein übliche waagerechte Abschluss mit mächtigem Hauptgesims und Attika (eine niedrig aufsitzende Mauer), entspricht ganz dem niederländischen „Leistengiebel", der zwischen Amsterdam und Middelburg allerdings schon vor 1700 üblich war.

Breite Straße 29. Niederländische Fassade von 1762/66 vor einem Hauskörper des 13. und 16. Jahrhunderts. Das Obergeschoss in den sandsteinernen Sockel einbezogen, Gesimse, Fensterfaschen und Giebelbekrönung ebenfalls Sandstein. Restliches Mauerwerk aus kleinen Holländer-Ziegeln („Waalformat"). Insgesamt also ein 100%iges Importstück. Foto 1969 vor Veränderung.

Lübeck – eine Barockstadt?

Wenn man frühe Lübeck-Fotos studiert erkennt man schnell, dass die Stadt keineswegs von großen Barock- und Rokokofronten beherrscht gewesen ist: Der Anteil des 18. Jahrhunderts an den erhaltenen und durch Bilddokumente überlieferten Fassaden ist vergleichsweise gering gewesen. Auch daran wird deutlich, dass Lübeck neben der blühenden Barock-Metropole Hamburg eher die kleine Schwester gewesen ist. Bedeutende Barockfronten finden (bzw. fanden) sich eigentlich nur in wenigen, vom Großbürgertum bevorzugten Straßen, etwa Breite Straße, Sand- und Königstraße, obere Mengstraße, Schüsselbuden und in den oberen Straßenzügen des „Gründerviertels". Gerade diese Zentren sind 1942 den Brandbomben zum Opfer gefallen. Bedeutende Barock-Fassaden sind in Lübeck daher selten.

x
Dankwartsgrube 14. Eines unserer schönsten Rokoko-Häuser – bis 1942. An der Stelle heute Schulhof der Gewerbeschule von 1966. – Im Rokoko sind die Voluten eher klein. Die Plastizität der Fassade ist insgesamt geringer als im Hochbarock um 1700/1730. Fenster aus dem Biedermeier.

Die Anpassung an den Zeitgeschmack hat sich aber auch im Kleinen vollzogen: die von ihrer Anzahl her weit überwiegenden älteren Hausfronten werden ebenfalls durch neue wohnliche Fenster- und Glasscheibenformate, durch beschnitzte und farbig gefasste Haustüren, durch Teil-Verputzung, zumindest durch farbigen Neuanstrich in Rot, Ocker und Weiß, später auch Gelb modernisiert. Diese Wandlung im Detail geht durch die ganze Stadt. Viele Zwerchgiebel der traufständigen Serienhäuser in den Nebenstraßen, ja sogar in den Gängen werden mit Schweifen versehen. Fenster-Rahmungen („Faschen") mit bekrönenden Rokoko-Kartuschen sind nicht selten, desgleichen stuckierte Portale. Erhalten ist davon kaum etwas.

Weiter Lohberg 13/15. Traufständiges Doppelhaus mit hellgestrichener Fassade des Rokoko, Zwerchgiebel mit geschweifter Haube. Fenster des frühen 19. Jahrhunderts (Sanierung 2005).

Zunehmend wird nun das einst „multifunktionale" Bürgerhaus zu einem reinen Wohnhaus, in dem die Kaufleute vielleicht noch ein Kontor führen. Die Wirtschaft wird in eigens errichtete Speicher verlagert. Diese Zweckbauten erwecken gelegentlich den Anschein anspruchsvoller Architektur, wenn sie mit symmetrischen, dreigeschossigen Fronten, sogar mit Mittelrisaliten und angedeuteter Kolossalordnung aufgeputzt werden. Die Speicher-Reihe in der Depenau beispielsweise oder das noble Lagerhaus Fischergrube 88 stellen sich dem Betrachter eher wie kleine Adels-Palais dar. Die Wirtschaftsform ist einer reinen Repräsentationsform gewichen.

Nach 1800: Lübeck wird hell verputzt

1779 lässt J. P. Tesdorpf nach langjährigem Aufenthalt in Paris das soeben erworbene Haus Königstraße 11, das heutige „Behnhaus", mit einer neuen Fassade versehen. Die exakt quadratische, noble Fassade bringt den entwickelten Louis-Seize-Stil nach Lübeck. Strenge Axialität, Rhythmisierung durch Fensterrahmung und -übergiebelung, bildhauerische Details (Sandstein-Konsolen) und nach innen zu öffnende Tür-Fenster mit Balustrade verweisen auf die Hand eines guten französischen Architekten (Joseph Jacques Ramée?).

Königstraße 81. Letzte bedeutsame Spät-Rokoko-Fassade in Lübeck. Streng dreigeschossig mit fünf Achsen und betontem Mittelrisalit, Giebelaufsatz über abschließender Attika. Fenster mit echten Faschen. Reiche Sandstein-Verwendung. Der kleine Balkon mit geschmiedetem Gitter in Lübeck einmalig. Die Stuck-Ausstattung der Innenräume bis heute weitgehend erhalten (Foto ermöglicht durch die bis in die 1950er Jahre bestehende Baulücke gegenüber).

Fischergrube 83 / Eckhaus Untertrave. Stadtbaumeister Johann Adam Soherr errichtete 1754 diese Kaufmanns-Einheit. Der Giebel ist auf die Hafenfront gerichtet. Der an das Haupthaus anschließende, unverändert erhaltene Speicher sieht aus wie ein kleines Palais. Ehemals farbige Fassung in Ziegelrot und Ockergelb. Das Vorderhaus (im Bild rechts) ist im Biedermeier überformt worden. In dieser Umdeutung 2005 saniert.

Die in feinsten Louis-XVI-Formen gezeichnete und wunderbar proportionierte Front löst in Lübeck eine echte französische Mode aus. Sie zeigt sich an hohen, nach innen zu öffnenden und daher mit Balustraden versehenen Tür-Fenstern, feinprofilierten Fensterrahmungen, streng gequaderten oder mit Fugenrillung versehenen Erdgeschossen und an mächtigen oberen Abschlussgesimsen.

Königstraße 9–13 mit dem „Behnhaus". Ein flächiger Stil, der internationalen Standard widerspiegelt Dem Behnhaus sehr ähnliche Fassaden finden sich z. B. in der Rue de l´Odéon in Paris. Hinter den noblen klassizistischen Fronten steckt wie fast immer Älteres – das reicht von gewölbten gotischen Kaufkellern bis zu erstrangigen Räumen aus Rokoko und Klassizismus.

Eine zweite Fassaden-Mode bringen die kühl-eleganten Bauten des Kopenhagener Landesbaumeisters Christian Frederik Hansen nach Lübeck. Seine Stadthäuser an der Palmaille in Altona machen großen Eindruck, ebenso viele Guts-Herrenhäuser und Sommersitze. Die sogenannte Eschenburgvilla am Jerusalemsberg ist ein echter Hansen-Bau, wahrscheinlich auch das Haus Königstraße 5. Hansen ebenbürtig war sein zeitweiliger „Baukonduktör" Joseph Christian Lillie. Er entwarf die Fassade von Hüxstraße 33. Seine wichtigen Häuser gingen 1942 leider zugrunde. Allerdings gibt es von ihm noch einige Innenraumgestaltungen.

Drittens strahlt der Berliner Klassizismus mit Architekten wie Langhans, Gentz, D. und Fr. Gilly, Schinkel und C. Th. Severin, später auch Stüler über mecklenburgische Verbindungen bis nach Lübeck. Es ist ein großformiger, strenger Stil, der sich von den visionären Entwürfen der französischen „Revolutions-Architekten" Ledoux und Boullée ableitet. Friedrich Gilly z. B. hatte Paris besucht und diese Architektur kennen gelernt. Das bedeutendste Beispiel in Lübeck ist die 1824 errichtete Fassade der Reformierten Kirche Königstraße 18/20. Aber auch bürgerliche Putzfassaden wie Hüxstr. 69, Fleischhauerstraße 36, Breite Straße 27, Mengstraße 19 und 21 oder Große Petersgrube 12 sind von dieser großformigen Schlichtheit bestimmt, ebenso einige Traufseitfassaden, besonders Fleischhauerstraße 16. Einmalig ist in Lübeck jetzt die Fassade Engelsgrube 76. Ihre vier Putz-Pilaster zitieren die Front eines antiken Tempels. Ein solcher Schein-„Portikus" geht auf Spätrenaissance-Fassaden von Andrea Palladio und dessen Nachfolge in England und den Niederlanden zurück.

Königstraße 5, seit 1891 Gesellschaftshaus der „Gemeinnützigen". Im Kern mittelalterlich, 1804 wahrscheinlich von C. F. Hansen umgebaut. Die flächige Fassade mit dem beherrschenden „antik-römischen" Tempeldreieck bringt den dänischen Klassizismus nach Lübeck. Auf dem Gesims über dem streng genuteten Sockelgeschoss ein „Laufender Hund", eine Form des griechisch-antiken Mäander-Frieses. Die Fensterteilungen stammen von 1891. Foto 1986

Koberg, Westseite.
Seit dem frühen 19.
Jahrhundert ist Lübecks
Stadtbild weitgehend
von hellgestrichenen
Putzfronten bestimmt.
„Backsteingotik"
wird zur Ausnahme.

Engelsgrube 76. An-
spruchsvoller Klassizis-
mus um 1822. Lübecks
einzige erhaltene
Fassade mit einem
„Portikus"-Zitat. D.h.:
die römisch-antike Tem-
pelfront wird dem Haus
als Ganzes vorgeblen-
det, allerdings als wand-
ständige Version mit
flachen Pilastern. Die
Belétage hatte hier echte
Tür-Fenster. Schnell-
„Sanierung" 1976 unter
Verzicht auf stilistisch
wichtige Details wie
Konsolfries im Giebel-
dreieck und die Kapitell-
Ornamentik.
Das Foto aus den
1920er Jahren zeigt
den Originalzustand.

Links: Beckergrube 8
Klassizismus in der
Behnhaus-Nachfolge.
Fensterrahmungen und
kräftige Segmentbogen-
Giebel.

Glockengießerstraße 40, Flügel zum Tünkenhagen. Oben: vor der Sanierung. Auf den ersten Blick
ein Bau aus der Zeit des Biedermeier.
Unten: Der Baualtersplan (Michael Scheftel) zeigt: Unter schadhaftem Putz steckte die Renaissance,
erkennbar an den Stichbogenblenden. Der zum Vorderhaus einst vorhandene Einsprung (links) zugesetzt.
Rechts zwei im 19. Jahrhundert hinzugefügte Fensterachsen. Der biedermeierliche Zustand wurde nach
der Bauaufnahme wiederhergestellt.

Ein Überbleibsel
der Buddenbrookzeit.
Eingeschlafenes Bieder-
meier in einem ein-
stigen Lübecker Kauf-
mannshof (Mengstraße
62). Gelb war um und
nach 1800 eine beliebte
Fassadenfarbe, passend
zu den schwarz glasier-
ten „holländischen"
Dachpflannen.
Die vor wenigen Jahren
erfolgte Sanierung hat
mit diesem Charme
gründlich aufgeräumt.

Alles zusammen ergibt die „Lübecker Mischung", ein nordeuropäischer Klassizimus, der das Stadtbild tatsächlich völlig ummodelt. Die erste, noch ganz dem „Louis-Seize" (bei uns: „Zopf-stil") verpflichtete Bauwelle geht 1790/1800 durch Lübeck und ist mit der französischen Beset-zung 1806 schlagartig beendet. Nach 1815, in den 1820er und 30er Jahren setzt sich die Um-wandlung des Straßenbildes mit vereinfachten, ja radikal schlichten hellen Putzfassaden in Ber-liner und Kopenhagener Art fort. Auch jetzt gilt noch: Der mittelalterliche Hauskörper mitsamt dem alten steilen Satteldach bleibt bestehen. Bauspuren aus Gotik und Renaissance werden nach Verfüllen der vertieften Blenden unter Putz verdeckt, die für altmodisch befundenen Staffelgiebel trägt man ab und ersetzt sie durch ein kräftiges Abschlussgesims. Das dadurch freigestellte Dach-Dreieck wird soweit abgewalmt, dass es aus der Straßenperspektive nicht zu sehen ist.

Wenn man etwas über griechisch-römische Tempelfronten, über ihre Ornamentik und typischen Details weiß, kann man bei aufmerksamem Hinsehen hin und wieder einen Abglanz der Antike im Lübecker Straßenbild zu entdecken. Dieser „Klassizismus" zeigt sich an den kassettierten Haustüren und Verstäbungen der zugehörigen Oberlichter, an Gesimsprofilen und Friesen, dem „Laufenden Hund" etwa, einer Form des Mäanders, dem Eierstab, dem Konsolfries. Gegen 1850, zum Ende des Biedermeier ist das Lübecker Straßenbild hell. Die Farben sind weiß und helles Grauocker, Senftöne, ein grünliches Hellgrau. Die Untersuchungen der Restauratoren bestätigen, was die ersten Fotografien vermuten ließen. Und diese Putz-Helligkeit der klassizistisch-biedermeierlichen Fassaden-Moderne ist bis in die Gruben, die Querstraßen und Gänge gedrungen. Das ist das Bild, das für uns heute das „alte Lübeck" repräsentiert: die Hüxstraße, die Fleischhauerstraße, der untere Abschnitt der Mengstraße. In ihrer Überzahl überflügeln die Putz-Oberflächen des frühen 19. Jahrhunderts alles, was aus Gotik und Renaissance erhalten ist. Und doch: Hinter den Putz steckt der „hanseatisch"-mittelalterliche Kern. Es ist unser verborgenes UNESCO-Weltkulturerbe.

Literatur

Finke, Manfred, Klaus Mai u. a., Historische Häuser in Lübeck. Lübeck 1987.
Hasse, Max: Denkmalpflege in Lübeck. Das 19. Jahrhundert. Erschienen zur gleichnamigen Ausstellung im St. Annenmuseum Lübeck 1975.
Jakstein, Werner: Aus der Werkstatt des Klasizismus in Lübeck. In: Zeitschr. d. Vereins f. Lüb. Geschichte u. Altertumskunde Band 30,1. S. 1–14 (Abb.).
Lübeck zur Zeit der Buddenbrooks. Beiträge von W. Schadendorf, Max Hasse, Björn R. Kommer u.a. Erschienen zur gleichn. Ausstellung 1975.
Welck, Joachim von: Joseph Christian Lillie, ein dänischer Klassizist in Lübeck. In Zeitschrift des Vereins f. Lüb. Geschichte u. Altertumskunde, Band 28,1, S. 103–132 und Band 28, 2, S. 303–342 (1935 und 1936).

Summary

Townscape from Baroque to the Biedermeier

Lübeck's role as prototype of the Hanseatic metropolis dies away with its streetscape of the 18th and early 19th century. The Gothic townhouse, however, still displays its versatility and flexibility. The preserved medieval urban plan provides continuity in dimensions and vistas. The distinctive partitioning of real estate around 1300 has the effect of a frame with its fixed communal walls, merely remodelled according to new fashions and styles.

The development of its façades is influenced by Dutch styles even after 1700. In Amsterdam, Haarlem or Leiden a Dutch version of the Italian Baroque begins to emerge. Since the block- and parcelpattern in Dutch trading towns is comparable to the urban situation in the older Hanseatic towns along the Baltic Sea, the impact on Lübeck and the other Baltic cities as well as Hamburg is enormous.

The architectural elements applied on the new façades, which emerge mainly through rebuilding, are indeed imported. The gables of the traditional `Dielen´-warehouses are replaced by a real `façade´. It is an heir of the Classic-antique tradition: the façade is perceived as architecture per se, obeying laws of symmetry and proportions. The basic rule is: three floors with window bays lined up vertically. The gable is shown to be an application by means of a strongly profiled main cornice. The window-openings do not display the specific use behind the facades. Everything appears to be housing.

The stepped gable becomes a `Schweif´-gable, whose outline cites the Dutch `Glocken´-gable, a continuous large curved figure with the outline of a bell (`Glocke´). In the course of the century this gable seems more and more dismembered from the lower rectangle of the façade and eventually disappears altogether. In around 1790/1800, in the period of the Classical Style, the façade receives a horizontal main cornice, sometimes with a balustrade. The old roof is pitched to the rear to withdraw the roof zone from sight.

The adjustment to contempory taste has occurred also on a minor scale. Many transverse gables of the eaves-fronted serial-built houses in the side streets, even in the passages, received curved contours. The ornamental framing of windows with Rococo-cartouches are not seldom, the same applies to portals with stucco. Business shifted into specially built warehouses. These functional buildings occasionly suggest an ambitious architecture, they are upgraded with symmetrical, three-storey facades, even with middle-projections and a hint of a Classical portico.

Significant Baroque-façades are found actually only in a few streets preferred by the bourgoisie, i.e. Breite Straße, Sand- and Königstraße, obere Mengstraße, Schüsselbuden and the upper streets of the `Gründerquarter´. Precisely these areas have been destroyed in 1942. Significant Baroque façades are therefore seldomly found in Lübeck. Compared to the thriving Baroque metropolis Hamburg Lübeck was the little sister.

The Classical Style, which changes Lübeck's urban appearance totally, has its three sources of import. In the beginning we find the present `Behnhaus´ designed by a French architect in Louis-XVI manner. It triggers a building boom in genuine French style. The second wave is influenced by Danish architects, Christian Frederik Hansen and Joseph Christian Lillie, offering the most remarkable examples. And third the Classical Style of Berlin finds it way to Lübeck. Until today this `Lübecker mixture´ defines the predominant appearance in the streets of the old town with its rendered, brightly painted flat facades with the original medieval structures still existing beneath.

Eine Diele in der Glockengießerstraße. Eine typische Lübecker „Befund-Lage": Die ehemalige Braudiele hat ihre barocke Treppe samt der vor dem Zwischengeschoss umlaufenden Galerie sowie weitere Reste der einstigen Ausstattung in teilweise verbautem Zustand bewahrt. Eine Rehabilitation solch kostbarer Räume setzt Bauforschung und restauratorische Voruntersuchungen voraus.

Ein kleiner Blick ins Innere der Lübecker Häuser

Hat die Bürgerhaus-Entwicklung in Lübeck eine eigene, unverwechselbare und überregional bedeutsame Innenarchitektur hervorgebracht? Für das hansische Mittelalter lautet die Antwort uneingeschränkt ja. Im 17., 18. und 19. Jahrhundert kann Lübeck sich nicht mit den Raumschöpfungen des Adels und der Äbte in den großen Barock-Anlagen besonders im Süden des Reiches messen, wohl aber gibt es völlig eigenständige Raum-Figuren in den überkommenen Dielen, Dornsen und Flügelzimmern.

Die fürs 13. bis ins frühe 16. Jahrhundert entscheidenden Schritte sind in den Grundzügen bekannt. Man weiß, wie das Dielenhaus organisiert war, ganz gleich, ob giebel- oder traufständig, man weiß, wo man wohnte, wie sich die verschiedenen Berufe und Gewerke einrichteten und wie schließlich die steigenden Wohn-Ansprüche das Gewerbe aus dem Hause verdrängten – oder umgekehrt.

Diele und Dornse

Die hohe Erdgeschosshalle ist eben nicht nur Waren-Umschlagsplatz oder Werkstatt gewesen. Hier stellte der Eigentümer oder Nutzer sich dar. Kaufmännisch gesagt: die Bonität zeigte sich an der Ausstattung mit gemalten Wand- und Deckenfassungen. Die in den letzten Jahrzehnten aufgedeckten Reste solcher Ausmalungen sind aber kein Beleg für „Wohnen". Wenn Räume als Wohnräume dienen sollten, mussten sie beheizbar sein. Das Herdfeuer auf der Diele mit seiner großen Rauchschürze an der Brandwand eignete sich dazu nicht. Einziger „wohnlich" beheizbarer Raum des Hauses war, worauf der Name verweist, zunächst die vorn von der Diele abgetrennte Dornse. Sie hat Kaufleuten und Händlern als „scrivekamer" gedient. Aber hier wie auch in nicht-kaufmännischen Dielenhäusern ist die Dornse nicht nur Geschäftszimmer gewesen, sondern stets auch „gute Stube", deren Ausstattung ebenfalls repräsentativ sein musste. Privater mag es in der „Hinterdornse" zugegangen sein, dem „Saal" im Flügelanbau. Der Flügel ist das eigentliche Wohnhaus.

Das Lübecker Mittelalter kannte offene Kamine, Kachel- und Steinöfen, eine Art Warmluftheizung, die vom antiken Hypokaustensystem abstammte. Weniger Wärme zum Wohnen als das notwendige Feuer zum Kochen und für gewerbliche Zwecke, etwa bei den Brauern, bot zu allen Zeiten die zentrale Herdstelle an der Brandwand. Erst im 18. Jahrhundert trennte man den Raum um diese Feuerstelle durch verglaste Windfänge vom Dielenraum ab und schuf so die „Lübecker Küche", die dank ihrer dekorativen Sprossenwände zum Haupt-Schaustück des Dielenraums wurde.

Steinofen-Befunde hat man vorwiegend in Dornsen von ehemals groß-patrizischen Anwesen aufgedeckt, besonders aufwändig beispielsweise in Koberg 2. Auch in Bauten der Geistlichkeit hat es solche Fußbodenheizungen gegeben, etwa im Haus Kapitelstraße 5. Offene Kamine waren im 13. Jahrhundert noch ein Privileg des Adels. Allerdings sind Reste von kleinen offenen Feuerstellen in Flügelanbauten gefunden worden. Diese stammen aber erst aus dem 16. Jahrhundert, offenbar hat es damals eine Art bürgerlicher „Kamin-Mode" gegeben. Verbreitetste Heizquelle in allen Lübecker Häusern vom großen Kaufmanns- und Brauerhaus bis zum bescheidenen Ganghaus war immer der Kachelofen; früheste Belege stammen aus den Jahren um 1190/1200. Der Rauch aus der Heizanlage der Vorderdornse, ganz gleich, ob Kachel- oder Steinofen, wurde in die große Rauchschürze der Herdfeuerstelle eingeleitet. Die Feuerstelle lag meistens gleich im Winkel hinter der Dornse. Im Mittelalter und vielfach noch später war der Rauchfang aus Eichenbohlen gezimmert. Der Rauch gelangte in einem Schacht durch die Böden hindurch über eine Öffnung im Dach nach außen. Erst im 16. Jahrhundert setzten sich gemauerte Rauchfänge

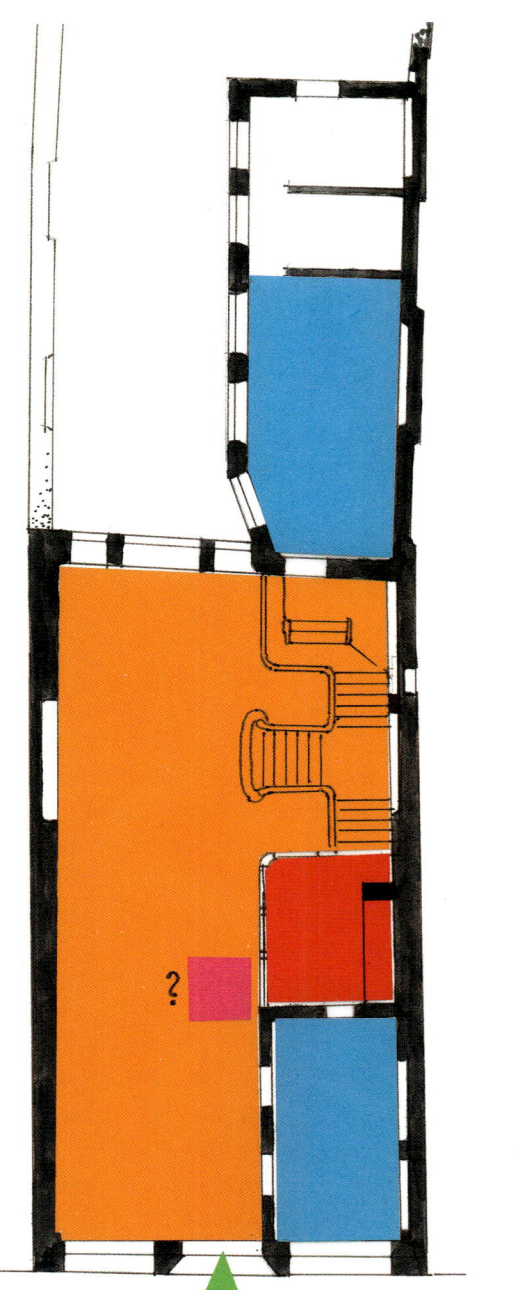

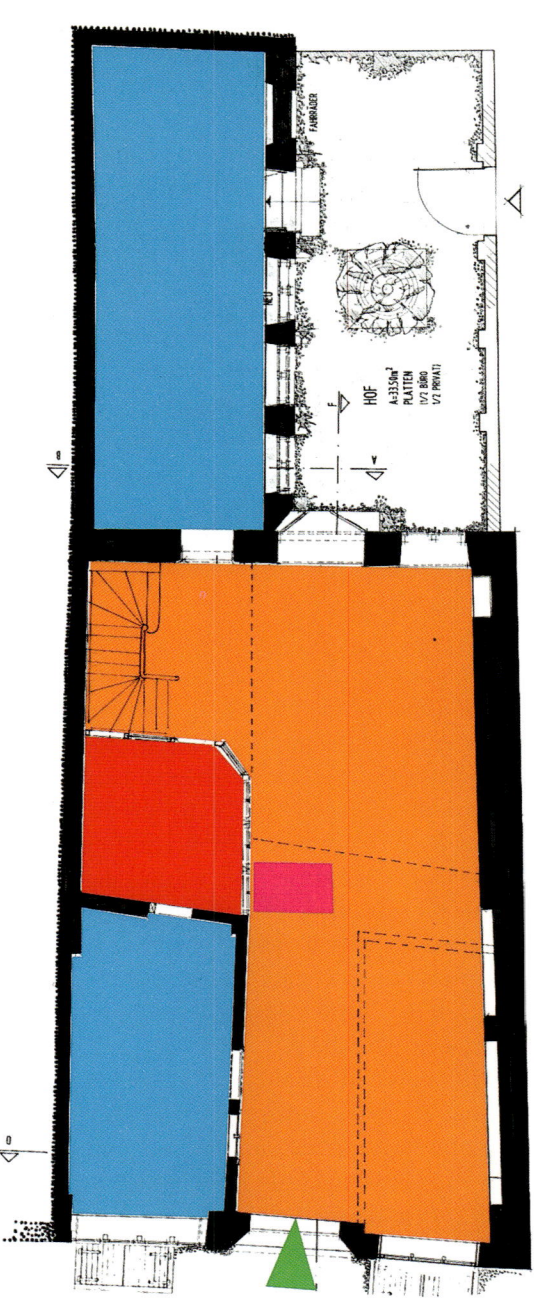

Königstraße 30, Kaufmannshaus,
Grundriss nach 1790.

Mengstraße 31, 1619 Kaufmannshaus,
1670 Glasmacherei. Wiederhergestellter
Grundriss nach Sanierung 1995.

Die in gleichem Maßstab aufgereihten Erdgeschoss-Grundrisse zeigen eine seit dem Mittelalter konstant gebliebene Disposition, die „urtypisch" in Hundestraße 94 deutlich wird. In die Gewerbehalle (Diele) ist zur Straße die beheizbare Stube („Dornse") hineingestellt. Im Winkel hinter der Dornse befindet sich die Feuerstelle, im hinteren Winkel die Treppe zum Wohnflügel und zu den Böden. Ab dem 18. Jahrhundert wird die Feuerstelle mit Glas-

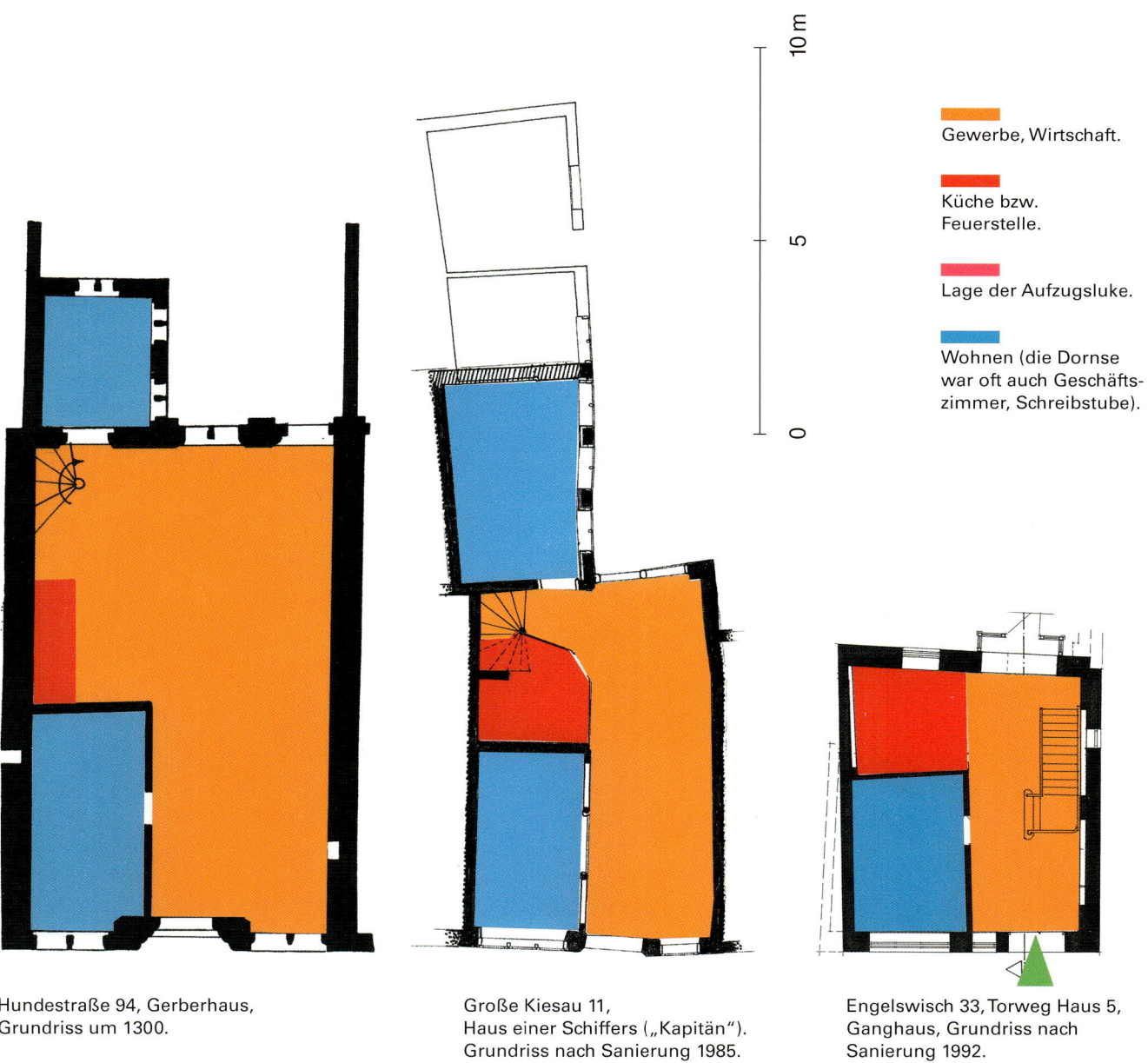

Gewerbe, Wirtschaft.

Küche bzw.
Feuerstelle.

Lage der Aufzugsluke.

Wohnen (die Dornse
war oft auch Geschäfts-
zimmer, Schreibstube).

10 m

5

0

Hundestraße 94, Gerberhaus,
Grundriss um 1300.

Große Kiesau 11,
Haus einer Schiffers („Kapitän").
Grundriss nach Sanierung 1985.

Engelswisch 33, Torweg Haus 5,
Ganghaus, Grundriss nach
Sanierung 1992.

wänden abgeteilt, damit ist die „Lübecker Küche" entstanden (im Ganghaus-Beispiel nicht
erhalten). Treppen und Dornsen werden ebenfalls modernisiert; oft entsteht auch eine
zweite Dornse. Die Größenunterschiede verdeutlichen Rang und Stand des Bauherrn, nicht
aber die Art des Gewerbes.

und aus den Dächern aufsteigende Schornsteine durch. Auch in den Wohnflügeln, den Reihenhaus-Zeilen und den Gängen kamen massive Schornsteine auf.

Die legendenumwobene „Hangelkammer" ist kaum als Wohnraum zu bezeichnen. Ein über der Feuerstelle unter der Dielendecke eingebautes und nur mit einer Stiege oder einer Galerie erreichbares kleines Gelass hat – zumindest in Kaufmannshäusern – Lehrjungen oder Hausmägden als Schlafstelle gedient. Für die gewünschte „Heizung" hat die Wärme des Herdfeuers gesorgt, die über die große Kaminschürze nach oben zog. Von solchen Hangelkammern haben sich nur Beispiele aus nachmittelalterlicher Zeit erhalten: die „Mädchenkammern", die seit dem 18. Jahrhundert über dem Kücheneinbau eingerichtet wurden.

Es gibt auch ungefähre Kenntnisse über Möbel, Fenster und Türen aus der Zeit zwischen 1300 und 1400. Man weiß, wo „die Tafel aufgesetzt" und „aufgehoben" wurde und wo man die Betten aufstellte. Die Quellen dafür sind nicht so sehr erhaltene Möbel selbst, sondern Bilddokumente, insbesondere Buch-Illustrationen, Darstellungen auf Wandmalereien und Altar-Retabeln, später auch Inventarlisten. Doch originale Räume aus dem hohen und späteren Mittelalter findet man auch in Museen selten. In Lübeck gibt es keine gotische Diele mehr, keine gotische Dornse und keinen gotischen „Saal" im Flügel. Wir besitzen gotische „Kubaturen", d.h. Raumzuschnitte, die „im Kern" mittelalterlich sind. Aber nur dank weniger Reste von Wand- und Deckenmalerei lässt sich sagen, wie es dort vor 700 Jahren ausgesehen hat. Oft ist die gotische Struktur unter späteren Ausstattungsschichten zwar rekonstruierbar, aber diese späteren Ausstattungen aus Barock oder Klassizismus bestimmen das Erscheinungsbild. Und mit der Menge der aus nachmittelalterlichen Zeiten stammenden Räume steht Lübeck einzigartig da – trotz der Zerstörungen infolge des Strukturwandels der Altstadt zur „City", trotz der riesenhaften Verluste an bedeutendsten Baudenkmälern 1942 und trotz fortdauernder Schädigung durch Unkenntnis und Vandalismus.

Was uns geblieben ist

Anders als die Kirchen des Mittelalters unterliegen private Bürgerhäuser viel stärker den von Moden und Zeitgeist verursachten Anpassungszwängen. Nicht nur der Funktionswandel, etwa vom Gewerbe- zum reinen Wohnbau, fordert neue Grundrisse und zerstört damit die überkommene Raumeinteilung. Der Wille zur Neu-Einrichtung war besonders bei Kaufleuten und Händlern mit der Hoffnung verknüpft, durch ein „modernes" Ambiente für Kunden und Geschäftsfreunde erfolgreich und vertrauenswürdig zu erscheinen. Im Mittelalter verband sich, soweit man weiß, mit dem Wirken auf der Erde die Hoffnung, dem Fegefeuer zu entkommen und ins Ewige Leben einzugehen. Die Fassungen der Wände auf Dielen und in Dornsen in Form von Blattranken und Blumenmustern, aber auch Quadermalerei wird allgemein als „Ausblick ins erhoffte Paradies" gedeutet (vgl. Wandmalerei, S. 213). Dazu haben in kräftigen Rot-, Weiß- und Grüntönen bemalte Zimmerdecken gehört. Die wenigen bewahrten bzw. aufgedeckten Beispiele, etwa in Koberg 2 oder im Marstall-Zimmer, zeigen außerdem Maßwerk-Schnitzerei in den bohlenstarken Brettern.
 Nach der Reformation war es eher die Gnade Gottes, die Geschäfte gut gehen ließ und die deshalb als ein moralisierendes „Decorum" vor Augen geführt werden musste. Bis ins 19. Jahrhundert hinein war der andauernden Anpassung ans Neue der Hinweis auf die eigene, durch Gottes Wohlgefallen ermöglichte Tüchtigkeit beigemischt: Dominus providebit – der Herr wird schon Vorsorge treffen (wenn man sich selbst „immer strebend bemüht").
Aus dem 16. Jahrhundert sind erstmals Innenräume mehr oder weniger in Gänze erhalten. Und zwar aus blankem Zufall, weil spätere Umbauten sich mit Vormauern, Überkleben und Übermalen begnügten. Ein typischer „Saal", eine Hinterdornse also, befindet sich im Flügelanbau

Spätgotische Decke aus dem Marstall-Vorderhaus (von etwa 1440/50) am Burgtor. Freilegung im Mai 2006. Die mit Maßwerkschnitzerei und starkfarbigen Ranken verzierten Bretter wurden im späten 16. Jahrhundert mit Renaissance-Dekoren übermalt. Der repräsentative Charakter begründet sich wahrscheinlich durch die Funktion eines „offiziellen" Amtszimmers. In Bürgerhäusern dürfte dieser Aufwand eher die Ausnahme gewesen sein. Ähnlich aber die in Koberg 2 aufgedeckten Fragmente.

von Dr.-Julius-Leber-Straße 58, ein weiteres Beispiel im ehemaligen Brauhaus Wahmstraße 33. Im Haus Koberg 2 wurde eine fast ganz rekonstruierbare Vorderdornse mit reformatorischen Grisaille-Malereien aufgedeckt, im ehemaligen Logierhaus Untertrave 96 eine prachtvolle Vorderdornse mit intarsierter hölzerner Kassettendecke. Prachtvoll auch das vollständig ausgemalte Vorsteherzimmer im Obergeschoss des zum Heiligengeisthospital gehörenden „Inspektorenhauses" Koberg 8. Typisch hier die über Sinnbilder vermittelte moralisierende Aussage.

Lübecker Renaissance-Räume besitzen hölzerne Wandbekleidungen, sogenannte „Paneele", und farbig gefasste, offene Balkendecken. Holz-Einlegearbeiten („Intarsien"), auch durch Malerei imitiert, kommen ebenso vor wie schablonierte Muster in der Art von „Mauresken" und mit Licht- und Schatteneffekten gemalte Kassetten, denen antike Dekore wie Mäander oder Eierstab zugeordnet sein können. Die Räume haben wohl immer ein belehrendes inhaltliches Programm gehabt. Im Zimmer von Koberg 8 sieht man beispielsweise Szenen nach Ovids Metamorphosen, im Flügel von Wahmstraße 33 wird die Genesis bebildert. Schrift spielt eine wichtige Rolle: Bibelzitate, moralisierende Sprüche, in schöner gotischer Textur oder in frühen Fraktur-Formen geschrieben. Die eigentlich zur Renaissance gehörige klassische Antiqua-Großbuchstabenschrift, die „Kapitalis", die einigen Grabplatten im Domchor unvergleichliche Würde verleiht, kommt auf Lübecker Zimmerwänden nicht vor.

Dr. Julius-Leber-Straße 58. Der „Saal" im Flügel zeigt umlaufend Paneele mit Mauresken und Intarsienfries sowie eine prachtvoll bemalte Decke mit Kassetten-Imitation. Ein fast ganz erhaltener Raum der Renaissance.

Fleischhauerstr. 79, Fenster im Flügel-Obergeschoss. Das Lübecker Stadtbild wird heute weitgehend von der klassizistisch-biedermeierlichen Form des „Kastenfensters" mit eher großen Scheibenformaten bestimmt. Ältere Formen sind völlig verschwunden. Die Fenster von Fleischhauerstr. 79 sind die letzten Beispiele für eine kleinteilige Verglasung mit Bleiruten an einem Bürgerhaus. Ihre dekorative Zeichnung mit abschließenden Bögen sowie die Profile der Fenster-Wangen verweisen in das 17. Jahrhundert.

Zum Gesamt-Eindruck der Räume trugen besonders auch die Fenster mit ihren ornamental-kleinteiligen Bleiruten-Verglasungen bei. Sie sind bis auf minimale Reste verschwunden, ebenso die zugehörigen beschnitzten Fensterstöcke. Natürlich sind auch die Renaissance-Fußböden längst ausgetauscht. Statt mehrfarbig glasierter Ziegel-Fliesen mit Rapport-Mustern oder Böden aus verschiedenen Hölzern sieht man heute bestenfalls schöne breite Kiefernholz-Dielen des 18. und 19. Jahrhunderts. Nur die Natursteinböden aus quadratischen Kalksteinplatten von Öland und Gotland haben sich halten können. Auf den Lübecker Dielen findet man aber nicht mehr die frühen, noch sehr kleinen Formate um 20 cm x 20 cm, sondern die im 18. und 19. Jahrhundert importierten Platten mit Seitenlängen von 45 cm bis zu 70 cm.

Die Gesamtheit dieser Befunde an Wänden und Decken ist aus kunst- und ideengeschichtlicher Perspektive bedeutsam, weil sie eine erste bürgerliche Einrichtungsphase repräsentiert. Das Lübeck-Typische, wohl eher das „Hansische", besteht darin, dass man an den überkommenen gotischen Raumstrukturen festhält, diese aber mit antiken „Floskeln" umdeutet und so in die neue Zeit überführt. Die Befund-Menge weist aber auch darauf hin, dass es im 16. und frühen 17. Jahrhundert einen großen Schub in Richtung mehr Wohnkomfort gegeben hat. Damals erhielten viele Häuser erstmals Wohnflügel und ein Großteil bereits vorhandener Flügelhäuser wurde erneuert oder verlängert.

Geschäft und Bonität

Mit höheren Ambitionen traten einige Dornsen-Ausstattungen auf, die sich durchaus mit den großen Raumschöpfungen im Rathaus messen konnten. Zwei von solchen Prunk-Dornsen sind noch erhalten: Aus dem Kaufmannshaus Untertrave 75 stammt die sogenannte „Lübecker Weinstube" von 1644, eine einst geschäftlichen Repräsentationszwecken dienende Vorderdornse. Sie wurde 1904 ausgebaut und nach Kiel verkauft. Heute befindet sie sich im Landesmuseum Schloss Gottorf. Das Zimmer ist nach einheitlichem Konzept entworfen und gestaltet; die umlaufenden Paneele und die Kassettendecke sind in ihren Gliederungen aufeinander bezogen, was durchaus als Merkmal „modernen" Renaissance-Dekors gelten kann. Die zwischen Paneel-Abschlussgesims und Decke angebrachte, mit Hermenpilastern exakt in die Gliederung eingepasste Folge von Ölgemälden ist heute einmalig. Auf ihnen sind Szenen aus dem Leben Jesu zwischen Verkündigung, Kreuzigung und Auferstehung dargestellt. Hier leistete sich ein Kaufmann einen Hinweis auf das erhoffte Paradies – nicht ohne einen Fingerzeig auf die eigene Rechtschaffenheit und Vertrauenswürdigkeit. Die geschnitzten Pilaster zwischen den Bildern und das opulente, die Paneelfelder abschließende Hauptgesims zeigen Grotesken-Dekore mit ersten Anzeichen des frühbarocken „Knorpelstils".

Das etwas ältere sogenannte „Fredenhagenzimmer", einst Schüsselbuden 16, ist seit 1840 im Haus der Kaufmannschaft (Breite Straße 6/8) eingebaut. Die Rettung bzw. Aufbewahrung des vom Schnitzer Hans Dreger 1583 vollendeten Werkes zeigt deutlich, dass diese Wandvertäfelung schon immer als außergewöhnlich reiches Einzelstück galt, keinesfalls als eines von vielen gleichartigen. Was schon darin deutlich wird, dass Großkaufmann Thomas Fredenhagen sich das

Zimmer um 1700 als kostbare Antiquität hielt. „Extrem kleinteilige Schreiner- und Schnitzarbeit aus Eiche in Verbindung mit verschiedenen anderen Holzarten, mit reichem Intarsienschmuck, über eintausend Figürchen und Reliefs, teilweise aus Alabaster und mit sparsamer Vergoldung … Die Fülle scharf ausgearbeiteter Einzelheiten ist einem einheitlich durchgeführten architektonischen Gerüst eingeordnet: Korinthische Doppelsäulen über niedriger Sockelzone tragen ein kräftiges Gebälk, dessen Fries aus szenischen Reliefs besteht. Darüber eine hohe, durch Hermenpilaster gegliederte Attika, der die weißen Alabastertafeln eingefügt sind" (nach Lutz Wilde). Der belehrend-moralisierende Inhalt setzt sich aus Darstellungen zur antiken Götter- und Gedankenwelt und biblischen Bezügen aus dem Alten und Neuen Testament zusammen, bezeichnenderweise mit deutlichen Verweisen auf die Reformation und Martin Luther. Diese gelehrte Kopplung ist Kennzeichen des „Decorums": zum Reichtum gehört „Bildung", das heißt: Belesenheit und christliche Rechtschaffenheit – aber auch ein nicht zu übersehenes Bekenntnis zum neuen „rechten Glauben".

Ämter und Kompagnien

Zünfte oder Gilden hießen in Lübeck Ämter. Zum Ende des 15. Jahrhunderts wurden Amtshäuser üblich. Erhalten haben sich nur Beispiele aus nachmittelalterlicher Zeit. Offenbar hat die Reformation den Bau und die Neueinrichtung von Häusern und Versammlungsräumen beflügelt, möglicherweise auch deshalb, weil die Berufsvereinigungen eine Reihe neuer Aufgaben annehmen mussten, u. a. die Versorgung von in Not geratenen Mitgliedern. Die Kirche wurde ja nicht mehr als allein zuständige Instanz angesehen.

Die Amtshäuser führen keine neue Architektur vor; es sind dem äußeren Bild zufolge normale Giebelhäuser. Der „Reitende-Diener-Krug" Große Burgstraße 38 ist nicht einmal ein Gilde-, sondern nur ein Krughaus gewesen. Die Fassade gehört zur auslaufenden Spätgotik. Vom ehemaligen Versammlungssaal im Erdgeschoss (heute Laden), vielleicht mit dem Einzug der Ratsdiener 1531 eingerichtet, ist noch das umlaufende Paneel in Rahmen-Füllung-Konstruktion zu sehen. Vermutlich hat sich hier unter späteren Veränderungen noch mehr erhalten. Vom einstigen „Amtshaus der Maurer" Hundestraße 10, einem schlichten Bau in niederländisch geprägten Renaissance-Formen und seit vielen Generation Wohnhaus, liegen noch weniger Erkenntnisse vor, ebenso für die ehemaligen Versammlungshäuser der Brauer, Knochenhauer (Schlachter), Schuster, Weber, Bäcker und so weiter. Allein die berühmte „Schiffergesellschaft" Breite Straße 2 mit der großen, ungeteilten Dielenhalle mit ihren aus massigen Schiffsplanken gezimmerten Gelagen vermittelt eindrucksvoll das kaum verfälschte Bild eines über Jahrhunderte bis heute erhaltenen und gepflegten Versammlungsraums. Die „gemütlichste Kneipe der Welt" (so die Werbung) und als solche öffentlich zugänglich ist die Halle erst seit 1868. Die Diele zeigt eigentlich noch gotische Strukturen. Unter der schweren Holzbalkendecke erstreckt sich in ganzer Raumtiefe ein massiger Unterzug, der von zwei recht rustikal beschnitzten „Hausbäumen" mit Kopfbändern gestützt wird. Das Datum 1535 ist als Kaufdatum des Hauses bezeugt; der Umbau besonders der Straßenfassade und der Halle kann erst nachfolgend durchgeführt worden sein. Offenbar haben die Schifferbrüder das Jahr 1535 als eine Art Zäsur begriffen und dieses Datum überall einfügen lassen. Die umlaufende Gliederung der Wände mit ihren halbhohen eichenen Paneelen, geschnitzten Grotesken-Friesen und den Zwischenraum bis zur Decke ausfüllenden allegorisch-emblematischen Gemälden ist in dieser Form 1535 noch nicht denkbar. Durch diesen Dekor bekommt die Halle die Aussage einer riesigen repräsentativen Dornse.

Bedeutende Reste prachtvoller Renaissance-Paneele aus Versammlungsräumen, zum Teil von Tönnies Evers geschnitzt, sind im 1838 neu erbauten „Haus der Kaufmannschaft" eingebaut worden. Sie stammen aus dem vorherigen Schütting der Kaufmannskompanie sowie aus dem Schütting der Krämer, Schüsselbuden 24. (Kaufleute und Krämer bezeichneten ihre Versammlungshäuser als „Schütting"). Dieser Krämerkompagnie-Schütting, ein monumentales, ganz nieder-ländisch geprägtes Renaissance-Gebäude, ist durch Fotos überliefert, ebenso der Bergenfahrer-„Schütting". Der stand gegenüber dem Rathaus, Breite Straße 76 und war eine der schönsten Fas-saden mit Renaissance-Terrakotten von Statius von Düren (vergl. S. 233). Versammlungshäuser bzw. -räume unterhielten auch andere gesellschaftliche Gruppen wie die „Zirkelbrüder", der Stan-desvertretung der „vornehmsten" Kaufleute, die mit den „Schwarzhäuptern" und „Artusbrüdern" in anderen Ostsee-Hansestädten vergleichbar waren. Im einstigen Zirkelbrüderhaus Königstraße 21 sind jedoch nur wenige mittelalterliche Ausstattungsreste erhalten.

Über Art und Ausstattung der Räume, die den „Rats-Ämtern" zugewiesen waren, ist kaum etwas bekannt. Es geht hier um die „Dienstzimmer", Sitzungsräume also, die von der Steuer-behörde („Schoß"), der Marstallverwaltung, der Polizei, den Ratsdienern usw. genutzt wurden. Wie solche Räume ausgesehen haben könnten, zeigt das kürzlich aufgedeckte gotische Zimmer des Marstalls am Burgtor.

Wohnen und Arbeiten mit dem Weltkulturerbe

Auch für die nachfolgenden Zeiten und Einrichtungs-Moden lassen sich trotz großer Verluste immer noch beachtliche Beispiele aus Lübecker Häusern anführen: Stuck- und bemalte Bret-terdecken aus Barock und Rokoko, Wandstrukturen, Zopfstil-Interieurs, Räume des Klassizis-mus und des Biedermeier. Auch hier gilt: Es gibt kein Einzelwerk, das von „Welterbe"-konfor-mer Bedeutung wäre. Aber doch bedeutend genug, um Teil des „Welterbes Altstadt von Lü-beck" zu sein. Fein modellierte Stuckdecken italienischer Künstler wie etwa die Decken im Hause Alfstraße 38, stimmige Rokoko-Säle, beispielsweise das „Dimpkersche Zimmer" (jetzt Fleischhauerstraße 20) oder der von Johann Nepomuk Metz stuckierte Saal im Palais Rantzau und klassizistische Suiten wie im Behnhaus Königstraße 11 bezeugen eine Qualität, die man nur in einer seit dem Mittelalter ungebrochen reichen, von einem selbstbewussten Bürgertum re-gierten Großstadt finden kann. Neben herausragenden Einzelwerken, die nur ein kleiner Rest des einst Vorhandenen sind, ist es wieder die schlichte Masse des Erhaltenen, die uns die Be-

Langer Lohberg 49. Feld einer Malerei-Decke im „Saal" des Wohnflügels. Für das Hochbarock um 1700 sind die Akanthus-ranken und die Land-schafts-Medaillons mit allegorisch-moralisie-renden Darstellungen typisch.

Renaissance-Zimmer im Hause Koberg 8 (Haus der Vorsteher des Heiligengeisthospitals). Im Obergeschoss gelegene „Amts"-Stube mit Paneelgliederung, in seiner Funktion ähnlich den jüngeren „Vorsteherzimmern" im Füchtings- oder Hasenhof. Die Gemälde auf den gerahmten Tafeln entstanden nach Vorlagen des Nürnberger Stechers Vergil Solis für eine 1563 erschienene Ausgabe der „Metamorphosen" von Ovid – so die Restauratorin Linde Saß. Dazwischen personifizierte Sinn-Bilder („Embleme").

deutung der alten Handels-„Republik" vor Augen führt. Falls man die bis ins 19. Jahrhundert sich fortsetzende Herrschaft des kaufmännisch dominierten Rats „republikanisch" nennen möchte.

Im Vergleich zu Stralsund oder Wismar scheint es weniger Totalverluste der Innenstrukturen im 19. Jahrhundert gegeben zu haben. Zwar ist auch in Lübeck ein großer Teil der einst von nur einer Familie oder einer „Firma" genutzten Häuser im 19., spätestens 20. Jahrhundert zu Mietwohnungen für mehrere Parteien umgebaut worden – besonders typisch etwa die Reihe der großen Brauhäuser am Langen Lohberg – dabei ist jedoch manches von der „gewachsenen" Raum-

Stuckdecke im Hause Alfstraße 38. Eine der letzten italienischen Stuckdecken von großer Qualität in Lübeck. Ausgeführt von italienischen Stukkateuren um 1700. Die Monogramme in den Eck-Kartuschen enthalten vermutlich Hinweise auf den Hausherrn und Auftraggeber.

Mengstraße 31, Diele. Nicht alles, was kaufmännisch aussieht, ist kaufmännisch: Diese „typische Kaufmannsdiele" war seit dem 17. Jahrhundert ein Glasmacher- und Glasereibetrieb. Der 1998 wiederhergestellte Raum erhielt seine Prägung um 1790.

struktur mit alter Treppe und Flügelanbau erhalten geblieben. Besonders in Straßen, die nicht zum heutigen Einkaufs-„Kerngebiet" zählen, gibt es in manchen Häusern noch überraschend viele historisch bedingte Räume. Der Schutz und die „nachhaltige" Konservierung der bei Umbauten und Sanierungen zutage tretenden Raumstrukturen und Ausstattungsreste stellen Eigentümer und Denkmalpfleger vor große Herausforderungen.

Abschließend sei auf eine lübeckische Besonderheit hingewiesen: erhaltene historische Erdgeschossräume. Sie sind quasi öffentlich. Man kann sie daher „begehen", also besichtigen. Es sind ehemalige Dielen, die mit mehr oder weniger historischem Ambiente heutigen Nutzungen dienen. Es gibt Beispielhaftes:

▷ Königstraße 30: In diesem Kaufmannshaus von 1290 wurde die Erdgeschosshalle gegen 1790 im „Zopfstil" neu gestaltet. Typisch die Verbindung aus Küche und darüberliegender Mädchenkammer. Die Küche ist eigentlich ein Windfang aus Fensterflügeln. Prachtvoll die zweiläufige Treppe mit beschnitzten Antrittspfosten. Heute residiert auf der 700-jährigen Kaufmannsdiele ein Modegeschäft – ein glücklicher Umstand.

▷ Mengstraße 31, ein „Kaufmannshaus", in dem seit über 300 Jahren Glasereien arbeiteten. 1998/99 durch denkmalbewusste Sanierung rehabilitiert. Grundriss und Dielenstruktur konnten wiederhergestellt werden. Das Haus beherbergt heute ein Architekturbüro und zwei Wohnungen.

▷ Mengstraße 48 und 50. Das sogenannte „Schabbelhaus" war eine Stiftung des Bäckermeisters Schabbel zwecks Kaufs und Einrichtung eines „altlübecker Traditionshauses", dessen Erhalt sich durch die Führung eines Restaurants erwirtschaften sollte. Das originale Schabbelhaus brannte 1942 ab (Mengstraße 36), die Nachfolger weiter straßenabwärts mit den Häusern 48/50 sind ebenso prächtige Kaufmannshäuser mit Ausstattungen aus Renaissance, Barock und

St. Annenstraße 9. Typische Dielen-Ansicht: Treppe und ehemalige Küche in spätesten Rokoko-Formen in einer gotischen Diele. Heute Zentrum eines „privat" sanierten denkmalgeschützten Hauses. Rechts anschließend – hinter dem neu eingebauten Windfang – die Vorderdornse. Der Wohnflügel liegt links (außerhalb des Bildes).

Rokoko. Es gibt beeindruckende Raumbilder mit Galerien, Dornsen und Flügelzimmern. Leider ist wegen Vollnutzung als Restaurant die einstige Bestimmung der Räume kaum erkennbar. Als Restaurant wird auch die etwas schlichtere, dem Rokoko zuzuschreibende Brauerei-Diele von Beckergrube 71 geführt, desgleichen die trotz Rokoko-Einbauten im Habitus noch gotische Diele Fischergrube 18.

▷ Die Groß-Dielen Wahmstraße 33, 37 und 56 sind Brauhaus-Dielen gewesen, eher nackte, aber höchst eindruckvolle Gewerbehallen mit Balkendecken, „Hausbäumen", Unterzügen, Treppen und Galerien. Nr. 33 ist heute nach aufwändiger Sanierung ein privates Wohnhaus; Nr. 56 dient als Geschäftsraum. Die eindrucksvollste Halle, mächtig wie das Haus selbst, ist wohl in Wahmstraße 37 erhalten. Die Ko-Existenz von echtem Alten und falschem Neuen wird man zwar bedauern, ebenso die Fehlnutzung als Betonplatten-gepflasterte Durchfahrt, aber dieser Raum ist rehabilitierbar!

▷ Große Petersgrube 21, nach 1770 als Wohnhaus (und Getreidespeicher !) über älteren Teilen errichtet, besitzt die letzte repräsentative Kaufmannsdiele Lübecks, traditionell die zweiläufige Treppe und die umlaufende Galerie in allerletzten Spätrokoko-Formen, eher schon „Zopf". Dient nach durchgreifender Sanierung in den 1980er Jahren heute als Eingangsbereich der Musikhochschule des Landes Schleswig-Holstein. Diesem eindrucksvollen Raum lässt sich nur die wenig jüngere, als Museum geführte Behnhaus-Diele Königstraße 11 zur Seite stellen. Sie war als erste Erdgeschoss-Halle ausschließlich für repräsentive Zwecke konzipiert.

Neben diesen beispielhaften „Groß-Dielen" (denen man nur wenige weitere anfügen kann) hat Lübeck eine Menge mittelgroßer und kleinerer Dielen, rehabilitiert und saniert oder nicht, vorzuweisen, die privat genutzt werden und daher in der Regel nicht zugänglich sind. Genannt seien stellvertretend für viele andere Glockengießerstraße 24, 26 und 55, Hundestraße 35 und 94 oder Dr. Julius-Leber-Straße 58. Sie sind ebenfalls ein wesentlicher Teil des Denkmalbestands.

Es darf aber nicht verschwiegen werden, dass es auch viele negative Beispiele gibt. Wenn hier zwei davon herausgestellt werden, dann nur in der Hoffnung auf Einsicht bei den Verantwortlichen:

▷ Königstraße 51, dem Total-Abriss im Rahmen der „König-Passage"-Fehlplanung 1992 nur knapp entgangen, zeigt auf den umlaufenden Dielen-Wänden bedeutende Fragmente gotischer Wandmalerei des frühen 14. Jahrhunderts. Sowohl die denkmalpflegerisch-restauratorischen Entscheidungen als auch die optische Präsenz des Mieters dieser wertvollen Dielenhalle sind alles andere als UNESCO-Welterbe-konform (vgl. Wandmalerei, S. 216). Gleiches gilt für

▷ Dr. Julius-Leber-Straße 32, ebenfalls Teil der Center-Anlage „Königpassage". Diese historische Großdiele mit Dornse, Kücheneinbau, Treppe und Galerie musste sich über Jahre die Fehlnutzung als „Bayerisches Bierhaus" gefallen lassen, wobei die gesamte historische Raumfigur hinter weißblauer Kulisse verschwand.

Ein weitgehend ungehobener Lübecker Schatz sind auch die historischen Treppen, Teil oder Rest der früheren Dielen-Ausstattung. Die Treppe liegt immer in der hinteren Raumecke im Winkel zum Flügelanbau. Man findet sie in großer Zahl und in einem Formenreichtum, der sich so nur in der traditionell reichen und international verflochtenen Handelsstadt ausprägen konnte. Nur wenige Treppen haben sich aus dem Barock erhalten, dafür gibt es noch eine größere Menge aus Rokoko und Zopfstil, meistens mit „beschnitzten" Antrittspfosten sowie „besägten" und bemalten Brettergeländern. Es folgen die klassizistischen Stabwerk-Geländer, die sich teils aus französischen Schmiedeeisen-Formen herleiten, teils aus englischen Vorbildern, in denen die neu entdeckten antiken Dekore wiederbelebt werden (der Kupferstecher G. B. Piranesi hatte 1756 die „Römischen Altertümer" inklusive vieler Ornamente publiziert). Zur selben Zeit grassiert die China-Mode. Aus diesen Anregungen wird in großer Variationsfreude Eigenes entwickelt und zu einem unverwechselbaren Teil des Lübeck-Repertoires gemacht, das auch an einigen der schönsten klassizistischen Haustüren erlebbar ist.

Zwei historische Lübecker Großdielen – verschwunden wie die meisten anderen. Dürfen wir das nur als Foto-Dokument Bewahrte dennoch zum UNESCO-Welterbe zählen?

x
Große Burgstraße 24, Sitz der Weinhandlung Schön, fiel in den 1930er Jahren kurzgedachtem Gewinnstreben zum Opfer.

x
Die prächtige Kaufmannsdiele Fisch-straße 25 mit ihrer noblen Mischung aus späten Rokoko und Klassizismus ging 1942 zugrunde.

Mengstraße 60, Wendeltreppe im Dach. Nur in abgelegenen Böden und Dachräumen haben sich Reste von mittelalterlichen oder frühneuzeitlichen Spindeltreppen erhalten.

Königstraße 21, Treppe des Frühklassizimus, sehr repräsentative, durch drei Geschosse geführte Anlage. Die aus Holz geschnitzen massiven Baluster waren „marmoriert", d.h. sie sollten wie aus Stein gemacht aussehen.

An der Obertrave 37, Rokoko-Treppe mit besägtem Geländer und beschnitzen Antrittspfosten. Erneuerte Farbigkeit. Teil der komplett erhaltenen Rokoko-Diele.

Hüxstraße 33, Treppe und Galerie in Spät-Rokoko-Formen. Die Treppenspindel ist vermutlich älter.

Weiter Lohberg 2. Stabwerktreppe des Klassizismus. Die Farbigkeit in ockergelb und schwarzgrün ist typisch für das Biedermeier.

Große Kiesau 28. Eines von vielen Stabwerk-Geländern der Jahre um 1800. Sie leiten sich meistens von antiken („klassischen") Dekoren ab. Manchmal folgen sie aber auch, wie hier, der über England vermittelten China-Mode.

Sanierer und Bewohner von Altstadthäusern leben mit diesem geschichtlichen Herkommen; auf stimmungsvollen Dielen zwischen schimmernden Glaswänden der alten Küche und der hohen Fensterfront zum Hof, unter bemalten barocken Bretterdecken in den Zimmern des Flügelanbaus, auf glatt gelaufenen öländischen Kalksteinplatten und auf Fußböden aus breiten, honiggelben Kiefernbrettern. Vermutlich ist diese Entscheidung ein wesentlicher Garant für den Fortbestand des UNESCO-Weltkulturerbes Altstadt von Lübeck: In die Altstadt gehen, ein denkmalgeschütztes Haus mit Anspruch sanieren und es sich mit angemessenen Mitteln „aneignen". Und ein ganz bisschen stolz kann man auf diese Aneignung dann schon sein.

Literatur zu Ausstattung historischer Häuser / „Wohnen in der Altstadt"

Die Lübecker Küche (= Hefte zur Kunst und Kulturgeschichte der Hansestadt Lübeck Heft 7). Hrsg.: MKK zur gleichnamigen Ausstellung. Lübeck 1985.
Eickhölter, Manfred und Rolf Hammel-Kiesow (Hrsg.), Ausstattungen Lübecker Wohnhäuser (= Häuser und Höfe in Lübeck Band 4). Mit Beiträgen von Th. Brockow, R. Gramatzki u. a.. Neumünster 1993.
Finke, Manfred und Robert Knüppel, Klaus Mai, Ulrich Büning: Historische Häuser in Lübeck. Lübeck 1989.
Hammel-Kiesow, Rolf (Hrsg.): Seefahrt, Schiff und Schifferbrüder. 600 Jahre Schiffergesellschaft zu Lübeck. U.a. mit Beiträgen zur Entstehungs-, Bau- und Ausstattungsgeschichte von Margrit Christensen, Dieter Oldenburg, Irmgard Hunecke, Dieter Pfaff, Hildegard Vogeler.
Hasse, Max: Das Lübecker Bürgerhaus als Forschungsaufgabe. In: Zeitschrift des Vereins für Lübeckische Geschichte und Altertumskunde, Band 38. Lübeck 1956. S. 119–126.
Knüppel, Robert (Hrsg.): Lübeck. Wohnen in der Altstadt. Lübeck 1980.
Kommer, Björn R.: Blick ins lübsche Haus. Wohn- und Festräume des 18. und 19. Jahrhunderts. Hrsg. MKK der Hansestadt Lübeck 1974
Kommer, Björn R.: Wenn sich alte Türen öffnen ... Lübecker Wohnkultur und Lebensart im 19. Jahrhundert. Lübeck 1985.
Lindtke, Gustav: Die Schiffergesellschaft zu Lübeck. Von Seefahrt, Wohlfahrt und Tradition. Lübeck 1977.
Völker, August: Die Treppe. Lübecker Innenraumkunst vom Barock bis zum Biedermeier. In: Der Wagen, ein Lübeckisches Jahrbuch, 1943/44. S. 133–149.
Westermann, Stephanie: Die Vertäfelung des sogenannten Fredenhagen-Zimmers von 1572/1583 im Hause der Kaufmannschaft zu Lübeck. Beschreibung und historische Daten. In Zeitschrift d. Vereins f. Lüb. Geschichte u. Altertumskunde Bd. 83 (2003). S. 101–155

Summary

A small glimpse into Lübeck´s Houses

The Hanseatic Middle Ages and the early Modern Times have produced in Lübeck a distinctive and significant interior architecture. In the 18th century Lübeck naturally cannot compete with the extravagant creations of space of the great Baroque complexes especially in the south of the empire. However, there are independent spatial solutions in the preserved halls, in the `Dornsen´ and wing-rooms.

The decisive steps for the 13th till the early 16th century are basically known. The hall (`Diele´) was trading room or workshop, serving at the same time also for representation.

Here the owner or user portrayed himself with that mostly ends in a 5/8-polygon (the word `Dornse´ means room that could be heated) was always also the `parlor´ with representative décor and furniture. The privat rear-`Dornse´, the actual living quarters, were located in the wing extension, in its upper floor were the bedrooms.

The Middle Ages in Lübeck knew open fire places, tiled stoves and stoneovens, a kind of warm-air heating based on the ancient hypocaustsystem. The central fire place along the fire wall offered less heat for living than the necessary fire for cooking and for working, i.e. for the brewers. Not until the 18th century the room around this fire place was separated from the hall by glazed vestibules, thus creating the `Lübecker kitchen´, and became the main showplace of the hall thanks to its decorative many-paned windows.

Stoneoven-findings are typical for only a few patrician estates and buildings for the clergy. Most important source of heating in all Lübecker houses has always been the tiled stove. Earliest evidence originates from the years around 1190/1200. The smoke from the heating installation of the `Dornse´ was fed into the big chimney hood of the fire place. It lay mostly right behind the `Dornse´ in a corner. The smoke was carried by means of a duct made of oak-beams through the floors and removed by an opening in the roof to the outside. Not until the 16th century brick chimney hoods and chimneys became generally accepted.
In Lübeck there are no longer Gothic rooms, but instead Gothic `cubatures´, that means room layouts that are in their `cores´ medieval. Latter furnishing from the times of the Baroque, Classical Revival and Modern defined their appearance. Privat townhouses, more than medieval churches, succumb to fashion and zeitgeist. In the perception of the Middle Ages one hoped to achieve spirital salvation with one's deeds in this world. The decors on the walls with their leaf tendrils and floral patterns, but also stone patterns are regarded as an `outlook beyond to paradise´. After the Reformation it was understood that the grace of God supported success in business and therefore was expressed in moralising decorums.

From the 16th century some interior rooms are nearly totally preserved for the first time. Typical were high wallpanels and painted beam floors. Popular were stenciled patterns in the manner of `mauresques´ and painted waffle patterns playing with light and shadow effects, also inlays imitated by painting. Everything had a didactic character. Matching windows with their ornamental lead-glazing have disappeared as well as colourfully glazed tile-floors. Often on the ground floors, however, the natural stone floors have been preserved, made of square limestone tiles from Öland and Gotland, though in larger dimensions.
Typical for Lübeck, and in fact the Hanseatic League, is the adherence to preserved Gothic spatial patterns and their transfer into a new era with Antique decorations.

After the Reformation the trade guilds built new houses presumably out of the need to carry out a new scope of work, among others the care of members in great need and distress. The church was not seen anymore as the lone `responsible´ institution. Of all the newly built assembly-rooms only the famous `Schiffergesellschaft´ Breite Straße 2 with its big undivided `Diele´ is preserved. The house was purchased in 1535, the rebuilding of the street façade and the hall was carried out afterwards. The composition of the walls with their oak panels, engraved grotesque-ornaments and the allegoric-emblematic paintings filling the space between the panels and ceilings turn the hall into a huge representative `Dornse´.

In spite of great losses considerable examples of Lübecker houses can still be found even for the following times and décor-styles. The rule can be applied again: there is no single exhibit that may be of significance according to the standards of the `world heritage´ foundation. But they are significant enough to be a part of the `world heritage Old Town of Lübeck´. Besides a few still existing large merchants- and brewers-`Dielen´ and many smaller `Dielen´ (mainly used as privat living quarters) there are rooms with delicately moulded baroque stucco ceilings, harmonious Rococo rooms and suites in Classical Style. Much is of such a quality that can be only found in a city governed by a self-confident bourgeoisie and incessantly wealthy since the Middle Ages. The significance of the old trade `republic´ becomes evident in the mass of the preserved.

EIN NOTWENDIGES NACHWORT

Die Denkmal-Begeisterung der 1980er Jahre und die positiven Auswirkungen der Sanierung waren Anlass zur Hoffnung, dass Lübeck auf dem Wege war, seine historische Altstadt zu einem unverwechselbaren „Alleinstellungsmerkmal" zu machen.

Doch inzwischen scheint die seinerzeit geläufige und etwas sperrige Wortbildung „Altstadt-Kompatibilität" ein Fremdwort aus vorgeschichtlicher Zeit geworden zu sein. Gemeint war, dass in der Lübecker Altstadt das Wirtschaften in und mit dem Denkmal als Standortvorteil erkannt wird. Das hätte vorausgesetzt, dass man sich auf Nutzungen verständigt, die der Altstadt zumutbar sind – also „kompatibel" – und daher den Denkmalbestand nicht gefährden, sondern im Normalfall auch eine Bereicherung sind.

Die Aufnahme in die Welterbeliste der UNESCO signalisierte Lübeck in dieser Hinsicht eine entscheidende Richtungsweisung. Ein „management plan", 1987 zunächst noch ausgeklammert, später aber von jedem Bewerber zwingend gefordert, hätte Lübeck verpflichtet, die Vereinbarkeit von Wirtschafts- und Denkmalschutz-Interessen „nachhaltig" in Form eines in die Zukunft gerichteten Stadtentwicklungskonzepts nachzuweisen. Trotz mehrfacher Erinnerung durch die UNESCO hat Lübeck einen solchen Managementplan bisher nicht aufgestellt.

Der Welterbestatus – eine schwer einzulösende Verpflichtung

Deutschland hat 1976 die UNESCO-Welterbekonvention unterschrieben. Damit hat Deutschland anerkannt, dass es seine eigene Aufgabe ist, Erfassung, Schutz und Erhaltung seines in die Welterbeliste aufgenommenen Kulturerbes sowie seine Weitergabe an künftige Generationen sicherzustellen. Welterbe-Angelegenheiten werden in Deutschland den Denkmalämtern aufgebürdet. Dank unserem föderalen System besitzen wir 16 Landesdenkmalbehörden mit unterschiedlichen Landes-Denkmalschutzgesetzen. Da die Denkmalämter untergeordnete Glieder der Verwaltungshierarchie sind, bleibt nur die Hoffnung, dass übergeordnete Instanzen ihre „Weisungsbefugnis" sachdienlich im Interesse der Denkmäler einsetzen. Die unter- und aufgeteilte Denkmalpflege im föderalen Deutschland ist auch für die UNESCO ein Problem. Über eigens geschaffene vermittelnde Gremien wie die Deutsche UNESCO-Kommision, die über das Auswärtige Amt der UNESCO zuarbeitet, wird versucht, diesen Strukturmangel zu überspielen. So kann sich ein zentraler Ansatz der Welterbe-Konvention kaum auswirken: *„Es ist das Prinzip des Welterbes, dass man einen Teil seiner Souveränität aufgibt"*, mahnte Roland Bernecker, Generalsekretär der Deutschen UNESCO-Kommission, auf der Berliner UNESCO-Konferenz am 8. 11. 2005. Doch zu einem Verzicht auf Teile der Souveränität, zur Rückstellung angestammter Zuständigkeiten ist keine politische Körperschaft bereit, schon gar nicht jene Ebenen der Verwaltung, wo die Welterbe-Verpflichtungen eingelöst werden müssen.

Die UNESCO ist als Tochter der Vereinten Nationen eine Einrichtung der internationalen Diplomatie. In Fragen des Weltkulturerbes sucht sie den fachlichen Rat der Denkmalpfleger-Organisation ICOMOS („International Council of Monuments and Sites") und anderer Gremien. So wurden ICOMOS-Fachleute gebeten, das „monitoring" zu übernehmen, d.h. über die Einhaltung der Welterbe-Richtlinien zu wachen. Auf nationaler Ebene leisten das die Berichte des „periodical monitoring". Die monitoring-Gruppe besteht zumeist aus praktischen Denkmalpflegern oder Bauhistorikern, die selbst im Staatsdienst stehen oder vom Staat abhängig sind; Mängelberichte könnten ihnen Nachteile bringen. Sind also Problemfälle zu behandeln, schickt ICOMOS Fachleute auf „mission", die nicht aus dem Land kommen dürfen, in dem das zu diskutierende Problem ansteht. Das führt oft dazu, dass der „für diesen speziellen Fall" erforderliche Einblick in die Hintergründe nicht gegeben ist. Wie so etwas ausgehen kann, hat Lübeck am Fall „Kaufhaus-auf-dem-Markt" schmerzhaft erfahren müssen. Problematisch sind auch die langen Zeiträume, die bis zu den Sitzungen des UNESCO-Welterbe-Komitees vergehen: Während der Wartezeit können die zur Verhandlung anstehenden Welterbe-Titelinhaber vollendete Tatsachen schaffen.

Wünsche zur Lübecker Praxis

Seit fast 20 Jahren gehört Lübecks Altstadt zum UNESCO-Welterbe, doch für die Denkmalpflege hat sich wenig bewegt. Dabei ist das Amt vergleichsweise sehr gut ausgestattet. Es ist auch gelungen, den Denkmalbestand als Teil des sogenannten „Denkmalplans" zu erfassen, ein Unterfangen, das von der Stadt Lübeck und der Deutschen Stiftung Denkmalschutz zu gleichen Teilen finanziert wurde. Doch in der Praxis sind weiterhin gravierende Mängel bei der Bauforschung und der darauf aufbauenden denkmalpflegerischen Zielplanung zu beklagen. Für ein zum Weltkulturerbe zählendes Stadtdenkmal vom Range Lübecks mit annähernd 2000 Einzeldenkmalen ist das ein unhaltbarer Zustand. Man traut sich auch nicht an die Einsetzung des Verursacher-Prinzips: Wer in ein Baudenkmal eingreifen will, sollte nicht nur nach den „allgemeinen Regeln der Baukunst" handeln, er müsste vielmehr das Gebäude genau kennen, indem er die notwendige bauhistorische Forschung zulässt und die Ergebnisse der Bauforschung zur Grundlage der Planung macht.

Denn „Niederlagen" kassiert die Lübecker Denkmalpflege immer dann, wenn Bauprojekte nicht hinreichend untersucht wurden. Drei Fälle sind dafür exemplarisch: 1992 brach die sogenannte Königpassage eine Schneise durch hochmittelalterliche Bausubstanz, 1999 entdeckte man im Zuge der Baumaßnahmen im „Ägidienhof" eine gotische Beginenkapelle, als man eine Küchenzeile installierte und im August 2006 stieß man auf die ausgemalte Pilgerhalle der Gertrudenherberge, als diese im Rahmen einer „Sanierung" in Wohn-Appartements unterteilt wurde. Das Denkmalamt hatte nicht nur die Unterschutzstellung des bedeutenden gotischen Gebäudes versäumt, sondern auch der unglücklichen Planung zugestimmt.

Gemeinsam ist diesen (und weiteren) Fällen, dass konstituierende Bestandteile des Welterbes „Altstadt von Lübeck" (die nach UNESCO-Definition idealer Besitz der „Weltgemeinschaft" sind) entweder zerstört oder durch unangemessene Umnutzung in ihrer Aussage stark beschädigt, in jedem Fall aber der Öffentlichkeit entzogen werden. Dass dies den Welterbe-Gedanken nicht befördert, liegt auf der Hand. Lübeck braucht ein Welterbe-Management, das den Namen verdient. Dazu ist weder mehr Personal noch mehr Geld erforderlich, sondern, Fachkompetenz und fachliche Integrität vorausgesetzt, eindeutig definierte Priorität für Denkmal-Angelegenheiten im Welterbe-Areal, klare Handlungs-Abläufe und besonders das Gespür fürs Notwendige.

Lübeck braucht darüber hinaus einen klaren Schnitt in Sachen Verkehrsberuhigung. Die Erschütterungen durch den Fahrzeugverkehr schädigen die uns zum Schutz anvertraute historische Bausubstanz nachweislich in zunehmendem Maße. Es geht aber auch schlicht um die Aufenthaltsqualität. Lärm und Abgase zu vermindern ist eine Aufgabe, an deren Lösung auch die Innenstadt-Geschäftswelt dringendes Interesse haben müsste. Schwere Busse und überdimensionierter Lieferverkehr haben in der Altstadt ebenso wenig zu suchen wie der unnütze Privat-PKW-Verkehr und der alle „freien" Stellen okkupierende „ruhende" Verkehr. Was andere Städte mit Verweis auf UNESCO-Auflagen an Verkehrs-Minimierung leisten – sehen wir uns beispielsweise Riga an oder Prag, aber auch deutsche Welterbestädte wie Goslar, Speyer, Regensburg – müsste Lübecks Politiker wirklich beschämen. Lübecks Verkehrspolitik widerspricht Lübecks Status eines Weltkulturerbes und verringert die Chancen für einen gehobenen Kulturtourismus, der einen finanziellen Beitrag zur Denkmal-Erhaltung leisten könnte.

Wo bleibt die Moderne?

In der Lübecker Altstadt bauen bedeutet am Welterbe weiterbauen. Lübecks Baubehörde scheint sich dieses Junktims bewusst zu sein, wie man aus Wettbewerbsausschreibungen und anderen Verlautbarungen schließen darf. Doch die gebaute Realität fiel selten zufriedenstellend aus. Als der Ruf nach Welterbe-konformer Qualität immer lauter wurde, kam es endlich zur Einrichtung eines Gestaltungsbeirats. Seit November 2004 werden eingereichte Entwürfe von fünf auswärtigen, überregional renommierten Architekten begutachtet und bewertet.
Die bisherigen Erfahrungen mit diesem Beirat sind nicht in jeder Hinsicht positiv: Wünschenswert bleibt, dass ihm *alle* Entwürfe vorzulegen sind (bislang hängt die Vorlage immer vom Einverständnis des Bauherrn ab). Im Gegenzug sollte auch die Bauverwaltung sich zur Vorlage *aller* eingereichten Entwürfe bequemen, insbesondere auch von stadtplanerischen Vorhaben. Wie beim Welterbe-Management besteht der wunde Punkt offenbar darin, dass Lübeck auf einen Teil seiner Planungshoheit verzichten müsste.

Braucht Lübeck einen Welterbe-Beirat?

Anlässlich seines Ausscheidens aus dem Amt zauberte der vormalige Bausenator Volker Zahn noch schnell die Idee eines „Welterbe-Beirats" aus dem Zylinder. „Sechs bis acht honorige Persönlichkeiten aus Kultur und Wissenschaft" sollten ihm angehören. Davon ist heute keine Rede mehr. Auf der UNESCO-Nachfolgekonferenz am 18. 5. 2005 war die Bauverwaltung sogar der Meinung, dass Welterbe-Angelegenheiten von den fünf Architekten des Gestaltungsbeirats „miterledigt" werden können.

Einen Welterbe-Beirat wird es in Lübeck wohl nie geben. Wohl aber, und das war der gutgemeinte Vorschlag der UNESCO-Vertreterin an die Stadt Lübeck, sollte der Gestaltungsbeirat um mindestens eine gestandene, überregional wirkende Persönlichkeit des Faches Denkmalpflege erweitert werden. Ein Minimalkonsens also, der auch die Einsicht beinhaltet, dass Bauen mit Nachhaltigkeit zu tun hat und dass die Denkmalpflege fachlich dazu etwas sagen kann. Denn der UNESCO geht es um den Fortbestand *authentischer* geschichtlicher Bausubstanz, die der Menschheit auch zukünftig als Quelle für Forschung und Anschauung zur Verfügung stehen muss.

Von einer Erweiterung des Gestaltungsbeirats durch einen Denkmalpfleger hat man seit erwähntem 18. Mai 2005 nie wieder gehört.

ANHANG

Nomination Lübecks durch ICOMOS (International Concil of Monuments and Sites) im April 1987 (Auszug):

"… Having taken note that the new proposal conforms to the wishes expressed in 1983 by the Bureau of the World Heritage Comitteee, ICOMOS can only give a favourable opinion on the inclusion of Lübeck on the world Heritage List.

Criterion IV (be an outstanding example of a type of building which illustrates which significant stage in history) may be applied in the most authentic areas of a city which, more than any other, exemplifies the power and the historic role of the Hansa". …

In der schlichten Diplomaten-Übersetzung:

"ICOMOS stellt fest, dass der neue Vorschlag den 1983 vom Welterbe-Büro geäußerten Wünschen entspricht und kann daher nicht anders als empfehlen, Lübeck in die Liste das Welterbes aufzunehmen. Kriterium IV (herausragendes Beispiel einer Bauweise, die eine bedeutende historische Situation veranschaulicht) lässt sich in der Tat auf die Stadtviertel anwenden, die ihren historischen Charakter am besten bewahrt haben und erkennen lassen, welche Macht und welche geschichtliche Bedeutung die Hanse besaß." …

Die offizielle Mitteilung an den Botschafter Deutschlands bei der UNESCO lautet (auszugsweise):

„Monsieur l'Ambassadeur,

J'ai l'honneur et le plaisir de vous annoncer que le Comité du patrimoine mondial lors de sa onzième session qui s'est tenue du 7 au 11 décembre 1987, a décidé d'inscrire la Ville hanséatique de Lübeck sur la Liste du patrimoine mondial au titre du critère IV . Comme vous le savez, l'inscription sur cette Liste consacre la valeur universelle exceptionelle de Lübeck qui doit être protégé au bénéfice de toute l'humanité."

Auch hier die offizielle Übersetzung:

„Sehr geehrter Herr Botschafter,

ich habe die Ehre und das Vergnügen, Ihnen mitzuteilen, dass das Welterbekomitee anlässlich seiner 11. Sitzung, die vom 7. bis 11. Dezember 1987 stattfand, entschieden hat, die Hansestadt Lübeck in die Welterbeliste einzutragen. Wie Sie wissen, zeichnet die Eintragung in diese Liste den allumfassenden außergewöhnlichen Wert von Lübeck aus, der zum Wohle der gesamten Menschheit geschützt werden muss. „ …

(Der Dolmetscher im Auswärtigen Amt übersetzte „doit être protégé" mit „muss gefördert werden". Dass damit keine finanzielle Unterstützung – etwa seitens der UNESCO – gemeint war, dürfte wohl verstanden worden sein. M. F.).

1 Markt mit Rathaus und 1 Markt mit Rathaus und Marienkirche,
  südöstlich Petrikirche. Zwischen Markt und Trave das fast ausgelöschte
  „Gründerviertel"
2 Burgbereich. Burg(tor-)befestigung, Klausur des Dominikanerklosters
  St. Maria Magdalena
3 Koberg (Neustadtmarkt) mit Jakobikirche, Heiligengeisthospital und
  ehemaliger dänischer Vogtei
4 Dom in seinem einstigen Immunitätsbereich, Zeughaus von 1594
5 Ägidienviertel mit St. Ägidien und dem ehemaligen Beginenkonvent
  St. Annenstraße 3. Südlich das St. Annenkloster von 1502 ff.
6 Franziskanerkirche und -kloster St. Katharinen

Grundlage: Katasterplan von 1910/11. Änderungen der Straßen- und
Platzränder nach 1945 nicht berücksichtigt.

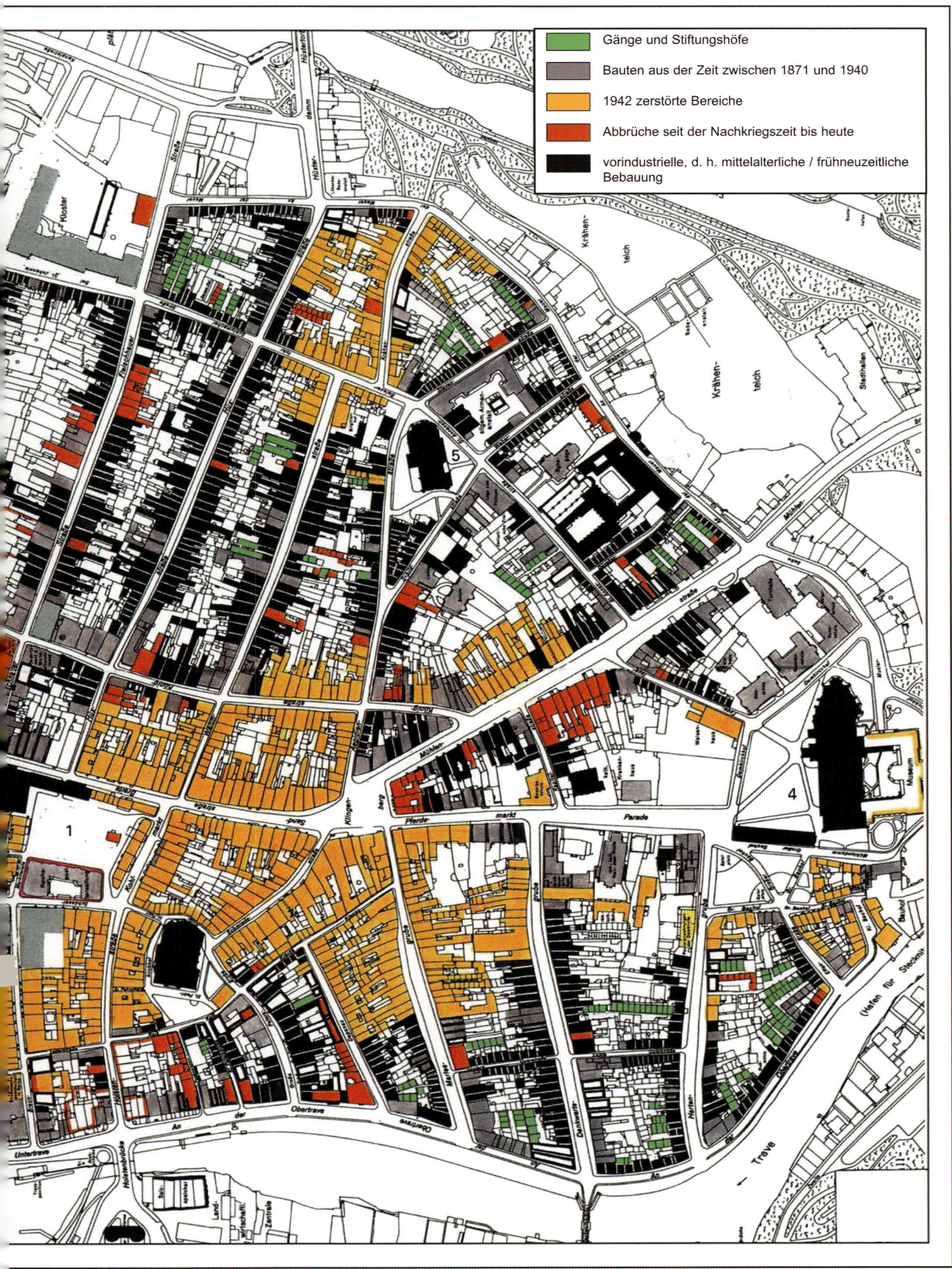

STICHWORTVERZEICHNIS

B Straßen in Lübeck
(Es sind nicht alle Nennungen aufgenommen worden).

C Örtlichkeiten, Gebäude in Lübeck

E Personen

(Künstler, Baumeister, Personen der Zeitgeschichte)

BILDNACHWEIS

Bau- und Kunstdenkmäler der Hansestadt Lübeck (Inventarbände) 101, 138 Mitte, 142 oben, 149 unten, 168 oben, 179 beide, 188, 202 Mitte, 205 (Grundrisse)
Baudezernat 8, 45 links
Bereich Archäologie der Hansestadt Lübeck 27, 30
Bereich Denkmalpflege 196, 218 unten
Margrit Christensen 221 unten
Matthias Erz 124 oben, 138 oben
Jens Christian Holst 37 rechts, 48 oben, 55, 56 oben links und unten, 63, 65 oben links, 76, 86 Mitte links, 90, 92, 106 unten, 116 oben
Jahrbuch für Hausforschung 1985 (Hausbau in Lübeck): 85 (überarbeitet)
Stefan Lorenz 289
Lübeckische Blätter 1838: 58 unten rechts
Museen für Kunst und Kulturgeschichte MKK 11, 57, 58 oben, 68, 181 oben, 277, 296 unten
Linde Saß 293
Michael Scheftel 42, 70, 274, 280 unten, 292
Jörg Sellerbeck 103 außer oben rechts
Eileen Wulf 215, 221 oben
Vaterstädtische Blätter 1919: 242 beide oben.

Sammlung Finke: 10, 14, 21 (Kopie nach MKK-Original), 23, 54, 55 oben rechts, 59, 72, 73, 74 (Castelli), 75, 77, 79 oben, 82, 84 oben, 105 unten, 107, 121, 124 links unten, 128, 134 rechts (Castelli), 146, 160, 185 unten, 200, 209, 226 außer unten rechts, 228, 229 rechts, 231, 232, 233 unten, 234 beide, 237 links, 255 beide, 278 oben, 279 links unten, 296 oben (Castelli).

Alle anderen: Manfred Finke.